한양
학술총서
003

전쟁과 휴전

휴전회담 기록으로 읽는 한국전쟁

한양
학술총서
003

전쟁과 휴전

휴전회담 기록으로 읽는 한국전쟁

김보영 지음

한양대학교 출판부

1. 연구목적과 범위

1950년 6월 25일 전쟁 발발 후 1년 만인 1951년 6월 양측은 휴전을 모색하고 협상을 시작했다. 그 후 2년여 동안 일면 협상 일면 전투의 소모전이 계속되었고, 1953년 7월 27일 휴전협정이 체결되면서 전쟁은 중단되었다. 회담이 결렬과 재개를 반복하는 동안 전투는 계속되었고, 지난한 협상 과정에서 정전체제의 기본 틀이 만들어졌다.

휴전협상은 2년여간 매우 포괄적이고 세밀한 부분까지 다루었지만, 합의가 불가능한 부분들은 논의를 피하고 전후 과제로 넘겨 버렸다. 대표적인 예로 서해교전을 촉발시켰던 해상경계선 문제나 미귀환 국군 포로 및 피랍자 문제 등이 회담에서 제대로 다루어지지 못했고, 전후에는 중립국 감시위원회의 기능 정지, 비무장지대의 중무장화, 수많은 휴전협정 위반 사례 등 협정 이행의 관리 감독에서도 허점을 드러냈다. 전후 정치회담에 넘겨 해결하려던 한반도 문제의 평화적 해결은 전후 60여 년이 넘도록 과제로 남아 있으며, 한반도를 불안정한 정전 구조에 묶어두고 있다.

현 정전체제는 불안정하며 항시적 위험을 내포하고 있다. 회담 과정에서 첨예하게 대립하면서 합의했던 협정 조항들은 전후 몇 해가 지나지 않아 거의 사문화되었고, 현재 지켜지고 있는 것은 사실상 군사분계선뿐이라 할 만큼 한반도는 적나라한 힘의 대치 속에 있다. 정전체제는 전후 한반도를 규정하는 가장 핵심적 구조이다. 회담 당시 이토록 오랜 기간 정전체제가 유지될 것을 예상하고 정전협정을 체결한 것인지, 아니면 협정 그 자체가 아니라 전후 한반도와 주변의 역관계에 의해 이 체제가 유지되어 온 것인지 궁금하지 않을 수 없다.

현 정전체제는 외형상 남과 북의 분단과 대립이 주요인이 되고, 관련국의 대한반도 정책이 그에 맞물려 있는 구조로 보인다. 그러나 전후 체제를 전쟁의 유산이라는 관점에서 보자면, 그러한 표면적 대립 구조보다 더 강한 힘으로 남과 북의 선택에 영향을 미치는 것이 관련국의 한반도 현상유지 정책이다. 정전체제를 유지하거나 변화시키는 데 있어 남과 북의 선택은 필요조건이지만 충분조건이 아니라는 것은, 현 정전체제를 평화체제로 전환하려면 그것을 합의한 주체들의 동의가 필요하다는 점에서 명확히 드러난다. 정전체제를 평화체제로 전환하는 문제에서 다자간 회담의 틀이 제시되는 것도 결국 한반도에 대해 관련 국가들이 행사하는 영향력의 출발점인 휴전협정에서 비롯된다. 즉 내적 요인과 외부적 강제, 두 요인은 상호 병렬적이라기보다는 수직적 구조이며, 내적 요인으로서 남과 북의 선택은 여전히 제한적이고, 이는 한국전쟁과 휴전협정이 남긴 유산이다. 현재 우리가 처해 있는 상황, 정전체제의 구조를 이해하기 위해서도 그 시원으로서 한국전쟁 시기 휴전회담과 협정 체결 과정에 주목할 필요가 있다.

한국전쟁의 군사적 전개 과정은 대체로 4시기로 구분된다. 첫 번째 시기는 1950년 6월 25일 개전으로부터 유엔군의 인천상륙작전이 있었던 9월 중순까지로, 북한군의 공세 속에서 미군(유엔군)의 참전이 이루어졌다. 두 번째 시기는 1950년 9월 중순 이후부터 북진한 유엔군이 다시 후퇴하기 시작한 1950년 11월 말까지의 기간이다. 유엔군이 38선을 넘어 북진했고, 그에 맞서 중국군이 참전함으로써 전쟁은 새로운 국면에 접어들었다. 세 번째 시기는 1950년 11월 말부터 전선이 38선 부근에 교착되고 휴전협상이 시작되는 1951년 6월까지의 기간이다. 공산군이 또다시 38선을 넘어 남진하였고, 유엔군의 재반격으로 38선 부근에서 전선이 형성되었다. 네 번째 시기는 1951년 7월부터 휴전협정이 체결되는 1953년 7월까지의 기간으로, 휴전협상을 둘러싼 갈등과 소모전이 계속되었다.

군사적 전개 과정을 중심으로 나눈 시기 구분에서 휴전회담이 진행된 네 번째 시기는 전황이 급격히 변화된 다른 시기에 비해 상대적으로 소략하게 다루어져 왔다. 회담과 전투가 병행되었으며, 회담의 지연으로 인해 소모전이 계속되었다는 정도가 이 시기를 이해하는 대략적 틀이다. 한국전쟁 연구는 주로 전쟁의 원인과 발발, 배경에 초점을 두었고, 그로부터 전쟁의 결과와 영향을 도출하는 방식으로 진행되었다. 한국전쟁에 관한 전통주의와 수정주의학파의 오랜 논쟁 역시 전쟁의 기원과 발발을 둘러싸고 진행되었으며, 미국 자료에 이어 공산 측 자료의 분석을 통해 최근 제기되는 연구들 역시 상당 부분은 전쟁의 형성사에 비중이 두어지고 있다.[1] 그러나 전쟁의 개전과 발발에 대한 분석만으로 한국전쟁

---

1 브루스 커밍스 지음 김주환 옮김, 1986『한국전쟁의 기원』, 청사; 박명림, 1996『한국전쟁의 발발과 기원』, 나남출판; 정병준, 2006『한국전쟁』, 돌베개.

의 전 과정을 보여줄 수는 없으며, 군사적 전개 과정 역시 전쟁의 한 부분일 뿐 전체를 드러내지는 못한다. 휴전회담이 시작된 이래 협상은 전쟁을 규정하는 기본축이었다. 회담의 추이에 따라 전쟁 양상이 달라지며 전쟁의 성격도 변했다. 휴전회담을 체계적이고 전면적으로 검토함으로써 전쟁을 보다 입체적으로 조망할 수 있으며, 한국전쟁의 특성과 전쟁이 남긴 유산 등을 규명하는 데도 기여할 수 있을 것이다.

한국전쟁 휴전 관련 연구는 주로 양측의 협상 전략, 포로 문제, 정전체제 등을 다루었다. 휴전협상 전략에 관해서는 김계동, 이병주, 양쿠이숭의 연구가 대표적이다. 김계동은 미국의 종전 전략과 협상 과정을 다루었는데, 군사적 효율성에 관심을 가졌던 군부와 정치적 함의와 외교에 관심을 가졌던 국무부의 입장을 구분하여 분석했다. 그는 미국이 군사적 승리 대신 정치적인 면에서 국가이익을 유지하기 위해 휴전협상 과정에서 강경한 입장을 견지했다고 보았다.[2]

이병주는 공산군 측 협상 전략을 분석하면서, 공산군 측이 정전협상에 응하게 된 군사적 상황과 공산 3국의 수뇌들(스탈린·마오쩌둥·김일성)의 협상 의도, 그들 간의 공조와 전략, 전략적 목표의 차이를 고찰했다. 한국전쟁 전체를 총괄 지휘한 것은 배후 세력으로서 소련이었으며, 정전협상도 스탈린의 지도를 면할 수 없었다고 보았다. 협상이 지연되면서 북한은 조속한 타결을 원했지만, 중국은 자국의 이해관계에 입각해 강경

---

2 한중 국제학술세미나, 2001 「미국의 한국전쟁 종전 전략과 휴전협상」 『한국전쟁 중 중국의 참전전략과 포로 문제』, 2001. 10. 25; 그 외 미국의 정책변화를 다룬 연구로는, 허진녕·이진성 역, 2007 「美國의 韓國戰爭 休戰에 관한 基本方針의 形成-中國參戰과 UN軍 總退却을 中心으로」 『軍史』 제63호, 국방부 군사편찬연구소(阪田恭代, 2000 「美國の 朝鮮戰爭關する 基本方針 形成」 『군사사학』 통권141호); 허출, 2004 「미국의 대한반도 군사 정책 결정 과정 분석」 『한국정책학회보』 제13권 3호

노선을 선택했으며, 스탈린이 미군을 한반도에 묶어둠으로써 유럽에서 세력을 확장하려는 의도로 전쟁을 장기전으로 이끌었다고 보았다.[3]

양쿠이숭은 중국의 정전협상 전략과 포로 문제를 분석했는데, 중국이 포로 문제에서 강경한 태도를 보인 것은 도의(道義)를 중시하는 중국 지도부의 입장에서 이것이 이미 정치적 문제라고 인식했기 때문이라고 보았다. 또한 스탈린 사후 소련 지도부가 한국전쟁 종결을 결정했을 때 마오쩌둥(毛澤東)이 이를 수용한 것은 중국 경제를 고려한 판단이었다고 보았다.[4]

한편 포로 문제에 관한 국내 연구는 반공 포로와 미귀환 국군 포로에 대한 관심에서 비롯되었다.[5] 포로 문제는 유엔군 측이 자원 송환 원칙을 제기하면서 심리전·이념전으로 전화시킨 결정적 계기가 되었고, 협상을 지연시킨 핵심 요인이었다. 한국의 입장에서는 이승만의 반공포로 석방과 관련하여 상대적으로 관심을 가진 주제였다. 그러나 포로 문제가 협상에서 차지하는 의미에 대한 분석이 결여되어 있는 점은 한계로 지적할 수 있다. 포로 문제는 전쟁을 마무리하는 과정이었을 뿐, 전후 체제 구상이라는 관점에서 보면 일회적·부차적 문제였다. 그럼에도 그것이 핵

---

3 이병주, 2003 「共産軍側과 韓國戰爭 停戰會談-스탈린, 마오쩌둥의 協商指導와 目標의 차이점」『戰史』 제5호, 국방부 군사편찬연구소; 기광서, 2007 「한국전 개입에 나타난 스탈린의 역할 실상」『軍史』 제63호, 국방부군사편찬연구소; 沈志華, 2000 「소련과 한국전쟁: 러시아 비밀해제 당안 속의 역사 진상」『현대북한연구』 3권 1호, 경남대학교 북한대학원

4 양쿠이숭(楊奎松), 2001 「중국군의 정전협상 전략」『한국전쟁사의 새로운 연구』 1, 국방부군사편찬연구소

5 조성훈, 1998 『한국전쟁 중 유엔군의 포로정책연구』, 한국정신문화연구원 박사학위논문; 조성훈, 2001 「미귀환 국군 포로 연구」『한국전쟁 중 중국의 참전전략과 포로 문제』, 군사편찬연구소·한국전쟁연구회 한중 국제학술세미나; 육군본부, 2002 『한국전쟁과 반공 포로』

심 쟁점으로 부각된 이유와 협상 결렬로까지 이어지는 과정을 보다 구체적으로 분석할 필요가 있다. 양대현의 경우 한미 동맹의 관점에서 휴전회담을 연구하면서, 이승만의 반공포로석방을 매우 비중 있게 다루었다. 국내 연구로는 처음 휴전회담을 본격적으로 다루었고, 휴전회담과 전쟁에서 한국이 처했던 지위 문제를 전면적으로 제기했다는 점에서 의의가 있다. 그러나 한미 동맹 관계의 이론적 분석틀에 맞춰 휴전회담 과정을 다루면서 이승만의 반공포로석방을 지나치게 부각시켰다. 그는 반공포로석방을 통해 약소국인 한국의 대통령 이승만이 세계 최강의 미국 대통령 아이젠하워를 굴복시켰다고 보았다.[6] 그러나 이승만의 반공포로석방이 갖는 중층적 함의, 즉 한-미 외교적 측면뿐 아니라 국내 정치에 미친 영향과 의미, 전후 정전체제와의 연관, 반공포로석방이 포로 협상에서 차지하는 비중 등이 제대로 드러나지 않는다.

다른 한편 현재의 관심에서 비롯된 정전체제와 연계하여 휴전회담을 다룬 일련의 연구들이 있다. 주로 현 정전체제의 평화체제로의 전환문제와 관련된 법적 측면에 관심을 가졌으며,[7] 휴전회담을 정전체제의 성립 과정이자 그 배경으로 주목한 연구들이 있다.[8] 그 외 휴전회담과 관

---

6 양대현, 1993『역사의 증언-휴전회담비사』, 형설출판사; 양대현, 1992「한국전쟁과 한미 동맹 관계-동맹이론을 중심으로」『한국정치학회보』 제26집 1호

7 허만호, 2000「휴전협정의 평화체제화」『탈냉전시대 한국전쟁의 재조명』(한국전쟁연구회편), 백산서당; 백진현, 2000「정전체제의 평화체제 전환문제」『서울대학교법학』 제41권 2호; 박현석, 2001「한국정전협정 대체문제」『민주법학』 제20호

8 김보영, 2003「정전회담 쟁점과 정전협정」『역사비평』 통권 63호, 역사비평사; 류상영, 1990「휴전협정의 성립과 성격」『한국전쟁의 이해』, 역사비평사; 정해구, 1989「휴전회담 교착과 미국의 전략」『역사비평』, 역사비평사; 서용선, 1999『한반도 휴전체제 연구』, 국방군사연구소; 한국정치외교사학회 편, 1998『한국전쟁과 휴전체제』, 집문당

련된 군사작전,[9] 유엔의 역할[10] 및 관련국가의 이해관계[11] 등을 다룬 연구 등을 통해 휴전회담과 연관된 사안들이 부분적으로 해명되었다.

기존 연구에서 휴전회담 관련 주요 쟁점은 협상 지연 요인 및 전쟁 장기화의 책임 문제이다. 협상 의제상의 쟁점이 문제가 되어 협상이 지연되었는지, 장기전을 염두에 두고 일부러 장애를 조성하여 협상을 지연시켰는지를 두고 다양한 분석이 제기되었다. 러시아 자료가 공개되면서 대체로 스탈린의 책임론이 강하게 제기되었다. 공산군 측에서 전쟁을 주도한 실질적 주체는 소련의 스탈린이었으며, 그의 의지가 장기전으로 이끈 핵심 요인이라는 주장으로는 이병주, 기광서, 심지화 등이 대표적이다. 스탈린의 의도는 유럽에서의 세력 확장을 위해 미군을 한반도에 오래 묶어두려고 장기전을 택했다는 것으로 보았다.

최근에는 중국과 마오쩌둥의 독자성을 강조하는 주장도 대두되고 있다. 모든 것이 스탈린의 지시에 따른 것만은 아니라는 것으로, 양쿠이숭, 지안 첸(Jian Chen), 그리고 와다 하루끼도 부분적으로 이와 유사한 견해를 내놓았다.[12] 포로 협상에서 강경책을 선택한 것이 중국이었지만, 전쟁 장기화의 책임이 전적으로 마오쩌둥에게 있다고 보지는 않는다. 이와

---

9 양영조, 2003 「1951년 단장의 능선 전투와 군사분계선 협상」 『戰史』 제5호, 국방부군사편찬연구소

10 강성학 편, 2004 『유엔과 한국전쟁』, 리북

11 William Stueck, 1995 *The Korean War: An International History*, Princeton Univ. Press(김형인 외 공역, 2000 『한국전쟁의 국제사』, 푸른역사).

12 양쿠이숭(楊奎松), 2001 앞의 논문; 지안 첸, 2000 「중국의 한국전 개입과 공산블럭의 협력」 『6·25전쟁과 한반도 평화』, 국방대학교 안보문제연구소; 와다 하루끼 저 서동만 역, 1999 『한국전쟁』, 창작과 비평사

는 달리 미국에 협상 지연의 책임을 두는 경우도 있는데, 전략적 관점보다는 미국의 완고한 태도와 미숙한 협상력 때문이라고 보았다.[13]

기존 연구는 협상 지연 요인과 회담 쟁점을 부분적으로 다루고 있지만, 휴전회담 전반에 대한 체계적인 문제의식을 토대로 하고 있다고 보기는 어렵다. 예컨대 회담의 쟁점 가운데서도 포로의 자유송환 원칙과 같은 표면적으로 드러난 문제에 주로 관심을 가짐으로써 회담의 구조와 성격, 각각의 의제가 갖는 비중과 의미가 충분히 밝혀지지 못했다.

휴전회담은 전쟁을 마무리하는 과정이자 전후를 준비하는 과정이기도 했다. 따라서 회담 의제는 전후 체제와의 연관성 속에서도 그 의미를 찾을 수 있다. 휴전회담에서 포로 문제가 쟁점이 되었기 때문에 주목받았지만, 포로 문제가 회담에서 갖는 비중과 의미는 잘 드러나지 않았다. 협상 장기화의 요인 역시 한쪽 편의 자료에 근거하여 상대방의 책임론을 주장하는 경우가 많았다. 그러나 양측 주장이 대립하는 회담에서 갈등과 대결은 피할 수 없지만, 전쟁을 끝내기 위해서는 어떻게든 타협해야 했기 때문에, 그것이 타결되는 과정을 세밀히 추적할 필요가 있다.

이 책은 휴전회담을 통해 한국전쟁을 재조명하는 것을 목적으로 한다. 휴전회담의 전 과정을 세밀히 검토하여, 양측의 협상 전략과 협상 주체 및 남북한의 지위 문제, 전후 정전체제 구상 등을 살펴볼 것이다. 이 책에서 다루는 내용과 범위는 다음과 같다.

---

13 William Stueck, 1995 앞의 책 ; Foot Rosemary, 1990 *A Substitute for Victory : The Politics of Peacemaking at the Korean Armistice Talks*, Cornell Univ. Press ; 한편 조성훈의 경우 포로 문제를 분석하여 양측 모두에 책임이 있다고 분석했다(조성훈, 2000 「미국 자료를 통해 본 휴전협상의 지연 요인 연구 : 포로 문제를 중심으로」 『정신문화연구』 제23권 제2호(통권 79호))

첫째, 협상 주체의 문제로, 양측이 협상 지휘 계통과 협상 전략을 구축하는 과정은 전쟁을 실질적으로 주도한 '주체'가 명확히 드러나는 지점이다. 미국과 중국은 자신들을 중심으로 협상 계통을 수립했으며, 협상 전략을 수립하고 회담 전 과정을 주도했다. 남과 북은 교전 당사국이었지만 전쟁을 주도하지 못했을 뿐더러 휴전회담에서도 보조적 위치에 머물거나 심지어 배제되었다. 이러한 남과 북의 지위는 회담에서뿐 아니라 전후 정전체제의 불안정성으로 이어지며, 현재 제기되는 정전체제의 평화체제로의 전환 문제에서도 온전한 결정권을 갖지 못하는 요인으로 남아 있다. 전후 정전체제가 지속되는 내내 한국전쟁 관련 주요 당사국들은 휴전회담과 그 결과로서의 정전체제에서 전쟁시기에 가졌던 만큼의 발언권과 영향력을 보유해 왔다고 볼 수 있다. 그러한 점에서 전쟁과 회담을 주도했던 양측의 실질적 주도권이 어디에 있으며, 남과 북은 전쟁과 회담에서 어떻게 배제되고 어떠한 역할과 결정권을 가졌는가를 살펴볼 것이다.

둘째, 회담 의제와 쟁점이 갖는 의미를 살펴볼 것이다. 휴전회담은 상대방이 존재하는 '협상의 테이블'이었다. 양측의 협상 전략이 회담장에서 관철되기도 하고 양보해야 하는 경우도 있는데, 이러한 회담 상황의 진전에 따라 협상 전략이 수정되거나 더 나아가 전쟁 수행 방침이 변하기도 했다. 휴전회담은 관련 각국의 한국전쟁에 대한 정책의 변화에 따라 중단과 재개, 결렬과 교섭이 반복되었다. 관련 각국의 이해관계는 충돌하기도 하고, 때로 합치되기도 하는데, 휴전을 모색한 이래 회담 의제와 쟁점이 전쟁 수행에서 규정력으로 작용한 것은 분명했다. 어느 한편의 일방적 승리가 불가능한 상황에서 양측은 심리적·이념적 승리를 추구했고, 체제 간 대립은 회담 과정에서 더욱 증폭되었다. 이 때문에 협상 전략과 회담장에서의 협상 과정을 유기적으로 파악하고, 양측 입장을 상호작용이라는 관점에서 비교·분석할 필요가 있다. 또한 각각의 의제가 갖는 비중과 의미는 전후 체제와의 연관성 속에서 살펴보아야 할 것이다.

셋째, 협상 지연과 전쟁 장기화의 원인 규명이다. 휴전회담이 시작된 이래 협상 추이에 따라 휴전이 성사되거나 장기전으로 가는 기로에 있었다. 휴전회담의 전 과정은 군사작전과 긴밀히 결합되어 전개되었고, 회담 과정에서 전쟁은 단순히 전투를 끝내기 위한 것이 아니라 명분과 심리적 승리를 위한 또 하나의 전쟁으로 변모했다. 전쟁을 마무리하기 위해 협상을 시작했지만, 그 협상을 유리하게 이끌기 위해 전투를 계속하는 모순된 상황이 이어졌다. 회담 초기에 양측은 휴전협정 체결 시까지 전투를 계속한다는 원칙에 합의했으며, 이것이 전쟁을 소모전으로 이끌었다. 전투와 협상이 병행되면서 상호 긴밀한 연관 속에서 전쟁이 장기화되었기 때문에, 회담 과정을 세밀히 검토함으로써 협상 지연의 책임 규명과 전쟁 장기화의 원인을 구체적으로 파악할 수 있을 것이다.

넷째, 휴전회담의 성격을 규명하는 것이다. 휴전회담은 전쟁을 마무리하는 과정이자 이후 장기간 지속될 것으로 예상된 전후 정전체제를 만드는 과정이기도 했다. 전쟁의 성격도 전쟁이 진행됨에 따라 변화했다. 한국전쟁은 처음에 남과 북의 내전으로 시작되었지만, 미국을 위시한 유엔군의 참전과 중국의 참전으로 양대 진영 간 체제 대립 전쟁이자 국제전으로 변모했다. 한국전쟁은 전쟁터였던 한반도에는 엄청난 피해를 남긴 총력전이자 열전이었지만, 미·소 간에는 제한전이자 냉전이었고, 중·미 간에는 제한전이자 열전이었다. 요컨대 한국전쟁은 교전 당사국에게는 총력전이자 열전이었지만, 다른 한편으로는 이념과 체제 간 대립이라는 냉전적 요인이 휴전협상 과정을 지배했다. 이 때문에 전후 체제와의 연관성 속에서 회담의 과정과 성격 및 의미를 파악함으로써 한국전쟁의 성격을 명확히 드러낼 수 있을 것이다.

이 책에서는 휴전회담 전개 과정과 협상 쟁점을 중심으로 전쟁기를 크게 세 시기로 구분했다. 첫 번째는 전쟁이 발발한 1950년 6월부터 1951년 6월까지의 시기로, 개전 이후 제기된 다양한 휴전 제안과 1950년 말 유엔의 정전안을 거쳐 양측이 휴전을 모색하고 예비회담을 진행하는 시기이다. 양측은 협상이 시작되기 전 휴전협상 전략과 지휘 체계를 수립하고 협상대표단을 구성하였다. 두 번째 시기는 휴전협상 본회담이 시작되어 주요 의제 설정 및 타결이 이루어진 1951년 7월부터 1952년 4월까지의 시기이다. 의제 채택, 군사분계선 설정, 전후 구상으로서 군사력 증강 금지, 전후 정치회담에 관한 쟁점 등이 이 시기에 타결되었다. 세 번째 시기는 마지막 남은 쟁점인 포로 협상이 진행된 시기로, 포로 송환을 둘러싼 갈등과 협상의 결렬, 협상 재개를 거쳐 휴전협정의 체결로 이어지는 1952년 5월부터 1953년 7월까지의 시기이다. 포로 송환 원칙의 대립과 회담의 결렬, 유엔에서의 휴전 논의, 협상 재개와 타결, 이승만의 반공포로석방과 한미 갈등, 휴전협정 체결 등이 이 시기에 이루어졌다.

이 책에서는 역사주의적 접근 방법을 통해, 휴전의 모색과 회담의 전개 과정 및 협정 체결의 전 과정을 당시 전개되었던 구체적인 역사적 사실에 기초해 연구를 진행하였다. 구체적 사건·사실에 대한 엄밀한 사료비판과 검증을 통해, 기존의 이데올로기적·선험적 판단과 준거틀에 의지하지 않고, 역사적 자료의 가치를 판단하고 그에 기초해 연구를 진행하였다. 그에 따라 전쟁의 한 축으로서 휴전회담의 전 과정을 연대기적으로 기술하되, 의제와 쟁점을 중심으로 재구성하고, 각각의 의제와 쟁점이 갖는 함의를 분석하는 방식을 취했다. 또한 양측 입장이 충돌하는 회담 과정을 다루는 만큼 비교를 통한 분석 방법을 활용했다. 문헌자료의 교차 검토 및 방증 자료의 확보를 통해 양측이 회담에서 추구한 목표와 실제 타결 과정, 그것이 갖는 함의 등을 비교 분석하였다.

2. 주요 연구 자료

이 연구에서는 다음과 같은 자료를 활용하였다. 첫째, 가장 일차적 자료로서 『휴전회담회의록』을 본격적으로 활용하였다. 현재 남아 있는 『휴전회담회의록』은 유엔군이 작성하여 미국이 보관한 유일본으로, 국사편찬위원회에서 자료집으로 발간되었다.[14] 이 회의록은 NARA(National Archives and Records Administration)에 소장된 RG 333(Records of International Military Agencies : 국제군사기구문서)에 포함되어 있던 것으로, 1962년 마이크로필름화된 것을 기초로 국사편찬위원회에서 각급 회의록을 묶어 자료집으로 발간한 것이다.[15] 휴전회담은 쌍방 5명의 대표가 참석한 본회담과 의제별 사안을 토의한 분과위원회, 문안 등을 실무적으로 조정하는 참모장교회의, 일반 행정사무를 취급한 연락장교회의로 구성된다. 본회담과 분과위원회를 비롯한 각급 회의 기록과 양측에서 오고

---

14 United Nations Command, Korean Armistice Negotiations 1951~1953(국사편찬위원회, 1994, 『남북한관계사료집』 1~10권)

15 정병준, 1994 「미국 내 한국 현대사 관련 자료의 현황과 이용법-NARA를 중심으로」 『역사와 현실』 제14호

간 전문과 성명서, 협정 초안은 휴전회담의 전 과정을 생생하게 드러내준다. 둘째, 미국의 외교문서들로 미국 외교문서(FRUS), 국무부 일반문서군(RG 59),[16] 미국의 재외공관 문서군(RG 84) 내 1948~63년간 서울대사관 문서, 미 육군참모문서군(RG 319) 등을 통해 미국의 정책 결정 과정과 휴전협상 전략, 협상쟁점에 대한 입장 등을 살펴볼 수 있다. 또한 국내에 번역 소개된 "The History of the Joint Chiefs of State(미국 합동참모본부사)"와 허미즈의 "Truce Tent and Fighting Front(유엔군전사)"는 미국의 전쟁 전략과 수행 방침, 휴전협상 과정의 다양한 논의 구조와 결정 과정들을 살펴보기에 유용하다. "The History of the Joint Chiefs of State(미국 합동참모본부사)"는 미 국립문서보관소(NARA)에 소장된 RG 218(Records of the U.S. Joint Chiefs of Staff: 미국 합동참모부 문서) 문서군 가운데 포함되어 있던 것으로, 마이크로필름으로 출간되었다.[17] 이 책은 미국이 유엔 결의에 의거 한국전쟁을 주도하고 휴전을 추구해 나가는 과정에서 합동참모본부를 주축으로 국방부 및 국가안전보장회의가 군사정책과 휴전 전략을 수립하는 과정을 소상히 다루고 있다. 합동참모본부는 전장의 유엔군에게 전략 지침을 제공했으며, 트루먼 대통령(후에 아이젠하워)이 이를 통하여 전반적인 전쟁 전략을 통제하였다. 합동참모본부가 휴전협상 기간 중 모든 중요한 결정에 참여했으며, 워싱턴의 미 정부와 유엔군사령관 및 한국에서의 협상팀과의 의사소통 계통이 되었다는 점에서 이 책은 회담에

16 국사편찬위원회 해외수집자료와 국방부 군사편찬연구소 한국전쟁자료총서 39~72권(The US Department of State Relating to the Internal Affaires of Korea: 미 국무부 한국 국내 상황 관련 문서)로 출간되어 활용가능하다.

17 이것을 번역 발간한 것이, 국방부전사편찬위원회 역, 1991『한국전쟁』상·하권이며, 이 중 하권이 휴전회담 과정을 다루고 있다.

서 미국 측 의도를 파악하는 데 있어 기초자료이다. "United States Army in the Korean War"(한국전쟁 참전 미군) 시리즈의 한 권인 허미즈(Walter G. Hermes)의 "Truce Tent and Fighting Front(휴전천막과 싸우는 전선)"은 정치 외교적 측면이 복합된 정전협상과 제한전쟁으로 고착되던 당시의 전투사를 종합적이고 체계적으로 기술하고 있어,[18] 회담 분위기와 미국 측 전쟁 수행에 관한 전반적인 의도를 파악하기에 유용하다.

셋째, 공산군 측 자료들이다. 구 소련 자료로는 Documents of Ministry of Foreign Affairs, U.S.S.R.(구 소련 외무성 북한 관련 문서) 中 한국전쟁 관련 문서(만수로프), 1953~60년 북한 주재 소련대사관 문서, Russian Archives Materials on the Korean War(한국전쟁 관련 러시아 문서): 러시아 현대역사문서보존 및 연구센터, 국방부중앙문서보관소, 러시아 대외정책문서보관소, 국방부중앙문서보관소, 라주바예프문서, 구 소련 공산당 중앙위원회정치국문서(현대통령궁문서보관소문서): 1992~97년 관련보도(볼코고노프를 중심으로), 구 소련 공산당 중앙위원회정치국문서(현대통령궁문서보관소문서): 조선일보·외무부보도자료·세계일보·Cold War International History Project Bulletin 등을 분석할 것이다.[19] 심지화가 펴낸 『朝

18 이 책은 육군본부에서 번역하여 팸플릿으로 발간했다. 육군본부, 1968『휴전천막과 싸우는 전선 제2집(유엔군전사)』

19 1994년 6월 러시아가 한국 정부에 인계한 문서들은 「한국전쟁 관련 기본문헌 자료 목록(100건, 279쪽)」, 「한국전쟁 관련 보충문헌 자료 목록」(116건, 269쪽)이며, 현재 한국 외교부가 소장하고 있는 한국전쟁 관련 러시아 문서들 중 『한국전쟁 관련 소련 외교문서』(한국전 문서 요약) 한글 번역본을 활용했다; 그 외에 단행본으로 출간된 구 소련 측 자료로, 중국의 참전과 휴전에 관한 공산 3국 지도자의 입장, 특히 스탈린의 입장을 보여 주는 문서들이 국내에서 단행본으로 출간되어 활용할 수 있다(예프게니 바자노프·나딸리아 바자노프 저 김광린 역, 1998『소련의 자료로 본 한국전쟁의 전말』, 도서출판 열림; A.V. 토르쿠노프, 구종서 옮김, 2003『한국전쟁의 진실과 수수께끼』, 에디터); 이들 자료의 성격과 한계에 대해서는, 김진경, 2004「한국전쟁 관련 공산 측 신사료의 해석과 문제점」『대구사학』 제74집 참조;

鮮戰爭: 我國檔 案館的解密文件』은 앞서 나온 자료에서 빠진 내용과 축약된 자료의 원문을 상당 부분 담고 있어 매우 유용하다.[20] 심지화 자료는 한국전쟁 관련 러시아 문서 554매의 문서와 부록 100여 매를 거의 원문 그대로 수록하고 있다. 주로 러시아 연방 대통령궁 문서보관소, 러시아 연방 대외정책 문서보관소, 러시아 현대사 문헌보관 및 연구센터, 당대(當代) 문헌 보관센터, 러시아 연방 국방부 중앙문서보관소로부터 획득한 자료들이다. 공산 측의 협상 주체와 협상 계통, 스탈린과 마오쩌둥·김일성의 회담에 관한 입장과 공산 3국의 미묘한 의견 차이, 조율 과정을 입체적으로 파악하기에 유용하다.

중국 자료는 행정자치부 정부기록보존소에서 한국전쟁 관련 중국 자료선집인 『한국전쟁과 중국』 Ⅰ·Ⅱ권에 주요 자료가 수록되어 있다. 이 자료집은 정부기록보존소가 한국전쟁 당시 중국이 공개적으로 발표한 문건들과 1980년대 말 이후 중국이 공개한 비밀전문들을 망라하여 번역 발간한 것이다.[21] 중국의 한국전쟁 참전 과정, 중국 지도부 내부 문서, 전

또한 공개된 러시아 문서들의 체계와 이를 활용한 한국전쟁사 연구에 대한 개괄적인 설명은 정병준, 2006『한국전쟁』(돌베개) 1부 3장 4절 러시아 자료의 공개와 새로운 연구 경향 참조.

20 沈志華 編, 2003『朝鮮戰爭: 我國檔案館的解密文件』(상·중·하), 中央研究院近代史研究所史料叢刊(48): 대만

21 자료집 제1편 대외용 문서는 총 5권으로 이루어진『中國對朝鮮和韓國政策文件匯編(중국의 조선과 한국에 대한 정책 문건집)』의 제1권과 제2권에 수록된 문서 가운데 한국전쟁 관련 문건을 번역한 것이다. 세균전과 포로 문제, 중립국감독위원회, 유엔 정치 회의, 제네바 회의 관련 내용을 담고 있다. 제2편 중국 국내용 문서는 한국전쟁 당시 중국 정부기관과 주요 지도자들이 한국전쟁과 관련하여 공식 석상에서 행한 연설문을 비롯하여 각종 국내용 문서들을 수록하고 있다. 제3편은 마오쩌둥과 저우언라이 등 주요 정치지도자들의 전문 등 중국이 1980년대 말부터 공개한 전문 모두를 번역하여 수록했다. 제4편 회고록은 한국전쟁에 참여한 주요 지도자들의 회고록류로, 중국인민지원군사령관 펑더화이(彭德懷)의 자서전에 실린 한국전쟁 관련 부분, 총참모장 대리 녜룽전(聶榮臻) 회고록, 정전협상 중국 측 대표인 참모장 셰팡(解方)의 증언 등이 실려 있다.

투수행 관련 각종 전보, 중국군 지휘관들의 회고록 등이 수록되어 있다. 구 소련 자료 및 미국 자료와의 교차 검토를 통해 실체를 파악할 수 있을 것이다. 특히 중국이 회담에 임하는 원칙과 군사작전, 한국전쟁 참전 지휘관 및 휴전회담 관련 인사들의 회고록류가 주요 검토 대상이다.

1949년 주 북한 중국대사관에서 참사관을 역임하고 중·조 대표단 비서장으로 정전회담에 참가한 짜이청원(柴成文)이 협상의 전 과정을 기술한 『중국인이 본 한국전쟁』은 정전협상 과정을 이해하는 데 유용하다.[22] 한국전쟁 참전 50주년을 기념하여 2000년에 중국 인민해방군 군사과학원 군사역사연구부가 편찬한 『抗美援朝戰爭史』 전 3권 중 제3권은 휴전 논의 개시부터 정전협정 체결에 이르는 과정을 다루고 있어, 미국의 공식 전쟁사와 교차 검토할 필요가 있다. 이 책은 국내에서 『중국군의 한국전쟁사』 1·3권으로 번역 출간되었으며, 그중 3권이 휴전회담 관련 내용이다.[23] 이 책은 『中國人民志願軍抗美援朝戰史』와 『當代中國叢書·抗美援朝戰爭』(군사과학원 군사역사연구부 편)의 두 권의 책을 기초로 집필되었다. 2000년 이전 10년간의 관련 연구 성과를 반영하여 서술되었기 때문에 현재 중국의 한국전쟁 인식을 살펴보기에 유용하다. 그러나 중국이 공개하는 자료들은 원본이 아니라 편집본으로 원본을 교차 확인할 수 없다는 문제가 있으며, 북한의 입장도 중국 측 의도대로 해석될 여지가 있어 신중하게 접근할 필요가 있다.

---

22 柴成文·趙勇田 著 윤영무 옮김, 1991 『중국인이 본 한국전쟁』 한백사

23 국방부 군사편찬연구소 역, 2005 『중국군의 한국전쟁사』 1·3권. 이 책의 후기에는 "이 책이 군사 투쟁을 주된 내용으로 하고, 군사·정치·경제·외교 등 각 방면을 모두 반영한 중국 최초의 중국인민 항미원조 전쟁의 역사적 저작물"이라고 소개하고 있다.

다만 소련과 중국에 이어 한국전쟁의 가장 중요한 당사자인 북한은 한국전쟁 자료를 일체 공개하지 않는 실정이라, 북한의 휴전회담 관련 입장을 살펴볼 수 있는 일차 자료에 대한 접근은 어렵다.[24] 북한의 입장은 구 소련 자료와 중국 자료에 수록된 전문을 통해 확인할 수 있으며, 북한에서 발간된 『력사과학』에 실린 몇 편의 논문이 있다.[25] 정전회담 및 협정 전반을 다루거나 주로 미국의 세균전 관련 내용이다.[26] 한국의 입장을 살펴볼 수 있는 자료는, 휴전회담 시기 국무회의록과 한국 전란지, 이승만 연설 담화문, 신문기사 및 회고록류 등이 있다. 상대적으로 남과 북이 생산한 휴전회담 관련 자료가 적은 것은 북한의 자료 미공개도 한 요인이지만, 기본적으로 회담에서 남북한이 별다른 역할을 하지 못했던 사정을 반영한 것으로도 보인다.

---

24 북한의 한국전쟁 공간서인 『조선전사(현대편-조국해방전쟁사)』를 활용할 수 있으며, 그 외 『김일성선집』 3권(1953, 조선로동당출판사), 사회과학원 역사연구소에서 발간한 『현대조선역사』(일송정, 1988), 과학원역사연구소에서 발간한 『조선통사(하)』(오월, 1988), 1951~1953년 『로동신문』과 『조선중앙연감』 등이 이용 가능하다.

25 강석희, 1983 「조국의 독립과 민족의 자주권을 수호한 위대한 조국해방전쟁」 『력사과학』 제3호 ; 김광순, 1955 「조국해방전쟁시기에 있어서의 조선로동당과 공화국 정부의 경제정책」 『력사과학』 제6호 ; 리몽호, 1964 「조선 인민의 조국해방전쟁 승리의 국제적 의의」 『력사과학』 제4호 ; 박태호, 1981 「위대한 수령 김일성 동지께서 제시하신 조국해방전쟁시기 나라의 모든 사업을 전시체제로 개편할 데 대한 방침과 그 빛나는 실현」 『력사과학』 제3호 ; 허종호, 1980 「미제는 조선전쟁의 도발자」 『력사과학』 제2호

26 기석복, 1955 「조선인민군의 력사적 승리와 정전협정 2주년」 『력사과학』 제7호 ; 박동진, 1983 「조선정전담판에서 미제의 침략적인 군사외교의 파탄」 『력사과학』 제3호 ; 1980년대 이후에는 세균전 관련 논문이 몇 편 실렸다. 전도영, 1983 「조국해방전쟁시기 미제의 세균전만행을 폭로 분쇄하기 위한 우리 인민의 투쟁」 『역사과학』 제2호 ; 전영률, 1984 「일본 군국주의자들이 조선전쟁에서 감행한 세균전만행의 죄악」 『력사과학』 제4호

차례

제1부

휴전협상 배경과 예비회담

1. 개전 이후 전황과 다양한 휴전 제안

1) 개전 이후 미국·소련·인도의 휴전 제안

일반적으로 휴전(armistice)과 정전(truce)은 혼용되지만, 엄밀히 말해 휴전은 정치적인 목적을 두고 당사자 간의 협정에 의한 적대 행위의 중지를 의미하는 반면, 정전은 군사적인 목적을 두고 쌍방 군당국자 간의 적대 행위의 중지를 일컫는다. 휴전이 보다 포괄적인 개념으로 정전(truce 또는 cease-fire)을 통해 전쟁 과정의 적대 행위가 일시적으로 중단되는 것을 뜻한다.[1] 한국전쟁 당시 정전과 휴전은 엄밀하게 구분하지 않고 혼용되

1 Yoram Dinstein, "Armistice", in R. Bernhardt(ed.), *Encyclopedia of Public International Law*, Vol.3(New York: North Holland Publishing Co., 1982), pp.31~34(이서항, 2004「유엔과 한국전쟁의 휴전 과정」『유엔과 한국전쟁』(강성학 편), 리북, 57쪽 재인용).

었다.[2]

한국전쟁이 발발하자 미국은 바로 미 공군과 해군을 참전시켰고, 사흘 후에는 미 지상군을 한국전쟁에 투입했다. 미국은 한국전쟁을 중국 내전과 결부시켜 사고했기 때문에, 6월 26일 미7함대를 대만해협에 파견하기로 결정했고, 대만에 미군을 진주시켰다. 한국전쟁에 참전함과 동시에 미국은 유엔을 통해 참전을 합법화하는 과정을 밟기 시작했다. 1950년 6월 25일 유엔안전보장이사회(이하 안보리)는 적대 행위의 즉각 중단을 요청하는 결의안을 채택했다. 북한군의 38도선 이북으로의 철수와 유엔 회원국의 원조를 요청하는 내용이었다.[3] 결의안이 채택된 데는 소련의 안보리 불참이 결정적 요인으로 작용했다. 당시 소련은 미국이 중국의 안보리 가입을 반대하는 데 대한 항의 표시로 안보리 참석을 거부하고 있었다. 북한이 안보리 결의안 요청을 무시하고 계속 남진하자 이틀 후 다시 안보리가 소집되었다. 소련 대표는 이때도 불참했고, 미국 주도로 유엔 한국위원단(United Nations Commission on Korea : UNCOK) 보고서에 근거하여 또다시 결의안이 채택되었다. 북한을 침략자로 규정짓고, "유엔 회원국이 군사적 침략을 분쇄하고 해당 지역에 국제적 평화와 안전을 회복시키는 데 필요한 원조를 한국에 제공할 것"을 요청하는 내용이었다.[4]

---

2 이에 필자는 현재 한국에서 일반적으로 사용되고 있는 '휴전'이라는 용어를 사용하되, 인용이나 구분이 필요한 경우 '정전' 용어를 함께 사용하였다.

3 외무부, 1976 *Resolution 82 Adopted by th Security Council on 25 June 1950* (S/1501) 『유엔韓國問題決議集(1947~1976)』, 132~133쪽

4 외무부, 1976 *Resolution 83 Adopted by the Security Council on 27 June 1950* (S/1511), 위의 책, 134쪽; 유엔 한국위원단은 한국에서 군사적 분쟁으로 발전하거나 혹은 그러한 일을 유발할 수 있는

정전 논의는 개전 직후부터 있었다. 개전 직후 미국과 인도 등은 한국전쟁의 정전을 모색하며 소련과의 접촉을 시도했다. 북한의 배후에 소련이 있다는 전제하에 이루어진 외교적 탐색이었다. 그것은 미국을 비롯한 유엔군의 한국전쟁 참전을 통한 군사적 해결과 동시에 이루어졌다. 그러나 각국이 전쟁 발발과 성격에 대한 인식이 달랐고 해법도 달랐기 때문에 실제 성과는 없었다. 전쟁 초기 단계의 다양한 외교적 탐색은 한국전쟁을 한반도 지역에 제한하고 확전을 막아야 한다는 인식이 널리 퍼져 있었다는 점을 보여 준다.

개전 직후 미 대통령 트루먼(Harry S. Truman)은 소련 정부에 북한이 남한에서 군대를 철수하도록 설득해 달라고 요청하는 전문을 보냈지만,[5] 북한의 공격에 대해 소련의 책임을 추궁하는 식의 표현은 피했다. 스탈린은 남한이 38선 이북에 대해 먼저 공격을 시작함으로써 전쟁이 시작되었다고 주장하며, 이 전쟁은 한국 사람들이 스스로 해결하도록 놔두어야 하는 내전이라며 미국의 요청을 거부했다. 더 나아가 이 시기 소련 언론은 미국의 참전이야말로 침략이라고 비난하고 나섰다. 소련의 요구 사항이 보다 명확히 드러난 것은 7월 17일 소련 외무차관 그로미코(Andrei Gromyko)를 통해서였다. 그는 모스크바 주재 영국대사 켈리(David Kelly) 경에게 접근해 영국 정부의 해결안을 문의하면서, 중국의 유엔 가

모든 변화를 관찰해 보고하는 임무를 띠고 한국에 파견되어 있었다. 이들은 북한이 남한에 대해 치밀한 전면 침략을 감행했다는 보고서를 안보리에 제출했고, 미국은 이 보고서를 적극 활용하여 안보리 결의안을 이끌어냈다.

5 U.S. Department of State, *United States Policy in the Korean Crisis*, p.63 (윌리엄 스툭, 2001 앞의 책, 107쪽 재인용)

입과 대만해협에서의 미군 철수를 요구했다.[6]

미국과 소련은 한국전쟁 발발과 성격에 대해 상반된 입장을 보였다. 미국은 북한의 남침을 주장하며 그 배후에 소련이 있다고 보았다. 반면 소련은 한국전쟁이 남한의 북침에 대한 반격이며, 남북한이 해결해야 할 내전으로, 개입하지 말아야 할 데에 미국이 참전했다고 보았다. 이러한 양측의 대립적 입장이 좁혀질 여지는 별로 없어 보였다.

이때 인도가 양 진영의 중간자적 역할을 자임하고 나섰다. 비록 인도는 개전 직후 채택된 안보리의 한국에 대한 결의를 지지하고 북한의 공격을 침략으로 간주했지만, 미국이 대만에 개입하는 것은 한국전쟁을 확대시킬 것이라고 우려해 반대했고 중국의 유엔 가입을 지지했다. 7월 1일 베이징 주재 인도대사 파니카(V. M. Panikkar)는 중국의 유엔 가입을 허용하고 소련의 보이콧을 종결하도록 비밀리에 제안했다. 7월 13일에는 인도 수상 네루(Jawaharlal Nehru)가 공식적으로 스탈린과 트루먼에게 중재안을 담은 서신을 보냈다. 스탈린은 이를 신속히 수락했지만, 트루먼은 그보다 3일 뒤 이를 거부했다. 결국 성과는 없었지만 한국전쟁의 정치적 해결 방법이 시도될 수 있다는 첫 암시였다.[7]

이와 같은 초기 의견 교환은 모스크바와 워싱턴, 베이징의 지도자들이 전쟁의 결과에 상당한 영향력을 행사하고 있었다는 점과 인도 같은 중립국들이 전쟁의 조기 종결을 위해 강대국과 중국을 중재하기를 원

6 「그로미코와 영국대사 켈리(David Kelly)의 담화 비망록(1950년 7월 17일)」 沈志華 編 2003『朝鮮戰爭: 我國檔案館的解密文件』(中冊), 대만: 中央研究院近代史研究所史料叢刊(48), 455~457쪽.

7 국방부전사편찬위원회 역, 1989『중공군 압록강을 건너다-중공의 한국전쟁 참전결정, 군사참고 6권』(Allen S. Whiting, 1960 *China Crosses The Yalu : The Dicision to Enter the Korean War*, Stanford Univ. Press), 93쪽

했다는 점을 보여 준다. 이들이 공통적으로 원하는 바는 적어도 한반도 밖으로 전쟁이 확대되는 것만은 막으려는 것이었다. 그러나 어느 한편에 군사적 승리에 대한 희망이 남아 있는 한, 이를 포기하고 정치적 해결책을 모색한다는 것은 현실적으로 불가능했다. 남쪽 일부 지역을 제외한 남한 전역이 북한군 점령하에 들어갔고, 전선은 낙동강 방어선을 중심으로 고착되어 치열한 접전을 벌이고 있었다. 유엔군 참전으로도 전장의 상황은 크게 달라지지 않았다.

그러나 1950년 9월 16일 맥아더(Douglas MacArthur)에 의해 감행된 인천상륙작전의 성공은 전쟁 양상을 완전히 반전시켰다. 이후 유엔군은 38선 이북으로의 북진 문제에 직면했다. 전쟁 초기 통과된 유엔 결의안들은 북한이 38도선 이북으로 철수할 것과 한반도에서의 평화 회복을 촉구했다. 그 때문에 안보리 결의들이 유엔군에게 북진할 수 있는 법적 근거를 제공하고 있는지 여부를 두고 논란이 벌어졌다. 유럽 국가들의 반대에도 불구하고 미국은 전쟁 초기에 통과된 안보리 결의안에 따라 북진이 가능하다고 보았다. 전장의 한국군과 유엔군은 1950년 10월 1일 38도선을 넘어 북진했다.

유엔군이 38도선을 넘은 다음날인 1950년 10월 2일 유엔 주재 소련 대표 말리크(Yakov A. Malik)는 한반도에서 즉각적인 휴전과 외국군 철군을 골자로 하는 결의안을 유엔 총회에 제출했다. 그러나 소련의 제안은 미국의 적극적인 로비로 인해 유엔 정치위원회 표결에서 부결되었다. 대신 유엔 총회는 유엔군의 38도선 이북으로의 북진을 추후 승인하는 형태로 1950년 10월 7일 한국 문제와 관련된 결의안을 채택했다.[8] 이제 전쟁의 목표는 전쟁 전 상태의 회복으로부터 한반도 전체의 통일 독립된 민주 한국 수립으로 수정되었다. 그러나 유엔군의 38도선 이북으로의 북진은 중국군의 참전을 불러왔다.[9] 중국은 다양한 외교적 통로를 통해 참전할 것이라고 경고했지만, 승리를 목전에 두고 있다고 판단한 미국은 이러한 경고를 애써 무시했다. 1951년 11월 24일 '크리스마스 전투'에서 패배한 유엔군은 전면적으로 후퇴하기 시작했고, 전세는 또다시 역전되었다.

2) 1950년 말 유엔의 정전안과 정전3인위원회 설치

중국의 전면적 참전으로 군사적 위기에 몰린 상황에서 이번에는 미국이 휴전을 모색했다. 당시 미국 내에서는 맥아더·국방부의 대중공 확전론과 국무부의 휴전 주장이 팽팽히 맞섰다. 이때 미국의 선택은 양극단의 절충으로서 후퇴를 통한 전쟁의 제한전화와 협상을 통한 해결 방식이었다.[10] 개전 이후 다양한 정전 제안이 다만 탐색전의 성격이 강했다면, 이 시기의 휴전 모색은 보다 근본적인 전쟁 정책과 결부된 것이었다.

---

8 *Resolution 376 (V), October 7*, 1950, FRUS 1950 Vol.Ⅶ, pp. 904~906.

9 중국군 참전 결정 과정에 대해서는 한국전쟁연구회 편, 2000 박두복, 「중국의 한국전쟁 개입원인」; 章百家, 「위기처리 시각에서 본 항미원조 출병결정; 이완범, 「중국인민지원군의 한국전쟁 참전 결정 과정」; 선즈화(沈志華), 「중국의 한국전쟁 참전결정에 대한 평가」; 양쿠이숭(楊奎松) 「중국의 한국전 출병」 『탈냉전시대 한국전쟁의 재조명』 참조.

10 허진녕·이진성 역, 2007 「美國의 韓國戰爭 休戰에 관한 基本方針의 形成-中國參戰과 UN軍 總退却을 中心으로」 『軍史』 제63호, 국방부 군사편찬연구소(阪田恭代, 2000 「美國の 朝鮮戰爭關する 基本方針 形成」 『군사사학』 통권141호), 149쪽.

결과적으로 이 시기 미국이 중국 대륙으로 전쟁을 확대하지 않고 한국에서의 제한전쟁 정책 원칙을 유지한 것은 전쟁이 군사적 성격에서 외교적 성격으로 변화되어 간 중요한 전환점이었다.[11]

미국이 제한전과 휴전 방침을 결정하는 이 시기에 미·영 정상회담이 열렸다. 1951년 12월 4일부터 워싱턴에서 개최된 미·영 정상회담에서 미국은 제한전쟁의 기본 방침을 공식화했다. 영국은 이에 동의하면서도 중국에 대해 유연한 태도를 보였다. 중국과의 교섭이나 거래에 긍정적이었던 영국과 달리 미국은 중국에 대해 더 강경한 입장이었다. 영국은 전쟁의 조기 종식과 확전 방지를 위해 중국의 유엔 가입, 대만해협에서의 미군 철수와 한국에서의 휴전을 조건으로 하는 연계정책(Linkage Policy)을 제시했지만,[12] 미국은 이를 거부했다.

미·영 정상회담 결과 미국은 한국전쟁에서 영국과의 협의 없이는 핵무기 사용을 고려치 않겠다는 것, 한국전에서 휴전은 받아들일 수 있으나 남한이나 대만의 포기, 또는 중국의 유엔 가입이라는 조건이 붙지 않는 경우에 한한다는 것, 중국군의 진출을 38도선상에서 정지시켜 한국전쟁에서의 목표를 전쟁 전 상태에서 끝내자는 영국 수상 애틀리(At-

---

11 도진순(2004,「한국전쟁의 기본 개념으로서 제한전(limited war)의 성립과 분화-한반도에 대한 전략적 가치 평가와 관련하여」『한국사연구』125집)은 미국이 한국전쟁 발발 직후인 6월 25~30일 사이에 백악관 회의와 국가안전보장회의를 통해 한국전쟁의 기본 개념을 제한전으로 설정하고, 미 지상군 투입을 결정했다고 보았다.

12 영국은 1950년 1월 6일 중국을 승인한다고 제의했으나, 중국이 이를 거부했다. 이유는 중국 영사가 대만에서 활동하고 있고, 영국이 중국의 유엔 가입을 지원하지 않았으며, 홍콩에 있는 재산 통제 문제 등이었다. 한국전쟁 발발 전까지 중국과 공식 외교 관계를 맺은 나라는 모두 25개국으로 이 중 11개국이 공산주의 국가였고, 나머지 14개 비공산권 국가 중 스웨덴, 덴마크, 인도, 버마(현 미얀마), 인도네시아 등이 대표단 교환에 동의했다(국방부전사편찬위원회 역, 1989『중공군 압록강을 건너다』(Allen S. Whiting, *China Crosses The Yalu*), ?쪽.

tlee C. Richard)의 제안에 반대하지 않는다는 것 등에 합의했다. 그리고 유엔에서 중립국들이 상정하고 있는 정전안을 수용할 것이라는 점에도 의견을 같이 했다.[13] 미·영 정상회담에서 합의된 내용들은, 이후 미국의 휴전정책 수립 과정에 반영되었다.

유엔에서 미국의 휴전 의사를 대변한 것은 인도를 중심으로 한 아시아 및 아랍 13개국이었다. 이들은 1950년 12월 5일 중국군과 북한군이 38선에서 정지하고 정전할 것을 요구하는 성명을 발표했다. 중국군은 이 요청을 무시했지만, 이들은 이러한 내용의 정전안을 총회에 제출할 계획이었다. 특히 개전 직후부터 다양한 통로를 활용하여 한국 문제 해결을 위해 양진영 간 고리 역할을 자임하고 나섰던 인도는,[14] 공식적인 결의안을 제출하기에 앞서 중국의 의사를 타진하고자 했다. 1950년 12월 7일 중국 주재 인도대사 파니카는 인도 등 13개국이 며칠 내로 안보리에 '먼저 38도선에서 전투를 정지하고 정전협상을 진행하는 건의'를 제출할 것이라고 중국 측에 알려 주었다.

중국은 입장 표명에 앞서 소련의 의사를 확인했다. 중국 부수상 저우언라이(周恩來)는 중국 주재 소련대사 로신(Nikolai Roschin)을 불러 소련 정부의 의사를 타진했다. 이때 중국 정부는 정전 조건으로 한반도에

---

13 국방부전사편찬위원회 역, 1991『미국 합동참모본부사 한국전쟁』(상)(James F. Schnabel · Robert J. Watson, 1979 *The History of the Joint Chiefs of Staff*, The Joint Chiefs of Staff and National Policy Vol.Ⅲ, The Korean War Part Ⅱ, Historical Division Joint Secretariat Joint Chiefs of Staff; 이하『미국 합동참모본부사』로 약함), 295~299쪽.

14 인도는 냉전의 양 진영에게 한국에 대한 정책 결정에서 핵심적이지는 않지만 바람직한 것으로 받아들여졌다(Foot Rosemary, 1990 *A Substitute for Victory: The Politics of Peacemaking at the Korean Armistice Talks*, Cornell Univ. Press, p.6).

서 외국군 철수, 미군의 대만해협과 대만에서의 철수, 조선 문제는 조선 인민 스스로가 해결, 중국 대표의 유엔 참가, 4대 강국 외무장관회의 소집 및 일본과의 강화조약 준비 등 5개 항목을 제시할 계획을 갖고 있었다.[15] 그러나 같은 날 스탈린은 저우언라이에게 정전보다는 전쟁을 계속하라는 전문을 보냈다. 중국이 38선 이남과 서울을 점령하기 전에 공격을 멈추어서는 안 되며, 유엔과 미국 측이 먼저 정전 조건을 제시하도록 압력을 가하는 것이 유리하며, 인도 등 13개국은 사실상 미국의 첩보원에 지나지 않고, 서울을 해방할 때까지는 속마음을 드러내 보여서는 안 된다는 것으로,[16] 결국 정전보다는 전쟁을 계속하라는 지시였다. 이 시기 북한 역시 완전한 군사적 승리를 원했다. 12월 3일 김일성은 중국에 가서 마오쩌둥과 저우언라이, 가오강(高崗) 등과 만나 "적에게 숨 돌릴 시간을 주어서는 안 된다"고 강력하게 요구했다. 중국군과 북한군이 평양과 서울을 장악하고 나서 유엔군을 계속 압박해 한반도에서 몰아내야 한다는 입장이었다.[17]

스탈린의 권고와 북한의 요구를 반영하여 중국은 12월 9일 유엔 파견 중국 대표 우슈취안(伍修權)을 통해 유엔에 중국 측이 마련한 5개 정전 조건을 전달했다. 중국이 내세운 조건은 미국이 받아들이기 어려운 것들이었기 때문에 사실상 협상을 거부한 것이나 마찬가지였다. 12월

---

15 「주중 소련대사 로신이 본국에 보고한 암호전문 No. 2522, 2523 (1950. 12. 7)」『한국전쟁 관련 소련 외교문서』.

16 「스탈린이 북경 소련대사에게 보낸 암호전문 (1950. 12. 7)」『한국전쟁 관련 소련 외교문서』.

17 윌리엄 스툭, 2001 앞의 책, 283쪽; 12월 9일 김일성은 평양 해방에 즈음하여 '완전한 승리를 쟁취할 데 대한' 호소문을 발표했다(1981 『조선전사』 26권, 과학 백과사전출판사: 평양, 212쪽).

11일에는 저우언라이가 중국 주재 인도대사 파니카를 만나, 미군이 이미 38도선을 넘었던 만큼 38선은 다시 존재하지 않는다고 우회적으로 정전 거부 의사를 밝혔다. 이러한 중국의 선택은 당시 군사적 정세가 자신들에게 유리하다는 판단과 북한 정부의 압박, 유엔군의 급속한 군사적 퇴각 등에서 비롯된 것이었다.

중국이 거부 의사를 밝혔음에도 불구하고 인도를 비롯한 아시아 및 아랍 13개국은 저우언라이가 정전 거부 의사를 밝힌 다음날인 1950년 12월 12일, 유엔 정치위원회에 한국전쟁 정전안과 정전3인위원회(Cease-Fire Group 3 Persons) 설치안을 정식 제출했다. 이 제안은 당시 즉시 휴전을 요구하는 미국 입장을 반영하고 있었다. 이에 반대하는 쪽에서는 극동 문제의 평화적 해결을 위한 회의를 먼저 개최하자는 중국 입장을 반영한 또 다른 결의안을 제출했지만, 다음날 열린 유엔 총회에서 아시아 및 아랍 13개국이 제출한 정전안과 정전3인위원회 설치안이 채택되었다.[18]

그에 따라 유엔 정전3인위원회가 설치되었다. 정전3인위원회는 유엔 총회 의장인 이란 대표 엔테잠(Nasrollah Entezam), 인도 수석대표 라우(Sir Benegal Rau), 캐나다 외무장관 피어슨(Lester Pearson) 등으로 구성되었다. 위원회는 한국전쟁 정전안에 관한 협의를 중국 정부에 정식으로 제의하는 한편 당시 귀국하기로 되어 있던 중국 대표 우슈취안이 한국전쟁 정전 문제 토의에 참가할 수 있도록 유엔에 체류기간 연장을 요청했다.

이때 트루먼 미 대통령은 인도를 비롯한 아시아 및 아랍 13개국의 유엔 정전안 상정 전날인 12월 11일, 국가안전보장회의를 개최하고 휴전

18 외무부, 1976 *Resolution 384(V) Adopted by The General Assembly on 14 December 1950*『유엔韓國問題決議集』, 107쪽

안 검토를 정식으로 승인했다. 국가안전보장회의 지시에 따라 미 합동참모본부가 처음으로 휴전에 관한 군사적 조건을 정식으로 검토했으며, 12월 13일 국가안전보장회의 문서 NSC 95로 회람되었다. 논의를 거쳐 12월 15일 미 국무부는 유엔 정전3인위원회의 요청에 응하는 형태로 유엔군사령부의 휴전 조건을 발표했다.

- 한국 전(全) 국토에서의 정전
- 38도선 부근을 남방한계선으로 한 20마일 폭의 비무장지대 설치
- 부대 및 병력 보강과 교대, 장비 및 물자 보충 금지
- 한국 전(全) 국토에 무제한 접근할 수 있는 유엔 정전감시위원회 설치
- 일대일 원칙의 포로 교환
- 유엔 총회의 정전협정 확인
- 유엔의 새로운 조치 결정 때까지 협정 유효[19]

38도선을 분계선으로 하여 20마일 폭의 비무장지대를 설치하고, 군사력 증강을 금지하며, 한국 전역을 감시할 수 있는 유엔 정전감시위원회 설치와 일대일 원칙의 포로 교환 등이 주요 내용이었다. 이때 미국이 군사분계선으로 38도선을 제시한 점은 주목할 만하다. 실제로 휴전회담이 시작되자 미국은 공산군 측이 내놓은 38도선 제안을 강력하게 거부했지만, 1951년 12월의 시점에 미국은 휴전의 최저 조건으로 38도선에서의 휴전과 전쟁 이전 상태의 원상회복을 요구했다. 미국은 38도선을 기초로

19 『미국 합동참모본부사』, 384쪽

하는 휴전안을 중국군이 대거 38선에 당도하기 전에 내놓으려고 했다.[20]

그러나 중국 정부는 12월 21일 방송을 통해 유엔의 회담 제의를 거부하고 중국 대표단을 귀국시켰다. 중국의 참여 없이 취해진 유엔의 모든 조치는 불법이라는 것이 중국 정부의 입장이었다. 중국은 정전3인위원회 설치안이 유엔 총회에서 가결된 것은 미국의 사주에 의한 것이며, 이 제안은 "미국이 먼저 발등의 불을 끄고 난 뒤 담판을 벌이자는 잔꾀로 숨을 돌리자는 계책"이라고 보았다.[21]

휴전을 거부하면서 중국이 내놓은 대안은 한국 문제의 평화적 해결을 위한 교섭이 우선되어야 한다는 것이었다. 중국이 요구한 교섭의 기반은 한국에서의 외국군 즉시 철수, 한국인 자신에 의한 한국 문제 해결, 미군의 대만 철수, 유엔에서 중국 대표의 합법적 지위 승인 등이었고, 38도선 정전에 대해서도 거부했다. 한국전쟁에서 38도선은 유엔군의 북한 영토 침입으로 무효가 되었다는 것으로,[22] 이 시기 38도선에 대한 양측의 입장은 휴전회담이 시작된 후의 상황과는 정반대의 모습을 보여 주었다.

유엔 정전3인위원회는 중국의 요구를 일정 부분 반영한 새로운 협상안을 마련하여 1951년 1월 11일 유엔 정치위원회에 제출했다. "한국 및

---

20 브래들리(Bradley) 합참의장이 마샬(Marshall) 국무장관에게 보낸 전문, 1950. 12. 4, FRUS 1950 Vol. Ⅶ, pp.1347~1348.

21 홍학지 지음 홍인표 옮김, 1992『중국이 본 한국전쟁』고려원(1991『抗美援朝戰爭回憶』, 해방군문예출판사: 북경), 155쪽; 시성문, 1989『판문점담판』, 해방군출판사: 북경, 114~115쪽(이병주, 앞의 논문, 74쪽 재인용).

22 1950년 12월 23일 저우언라이가 방송을 통해 한 38도선 관련 발언이다. 그러나 후에 휴전회담이 실제로 시작되었을 때 공산군 측은 38도선을 군사분계선으로 주장했고, 미국은 이것이 '아무런 의미가 없는 정치적 선'이라고 거부했다. '38도선'과 관련한 논쟁은 이 책의 제2부 군사분계선 협상에서 구체적으로 다룰 것이다.

극동 문제에 관계된 5개 원칙"으로 주요 내용은 한반도에서 즉시 정전을 주선하고, 정전 실현 후 모든 외국 군대는 단계적으로 철수하며, 유엔은 한반도에 통일정부의 수립을 위한 모든 조치를 취하며, 기타 극동 문제는 영·미·소·중 4개국 대표가 토론을 통해 해결하되 그중에 대만 문제와 중국의 유엔에서의 대표권 문제도 포함시킨다는 것이었다. 대만 문제와 중국의 유엔 가입 문제를 논의할 수 있다는 제안을 포함시킨 것은 중국의 요구 조건을 상당 부분 수용한 것이었다. 정전3인위원회는 이 새로운 결의안을 1951년 1월 13일 중국 외교부장 저우언라이에게 다시 보냈다. 그러나 중국은 1월 17일 유엔 정치위원회의 새로운 5개 원칙 정전안 역시 거부했다. 대신에 중국은 다음과 같은 요구 조건을 새롭게 제시했다.

① 한반도에서 모든 외국 군대 철수의 원칙이 접수된 후 중국군의 본국 철수

② 정전과 조선 문제의 평화적 조처 진행의 2단계
   - 제1단계 – 7개국 회의에서 기한을 정해 정전 문제를 협의한 후 계속 담판 진행
   - 제2단계 – 정전 문제와 정치 문제의 연계를 조건으로 하고, 조선에서 모든 외국 군대의 철퇴 조치와 방법, 조선의 내정은 조선 인민 스스로 해결케 하는 조치와 방법, 미국 무장역량의 대만과 대만해협에서의 철퇴, 기타 극동에서의 유관문제 협상

③ 유엔에서 중국의 합법적 지위 획득 보장 등[23]

---

23 행정자치부·정부기록보존소, 2002 "周恩來外長建議召開七國會議談判迅速結速朝鮮戰爭及和平解決亞洲問題致聯合國大會第一委員會主席的復電(저우언라이 외교부장이 7국 회담을 개최하여 조선전쟁과 아시아의

여기서 핵심은 중국의 유엔 가입과 대만으로부터 미군 철수에 있었다. 그리고 중·소·미·영·불·인도·이집트 등의 7개국 회의 개최를 새로 제안하고, 정전 문제와 정치 문제를 연계하며, 한국 문제는 한국인들이 스스로 해결해야 한다고 주장했다. 정전3인위원회 제안보다 더 포괄적으로 극동 문제를 다룰 것을 요구한 것으로, 미국이 이 제안을 받아들일 가능성은 거의 없었다. 이때 중국이 미국의 거부가 분명해 보이는 이러한 정치적 주장을 강하게 제기한 것은, 당시 전황이 자신들에게 유리하다는 판단 때문이었다. 중국은 정전보다는 군사적 승리를 선택했던 것이다. 결국 유엔 정전안을 거부한 중국과 북한군은 1950년 12월 말경에는 38도선을 넘어 대규모로 남진했다.

유엔에서의 휴전 논의가 실효를 거두기 어렵다고 판단한 미국은 유엔에서의 휴전 논의를 일단 중단하기로 결정했다. 1951년 1월 말 이후 유엔군은 후퇴를 멈추고 재반격의 기회를 잡았다.[24] 그리고 군사 상황의 변화로 전선이 안정되자 미국은 외교적 강경 노선으로 전환했다. 미국의 강경책은 유엔에서의 결의안 채택으로 뒷받침되었다. 미국은 1951년 1월 20일 중국을 침략자로 규정한 결의안을 제출했고, "중국은 유엔군에 대한 적대 행위를 중지하고 한국으로부터 철수를 요구"하는 결의안이 2월 1일 유엔 총회에서 채택되었다.[25] 미국은 '침략자 결의'로 외교적으로 중

평화에 관한 문제를 토론하여 신속하게 해결하자고 국제연합의 제1위원회 주석에게 보낸 답신)" 1951. 1. 17『한국전쟁과 중국 I』, 135~136쪽.

24 양영조, 2002「중공군 신정공세와 미국의 38도선 유지 전략」『戰史』 제4호, 국방부군사편찬연구소, 133쪽.

25 외무부, 1976 *Resolution 498(V) Adopted by The General Assembly on 1 February 1951*『유엔韓國問題決議集』(1947-1976), 121~122쪽; 1951년 8월 1일 소련의 안보리 복귀 이후 안보리 결의문 채택이

국을 압박하는 한편 한국전쟁에서 군사적 압력을 강화하는 동시에 유엔의 틀을 벗어나 보다 직접적인 휴전 교섭 방법을 찾기 시작했다.

1950년 12월부터 1951년 1월 초까지 유엔에서 진행된 휴전을 위한 노력은 실질적인 성과를 가져오기에는 분명한 한계가 있었다. 이유는 첫째, 유엔이 유엔군의 이름으로 참전함으로써 교전의 당사자가 되었다는 점에서 휴전협상을 주도하거나 중재하기는 어려웠다. 인도를 비롯한 중립국이 협상의 중재자 역할을 자임하고 나선 것도 그 때문이었다. 둘째, 교전 당사자인 중국과 북한이 유엔 비회원국이었다는 점에서 비롯된 문제로, 휴전 문제와 중국의 대표성 문제가 연계됨으로써 더욱 논의를 어렵게 만든 측면이 있었다. 셋째, 유엔 결의안이 채택된다 해도 전장에서 맞서고 있는 쌍방이 그것을 수용하지 않는 한 어떠한 외부적 압력도 전쟁을 마무리 짓는 결정적 계기가 될 수는 없었다.

그러나 한편 이때의 휴전 논의는 교전 당사국들이 본격적인 휴전협상을 진행하는 데 있어 방향 설정을 했다는 점에서 의미가 있었다. 미국은 이 시기에 휴전 정책에 대한 기초 논의를 시작했고 그것을 발전시켜 휴전 교섭의 기본 방침을 만들었다. 1950년 12월부터 1951년 1월 시점에 이미 미국은 한국전쟁과 한국 문제의 행보를 결정하고 휴전 정책의 원형을 만들었던 것이다.[26] 또한 1950년 12월 유엔 총회에서 결의안으로 채택된 정전안은 비록 중국의 거부로 실현되지는 못했지만, 1951년 6월의

불가능해지자 미국 및 서방국가들은 1950년 11월 총회에서 '평화단결결의(The Uniting for Peace Resolution)'를 채택하여 총회가 안보리에 버금하는 권고 권한을 행사하도록 했다. 이에 의거하여 중국을 침략자로 규정하는 총회결의문 498호, 중국과 북한에 대한 경제제재를 결정한 총회결의문 500호 등이 채택되었다(박홍순, 2004「한국전쟁과 유엔의 개입(1950)」『유엔과 한국전쟁』, 리북).

26 허진녕·이진성 역, 2007, 앞의 논문, 149쪽.

직접적인 휴전 교섭으로 가는 교두보 역할을 했다.

2. 1951년 6월 미·소의 휴전협상 합의와 예비회담 개최

1) 진지전과 휴전 모색

1951년 1월 중순 이후 유엔군이 반격 작전을 개시하면서 전황이 변화하기 시작했다. 유엔군이 위력정찰을 목적으로 한 반격 작전을 개시한 후 콜린스(Lawton J. Collins) 미 육군참모총장과 반덴버그(Hoyt S. Vandenberg) 미 공군참모총장은 전선시찰을 마치고, "한국에 남아 싸우는 것은 가능하다"고 낙관적 평가를 내렸다.[27] 그 후 유엔군의 반격이 본격화되었고 1월 25일 중국군은 유엔군의 반격에 맞서 새로 병력을 배치한 후 기동방어에 돌입하는 한편 정치적인 측면을 고려해서 물러나더라도 최소한 38도선을 확보할 수 있는 선까지의 후퇴를 결정했다.[28]

1월 하순부터 6월 초순까지 공산군 측의 4·5차 공세와 유엔군의 반격 작전이 전개되었다. 유엔군의 군사 목표는 미 합참의 훈령에 따라 임진강 하구로부터 시작하여 화천저수지를 거쳐 배양에 이르는 선인 캔자스 선과 금화·화천·철원을 연결하는 이른바 철의 삼각지대의 저변에 해

---

27 『미국 합동참모본부사』(상), 432~433쪽

28 홍학지 지음 홍인표 옮김, 1992 앞의 책, 192~193쪽

그림 1 캔자스-와이오밍 선

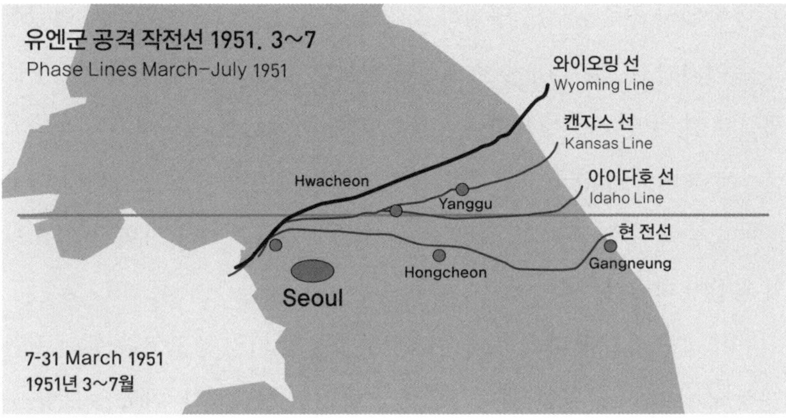

■ 출처 길광준 지음, 2005 『사진으로 읽는 한국전쟁 June 1950-July 1953』 예영커뮤니케이션, 274쪽

당하는 선인 와이오밍 선을 확보하는 것이었다. 공산군은 반격과 방어라는 2중 작전을 구사하며 결사적으로 방어했으나,[29] 유엔군이 1951년 4월에서 5월에 걸친 2차의 공산군 총공격을 물리친 후, 6월 중순 서부의 임진강 부근을 제외하고는 대부분의 전선이 38도선 이북으로 형성된 "캔자스-와이오밍" 선에서 형성되었다.

이러한 전장의 변화로 미국은 1950년 12월의 상황보다는 좀 더 유리한 조건에서 자신들의 조건에 기초한 휴전을 모색할 발판을 마련했다. 1951년 5월 17일 미 행정부는 군사적 수단과 별개로 정치적 해결 방법을

29 홍학지 지음 홍인표 옮김, 1992 앞의 책, 224쪽; 중국군은 이 4차 전역에서 "유엔군에게 87일 동안 1~3킬로미터밖에 진격을 허용하지 않아 선전한 셈"이라고 자위했지만, 결론적으로 유엔군의 반격에 밀린 것이었다.

추구해야 한다는 요지의 NSC 48/5 보고서를 채택했다.[30] 요지는 미국이 한국에서 최종적으로 달성하고자 한 통일·자주·민주 한국이 현실적으로 어렵다고 보고, 대신 38도선을 확보할 수 있는 선에서 휴전협정을 체결한 뒤 적당한 시기에 한국군을 제외한 외국군을 철수시키되 북한의 남침에 대비하여 한국군의 전력을 증강시킨다는 것이었다. 그러나 대만 문제나 중국의 유엔 가입, 38도선 문제 등에는 주의를 요망한다는 요지의 지침이 따랐다.

이 정책 결정에 따라 미국은 1951년 5월 중 다양한 경로를 통해 소련과 중국에 휴전에 관한 메시지를 전달하려고 시도했다. 미국은 프랑스, 독일, 홍콩, 모스크바 등지에서 소련 및 중국 관리들과 접촉했지만 별다른 성과는 없었다. 이에 미국은 전 주소 미국대사 케난(George. F. Kennan)에게 휴전에 관한 미 정부의 의사를 소련 당국에 전하도록 임무를 부여했다. 5월 31일 케난은 개인 자격으로 소련 부외상이며 유엔 수석대표인 말리크를 만나 미국 정부의 뜻을 전달하는 데 성공했다.[31]

미국의 휴전 의사를 확인한 북한과 중국은 6월 3일 북경에서 회동했다. 이때 중국은 휴전을 받아들일 생각이었다. 중국이 휴전을 모색하게 된 결정적 계기는 군사적 요인 때문이었다. 1951년 1월 중순 이후 유엔군의 반격 작전과 공산 측의 4·5차 전역 과정에서 중국군은 막대한 피해를 입으며 38도선 부근으로 후퇴했고, 사실상 승리에 대한 자신감을 잃

---

30 NSC 48/5, *United States Objectives, Polices and Courses of Action in Asia, May 17, 1951*, FRUS, 1951, Vol.Ⅶ, pp. 439~442

31 신복룡, 1987 「한국전쟁 휴전 협정의 비밀 협상에 관한 연구-미국의 역할을 중심으로」 『한국정치학회보』 제21집 2호, 256~267쪽

었다. 1951년 6월 중순까지 중국군의 인명 피해는 엄청났으며, 무기와 장비의 낙후, 중국 경제력의 제한 등으로 단기간에 승리를 쟁취할 수 없다고 판단했다. 중국 국내 정치에서도 중국을 침략자로 낙인찍은 1951년 2월 1일의 유엔 총회 '침략자 결의'와 중국에 대한 경제적 봉쇄를 취한 1951년 5월 18일의 유엔 조치도 중국에 치명적인 타격을 주었다.[32]

그러나 북경 회동 전 북한은 중국과는 다른 입장이었다. 북한은 휴전보다는 대규모 반격 작전을 구상하고 있었다. 중국군의 제5차 전역이 끝난 5월 30일 김일성은 펑더화이에게, 6월 말 혹은 7월 중순 대규모 반격 작전을 건의하는 서한을 보내, 군사적 행동이 장기화되면 군사적으로 정치적으로 불리하기 때문에 그 전에 총공격을 개시하자고 제안했다.[33] 이 시점에 케난의 제안을 접한 북한과 중국이 북경에서 회동했지만, 휴전에 대한 충분한 합의를 이루지 못했다.

마오쩌둥은 가오강을 모스크바에 파견하여 이 문제에 대한 스탈린의 의견을 구하면서 김일성을 동행하도록 했다. 김일성이 정전 교섭에 분명하게 동의하지 않았기 때문에 스탈린으로 하여금 김일성을 설득하게 하려는 의도였다.[34] 6월 10일 모스크바로 간 김일성과 가오강은 스탈린

32 1951년 5월 18일 통과된 유엔 총회 결의 제500(V)호는, 모든 유엔 회원국들에게 중화인민공화국과 북한에 대한 금수조치를 취할 것을 권고했다(외교통상부, 1999『한국외교 50년』 1948~1998).

33 국방부 군사편찬연구소 역, 2005『중국군의 한국전쟁사』 3권(중국 군사과학원 군사역사연구부, 2000『抗美援朝戰爭史』 제3권: 이하『항미원조전쟁사』 3권으로 약함), 127쪽.

34 와다 하루끼 지음 서동만 옮김, 1999『한국전쟁』, 창작과비평사, 220~221쪽. 와다는 이때 모스크바 방문에 동행한 통역 스저(師哲)의 회상기를 근거로 이렇게 주장했다(師哲, 1991『在歷史巨人身邊-師哲回憶錄』中央文藝出版社, 505~508쪽).; 그러나 이 문제에 대해서는 이견이 있다. 중국 측 전사에서는 이때 북한과 중국 간에 휴전에 대해 이견이 없었다는 입장이며(『항미원조전쟁사』 3권, 26쪽), 구 소련 자료를 토대로 오히려 가오강과 김일성이 스탈린을 설득했다는 주장도 있다(A.V. 토르쿠토프 지음

과 만나 휴전 문제를 논의했고, 스탈린은 1951년 6월 13일 마오쩌둥에게 "휴전이 지금으로서 유일한 일이라는 결론을 내렸다"는 전문을 보냈다.[35] 이 시기 중국과 소련은 휴전을 선택했으며, 북한은 이 단계에서 정전회담을 시작하는 것을 원치 않았지만 달리 선택의 여지는 없었다. 스탈린의 중재로 공산 3국 간에 휴전 합의가 이루어진 이날, 마오쩌둥은 휴전을 제기하는 문제와 정전 조건에 관한 중국의 입장을 담은 전문을 김일성에게 보냈다.

> 휴전을 제기하는 문제는, 북한과 중국이 먼저 휴전 문제를 제기하는 것이 합리적이지 못하다. 적들이 먼저 제기하기를 기다리거나 소련 정부가 미국 정부에 정전에 대하여 문의하는 것이 더 좋을 것이다. 아니면 한편으로는 소련 정부가 문의하고, 다른 한편으로는 상대방이 정전 문제를 제기하면 이에 동의하는 방식으로 두 가지 방법을 동시에 할 수도 있다.
>
> 정전을 위한 조건으로는, 38선을 분계선으로 복구하며, 유엔이 실제로 침략의 도구가 되었으므로 중국이 현재 유엔 가입에 특별한 의의를 부여하지 않으니 중국의 유엔 가입 문제는 조건으로 내세우지 않아도 된

구종서 옮김, 2003 『한국전쟁의 진실과 수수께끼』, 에디터, 271~276쪽). 1951년 6월 초까지도 스탈린은 휴전에 대해 관심이 없었으며, 가오강과 김일성을 만난 스탈린은 처음에, 공산군이 잘 싸우고 있는데 왜 미국이 아닌 중국이 정전을 하려고 하느냐고 말했으나 많은 준비를 해 온 가오강과 김일성의 설득력 있는 설명에 결국 정전의 필요성을 인정했다는 것이다. 그러나 와다의 주장이 모스크바 방문에 동행한 통역 스저의 회상기를 근거로 한 것이라는 점에서 더 설득력이 있는 것으로 보인다. 와다는 이때 북한 내에서 김일성보다도 박헌영이 더 정점담판을 찬성할 수 없는 입장이었을 것이라고 보았다.

35 「스탈린이 북경의 로신에게(마오쩌둥에게 전달)」 1951. 6. 13」 『한국전쟁 관련 소련 외교문서』

다. 대만 문제는 흥정을 위해 조건부로 제시할 수 있다.[36] (밑줄 강조: 인용자)

공식적으로 휴전을 제기하는 문제는 유엔군 측이 먼저 제기하기를 기다리거나 소련 정부가 미국 정부에 정전에 대해 문의하는 방식 혹은 두 가지를 동시에 진행하는 것이 좋겠다는 것이며, 정전을 위한 조건으로는 38도선을 분계선으로 하며, 중국의 유엔 가입 문제를 조건으로 내세우지 않아도 된다는 것이었다. 이것은 1950년 12월 유엔 정전3인위원회의 정전안을 거부하면서 중국이 내세운 중국의 유엔 가입이라는 정전 조건에서 상당히 양보한 것이었다. 미국이 중국의 유엔 가입 문제를 회피하고 싶어 했던 만큼, 이 조건으로 휴전협상을 복잡하게 만들 소지가 있는 하나의 요소가 제거된 셈이었다.

미국 역시 군사적 요인을 고려하면 이때가 실질적으로 휴전협상을 시작하기에 가장 적합한 시기라고 판단했다. 1951년 1월 이후 반격 작전과 공산군의 4·5차 공세를 성공적으로 막아냈지만, 그 과정에서 유엔군의 인명 피해도 막대했다. 1951년 6월 말 미군은 전사 2만 1300명, 부상 5만 3100명, 실종 및 포로 4400명으로 모두 8만 명의 인명 피해를 입었다. 이는 한국전쟁 기간 약 14만 명의 미군 피해의 약 60퍼센트를 차지하는 엄청난 피해였다.[37] 군사적인 측면에서도 중국군의 공세를 막아내고 전쟁 이전 상태를 회복한 이 시기가 정전회담을 할 수 있는 적기로 판

36 「마오쩌둥이 가오강과 김일성에게 1951. 6. 13」『한국전쟁 관련 소련 외교문서』

37 "Albert C. Wedemerer's Testimony and Gen. Marshall's Testimony", in MacArther Hearings, GPO, 1951, pp.610, 2397(하재평, 2003「정전협정 체제와 유엔사의 역할」『전사』 제5호, 8쪽 재인용)

단했다. 유엔군이 해·공군력을 앞세워 평양-원산 선까지 밀어붙일 수는 있겠지만, 북진하는 단계에서 엄청난 인적 물적 피해를 감수해야 하고, 병참선이 늘어나 불리하게 된다는 점도 고려했다. 결국 교전 쌍방이 군사적으로 결정적 승리를 쟁취할 수 없다는 것을 깨달았을 때 비로소 교섭의 자리가 마련되었던 것이다.

그러나 남한은 휴전을 적극 반대했다. 미국과 북한·중국·소련이 모두 휴전에 대한 방침을 결정했던 1951년 6월 시점에 한국 정부만이 휴전을 반대하고 있었다. 1951년 5월 26일 이승만은 "이미 제거된 38선을 또다시 발생시키는 어떠한 정전에도 반대하며, 만약 유엔군이 투지를 굽혀서 정전협상을 개시하는 경우에는 실지를 회복할 때까지 한국은 단독행동을 취하겠다"는 성명서를 발표했다.[38] 6월 5일에는 한국 국회가 정전 반대 결의안을 통과시켰으며, 6월 11일에는 38도선 정전 반대 국민총궐기대회가 열렸다.

미국은 이승만과 한국 정부의 반대에도 불구하고 일방적으로 휴전을 추진하기로 결정했다. 미국은 한국 내 휴전 반대 운동이 민심을 반영한 것이라고 보지 않았다. 주한 미대사 무초(John Muccio)는 한국 정부와 이승만이 휴전 반대 운동을 통해 여론을 주도하지만, 실상 대다수의 한국민은 전쟁에 지쳤고 휴전할 준비가 되어 있다고 본국에 보고했다.[39] 미

---

38 이승만 담화문 1951. 5. 26. 그 후에도 이승만은 휴전을 반대하는 성명을 연이어 발표했다(「말리크의 휴전제안에 대한 이승만 대통령의 성명」(1951. 6. 27); 「38선 정전 문제에 관한 이 대통령의 담화」(1951. 7. 3)).

39 「부산대사관 전문 91, 1951년 7월 28일, 795B.11/7-2851」, 도널드 스턴 맥도날드 저 한국역사연구회 역, 2001 『한미관계 20년사』, 85쪽 재인용. 무초는 휴전 반대 운동이 이승만이 의도적으로 국민을 호도하는 것이며, 주목적은 이듬해 국회 재선거를 겨냥한 것이고, 그럼에도 민심을 돌려놓지는 못했다고 보고했다.

국은 이승만과 한국 정부의 반대에도 불구하고 일방적으로 휴전을 추진하기로 결정했고, 사실상 한국 정부만이 소외된 가운데 휴전을 모색하는 움직임이 가시화되기 시작했다.

2) 소련의 휴전 제의와 예비회담 개최

1951년 6월 23일 소련의 유엔 수석대표 말리크는 '피의 대가'라는 라디오 방송프로 연설에서 공식적으로 휴전을 제안했다.[40] "소련 인민은 한국전쟁이 평화적으로 해결될 수 있다고 믿으며 그를 위한 첫 단계로 교전국은 사격을 중지하고 양측이 38도선에서 철수하기 위한 토의가 시작되어야 한다"는 요지였다. 말리크의 연설은 실질적인 휴전 논의의 첫 계기가 되었다.[41] 소련의 휴전 제의에 대하여 공산군 측 내부 합의에 따라 중국은 6월 25일, 그로부터 이틀 후인 6월 27일 북한이 지지를 표명했다.[42]

미국은 소련 주재 미국대사 커그(Alan G. Kirk)를 통해 말리크의 방송내용에 대한 소련 입장을 확인하고자 했다. 커그를 만난 소련 외무차

---

40 『항미원조전쟁사』 3권, 75쪽.

41 *George F. Kennan to the Secretary of State(Acheson)*, Princeton, 1951. 6. 20, FRUS 1951, Vol.Ⅶ, Part 1, pp. 537~538.

42 『항미원조전쟁사』 3권, 75쪽; 홍학지, 앞의 책, 272쪽. 중국 인민일보는 6월 25일자 사설에서 말리크의 제안을 전폭적으로 지지하며, 중국군 참전 목적이 조선 문제의 평화적 해결이라고 주장했다. 북한은 평양방송을 통해 전쟁 이전 상태인 38선의 회복 조건하에서 휴전을 받아들이겠다는 담화를 발표했다.

관 그로미코(Andrei Gromyko)는 한국전쟁 교전 당사국 군사대표가 군사 문제에 국한하여 휴전을 결정하며, 정치나 영토 문제를 반드시 포함해야 하는 것은 아니라고 했다.[43] 소련이 어떤 이유로 먼저 이러한 원칙을 제시했는지는 명확히 알 수 없지만, 미국도 원했던 바였기 때문에 이견이 있을 수 없었다. 미국과 소련이 회담을 순수한 군사 문제로만 국한하려 했고 그것을 회담의 대전제로 삼았기 때문에, 이후 휴전회담은 그 틀을 크게 벗어나지 않는 선에서 진행되었다.

미국은 6월 28일 소련의 협상 제의를 수락하는 국무부 성명을 발표했다. 다음날 트루먼 대통령은 리지웨이(Matthew B. Ridgway) 유엔군사령관에게 공산군 측과 직접 휴전을 교섭하라고 지시했다. 그에 따라 6월 30일 리지웨이는 서울과 도쿄의 라디오 방송을 통해 휴전을 위한 군사회담을 제안했고, 회담 장소는 원산항에 정박 중인 덴마크 병원선 유틀란디아(Jutlandia) 호로 하자고 제안했다.[44]

그러나 공산군 측은 리지웨이의 제안에 대해 즉각적인 반응을 보이지 않았다. 이때까지 북한과 중국, 소련 간에 합의된 것은 휴전회담을 진행할 것이라는 것과 38도선을 경계로 휴전하고 철군한다는 원칙 정도였다. 협상을 누가 주도하며 협상 계통을 어떻게 할 것인지, 그리고 협상 개시 절차와 시기 등을 어떻게 할 것인지에 대한 구체적인 협의가 필요했다.

북한은 스탈린과 직접 연락하며 회담을 주도하려는 의도를 갖고 있

43 「그로미코 일지: 커그 미국대사와의 만남 1951.6.27」(소련 외무성차관 그로미코 서명, No.103), 『한국전쟁 관련 소련 외교문서』. 이때 커그 대사가 말리크의 연설이 중국 정부의 입장을 반영하고 있는가 질문하자, 그로미코는 미국 정부 스스로 중국의 입장을 알아보라고 했다. 휴전 문제에 개입은 하되, 공식적인 관계를 드러내지는 않으려는 의도였던 것으로 보인다.

44 『미국 합동참모본부사』, 20~21쪽.

었던 것으로 보인다. 김일성은 6월 29일 스탈린에게 전보를 보내 리지웨이가 회담을 제기할 경우 어떻게 답변해야 하는지 의견을 물었다.[45] 스탈린은 이에 대해 답변하는 대신, 중국과 협의를 거치지 않은 것으로 보인다며 이 서한을 김일성에게 되돌려 보냈다. 중국은 한발 더 나아가 스탈린에게 직접 휴전협상을 지도해 달라고 요구했다. "스탈린이 직접 김일성과 연락하면서 개별적으로 회담의 지침을 내려 달라"는 것이었다.[46] 그러나 스탈린은 협상을 지도하는 문제에 대해 자신이 할 수 있는 역할을 조언자 정도로 규정하면서, 마오쩌둥이 협상을 지도하고 김일성과도 직접 통신하라는 내용의 답신을 보냈다.

> 리지웨이의 휴전 제의에 대해서는 이를 받아들인다는 답을 라디오 방송을 통해 즉시 내보낼 것.
> 이 답신은 김일성과 펑더화이의 이름으로 내보낼 것. 만약 중국 의용군 사령관의 이름이 들어 있지 않으면 미국은 관심을 보이지 않을 것임.
> 회담 장소는 38도선상의 개성을 절대 고수할 것. 현재 중국이 휴전 문제를 주도할 수 있으며 미국은 회담 장소에 대해 양보할 것이라는 점을 염두에 둘 것.
> 귀하는 전문을 통해 모스크바가 휴전협상을 지도하도록 요청했지만 이는 불가능한 일이며 또한 필요한 일도 아님. 협상을 지도할 사람은 바로 마오쩌둥 동지 당신임. 우리는 기껏해야 몇 가지 사안에 대해 조언이

---

45 「김일성이 스탈린에게(소련군 참모부 제2총국을 통해) 1951. 6. 29」『한국전쟁 관련 소련 외교문서』

46 「북경에서 마오쩌둥이 스탈린에게 1951. 6. 30」『한국전쟁 관련 소련 외교문서』

나 해줄 수 있음.

김일성과는 직접 통신도 안 됨. 동지가 김일성과 직접 통신을 유지하기 바람.[47] (밑줄 강조: 인용자)

그리고 스탈린의 직접 조언을 기다리고 있던 김일성에게는 중국 정부와 논의하여 중국과 합동으로 제안하라는 전문을 보냈다.[48] 이 지침은 휴전협상 전 과정에서 북한과 중국, 소련 간의 관계를 규정했다. 스탈린의 지시는 중국이 협상에서 주도적인 역할을 하라는 것으로, 북한은 모든 문제를 먼저 중국의 동의를 받은 다음에 처리하도록 함으로써 협상에서 중국의 주도권을 확실하게 하는 한편, 북한의 지위와 역할은 명확하게 제한했다. 또한 소련의 역할도 제한함으로써 스탈린은 구체적인 협상 과정에 개입되는 데서 오는 책임과 부담을 최대한 회피하고자 했다. 그럼에도 이후 전개된 회담은 공산 3국 간의 긴밀한 논의 구조 속에서 스탈린이 최종 재가를 할 수 있는 가장 강력한 위치에 있었다. 중국은 협상 지휘 체계를 실질적으로 주도하면서도 거의 매일 서한을 통해 스탈린에게 협상 과정을 보고하고 그의 지시를 구했다. 공산군 측 협상 지휘 체계는 이러한 공산 3국 간의 역관계를 반영한 구조로 형성되었다. 마침내 공산군 측은 7월 1일 북경방송을 통해 유엔군사령관의 협상 제의를 수락했다. 소련의 지시대로 북한 김일성과 중국군사령관 펑더화이 공동 명의였다.

47 「스탈린이 마오쩌둥에게 1951. 6. 30」『한국전쟁 관련 소련 외교문서』

48 「스탈린이 라주바예프에게 1951. 7. 2」『한국전쟁 관련 소련 외교문서』

…… 군사행동을 중지하고 평화 협상을 개최하는 데 동의하며, 당신과의 대표회담에 동의한다는 것을 밝힌다.

우리는 회담 장소를 38선 부근의 개성에서 열 것을 제의한다.

만일 당신이 이에 동의한다면, 우리 측 대표단은 귀측 대표단을 7월 10일에서 15일 사이에 만날 준비를 할 것이다.[49] (밑줄 강조: 인용자)

군사행동을 중지하고 평화 협상을 개최하는 데 동의하며, 회담 장소를 38도선상의 개성 지역으로 하자는 것이었다. 유엔군 측은 회담 장소를 원산항에 정박 중인 덴마크 병원선으로 제안했지만, 회담 장소를 개성으로 하자고 제안하면서 별다른 이유를 제시하지는 않았다. 공산군 측이 회담 장소를 개성으로 제안한 것은 스탈린의 지시에 따른 것으로 보이지만,[50] 마오쩌둥의 제안이라는 주장도 있다.[51]

유엔군 측은 회담 장소 선정 문제를 신중하게 검토했다. 개성은 38도선 남쪽에 위치하고 있는데, 당시에는 전선 사이에 있어 어느 쪽에도 속하지 않았으나 공산군 측이 효과적으로 통제하고 있었다. 당시 미 8군의 전선인 캔자스 선은 가장 가까운 지점에서 10마일이나 떨어져 있었다. 그 때문에 미 합동정보위원회(Joint Intelligence Commission)는 개성

---

49 『항미원조전쟁사』 3권, 76쪽.

50 「스탈린이 크라숍스키에게(1951. 6. 30)」; 「마오쩌둥이 스탈린에게(1951. 6. 28)」. 스탈린은 미국이 군사정보를 얻기 위해 요새화된 항구인 원산항에 정박 중인 선박을 회담 장소로 정했다고 생각해서 이를 거부하고 개성으로 회담 장소를 제안했다.

51 웨더스비는 회담 장소를 개성으로 정하도록 제의한 것은 마오쩌둥이었으며, 스탈린이 마오쩌둥의 권고를 받아들여 개성에서 회담을 개최하도록 했다고 주장했다(Kathryn Weathersby, *The Soviet Role in Prolonging the Korean War, 1951-1953*, paper presented at the conference on the Korean War, July 24~25, 1995 (김영호, 「한국전쟁 연구의 쟁점과 과제」, 26쪽 재인용)).

이 휴전회담 장소로서 수락할 만하다고 판단하면서도, "적에게 정치적, 심리적으로 결정적인 이익을 제공할 것"이라고 경고했다. 그럼에도 워싱턴에서는 공산군 측이 제안한 장소를 수용하라고 지시했다. 일단 협상을 시작해야 한다는 조급함과 공산군 측의 제안을 무조건 거부할 수 없다는 판단이 복합적으로 작동한 결과였다.[52] 이것이 유엔군 측의 최초의 실수였음은 회담이 시작되자마자 곧 드러났다. 공산군 측이 통제하고 있는 개성에서 회담을 갖는 것은 유엔군 측에 여러모로 불편과 불이익을 주었다. 회담 장소 문제는 본질적인 문제가 아니었지만, 일련의 개성 사건과 맞물려 한동안 협상의 진전을 가로막은 장애 요인이 되었다. 개성 관련 논의는 다음 장에서 자세히 다룰 것이다.

이후 몇 차례의 서신 교환을 통해 개성에서의 예비회담 개최에 양측이 합의했고, 1951년 7월 8일 드디어 개성에서 예비회담이 개최되었다.[53] 예비회담에서는 회담 지역의 안전과 보호 문제를 명확히 하고, 정식회담의 대표 명단을 상호 교환했다. 양측은 7월 10일 개성에서 정식회담을 진행하기로 확정했다.

---

52 「합참에서 리지웨이 사령관에게 보낸 전문, 1951. 7. 2」; 『미국 합동참모본부사』, 앞의 책, 26~27쪽. 이러한 결정은 국무부 관리의 조언에 따른 것이었다고 하지만, 여기서 언급한 국무부 관리가 누구인지는 밝혀져 있지 않다; 리지웨이 역시 그의 회고록에서 "워싱턴은 나에게 빨리 싸움을 끝내고 또 우리의 성의를 보이기 위해 이 제안을 즉시 받아들이라고 지시해 왔다"고만 밝혔다(리지웨이, 1967『한국전쟁』, 정우사, 221쪽).

53 예비회담이 열렸던 장소는 개성 북쪽에 위치한 광문동의 민가로, 전쟁 발발 이전에는 다방으로 사용했던 가옥이었다. 리지웨이는 그의 회고록에서 이 회담장을 "19세기 뉴잉글랜드 지방의 고등학교를 닮은 로코코식 다방 건물"이라고 묘사했다(Matthew B. Ridgway, 1967, *The Korean War*, Doubleday(매튜 B. 리지웨이 저 김재관 역, 1981『한국전쟁』 정우사, 207쪽)).

3. 공산군 측과 유엔군 측 협상 전략과 지휘 체계

1) 북한·중국·소련의 휴전협상 전략과 대표단 구성

공산군 측 휴전협상 기본 원칙

휴전회담이 시작되기 전 북한과 중국, 소련 간에 협상 전략에 대한 의견 조율을 거쳐 기본 원칙과 협상 계통이 수립되었다. 앞서 언급한 대로 북한은 중국과의 협의 없이 자신들의 협상 전략을 먼저 구상했으며, 협상을 주도하고자 하는 의도도 갖고 있었던 것으로 보인다. 북한의 협상 기본전략은 1951년 7월 1일 새로 평양에 부임한 라주바예프(Rasuvaev) 소련대사에게 전달되었고, 그는 이것을 전문으로 스탈린에게 보고했다.

> 김일성은 1951년 7월 2~3일 중 적에게 협상개시 시기를 제시할 예정임. 모스크바의 긴급한 동의가 필요함. (중략) … 남일이 이끄는 북한 대표단은 다음 사항을 발표할 예정임.
>
> - 전투행위 중지 시기
> - 38도선 남북으로 각각 5~10킬로미터씩 병력 철수
> - 전투 중지와 함께 38도선 상공의 비행 월경 금지
> - 조선 영해에서 해군력 철수 및 봉쇄 해제
> - 2개월 내 모든 외국 군대의 철수
> - 포로 교환, 강제 이주 주민 귀환[54] (밑줄 강조: 인용자)

---

54 「북한 주재 소련대사 라주바예프가 스탈린에게 보낸 전문 1951. 7. 1」(모스크바 새증언 23, 『서울신문』 1995. 7. 18). 라주바예프는 북한의 협상 전략을 그대로 전달하면서, "김일성 동지는 필리포프(스

북한이 단독으로 제안할 예정이며, 전투행위 중지 시기와 38도선 분계선 설정, 외국군 철수 및 시기 설정, 포로 교환 등의 내용을 담고 있다는 보고였다. 스탈린은 다음날 이 제의가 마오쩌둥과 협의를 거치지 않은 것으로 보인다며 되돌려 보냈다. 협상 제의는 중국 정부와 합의를 거쳐 공동 작성되어야 한다는 점을 김일성에게 전달하라는 지시였다.[55] 이번에는 마오쩌둥이 7월 3일 중국 측의 휴전협상 전략 기본 원칙을 스탈린에게 보내 의견을 구했다.

다음의 다섯 가지 기본 원칙을 보고함.

- 쌍방이 동시에 전투 중지 명령을 내릴 것.
- 쌍방 병력은 38도선을 따라 10마일씩 밖으로 철수할 것. 38도선 기준 10마일 이내에는 완충지대 설치.
- 쌍방은 조선 외부로부터 무기 및 병력 반입을 통한 무력 증강 행위를 중지할 것.
- 중립국 감시위원회 구성.
- 전쟁 포로 송환: 적들은 포로의 일대일 교환을 제의할 것이나 우리는 모든 포로의 일괄 교환을 고수해야 함. 그러나 적은 북한군 포로 숫자가 우리보다 많음. 북한 포로 중에는 한국군 출신 포로도 포함되어 있음. 따라서 이 문제는 논란의 여지가 큼.

탈린의 가명) 동지의 적절한 응답을 기다리고 있다"고 보고했다; 이때는 부각되지 않았지만, '전투행위 중지' 시기에 대해서는 북한과 중국 및 소련 간에 이견이 있었으며, 북한은 '즉각 전투 중지'를 우선적으로 주장했다.

55 「스탈린이 라주바예프에게 1951. 7. 2」(모스크바 새증언 23, 『서울신문』 1995. 7. 18)

그 외 몇 가지 문제:

- 모든 외국 군대는 일정한 기한 내(예를 들어 3~4개월 안에) 철수. 이는 매우 중요한 문제임.
- 피난민들을 수개월 내 원래의 거주지로 귀환 조치.[56]

(밑줄 강조: 인용자)

전투 중지와 38도선 군사분계선 설정, 무력 증강 중지, 중립국 감시위원회 구성, 포로 송환 및 외국군 철수 등의 내용이었다. 스탈린은 매 사안에 대해 일일이 지적하며 구체적인 지침을 내렸다. 마오쩌둥이 제기한 첫 번째와 두 번째 제안인 전투 중지와 38도선 분계선에 대해서는 이의가 없으며, 네 번째 제안인 중립국 감시위원회 구성은 먼저 제기하지 말고, 만약 미군 측이 유엔 군사정전위원회 설치를 제의하면 유엔은 전쟁 당사자라는 점을 들어 이를 거부하고 그때 대신 중립국감독위 설치를 제의하며, 포로 송환 제안은 제의한 뒤 반드시 관철하고, 나머지 두 사안(외국군 철수 및 피난민 문제) 역시 제안한 뒤 관철시키라는 내용이었다.[57] 여기서 외국군 철군 문제는 마오쩌둥이 작성한 5가지 휴전의 기본 원칙 가운데 포함되어 있지 않았고, 다만 기타 문제로 들어가 있다. 이러한 점은 후에 공산군 측이 외국군 철군 문제를 강하게 주장하면서도 반드시 관철시켜야 할 사안이라기보다는 협상용 카드로 활용했던 이유를 짐작케 한다.

---

56 「毛澤東關於停戰談判中的我方建議問題致史達林電(마오쩌둥이 스탈린에게 보낸 전문) 1951. 7. 3」, 심지화 편저 2003 앞의 자료 中冊, 853~854쪽.

57 「史達林關於停戰談判中的我方建議問題致毛澤東電(스탈린이 마오쩌둥에게 보낸 전문) 1951. 7. 3」, 심지화 편저 2003 앞의 자료 中冊, 855쪽.

마오쩌둥이 보낸 전문이 북한과의 협의를 거친 것인지는 알 수 없다. 그러나 김일성과 마오쩌둥의 제안을 비교해보면, 마오쩌둥의 제안에 중립국 감시위원회 구성과 무력 증강 중지 등이 추가되고 다른 항목들에서 조금 더 구체적이라는 점 외에 큰 차이는 없다. 김일성이 스탈린에게 보낸 협상 전략을 마오쩌둥에게도 동시에 보냈을 가능성을 고려한다면, 마오쩌둥의 제안은 김일성의 제안을 거의 그대로 수용한 것으로 보인다.[58] 스탈린이 김일성의 제안을 되돌려 보내고 마오쩌둥의 제안을 승인한 것은, 협상의 지휘 계통 문제를 명확히 하려는 의도였던 것으로 보인다. 이때 스탈린이 내린 지침은 사실상 그 후 2년간의 공산 측의 기본적인 휴전협상 전략이 되었다. 이렇게 북한과 중국, 소련 간에 협의를 거친 휴전협상의 기본 원칙들은 회담이 개시되자 공산군 측이 제시한 의제 항목에 그대로 반영되었다.

스탈린이 마오쩌둥의 제안 가운데 포로 송환 문제를 반드시 관철하라고 지시한 점은 주목할 만하다. 포로 숫자의 불균형과 출신 성분 등으로 인해 논란의 여지가 있다는 점을 예견하면서도 모든 포로의 일괄송환 원칙을 고수할 방침이었던 것으로, 이후 포로 협상에서 공산군 측의 강경한 입장을 보여 주는 단초라 할 수 있다. 다른 의제에 대해서는 일정 정도 양보하면서도 공산군 측이 끝까지 양보하지 않으려 했던 것 중의 하나가 포로 문제였고, 그 때문에 회담은 무려 1년 이상이나 더 지연되었다.

---

58 1951년 7월 5일 마오쩌둥은 김일성이 제안한 '군사행동 중지에 관한 협정 초안'을 스탈린에게 전달했다. 내용은 김일성이 스탈린에게 보낸 7월 1일자 제안과 같은 것이다. 마오쩌둥이 중국 측 안을 작성하기에 앞서 이 전문을 받고 참조했을 것으로 보이는데, 며칠이 지난 후 스탈린에게 보낸 정확한 의도는 전문에 나타나 있지 않다(「마오쩌둥이 스탈린에게 1951. 7. 5 No.3349」『한국전쟁 관련 소련 외교문서』).

공산군 측 휴전협상 지휘 체계와 회담 대표단 구성

유엔군사령관의 휴전회담 제의 이후 공산 3국 간에는 누가 협상을 주도할 것인지에 대한 대체적인 합의가 이루어졌다. 사실상 합의라기보다는 스탈린의 일방적인 지시에 따른 것이었다. 중국이 협상을 주도하도록 정해진 가운데, 협상 지휘 계통의 큰 그림은 마오쩌둥이 그렸다. 그는 협상 지휘 계통을 협상대표단과 막후의 전방지휘부로 하는 이원적 구조로 만들고, 그 위에 최고지도부를 두었다. 최고지도부는 마오쩌둥·저우언라이·김일성으로, 이들은 서로 협상하고 스탈린과 지원군사령관 펑더화이의 의견을 참고하여 회담의 총체적 방안·방침·원칙을 확정했다.[59] 비록 김일성도 최고지도부의 일원이었지만, 그 모든 협상을 주도한 것은 마오쩌둥이었다. 마오쩌둥은 회담의 구체적인 진전에 따라 수시로 지시를 내렸다. 그리고 스탈린에게 정기적으로 협상 진행 상황을 보고했다. 마오쩌둥은 공산군 측의 협상 원칙이나 기준, 상위의 전략 문제 및 주요 사항에 대해서 반드시 스탈린에게 보고했고, 스탈린의 재가나 지시를 받고 시행했다. 김일성은 마오쩌둥에게 자신의 입장을 표명했지만, 그 내용을 스탈린에게 보고할지 말지에 대한 최종 결정권 역시 마오쩌둥이 갖고 있었다. 마오쩌둥이 김일성의 의견도 함께 보고하는 경우는 김일성이 보낸 의견과 자신의 의견을 비교해 통보하는 경우들 외에는 매우 드물었다. 마오쩌둥은 대부분 스탈린으로 하여금 직접 김일성의 보고를 듣거나 그

59 최고지도부의 업무는 기본적으로 마오쩌둥이 저우언라이에게 위임하여 구체적인 조절을 하는 방식으로 진행되었다. 회담 관련 문제로 김일성과 스탈린에게 보낸 마오쩌둥 명의의 전문 초안을 작성하거나, 회담 대표단의 리커눙에게 내리는 지시 초안도 거의 모두 저우언라이가 초안을 작성하거나 초안 작성을 주관하는 방식으로 한 다음 마오쩌둥의 동의를 구했다(『항미원조전쟁사』, 92쪽; 리핑(力平) 지음 허유영 옮김, 2005『저우언라이(周恩來) 평전』, 한얼미디어, 367~368쪽).

에게 지시하도록 하는 방법을 사용했다.

중국 공산당의 지령을 직접 접수하고 회담 전략을 수립하며 회담 내용을 조종한 것은 막후의 전방지휘부였다. 마오쩌둥은 회담을 위해 협상 전문가인 외교부 부부장 리커눙(李克農)과 그의 보좌관으로 챠오관화(喬冠華)를 북한에 파견했다. 리커눙은 1928년 이래 제1부부장 겸 중국 공산당 군사위원회 정보부장이었다.[60] 챠오관화는 국제 문제에 밝고 재기 발랄한 외교부 정책위원회 부회장 겸 국제신문국장으로 있었던 인물이었다. 리커눙 등의 전방지휘부는 7월 6일 북한으로 가서 김일성과 정전협상에 관한 대체적인 방향을 협의했다. 이들은 개성 근교에 머물면서 비밀리에 휴전협상을 지도했다.[61]

협상대표단은 북한과 중국의 대표로 구성되며, 유엔군 대표단과 직접 얼굴을 맞대고 치열한 설전을 벌였다. 이때 수석대표와 수석연락관을 북한이 맡고 대표단 숫자도 중국보다 한 명 더 많기 때문에 공산 진영의 회담은 북한이 주도해 간다는 인상을 주었다. 중국의 이러한 배려는 한국전쟁의 원래 당사자는 북한이며, 중국군은 단지 북한을 지원하기 위해 자발적 지원군으로 왔다는 논리와[62] 사회주의 형제 나라를 존중한다는

---

60 리커눙은 1951년 겨울 심한 기관지병에 걸려 중국 당중앙에서는 우슈츄안(伍修權)을 파견하여 그와 교대시키려고 했다. 그러나 그는 "전장에 임하여 장수를 갈지 않는다"고 고집했고, 결국 마지막까지 남아 회담을 지휘했다(「오수권의 외교회고록(1950.1~1958.10)」(『중소연구』 8권 1호, 1984, 한양대중소연구소).

61 그 외에도 실무공작 담당자로 하버드대학 출신 경제학박사인 포산(浦山)과 신화사의 정명(丁明), 심건도(沈建圖)를 파견했으며, 전장 상황을 수시로 파악하고 협상 진행에 참고, 연계시키기 위해 중국인민지원군의 한 참모가 지휘반에 배속되었다(柴成文, 1989 『板門店談判』 북경: 해방군출판사, 129~135쪽(이종석, 2000 『북한-중국 관계 1945~2000』 중심, 184쪽 재인용).

62 중국이 '인민지원군'의 이름으로 참전한 것은 "중국 정부가 공개적으로 선전포고를 하는 것이

명분과 단합을 보이려 한 것이었다.

결론적으로 공산군 측 휴전협상 계통은 스탈린-마오쩌둥-리커눙으로 이어지는 지휘 계통과 실무적인 협상대표단으로 구성되었다고 할 수 있다. 마오쩌둥이 마련한 협상 계통에서 최고지도부는 김일성과 마오쩌둥으로 되어 있고, 스탈린과 펑더화이는 자문역으로 되어 있었다.[63] 마오쩌둥과 김일성이 긴밀하게 협의했지만, 지휘 계통상 중요한 결정의 고리는 마오쩌둥과 리커눙으로 이어진 라인이었다. 따라서 북한 측 남일이 협상대표단의 수석대표를 맡는다고 해서 협상을 주도할 수 있는 것은 아니었고 김일성의 역할도 제한적이었다. 반면 협상 지휘 계통상 자문역이었지만, 스탈린은 휴전회담의 전 과정에서 가장 큰 결정권을 행사했다. 예비회담에서 공산군 측이 제시한 대표단은 다음과 같다.[64]

- 남일(南日) 대장: 수석대표, 북한군 총참모장 겸 부수상
- 이상조(李相朝) 소장: 대표, 북한군 정찰국장
- 장평산(張平山) 소장: 대표, 북한군 제1군단 참모장
- 덩화(鄧華) 상장: 대표, 중국군 제15집단군사령관
- 셰팡(謝方) 소장: 중국군 북동군관구 선전주임

아니라 인민이 자원해 북조선을 지원한다는 인상을 주기 위해서"였다(홍학지, 앞의 책, 46쪽).

63 『항미원조전쟁사』 3권, 82쪽.

64 덩화는 중국인민지원군 제1사령부 부사령관, 셰팡은 참모장으로, 펑더화이가 이들을 추천했다. 남일은 김일성이 지명했으며 소련 유학생 출신으로 당시 인민군 총참모장 겸 부수상이었고, 이상조는 북한군 정보국장, 장평산은 북한군 1군단 참모장이었다. 원래 중국 지도부는 펑더화이의 휴전회담 참가를 검토했으나, 바람직하지 않다는 현지 중국 대표단의 건의를 따라 제1사령부 덩화를 대신 내보내게 되었다(홍학지, 앞의 책, 273쪽).

이후 공산군 측 본회담 대표단은 중간에 교체된 인물을 포함해 총 14명이다. 남일은 1951년 7월 10일 회담이 시작된 이래 수석대표를 맡아 협상이 끝날 때까지 그 직위를 유지했다. 북한군과 중국군 대표 가운데는 연락장교회의나 참모장교회의에 참석하다가 후에 대표단에 합류하는 식으로 내부교체가 이루어졌지만, 유엔군 측에 비해 상대적으로 이동이 적은 편이었다. 이것은 협상의 내용을 이해하고 주도해 가는 데 있어 그들에게 유리하게 작용했을 것이다. 시기별로 교체된 공산군 측 본회담 대표명단은 〈표 1〉과 같다.

2) 미국 주도의 협상 전략과 대표단 구성

미국의 휴전협상 기본 지침

미국은 협상을 시작하기 전에 서둘러 지침을 마련했다. 미 합참이 휴전협상의 기본 지침을 시달한 것은 1951년 6월 30일이었다. 기본 지침에는 공산군 측과의 휴전협상에 필요한 미국의 일반적인 정책과 목표가 담겨 있었다. 이 지침은 그 전 몇 개월 동안 미국이 조심스럽게 발전시켜 온 원칙과 방침으로 구성되었으며, 회담 초기에는 비밀을 유지했다.[65] 그 후 2년간의 휴전협상에서 유엔군 측이 견지해야 할 협상의 기본 지침이 된 이 지시의 주요 내용은 〈표 2〉와 같다.

---

65 「합참에서 리지웨이 사령관에게 보낸 전문, 1951. 6. 30」, 『미국 합동참모본부사』, 21~27쪽. 합참은 적어도 회담 벽두에는 비밀이 중요하기 때문에 그 지시를 공개하지 말라고 리지웨이에게 통보했다.

표 1 공산군 측 휴전회담 본회의 대표단

구분	이름	직위	보직 기간
북한군	남일(南日)	육군 중장 : 수석대표	1951.7.10~1953.7.27
	이상조(李相朝)	육군 소장 : 대표	1951.7.10~1953.7.27
	장평산(張平山)	육군 소장 : 대표	1951.7.10~10.24
	정두환(정두환)	육군 소장 : 대표	1951.10.24~1952.4.28
	김원무(김원무)	해군 소장 : 대표	1952.4.28~8.11
	소희(소희)	육군 소장 : 대표	1952.8.11~1953.4.26
	장춘산(張春山)	육군 소장 : 대표	1953.4.26~5.27
	김원무(김원무)	해군 대장 : 대표	1953.5.25~6.17
	김동학(김동학)	육군 소장 : 대표	1953.6.17~7.27
중국군	떵화(鄧華, Teng Hua)	대장 : 대표	1951.7.10~10.24
	셰팡(謝方, Hsieh Fang)	소장 : 대표	1951.7.10~1953.4.26
	비엔창우(邊昌武, Pien Chang-wu)	대장 : 대표	1951.10.24~1953.4.26
	티엔쟈오유(田敎友, Ting Ku-yu)	대장 : 대표	1953.4.26~7.27
	차이청원(柴成文, Tsai Cheng-wen)	소장 : 대표	1953.4.26~5.27

■ 출처 국사편찬위원회, 1994『남북한관계사료집』1~2권; Hermes W.G., 1966 Truce Tent and Fighting Front, US Army, Washington, D.C.(육군본부 역 1968『유엔군전사: 휴전천막과 싸우는 전선』); James F. Schnabel, Rovert J. Watson, The Joint Chiefs of Staff and National Policy Vol.Ⅲ The Korean War Part Ⅱ, 1979 (국방부전사편찬위원회 역, 1979『미국 합동참모본부사: 한국전쟁』하); 柴成文·趙勇田 著, 윤영무 옮김, 1991『중국인이 본 한국전쟁: 板門店談判』한백사

휴전의 전제로 한국에서의 적대 행위 중지와 전투재발 방지, 유엔군의 안전보장을 최우선으로 내세웠으며, 장기간에 걸쳐 수락할 수 있는 군사적 협정이 되어야 하며, 순전히 군사적 문제에 국한하여 협상한다는 점을 명확하게 제시했다. 협상의 전술적 측면으로는 협상을 유리하게 이끌기 위해 보다 유리한 조건을 제시할 권한을 부여했지만, 협상 결렬에 신중히 대처해야 하며 국제 여론과 미국의 위신을 고려하도록 했다. 이러한 전제를 토대로 제시한 구체적 휴전 조건은 ①군사정전위원회 구성, ②현 진지선을 기준으로 군사분계선 및 비무장지대 설정, ③군사력 증강

표 2 유엔군 측 휴전협상 기본 지침(1951년 6월 30일)

구분	주요 내용
휴전의 전제	• 군사적 주요 관심 : 한국에서의 적대 행위 중지·전투 재발 방지 보장, 유엔군의 안전보장 • 장기간에 걸쳐 수락할 수 있는 군사적 협정 체결 • 협상은 순전히 군사적 문제에 국한
협상 전술	• 협상 목적을 위해 이 지시 내용 속의 최소한의 조건보다 유리한 조건 제시할 권한 부여 • 상대방이 최소한의 조건을 수락하지 않을 경우를 제외하고는 협상 결렬 사태가 생기지 않도록 신중하게 대처 • 세계 여론 의식 : 과도한 요구 자제, 미국의 위신 고려
휴전 조건	• 군사정전위원회 구성 : 휴전협정 준수 확인 업무, 한반도 전 지역의 자유 왕래 권한 보유 • 군사분계선 및 비무장지대 : 휴전협정 서명 시 쌍방 점령 진지선 기준, 20마일 폭의 비무장지대 설정 • 군사력 증강 금지. 1대 1 교체는 예외 • 포로교환 : 1대 1 기준으로 신속히 교환, 국제적십자사 대표들의 포로수용소 방문 허용

금지, ④포로의 일대일 교환 및 국제적십자사 대표의 포로수용소 방문 허용 등으로, 후에 협상 의제로 제시될 내용을 담고 있다.

이 지침에서 특히 강조된 부분은 "협상이 군사적 문제에 국한되어야 한다"는 점이었다. 미국은 회담을 준비하는 과정에서 소련 주재 미국대사 커크(Alan G. Kirk)를 통해 회담의 성격에 대한 소련의 의중을 타진했는데, 미국과 마찬가지로 소련 역시 "정전회담을 엄격히 군사 문제에만 국한"하고자 한다는 것을 확인했다.[66] 따라서 이러한 원칙을 견지하는 것은 별 무리가 없을 것이라고 판단했을 것이다. 그러나 막상 회담이 시작되자 어디까지가 '순수한 군사적 문제'인가에 대한 판단이 서로 달랐다. 공산군 측의 '38도선' 주장과 '외국군 철군' 주장을 미국은 군사 협상의 범위를 넘어서는 것으로 판단한 반면, 공산군 측은 그것이 협상의 전제 조건이 되어야 한다고 주장했기 때문이다.

미국은 협상 개시와 관련하여 공산군 측이 보낸 제안에서 특히 두 가지 문제, '38도선' 분계선과 '전투 중지' 제안에 주목했다. 38도선은 회담의 초기 단계에 양측이 첨예하게 대립한 주요 쟁점이었다. 또한 '전투 중지' 문제는 군사분계선 협상에서 표면적 쟁점이 되지는 않았지만, 양측의 암묵적 합의하에 이후 전쟁을 소모전으로 이끈 결정적 요소였다.

우선 38도선 문제에 대한 미국 측 입장은 예상외로 단호했다. 회담 개시 전 합참은 리지웨이에게 38도선 문제는 전혀 언급하지 말라고 주의

---

66 6월 27일 소련 외무차관 그로미코는 모스크바 주재 미국대사 알렌 커크(Alan G. Kirk)에게 "야전지휘관들에 의한 휴전협상이 되어야 하며 이 협상은 여하한 정치 또는 영토상에 관련됨이 없이 엄격한 군사적인 문제로 국한되어야 한다"는 입장을 밝혔다(「1951년 6월 27일 그로미코(Gromyko) 일기」 『Documents of Mimistry of Foreign Affairs, U.S.S.R. 구 소련 외무성 문서』).

를 주었다.[67] 이전에 미국은 여러 차례 38도선을 분계선으로 하는 휴전을 언급한 적이 있었다.[68] 그러나 휴전협상 기본 지침을 마련하면서 미국은 "현 전선을 군사분계선으로 한다"는 방침을 세웠고, 이후 회담에서 유엔군 측은 지나칠 만큼 완강하게 38도선을 분계선으로 하는 것을 절대로 받아들일 수 없다는 입장을 고수했다. 그러나 공산군 측뿐 아니라 유엔군 측 역시 38도선을 마지노선으로 삼아 군사작전 및 휴전 전략을 구사했으며, 이전에 일련의 38도선을 분계선으로 한다는 입장 표명을 한 바가 있었기 때문에 유엔군 측의 '38도선 절대 용납 불가'라는 원칙은 모순되거나 설득력이 없었다.

그 다음으로 중요하게 여긴 사안은 '전투 중지' 제안이었다. 회담 개시 이전에 내부적으로 오고 간 전문에서 공산군 측은 즉각 전투를 중지하고 협상을 시작하자고 제안했다. 리지웨이는 공산군 측 제안에서 군사작전을 중지한다는 전제야말로 최대의 위험이 도사리고 있는 문제라고 보았다.[69] 전투가 중지되면 공산군 측이 군을 증강할 것이고, 만일 그런 상황에서 협상이 진행된다면 공산군의 군사 활동을 저지할 수 없을 것이라고 우려했다. 합참은 리지웨이에게 공산군 지휘관에게 보낼 답신문에, "휴전협정 체결 시까지 전투는 중지되지 않는다"는 문구를 분명하게 포

---

67 「합참에서 리지웨이 사령관에게 보낸 전문, 1951. 7. 2」 FRUS 1951 Vol.Ⅶ, pp. 611~613.

68 미국은 1950년 12월 휴전을 모색하는 과정에서 휴전선으로 38도선의 군사적 타당성에 관해 여러 차례 검토했고, 그 결과 휴전 교섭 시 38도선이 최저 조건이라는 데 대체로 합의하고 있었다. 1950년 12월 4일부터 8일까지 열린 미·영 수뇌회담에 대비한 정책문서에서 38도선 부근에서의 휴전과 비무장지대 설치를 명기한 것도 이러한 의견을 반영한 것이었으며, 이후 일련의 38도선에 관한 입장 표명이 이어진 바 있다.

69 「리지웨이 사령관이 합참에 보낸 전문, 1951. 7. 2」 FRUS 1951 Vol.Ⅶ, pp. 610~611.

함시키라고 지시했다.[70] 이후 군사분계선 협상 과정에서 공산군 측은 우선 전투를 중지하자는 제안을 다시 내놓았고, 유엔군 측은 미리 정해놓은 방침에 따라 이 제안에 반대하고 일명 '전투 계속의 원칙'을 회담의 전제로 반드시 관철시키고자 했다.

휴전협정 체결 시까지 전투를 계속한다는 '전투 계속의 원칙'은 미 국무부와 국방부 간의 38도선 재돌파 문제를 둘러싼 논의 과정에서 형성되었다. 1951년 2월 11일 미국은 한국에 대한 정책 대안을 검토하였다. 이때 애치슨(Dean G. Acheson) 국무장관은 한국전에 파병한 국가들과의 협의를 거쳐 외교적 해결책을 모색하며 38도선 재돌파를 보류해야 한다는 입장이었다. 그러나 국방부와 맥아더는 국무부 입장에 반대하여 38도선 재돌파와, 더 나아가 평양과 원산 선에서 방어선을 확보해야 한다고 주장했다. 결국 국무부와 국방부의 정책 대립은 트루먼 대통령의 절충안으로 귀결되었다. 전투행위 중지와 전쟁 재발을 방지하는 휴전협정을 제의하되, 휴전 성립 시까지 군사작전을 계속한다는 것이었다. 이는 국무부와 국방부 간 타협의 산물이었다.[71] 이렇게 만들어진 전투 계속의 원칙은 국방부의 강경한 입장을 일부 수용한 것이었고, 전장의 지휘관들과 협상 대표들 역시 군사적 압력이 회담을 진전시키기 위해서도 가장 중요하다는 입장이었다.

그리고 합참은 유엔군사령관이 수행해야 할 군사적 목표에 대해서도 명확한 훈령을 내렸다. 유엔군사령관의 임무는 휘하부대의 안전과 한

---

70 「합참에서 리지웨이 사령관에게 보낸 전문, 1951. 7. 2」 FRUS 1951 Vol.Ⅶ, pp. 611~613.

71 허출, 2004 「미국의 대한반도 군사 정책 결정 과정 분석」『한국정책학회보』 제13권 3호, 252쪽.

국 내의 공산군에게 인원과 물자에 최대한의 피해를 가하는 것이며, 주요 목표는 적대 행위를 종결시키기 위한 해결책을 달성하는 일이었다. 이를 지원하기 위해서 38도선 이남 지역에 대한 대한민국의 통치권을 확립하고, 단계적으로 외국군 철군을 준비하며 한국군을 강화하도록 지시했다. 그러나 제한전의 범위를 명확히 하여 군사작전의 제한을 두었다. 즉 중국 본토와 소련, 압록강 연안 또는 소련 국경 부근의 나진 수력발전소에 대한 공군 및 해군 작전은 엄격히 금지했으며, 소련 국경으로부터 12마일 이내 지역에 대한 폭격 등은 사전 승인을 받아야만 할 수 있도록 통제했다.[72] 이후 군사작전과 회담을 병행하면서 리지웨이를 비롯한 전장의 군인들은 이러한 제한들 때문에 공산군 측을 확실하게 제압할 수 있는 '군사적 압력'을 가할 수 없어 회담이 지연되고 있다고 불평하곤 했다.

미국이 준비한 휴전협상 기본 지침에 담긴 휴전 조건들은 회담 시작 후 유엔군 측이 제시한 회담 의제에 그대로 반영되었다. 유엔군 측에서 정전회담의 세부 계획과 실제적인 준비 책임을 맡은 것은 에드윈 라이트(Edwin K Wright) 준장이 소관하고 있는 합동전략기획운용단(JSPOG: Joint Strategic Plans and Operations Group)이었다. 합동전략기획운용단(JSPOG)은 리지웨이의 지시에 따라 의제 초안을 작성했고, 리지웨이는 7월 1일 이를 휴전회담 대표단 명단과 함께 합참에 제출했다.[73]

---

72 『유엔군전사』, 23쪽.

73 『유엔군전사』, 21쪽.

유엔군 측 휴전협상 지휘 체계와 회담 대표단 구성

미국은 휴전협상을 배타적으로 주도하고자 했다. 미국은 유엔군의 이름으로 15개국과 함께 참전했고, 한국은 비록 한국군 작전 지휘권을 통째로 넘겨주었다고는 해도 전쟁 당사자였다. 그럼에도 미국은 협상 지휘 계통을 수립하는 과정에서 유엔은 물론 한국까지도 배제하고 워싱턴과 직접 연결되는 구조로 회담을 진행하고자 했다. 미국이 전적으로 주도하는 협상 지휘 체계가 수립되고 대표단이 구성되었으며, 한국의 반발은 무시당했다.

리지웨이는 국무부에 휴전회담 대표단을 위한 정치 고문을 제공해 줄 것을 요청했다. 리지웨이가 염두에 둔 인물은 주한 미대사 무초(John J. Muccio)와 정치 고문 시볼드(William Sebald)였다. 그러나 국무부는 회담이 군사적인 단계를 벗어난 정치적 인상을 줄 수 있다는 이유로 이러한 요청을 거부했다.[74]

대신에 미 행정부가 구상한 것은 워싱턴과 직접 연결되는 중앙통제 방식으로, 회담 첫 주에 수립되었다. 회담 초기에 미 정부는 협상이 대단히 복잡하고 어려우며, 미국의 국제 관계와 국내문제에 영향을 미칠 수 있다고 보았다. 회담은 외교적 경험이 전혀 없는 군인들이 수행할 예정이었다. 따라서 대표단을 제대로 통제하기 위해서는 ① 광범위한 기본 지시, ② 리지웨이 장군의 조언, ③ 양측에서 즉각적이며 협조적인 참모 역

---

74 Rosemary Foot 1990 A Suvstitute for Victory : The Politics of Peacemaking at the Korean Armistice Talks, Cornell Univ. Press, p.12; 시볼드는 일본과의 평화조약을 준비하고 있어 어렵다는 것도 이유의 하나였다(『유엔군전사』, 23쪽). 결국 협상을 지원하기 위한 정치 고문을 막후에 배치하려던 리지웨이의 의도는 실현되지 못했다.

할 제공, ④ 분명하게 규정된 지휘 계통, ⑤ 신속하고 정확한 의사소통 방법 등이 필요했다. 합참은 6월 30일 유엔군사령관에게 휴전회담 관련 최초의 지시를 내렸다. 이 지시에 따라 리지웨이는 처음 제안할 의제를 작성하고, 유엔군 측 대표단을 꾸리고, 합참의 동의와 대통령의 재가를 기다렸다.[75]

이처럼 합참은 전장의 유엔군에게 전략 지침을 제공했으며, 트루먼 대통령(후에 아이젠하워)은 합참을 통해 전반적인 전쟁 전략을 통제했다. 합참은 휴전협상 기간 중 모든 중요한 결정에 참여하였고, 워싱턴의 정부와 유엔군사령관 및 현지 협상팀과의 의사소통 계통의 축이었다. 워싱턴과 극동 간에 상대적으로 신속하고 신뢰할 만한 통신이 설치되어 회의가 끝나면 4~8시간 내에 워싱턴에 보고서가 도착하였으며, 때로는 워싱턴의 메시지가 2시간 내에 유엔군사령관에게 전달되었다.

유엔군사령관 리지웨이가 휴전회담에서 맡은 역할은 '협조자'였다. 그는 회담에 관계되는 실질적인 군사 문제에 관하여 합참에 보낼 건의 사항과 유엔군 측 대표단에 보낼 지시와 훈령을 전달하는 실질적 준비와 지원을 책임졌다. 유엔군사령관이 휴전회담 관련 의사결정에서 가진 재량권은 여기까지였다. 재량권 내에서 리지웨이는 합동전략기획운용단(JSPOG)에 자신의 건의 사항을 뒷받침하는 의제를 연구하도록 지시했다. 그는 문산에 있는 유엔군 측 기지를 자주 방문하고, 도쿄에서 무전으로 유엔군 측 수석대표인 조이(C. Turner Joy) 제독과 대화했다.

협상대표단 기지가 있는 문산에서는 리지웨이 장군의 참모부장이

75 『미국 합동참모본부사』, 39쪽.

며 합동전략기획운용단장 라이트(Edwin K. Wright) 준장이 이용 가능한 모든 전략과 기술을 연구하며, 협상 대표들에게 유용한 협상 방법을 제공하는 동시에 협상팀을 위한 유엔군 측 참모들의 계획 준비 과정을 감독했다. 유엔군 측 대표단의 공식 성명은 관행적으로 참모 업무 과정을 거쳤다. 매일 참모장교들은 대표단이 사용할 수많은 성명서를 작성하고, 협상 대표들은 회의장에 들어가기 전에 준비된 문건을 충분히 검토하고 토의했다. 선택된 성명은 대표단에서 다시 편집하여 최종적으로 수석대표 조이 제독의 승인을 받았다.

그러나 워싱턴의 관리들과 협조하지 않고, 또 승인을 받지 않고 야전에서 이루어진 것은 아무것도 없었다. 매 회기 직후 리지웨이는 그날의 진전 상황을 분석하여 보고서를 합참으로 보냈다. 이 보고서에는 리지웨이의 의견 및 추가 조치에 대한 건의 사항도 포함되었고 회의록 사본도 제출했다. 워싱턴에서 이것을 받는 즉시, 리지웨이가 제기한 문제나 건의 사항은 합참과 국무부에서 검토되었다. 합참은 국무부 대표와 주별로 회합했으며 급박한 상황에서는 더 자주 회동했다. 합참은 특별히 중요한 문제일 경우, 제안서를 대통령에게 제출하기 전 애치슨 국무장관과 마셜 국방장관을 먼저 만났다.[76] 절차 문제든 본질 문제든 모든 건의 사항은 자문팀에 의해 세밀한 분석을 거친 후 대통령의 승인을 받았다. 유엔군사령관이나 협상 대표의 성명서 문안까지도 대통령의 승인 없이 취해진 조치

---

76 합동참모본부가 만나서 회의를 한 국무부 관리는 기간 중에 수시로 바뀌었으나 통상 다음 중 2명으로 구성되었다. Charles E. Bohlen, 자문위원; U. Alexis Johnson, 극동담당처장; H. Freeman Matthews, 정치담당차관; Livingston Merchant, 극동담당차관보; Paul Nitze, 정책기획국장; Dean Rusk, 극동담당차관보(『미국 합동참모본부사』, 505쪽).

는 없었다.[77]

한편 미국은 회담 시작 전에 유엔과의 관계도 분명하게 정리해 두었다. 원래 형식상 유엔군사령부는 군사작전 수행에 관하여 안보리에 매 2주마다 공식보고서를 제출하도록 되어 있었다. 유엔군사령관의 보고서는 미국 정부로 먼저 보내진 다음 검토와 수정을 거쳐 안보리와 사무총장에게 보고되었다. 미국은 주요 동맹국들과 파병 국가들에게는 외교 채널을 통하거나 유엔 내에서 간헐적으로 협의만 했다.[78]

미국은 회담 시작 전에 유엔의 법률고문 펠러(Abraham Feller)를 통해 '유엔군사령부의 정전협상에 관한 착수 및 수행 권한'에 대한 규정을 확보했다. 펠러는 "협상이 군사적인 문제에 국한되고 최종 결과가 유엔 안보리에 보고되는 한 미국은 유엔의 새로운 승인 없이 정전 또는 휴전을 결말지을 권리가 있다"는 유권해석을 내리고, 이를 유엔 사무총장에게 통보했다. 유엔은 이러한 유권해석을 받아들여 휴전협상에 대한 미국의 결정권을 인정했다.[79] 이렇게 하여 미국은 유엔군의 이름으로 참전한 나머지 15개국의 어떠한 대표도 휴전회담에 참가시키지 않고, 협상 과정에 대해 유엔에 보고할 의무도 지지 않았다. 협상 과정과 협정 체결 문제에서 완벽하게 유엔의 위임을 받아낸 것이다.

미국이 수립한 협상 계통을 간단히 정리하면, 미 대통령-합참-유

77 『미국 합동참모본부사』, 41쪽.

78 박홍순, 「한국전쟁과 유엔의 개입(1950):과정과 배경」 강성학 편, 2004 『유엔과 한국전쟁』 리북, 36쪽. 파병국의 요구에 따라 미국은 1950년 11월 말부터는 미 국무부에서 참전 국가들을 대상으로 전쟁 상황에 대한 주간 브리핑을 실시하였다.

79 『유엔군전사』, 20쪽.

엔군사령관-협상대표단으로 이어지는 중앙통제체제였다. 이 협상 계통에 여타 유엔 참전국이나 한국이 끼어들 여지는 없었다. 휴전을 추진하기로 결정하면서 미국은 한국의 의견을 묻지 않았다. 소련이 유엔에서 공식적으로 휴전 제의를 하고 실제 회담이 개시되기까지 모든 결정 과정에서 미국은 한국과 아무런 협의도 하지 않았다. 보도를 통해 휴전 소식을 접한 이승만과 한국 정부는 공개적으로 휴전을 반대하고 대대적인 반대 시위로 대응했다. 그럼에도 미국은 예비회담, 대표단 구성까지도 한국을 무시하고 일방적으로 추진했다.

유엔군 측 휴전회담 대표단 구성과 임명도 전적으로 미국이 주도했다. 리지웨이는 1951년 7월 6일 한국군 휴전회담 대표로 당시 제1군단장으로 동해안의 동부 전선에서 작전을 수행하고 있던 백선엽 육군소장을 임명했다. 백선엽은 한국 정부로부터 정전과 관련한 특별한 훈령도, 회담 내용을 보고하라는 지시도 받지 못했다. 그는 유엔군사령관 리지웨이 장군의 임명에 따라 대표단의 일원이 되었고, 심지어 한국 정부나 이승만 대통령에 대한 보고조차 제한받았다.[80] 7월 10일 휴전회담 첫 회의에 참석한 백선엽은 신임장 없이는 회담에 참석하지 않겠다고 통고했고, 7월 13일 국방장관을 통해 이승만의 신임장을 받았다.

이후 회담 진행 상황이 한국군에 전달되는 공식채널을 정례화했지만, 겨우 회담 진행 상황을 통보 받았을 뿐이었다.[81] 이승만이 공식적으로 협상 관련 정보를 제공받는 통로는 미대사관이었다. 판문점에서 워싱

80 백선엽 1999 『길고 긴 여름날 1950년 6월 25일』 지구촌, 213~217쪽.

81 佐佐木春隆 저 姜祀求 편역 1977 『韓國戰秘史』 하권 병학사, 630쪽.

턴으로 이어지는 보고 채널을 거쳐 걸러진 정보가 다시 주한 미국대사관을 통해 이승만에게 전달되는 방식으로, 개성 → 판문점 → 도쿄 → 워싱턴 → 도쿄 → 주한 미국대사관 → 경무대로 이어지는 경로였다. 미국은 한국 정부의 정보 누설을 경계했지만, 한국군 대표들은 갖가지 핑계를 대가며 문산의 평화촌을 빠져나와 정부에 회담 진척 상황을 몰래 보고했다.[82] 유엔군 측 첫 대표단 구성은 다음과 같다.

조이(C. Turner Joy) 제독: 수석대표, 극동지구 미 해군사령관
호데스(Henry I. Hodes) 소장: 대표, 미8군 참모부장
버크(Arleigh A. Burke) 소장: 대표, 극동지구 미 해군참모부장
크레이기(Sawrence C. Craigie) 소장: 대표, 극동지구 미 공군 부사령관
백선엽(白善燁) 소장[83] : 대표, 한국군 제1군단장

유엔군 측 대표단은 공산군 측에 비해 상대적으로 인원 교체가 잦았다. 총 19명이 휴전회담 본회의 대표로 나갔으며, 수석대표는 초기 조이 제독에서 1952년 2월 6일부터는 원래 대표단의 일원이었던 해리슨 2세로 교체되었다. 한국군 대표는 백선엽부터 최덕신까지 5명이나 교체

82 박실 1980『한국외교비사』 麒麟苑, 226쪽.

83 조이 제독은 1951년 7월 휴전회담 개시부터 수석대표로 회담을 진행하였고, 1952년 5월 해리슨(William K. Harrison, Jr) 장군으로 교체되었다. 조이 제독은 제2차 세계대전 당시 태평양 전쟁에 참전 경험이 많은 극동지구 해군사령관이었고, 호데스 소장은 유럽전쟁에서 보병연대를 지휘하였다. 크레이기는 북아프리카에서 전투비행단을 지휘하였던 극동지구 공군 부사령관이었고, 버크 소장은 태령양 전쟁에서 고속으로 구축함을 다루어서 '31노트 버크'로 알려진 극동지구 해군참모부장이었다(『유엔군전사』, 21쪽).

표 3 유엔군 측 휴전회담 본회의 대표단

구분	이름	직위	보직기간
미군	C.Turner Joy	해군 중장: 수석대표	1951.7.10~1952.5.22
	Henry I Hodes	육군 소장: 대표	1951.7.10~12.17
	Arleigh A. Burke	해군 소장: 대표	1951.7.10~1952.12.11
	Laurence C. Craigie	공군 소장: 대표	1951.7.10~11.27
	Howard M. Turner	공군 소장: 대표	1951.11.27~1952.7.5
	Claude B. Ferebaugh	육군 소장: 대표	1951.12.17~1952.2.6
	Ruthven E. Libby	해군 소장: 대표	1951.12.11~1952.6.23
	William K. Harrison, Jr.	육군 중장: 수석대표	1952.2.6~1953.7.27
	Frank C. McConnell	육군 준장: 대표	1952.5.22~1953.4.26
	Joseph T. Morris	공군 준장: 대표	1952.7.5~1953.4.26
	John C. Daniel	해군 소장: 대표	1952.6.23~1953.7.27
	Ralph M. Osborne	육군 준장: 대표	1952.6.23~1953.7.27
	Edgar E. Glenn	공군 준장: 대표	1953.4.25~6.20
	George M. Finch	공군 준장: 대표	1953.6.20~7.27
한국군	백선엽	육군 소장: 대표	1951.7.10~10.24
	이형근	육군 소장: 대표	1951.10.24~1952.2.6
	유재흥	육군 소장: 대표	1952.2.6~5.28
	이한림	육군 소장: 대표	1952.5.28~1953.4.26
	최덕신	육군 준장: 대표	1953.6.20~7.27

■ 출처 국사편찬위원회 1994 『남북한관계사료집』 1~2권; Hermes W.G., 1966 Truce Tent and Fighting Front, US Army, Washington, D.C.(육군본부 역 1968 『유엔군전사: 휴전천막과 싸우는 전선』); James F. Schnabel, Rovert J. Watson, The Joint Chiefs of Staff and National Policy Vol.Ⅲ The Korean War Part Ⅱ, 1979(국방부전사편찬위원회 역 1991 『미국 합동참모본부사: 한국전쟁』 하); 柴成文·趙勇田 著, 윤영무 옮김 1991 『중국인이 본 한국전쟁: 板門店談判』 한백사

되었다. 회담에서 한국군 대표는 발언권이 없었다. 게다가 주요 의제가 논의된 분과위원회에 한국 대표가 참석하는 경우가 전혀 없었다는 점은 한국군 대표의 지위를 여실히 보여 준다. 시기별로 변화된 유엔군 측 휴전회담 본회의 대표단 명단은 〈표 3〉과 같다.

1950년 6월 25일 전쟁 발발 이래 유엔군의 이름으로 미군이 참전하고, 중국군이 참전한 이후 한국전쟁은 완전히 새로운 전쟁이 되었다. 이후 전쟁의 실질적인 주체는 미국과 중국이었다. 한국전쟁이 내전에서 국제전으로 전환된 후 남과 북은 더 이상 전쟁의 주체가 아니었다. 물론 전쟁 당사자였지만 결정권을 갖지 못한 남과 북은 전쟁의 한 부분이었던 휴전회담에서도 보조적 위치에 머물거나 아예 배제 당했다.

한국군 작전 지휘권을 넘겨받으면서 맥아더가 말했듯이, 이 전쟁은 더 이상 한국의 전쟁이 아니었다. 전쟁을 계속할 것인가 휴전을 할 것인가, 휴전의 조건을 어떻게 할 것인가에 대해 남과 북은 아무런 결정권이 없었다. 심지어 미국은 이승만이 마음대로 통제가 안 될 경우 그를 축출할 계획까지 구체적으로 검토하였다. 적어도 중국이 북한의 김일성을 갈아치울 생각을 하거나 그러한 계획을 세우지는 않았다는 점에서 상대적으로 북한 정권의 입지는 나았다고 볼 수 있을까. 절대 절명의 위기 상황에서[84] 중국군의 참전으로 기사회생한 북한 역시 조중연합사령부가 설치되면서 중국군의 지휘를 받는 처지가 되었다. 그럼에도 중국은 북한을

84 요욱(姚旭)의 회고록에 따르면, 미군의 인천상륙으로 정세가 위급해지자 스탈린은 "김일성 동지는 장래 중국 국경 내에 망명정부를 수립할 것"이라고 중국에 통고했다. 그러나 중국은 한반도에 북한 정부나 군대가 없으면 지원군을 파병하기 힘들기 때문에 서둘러 파병했다(姚旭 「抗美援朝的英明決策」 한양대중소연구소 『중소연구』 8권 4호, 1984년 겨울 번역본, 227쪽).

사회주의 형제국으로 대우하려고 했으며 형식적이나마 회담에서도 북한 대표를 전면에 내세웠다.

실제로는 중국이 회담을 주도했지만 한국의 입장에서는 대단히 불만스러운 일이 아닐 수 없었다.[85] 한국 측 대표는 유엔군사령관이 선임하였고, 한국 정부나 이승만의 지시를 받거나 보고를 하는 제대로 된 '한국 대표'가 아니었다. 한국 대표는 발언권이 없는 옵서버(observer)에 불과했다. 공산군 측이 북한 측 대표를 수석대표로 내세운 것과는 극명한 대조를 보인 것으로 한국의 불만이 컸지만, 미국은 이러한 방침을 굽히지 않았다. 이와 같은 구조는 한국을 협상장 밖으로 내모는 결과를 가져왔고, 회담장 밖에서 한국의 휴전 반대 시위를 격화시킨 한 요인이었다. 미국은 한국군 작전 지휘권을 이양 받았고, 한국이 미국의 도움 없이는 전쟁을 지속할 수 없다는 사실을 너무 노골적으로 이용했으며, 한국에 대해 배려하지 않았다.

그러나 이러한 구조는 단순히 민족적 감정 문제로 국한되지 않고, 전쟁 당사자나 주체의 측면에서 더 중요한 결과를 초래했다. 이러한 대표단 구성은 정전협정을 체결할 때 중국과 북한을 일방으로 하고, 한국이 배제된 채 유엔군을 일방으로 하는 휴전 협정문을 남기는 결과를 남겼으며, 현재의 정전체제의 불안정성과 한국의 애매한 지위로 이어졌던 것이다.

---

85 『韓國戰亂二年誌』(1952 대한민국국방부정훈국전사편찬회, A10쪽)에서는 "유엔군 측은 조이 해군 중장을 수석으로 하고 우리 국군의 백선엽 소장을 포함하여 5명이며, 적측은 남일 대장을 수석으로 하고 중공 측까지 4명으로 되었으니 적측이 중공 대표를 수석으로 내세우지 않고 남일을 앞장세운 것은 소위 '의용군' 대표이기 때문에 곤란하다는 이유도 있겠지만, 아방에서 조이 해군 제독을 내세운 것과 비교하여 간단히 웃어만 치우기도 어려운 군사외교의 인사적(人事的)인 대조이었다"고 하여 양측을 비교하면서 우회적으로 불만을 표출하고 있다.

제 2 부

휴전협상 본회담 개최와 주요 의제 설정·타결

1. 개성 본회담 개최와 의제 채택

1) 휴전회담 개요

휴전회담은 몇 개의 수준이 다른 협상 계통을 갖고 진행되었다. 회담은 본회담(Conference on Armistice Proposal), 분과위원회 회의(Sub-Delegation Meeting), 연락장교회의(Liaison Officers Meeting), 참모장교회의(Staff Officers Meeting)로 구성되며, 본회담은 쌍방 5명의 대표들이 참석하고, 그들 중 2명씩 분과위원회에 참석했다. 참모장교회의는 문안 등을 실무적으로 조정했으며, 연락장교회의는 일반 행정 사무를 취급했다.

본회담은 휴전회담체계에서 최고 결정기관이었다. 모든 예하 회의에서 준비·합의된 사항이 본회담에 상정되어 쌍방 간에 최종적으로 합의를 거쳐 결정 사항이 공식화되었다. 1951년 7월 10일부터 8월 16일까지 개성에서 본회담이 열렸고, 장소를 옮긴 후 회담이 재개된 1951년

10월 25일부터 1953년 7월 19일까지 판문점에서 본회담이 개최되었다. 본회담 159회, 회의 의제 채택을 위한 제1의제 협상 10회, 제2의제(군사분계선 협상) 17회, 제3의제(휴전 감시 방법과 기구 협상) 8회, 제4의제(포로 송환 협상) 79회, 제5의제(관계 제국 정부에 대한 건의 사항 협상) 8회, 기타(1953. 4. 26 ~ 7. 27) 37회 개최되었다.[1]

분과위원회 회의는 군사분계선 협상이 진행 중이던 1951년 8월 15일 본회담에서 유엔군 수석대표 조이 제독의 제안으로 구성되었다.[2] 제안 취지는 본회담보다는 자유로운 분위기에서 여러 가지 문제에 대한 의견을 교환하고 시행 가능한 계획을 미리 합의 결정하여 본회의에 상정시킴으로써 신속한 타결에 도움이 되도록 하자는 것이었다. 분과위원회 회의는 제2의제(군사분계선 협상) 37회, 제3의제(휴전 감시 방법과 기구 협상) 71회, 제4의제(포로 송환 협상) 71회 열렸다. 제5의제는 따로 분과위원회를 구성하지 않고 본회담에서 8차례 회담을 거쳐 타결되었다.[3]

연락장교회의는 본회담 대표들의 회의에 필요한 여러 가지 사항을 다루는 협상 기구였다. 여기서 쌍방 간에 협조와 조정, 합의가 미리 이

---

1 본회담 기록은 개별회담마다 회의록(Record)과 전체 회의록 사본(Transcript of Proceedings)으로 구성되며, 첨부문서(Enclosure)가 있을 경우 추가되었다. 국사편찬위원회에서 발간한 『남북한관계사료집』 1권에 개성회담, 2권에 판문점 본회담이 수록되어 있다.

2 Record of Events, Twenty-fifth Session, Conference at Kaesong, Korea, on the Armistice Proposal, Military Armistice Conferences Record of Events and Transcripts of Recodings Kaesong Meetings Session 1 (10 July 1951) through Session 26 (16 August 1951), 『남북한관계사료집』 1권, 408~421쪽.

3 분과위원회 회의 기록은 제2의제 분과위원회는 회의록 요약(Summary of Proceedings), 제3·4의제 분과위원회는 전체 회의록 사본(Transcript of Proceeding)으로 되어 있으며, 주기(Notes)와 첨부문서가 딸리기도 했다. 『남북한관계사료집』 3권이 제2의제 분과위원회 기록이며, 4권은 제3의제 분과위원회, 제5권에 제4의제 분과위원회 기록이 수록되어 있다.

루어진 사항들이 본회담에 제출되었다. 연락장교의 계급은 대령 이하로 제한되었다. 1951년 7월 8일 1차 회담을 시작으로 회담 종료 시까지 총 227차례 회의가 개최되었다. 내용별로 분류하면 본회담을 위한 준비회담, 행정 및 안전 문제에 관한 회의 73회, 각종 사고에 대한 항의와 조사를 위한 회의 140회, 포로나 포로수용소에 관한 회의 14회, 기타 본회의 절차·안건 및 회의에서 양측 대표의 상호 이해를 돕기 위한 개념의 정립 문제, 본회의 대표에게 필요한 정보 등이었다.[4]

참모장교회의는 분과위원회 회의에서 완전히 합의되거나 또는 합의를 못 본 문제를 계속 연구하여 분과위원회와 본회담 대표들이 협상을 원할히 진행하도록 돕는 역할을 수행했다. 총 174회 개최되었고, 내용별로는 제2의제(군사분계선 협상) 관련 5회, 제3의제(휴전 감시 방법과 기구 협상) 74회, 제4의제(포로 송환 협상) 11회, 기타 문제 관련 회의가 23회 열렸다.[5] 이상의 휴전회담 계통을 정리하면 〈표 4〉와 같다.[6]

유엔군 측 수석대표는 미군 해군 제독이었고, 나머지 3명의 대표는 미국의 육·해·공군 소장으로 안배했다. 그리고 유엔군사령관이 임명한

---

4 연락장교회의 기록은 회의록, 보고서, 첨부문서, 메시지, 부록과 비망록 등으로 구성되어 있다. 『남북한관계사료집』 9권과 10권에 연락장교회의 기록이 수록되어 있다. 10권 부록에는 연락단(Liaison Group)회의 기록과 통제장교(Control Officers) 회의 기록이 들어 있다. 연락단 회의는 1953년 4월 6일부터 5월 2일까지, 통제장교회의는 1953년 4월 19일부터 5월 2일까지 개최된 병상포로 교환을 위한 실무 협상이었다.

5 참모장교회의 기록은 회의록 혹은 전체 회의록 사본, 첨부문서 등으로 구성되어 있으며, 『남북한관계사료집』 6권에 제2·3의제 관련 참모장교회의 기록이, 7권에 제4의제 관련 참모장교회의 기록이 수록되어 있다.

6 대표단 명단은 1951년 7월 10일 회담이 개시되는 시점의 본회담 대표와 각급 회의 대표단의 첫 명단을 기준으로 했다.

표 4 휴전회담 회의 구성 및 내용

구분		계획 기간	대표단		주요 협상 내용 및 쟁점
			유엔군	공산군	
본회담		1951. 7. 10 ~ 1953. 7. 19	• C. Turner Joy(수석대표) : 극동지구 미 해군 사령관 • Henry I. hodes : 미 8군참모부장 • Arlergh A. Burke : 극동지구 미 해군 참모부장 • Sawrence C. Craigie : 극동지구 미 공군부사령관 • 백선엽 : 한국군 제1군단장	• 남일(수석대표) : 북한군 총참모장 겸 부수상 • 이상조 : 북한군 정찰국장 • 장평산 : 북한군 제1군단 참모장 • 떵화(등화) : 중국군 제15집단군사령관 • 세팡(해방) : 중국군 북동군관구 선전주임	• 의제 채택 : 군사 문제와 정치 문제 • 주요 의제 협상 및 최종 결정 • 제5의제(관계 제국 정부에 대한 건의 사항 협상) 토의 및 결정 : 한반도 문제에 국한되는 결정 및 건의로 제한
분과위원회의	제2의제	1951. 8. 17 ~ 1951. 11. 27	• Henry I. Hodes : 미 육군 소장 • Arleigh Burke : 해군 소장	• 이상조 : 북한군 육군 소장 • 세팡 : 중국군 소장	• 군사분계선 및 비무장 지대 설정 : 38도선 주장과 보상 개념 및 현전선 • 즉각 전투중지와 협정 체결 시 까지 전투계속 주장
	제3의제	1951. 12. 4 ~ 1952. 4. 19	• Howard M. Turner : 미 공군 소장 • Henry I. Hodes : 미 육군 소장 • Rutheven E. Libby : 미 해군 소장	• 이상조 : 북한군 육군 소장 • 장춘산 : 북한군 육군 소장 • 세팡 : 중국군 소장	• 휴전 감시 방법 및 기구협상 : 비행장 복구 제한과 중립국 감시 기구 구성 문제
	제4의제	1951. 12. 11 ~ 1952. 3. 15	• Rutheven E. Libby : 미 해군 소장	• 이상조 : 북한군 육군 소장	• 포로 송환 협상 : 강제송환 대 자원 송환의 대립 • 포로 명부 : 숫자상의 차이 • 중립국 포로 송환 위원회 구성

구분	계획 기간	대표단		주요 협상 내용 및 쟁점
		유엔군	공산군	
참모장교 회의	1951. 11. 30 ~ 1952. 5. 10	• James C. Murray : 미 해군 중령 • Don O. Darrow : 미 공군 대령 • Andrew J. Kinney : 미 공군대령 • G. W. Hickman, Jr. : 미 육군 대령	• 김순관 : 북한군 해군대좌 • 장춘산 : 북한군 육군 소장 • 오흥산 : 북한군대좌 • 뿌샤(포산) : 중국군 대좌 • 시성문 : 중국군대좌 • 이평일 : 북한군대좌	• 각 의제별(군사분계선, 휴전 감시방법과 기구 문제, 포로 송환) 실무 협상
연락장교 회의	1951. 7. 8 ~ 1953. 7. 29	• Andrew J. Kinney : 미 공군 대령 • James C. Murray : 미 해병 대령 • Don O. Darrow : 미 공군 대령 • 이수영 : 한국군 육군 중령	• 장춘산 : 북한군대좌 • 김일파 : 북한군중좌 • 시성문 : 중국군대좌	• 휴전 협상 절차 • 본회담 준비 • 행정 및 안전 문제 • 각종 사고에 대한 항의와 조사 • 포로 문제

■ 출처　국사편찬위원회, 1994 『남북한관계사료집』 1~10권.

한국군 대표가 한 명 포함되었다. 유엔군 측 협상 대표들은 모두가 군인들로 협상보다는 군사작전에 더 익숙한 인물들이었기 때문에 협상 과정에서 어려움을 겪었다. 게다가 유엔군 측은 대표단 교체도 공산군 측에 비해 더 잦았기 때문에 이러한 점도 유엔군 측 협상력에 좋지 않은 영향을 미쳤을 가능성이 있다.[7]

7　대표단을 육·해·공군 소장으로 하는 관행은 휴전협정 체결 후 군사정전위원회 구성에서도 그대로 유지되었고, 대표 교체는 더욱 빈번하게 이루어져 평균 6개월에 한번씩 교체되었다(김보영,

반면에 공산군 측 대표단은 북한군 대장을 수석대표로 내세우고 중국군 대표 2명을 포함시켜 구성했다. 그러나 실질적으로는 중국군 대표인 셰팡이 회담을 주도했고, 협상을 진행하는 과정에서 유엔군 측은 중국군 대표를 사실상의 대표로 상대했다.[8] 공산군 측은 때로 그들이 필요하다고 판단될 경우 이름과 계급을 바꾸어 협상에 참가시켰다. 연락장교의 계급을 대령 이하로 제한하기로 합의하자, 북한 인민군 최고사령부 동원국장 김창만 소장을 대좌 계급에 장춘산이라는 가명으로 수석연락관으로 임명했으며, 중국군 연락장교인 시성문 역시 주 북한 중국대사관 정무참찬 겸 임시대리대사로 있던 시군무의 가명이었다. 그는 대좌 계급으로 참모장교회의와 연락장교회의에 참석했다.[9]

2) 의제 채택

1951년 7월 10일 개성 내봉장(來鳳莊)에서 휴전회담이 개막되었다.[10] 회담이 시작되자 유엔군 측 수석대표 조이가 먼저 회의 진행 조건

2003「1960년대 군사정전위원회와 '정전체제'」『역사와 현실』 제50호, 174쪽 참조).

8 C. Turner Joy, 1955 *How Communists Negotiate*, pp. 10~13(『미국 합동참모본부사』, 504쪽 재인용).

9 시성문(柴成文), 1989『板門店談判』, 해방군출판사: 북경, 129~135쪽(이종석, 2000『북한-중국관계 1945~2000』, 중심, 184쪽 재인용). 참모장교회의에 참석했던 뿌샨(浦山)은 하버드대학 출신의 경제학박사로 막후의 협상지휘반에서 실무공작을 담당했는데, 중국군 대좌 계급을 달고 참모장교회의에 직접 참석했다(『남북한관계사료집』 7권, 제4의제 참모장교회의 기록 참조).

10 내봉장은 개성 근교에 있는 고전적인 정원이 딸린 한옥이었다. 건물의 일부는 포격과 폭격으로 파괴되어 있었으며, 전쟁 발발 이전에는 이현재의 개인 저택이었다(중앙일보사, 1983『민족의 증언』4

을 제시했다. 그가 제시한 조건은, 첫째 휴전 조건에 쌍방이 동의하기 이전에 쌍방이 동의한 중립 지역 외에는 적대적 행위가 계속되며, 둘째 논의는 한반도의 군사 문제에 국한시킨다는 것이었다.[11]

그러나 뒤이어 연설한 공산군 측 대표는 유엔군 측이 제시한 조건들을 무시하고 자신들이 준비한 제안을 내놓았다. 공산군 측 수석대표 북한군 남일이 먼저 개회 연설을 했고, 중국군 대표 덩화가 이어서 연설했다. 남일은 "6월 23일 유엔 소련 대표 말리크의 제안을 찬성하며, 모든 적대 군사 행동의 정지, 38도선을 군사적 경계선으로 확정하고 양측이 38도선으로부터 10킬로미터씩 철수하며 이를 비무장지대로 하고, 전쟁 이전 상태로의 원상회복, 포로 교환, 외국 군대 철수" 등을 제안했다.[12] 남일에 이어 연설한 덩화는 북한 제안을 "완전히 지지한다"고 발언했다.

유엔군 측은 공산군 측 주장에는 군사 문제만을 다루기로 한 회담 범위를 벗어난 정치적 문제가 포함되어 있다고 주장했다. 유엔군 측은 사전에 준비한 의제 초안 9개항을 제시했다.

① 의사 일정 통과

② 포로수용소의 위치와 적십자 국제위원회 대표가 포로수용소를 방

권, 343쪽).

11 Meetings on the Armistice Proposal in Korea : Record of Events – 10 July 1951 Proceedings, Military Armistice Conferences, Record of Events and Transcripts of Proceedings Kaesong Meetings Session 1(10 July 1951) through Session 26(16 August 1951) 국사편찬위원회, 1994 『남북한관계사료집』 (이하 『휴전회담회의록』으로 약함) 1권, 4~24쪽.

12 이 제안은 김일성과 리커눙이 사전에 합의한 후, 마오쩌둥의 동의를 얻은 것이었다(『항미원조전쟁사』 3권, 83쪽).

문할 권리

③ 순수한 군사와 한반도 관련 문제로 논의를 제한한다

④ 한반도에서의 적대적 군사행동 재발 방지를 충분히 보장하는 조건으로 한반도에서의 적대적 군사행동을 중지한다

⑤ 한반도를 가로지르는 비무장지대에 대해서 협의를 이룬다

⑥ 군사정전위원회의 구성과 권한, 그리고 직무

⑦ 군사정전위원회 관할하의 군사시찰단이 한반도 내에서 시찰을 진행하는 것에 대해 원칙적으로 협의를 이룬다

⑧ 상술한 시찰단의 직무

⑨ 포로의 처리[13]

공산군 측은 유엔군 측 초안에 대해 반론을 제기했다. 9개항 중 앞의 3개항은 실질적인 내용이 없으며 이번 회담과 관련이 없고, 나머지 6개항 역시 본말이 불분명하고 순서도 일정하지 않으며 이미 자신들 제안에 포함되어 있다고 주장했다. 공산군 측은 자신들의 안이 더 간결하고 적합하며 순서대로 토의할 과제라고 주장하며 대안으로 5개항을 제시했다.

① 의사일정 채택

② 한반도에서의 적대 행위를 중지시키는 기본 조건으로 38도선을 쌍방의 군사분계선으로 정하고 비무장지대를 만드는 문제

13 본회담 기록, 1951. 7. 10, 『휴전회담회의록』 1권, 23~24쪽.

③ 한반도에서 모든 외국 군대를 철수시키는 문제

④ 한반도에서의 정전과 휴전에 관한 구체적인 처리 문제

⑤ 휴전 후 전쟁 포로의 처리 문제[14]

휴전회담에 제시된 교전국의 의제(議題)는 전쟁 목적의 결정체라 할 수 있기 때문에 양측은 의제 선정을 두고 첨예하게 대립했다. 유엔군 측이 공산군 측 제안에서 문제 삼은 것은 '38도선 분계선'과 '외국군 철군' 주장이었다. 유엔군 측은 이것이 다분히 정치적이며, 이러한 주장에 따르면 군사력의 균형이 유지될 수 없어 작전상 공산군 측에게 유리하다고 보았다. 유엔군 측의 확고한 입장은 군사분계선과 비무장지대는 고려하겠지만 38도선 분계선 제의는 받아들일 수 없으며, 외국군 철군은 정치적인 문제이므로 휴전이 성립된 이후에 토의할 문제라는 것이었다.

1차 회담은 쌍방이 서로 의견을 개진하는 선에서 마무리되었다. 그런데 다음날부터 양측은 신문기자 출입 문제로 논쟁을 벌이기 시작했다. 유엔군 측은 회담 지역에 20명의 신문기자가 출입하도록 허용되어야 한다는 입장이었지만, 공산군 측은 아직 협의 의제가 합의되지 않았으므로 기자 출입 문제는 시기상조라고 맞섰다. 유엔군 측은 기자 참석이 불가능할 경우 회담을 거부하겠다고 거칠게 항의했고,[15] 그로부터 4일간 회담이 중단되었다. 7월 13일 리지웨이는 김일성과 펑더화이에게 서한을

---

14 이 5개항의 대안은 리커눙이 작성하여 마오쩌둥과 김일성, 펑더화이에게 보고한 후 동의를 얻어 제기했다(『항미원조전쟁사』 3권, 87~88쪽).

15 Transcript of Proceedings : Meeting on the Armistice Proposal in Korea, 11 July 1951, 『휴전회담회의록』 1권, 26~45쪽.

보내, 중립 지역을 설치하거나 그렇지 않으면 회담 장소를 더 적당한 지역으로 옮기자고 제안했다.[16]

기자 출입 문제는 개성이 공산군 측 통제 지역이어서 불거진 문제였다. 회의장으로 가는 길목에는 무장한 공산군 경비병들이 배치되었고, 유엔군 측 대표단은 마치 적진에 항복하러 들어가는 느낌으로 회담장으로 가야만 했다. 이러한 회담장 분위기 때문에 유엔군 측은 회담 초기부터 회담 장소를 변경하고자 했다. 리지웨이는 이것이 사소한 문제가 아니라고 보았지만, 공산군 측은 유엔군 측의 시간 끌기라고 일축했다. 유엔군 측이 의도적으로 기자 출입과 같은 지엽적인 문제를 들고 나와 회담을 어렵게 만들고 시간을 끌어 여론을 조성하고 자신들의 계획을 탐색하려는 것이라고 보았다. 그러면서도 공산군 측은 회담에서 유엔군 측이 제기한 기자 출입과 개성회담장 주변을 중립지대로 하자는 요구를 수용했다.[17] 회담 초기 며칠간의 신경전은 이렇게 마무리되었고 7월 15일 회담이 재개되었다. 회의를 진행하면서 7월 16일 회의에서 유엔군 측은 최초의 9개항을 간결하게 줄여 4개항의 의제를 제시했다.

① 회의 의제 채택

---

16 「To General Kim Il Sung, General Peng Teh-Huai from M. B. Ridgway General, United States Army, Commander-in-Chief, United Nations Command」『Liaison Officers' Meetings, Kaesong 8 July 1951 - 9 October 1951』, 『휴전회담회의록』 9권, 31~33쪽.

17 「마오쩌둥이 스탈린에게 1951. 7. 13」 소련군 참모본부 제2총국 제21756호 암호전보; 「리커눙이 마오쩌둥에게 1951. 7. 12」 소련군 참모본부 제2총국 제21726호 암호전보(1951년 7월 13일자); 「마오쩌둥이 리커눙에게 1951. 7. 12」 소련군 참모본부 제2총국 제21757호 암호전보(1951년 7월 13일자); 「스탈린이 마오쩌둥에게 1951. 7. 14」 소련군 참모본부 제2총국 제4153호 암호전보(1951년 7월 14일자) A.V. 토르쿠노프 지음 구종서 옮김 2003 『한국전쟁의 진실과 수수께끼』 에디터, 315~327쪽.

② 한국에서의 적대 행위 중지를 위한 기본 조건으로서 비무장지대 설치

③ 정전 및 휴전에 관한 구체적인 협의(군사정전위원회, 군사감시단 포함)

④ 전쟁 포로에 관한 협의[18]

애초에 제시했던 9개항 제안을 간결하게 줄였을 뿐, 공산군 측 제안을 수용한 것은 아니었다. 이날 공산군 측은 38도선을 구체적으로 언급하지 않는 군사분계선 의제에 동의했다. 그 전날 마오쩌둥은 "38도선이라는 문구를 삽입하지 않은 초안을 제시할 수 있지만, 반드시 상대방이 외국군 철수 문제를 의사일정에 포함시킨다고 동의하는 전제 조건하에 제안하라"고 지시했다.[19] 38도선 주장을 포기했다기보다는 의제에 구체적으로 명시하지 않고 협상을 진전시키려는 의도로, 이 문제는 군사분계선 협상 과정에서 다시 제기할 여지가 남아 있지만 일단 접어둔 셈이었다. 이렇게 하여 의제 채택 과정에서의 38도선 논쟁은 수그러들었지만 외국군 철군 문제로 충돌했다.

38도선 주장을 접어 두면서 공산군 측이 전제 조건으로 제시한 외국군 철군 문제에 대해 유엔군 측은 전혀 받아들일 수 없다고 버텼고, 나중에는 논의 자체를 거부했다.[20] 이는 합참에서 받은 훈령과 트루먼의 지시에 따른 것이었다. 합참은 유엔군사령관에게 "개성의 협상 대표들은 다만 군사적 휴전 문제만 토의해야 하며, 군대의 철수는 정부급에서 토의되어야 한다고 적의 대표들에게 확실히 환기시키라"고 지시했다. 합참

18 본회담 기록, 1951. 7. 16, 『휴전회담회의록』 1권, 61~71쪽.

19 「마오쩌둥이 리커눙에게 보낸 전문 1951. 7. 15」 『항미원조전쟁사』 3권, 91쪽.

20 본회담 기록, 1951. 7. 18, 『휴전회담회의록』 1권, 85~107쪽.

은 '외국군 철군 문제'를 정치 문제로 규정했으며, 휴전회담에서 정치적인 문제를 다룰 의도가 없었다. 회담을 군사적 문제에 국한시킨다는 것은 유엔군이 회담의 성격을 규정한 가장 중요한 원칙이었고, 물러날 수 없다는 점을 명확하게 인식시키고자 했다. 7월 16일 트루먼 대통령 역시 "유엔군이 철수할 것이라는 어떤 인상도 적에게 주어서는 안 된다"고 리지웨이에게 지시했다. 이것이 한국민에게 알려지면 상당히 해로운 결과를 가져올 수 있을 것이며, 일단 문이 열리기만 한다면 상대방은 정치적 문제를 제기하기 위해 모든 기회를 신속히 포착할 것이라는 점이 이유였다.[21]

합참은 7월 19일에도 분명한 입장을 담은 지침을 또다시 보냈다. 기본 입장은 유엔군은 현재로서는 한국을 떠날 수 없다는 것으로, 각국 정부 결정에 의거하여 참전한 여러 국가의 군(유엔군)과 중국군 등의 철수는 한국 문제의 최종적인 해결과 연관하여 이들 정부가 결정해야 할 문제라고 보았다.[22] 외국군 철군 문제는 휴전을 군사 회담에서 결정할 문제가 아니라 보다 고위급에서 처리해야 할 정치 문제라는 입장이었다. 같은 날 미 국무부는 "유엔군은 한국에 진정한 평화가 수립될 때까지 휴전 후에도 계속 주둔할 것"이라는 요지의 공개 성명을 발표했다.[23] 그러나 미국은 이 문제로 인해 회담이 결렬되는 것은 피하고자 했으며, 설사 결렬된다고 해도 실패에 대한 책임을 공산 측에 돌리고자 먼저 휴회를 선언

21 「합참에서 리지웨이 사령관에게 보낸 전문, 1951. 7. 16」, 『미국 합동참모본부사』, 33쪽.

22 RG59, Korea, General Conference Telegrams (to Ridgway), Part I, July 16-Aug. 18, 1951(국사편찬위원회 전자사료관, AUS002_03_00C0024).

23 『미국 합동참모본부사』, 38쪽.

하지는 않았다.[24]

공산군 측은 유엔군 측이 외국군 철군 문제를 정치 문제로 규정한 것이 "일부러 만든 논리적 함정"이며, 외국군 철군 문제는 휴전을 보장하는 필요조건이라고 주장했다. 김일성은 회담이 계속 진행되기를 원했으며, 스탈린에게 도와달라는 호소문을 보냈다. 그는 "교섭이 답보 상태에 머무르는 사이 북한이 막대한 물질적 손실을 입고 있으니, 대공방어를 강화하고 교섭을 적극적으로 타개해야 한다"고 요구했다.[25] 결국 마오쩌둥은 일정한 양보를 결심했다. 7월 17일 마오쩌둥은 개성의 협상대표단에게 "외국군 철군 문제가 군사 문제 혹은 정치 문제에 속하는지 논쟁하지 말고, 만약 유엔군 측이 휴전 발효 직후 외국군 철수 협상을 바로 시작하겠다고 하면 받아들이라"고 지시했다.[26] 그러나 공산군 측 협상대표단은 먼저 제기하지 않고 관망하고 있는 사이 유엔군 측 태도가 점차 완강해지고 미국 정부의 강력한 성명이 나오자 결국 최종 협상 카드를 내놓았다.

7월 20일 협상을 막후에서 지휘하던 리커눙은 마오쩌둥과 김일성, 펑더화이에게 공동으로 전문을 보냈다. "유엔군 측이 외국 군대의 철군 문제에서 양보할 가능성이 아주 낮으며, 우리의 최종 요구선이 외국 군대

---

24 「합참에서 리지웨이 사령관에게 보낸 전문, 1951. 7. 20」『미국 합동참모본부사』, 35쪽. 7월 20일 리지웨이가 공산 측이 외국군 철군 문제에 관한 요구를 철회하지 않으면 휴회할 것이라고 합참에 보고하자 합참은 이를 보류하라고 지시했다.

25 「김일성이 스탈린에게 1951. 7. 17」 소련군 참모본부 제2총국 제50597/sh호 암호전보, A.V. 토루쿠토프 지음 구종서 옮김, 앞의 책, 331~332쪽.

26 「마오쩌둥이 리커눙에게 1951. 7. 17」 소련군 참모본부 제2총국 제21960호 암호전보(1951년 7월 18일자) A.V. 토루쿠토프 지음 구종서 옮김, 앞의 책, 332~334쪽. 마오쩌둥은 이 전문을 김일성과 펑더화이에게도 보냈으며 다음날 사본을 스탈린에게 보냈다.

철수 문제를 의제에만 포함시키자는 뜻이라는 것을 밝힐 예정"이라는 보고였다. 마오쩌둥은 외국군 철군 문제에 대한 입장을 최종 정리하고 같은 날 스탈린에게 보고했다.

> 조선에서 외국군 철수와 관련하여 적들은 그것이 여기서 토의될 사항이 아니며 평화 회담에서 해결될 때가지 보류되어야 한다고 주장하면서 회의 일정에 포함시키는 것을 절대 반대하고 있다. …… 외국군 철수 문제를 휴전의 필수 조건으로 제기하지 않는 것이 더 좋을 것이다. …… 이 문제를 일단 미결로 남겨두어 대만으로부터의 미군 철수, 일본과의 단독강화 조약, 일본의 재무장화 등과 같은 문제들처럼 우리가 사용할 수 있는 무기로 남겨두는 것이 좋을 것이다. ……[27] (밑줄 강조: 인용자)

외국군 철수 문제를 휴전의 필수 조건으로 제시하지 않되, 후일 협상의 무기로 활용할 여지를 남겨두자는 내용이었다. 스탈린은 "다른 시기로 연기할 수 있다"는 조건으로 이를 수용했고,[28] 김일성도 이에 동의했다.[29] 7월 21일부터 4일간 휴회를 요청한 공산군 측은 회담이 재개된 7월 25일 제9차 본회담에서 외국군 철군 문제를 해결하기 위한 새로운

27 「마오쩌둥이 스탈린에게」 1951. 7. 20, 소련군 참모본부 제2총국 제21439호 암호전보, A.V. 토르쿠노프 지음 구종서 옮김, 앞의 책, 337쪽; 『한국전쟁 관련 소련 외교문서』.

28 「스탈린이 마오쩌둥에게」 1951. 7. 21, 소련군 참모본부 제2총국 제4277호 암호전보 A.V. 토르쿠노프 지음 구종서 옮김, 앞의 책, 337쪽.

29 『항미원조전쟁사』 3권, 95쪽. 김일성의 입장을 담은 전문은 구 소련 문서에 수록되어 있지 않고, 다만 중국 측 전사를 통해 간접 확인한 것이다. 7월 17일 북한이 더 적극적인 타개책을 스탈린에게 호소한 바 있었으므로, 이에 동의했을 것으로 보아도 무방할 것이다.

제안을 했다. 이미 합의에 도달한 4개항 이외에 "제5항 쌍방의 관계 각국 정부에 대한 건의 사항"을 첨가하여, 휴전 실현 후 일정한 기간 내에 쌍방이 고위급 대표회담을 소집하여 한국으로부터 외국 군대를 철군하는 문제를 협의하자는 것이었다. 유엔군 측은 "쌍방의 관계된 정부에 건의한다"는 모호한 표현에서 "건의"의 내용에 관해 어떠한 언질도 줄 수 없다고 했지만,[30] 공산군 측은 이를 수용했다. 유엔군 측 수석대표 조이 제독은 공산군 측이 실제적인 문제를 토의하고자 하는 희망을 비친 것으로 보고, 이를 '체면 유지용'이라 판단하여 워싱턴의 승인을 얻어 이 새로운 제안을 수용하기로 결정했다.[31] 이렇게 하여 양측은 1951년 7월 26일 제10차 본회담에서 5개항의 의제를 채택하는 데 합의했다. 의제 채택 과정에서 양측의 제안과 쟁점, 합의 사항을 정리하면 다음 〈표 5〉와 같다.

난항을 거듭하다 17일 만에 협의되어야 할 사항의 협의가 마무리되었다. 그러나 이것은 앞으로 다가올 협상의 난항을 예고하는 서막에 불과했다. 훗날의 회담 진전 상황에 비추어 보면, 단 2주 동안에 의사일정에 합의한 것은 굉장한 성과였다고 볼 수도 있다.[32] 그나마 의제를 채택하는 것은 의제 자체의 합의보다는 훨씬 수월할 수도 있었다. 쟁점이 될 만한 문제는 차후에 해결할 과제로 남겨두고 일단 포괄적인 개념의 의제 채택에만 합의했기 때문이다.

회담이 시작될 때 양측은 서로가 전장에서의 우세를 낙관하고 있었

---

30 10차 개성회담, 1951. 7. 26, 『휴전회담회의록』 1권, 152~161쪽.

31 육군본부 역, 1967 『유엔군전사: 휴전천막과 싸우는 전선 제2집』 (Walter G. Hermes, *U.S. Army in the Korean War: The Tent and Fighting Front*: 이하 『유엔군전사』로 약함), 32쪽.

32 『미국 합동참모본부사』, 32쪽.

표 5 양측의 휴전회담 의제 제안과 쟁점·합의사항(제1의제)

구분	유엔군 측 제안: 9개항	공산군 측 제안: 5개항
최초 의제 제안 (1951. 7.10)	① 회의 의제의 채택 ② 국제적십자사 대표들의 포로수용소 방문을 위한 장소와 그들의 권한 ③ 한국에만 관계되는 순수한 군사 사항 토의로 제한 ④ 한국에서 적대 행위와 군사적 무력 행위 금지를 보장하는 조건하에 적대 행위 및 무력 행위의 중지 ⑤ 한국을 횡단하는 비무장지대에 대한 협정 ⑥ 군사정전위원회의 구성, 권한 및 기능 ⑦ 군사정전위원회 예하 기구로서 기능을 발휘하게 될 군사감시단의 한국 내에서의 감시 원칙에 대한 협정 ⑧ 군사감시단의 구성과 기능 ⑨ 전쟁포로에 관한 협의사항	① 회의 의제 채택 ② 양측 간의 군사분계선으로서 38도선을 채택하고, 한국에서 적대 행위를 중지하는 기본조건으로서 비무장지대 설치 ③ 한국으로부터 모든 외국군 철군 ④ 한국에서의 정전 및 휴전 실현을 위한 구체적인 협의 ⑤ 휴전에 따른 포로에 관한 협의
쟁점	• 군사분계선: 38도선 주장 • 외국군 철군	
합의 사항 (1951. 7.26)	① 회의 의제의 채택 ② 한국에서의 적대 행위 정지를 위한 기본 조건으로서, 양측이 비무장지대를 설치할 수 있도록 군사분계선을 설정 ③ 정전 및 휴전에 관한 조항 수행을 감독하는 기관의 구성, 권한 및 기능을 포함한 한국에서의 휴전을 실현하기 위한 구체적인 협의 ④ 포로에 관한 협의 ⑤ 양측의 관계 제국 정부에 대한 건의	

■ 출처 Military Armistice Conference Record of Events and Transcripts of Proceedings Kaesong Meetings Session 1 through Session 26, 『남북한관계사료집』 1권; 국방부전사편찬위원회, 1989 『한국전쟁 휴전사』; 국방부전사편찬위원회 역, 1991 『한국전쟁』 하; Walter G. Hermes, 『U.S. Army in the Korean War: The Tent and Fighting Front』 (육군본부 역, 1967 『유엔군전사: 휴전천막과 싸우는 전선 제2집』; 중국 군사과학원 군사역사연구부 저 국방부 군사편찬연구소 역, 2005 『중국군의 한국전쟁사』 3권; 『한국전쟁 관련 소련 외교문서』)

기 때문에 협상이 단기간 내에 마무리될 것으로 예측했다. 미국은 군사적 압력을 적절히 병행하면 손쉽게 자신들의 제안을 관철시킬 수 있으리라고 판단했다. 중국 역시 북한군과 중국군이 전장에서 상대적 우위를 점하고 있다고 믿었다. 그들은 자신들이 내세운 휴전 조건, 즉 양측 군대가 38도선으로 복귀함으로써 전쟁 전 상태로 회복하는 것을 미국이 마땅히 수용해야 한다고 믿었고, 협상에서 가장 어려운 점은 휴전에 이르는 것이 아니라 한반도에서 모든 외국 군대의 철수, 대만 문제, 중국의 유엔 가입 등과 같은 이슈가 될 것이라고 보았다.[33] 그러나 예측과는 달리 휴전에 이르는 길은 가깝지도, 쉽지도 않았다.

2. 군사분계선 협상과 판문점회담

1) 군사분계선 설정 논쟁과 '개성 사건'

38도선과 접촉선

회의 의제 채택에 합의한 7월 26일부터 바로 제2의제 군사분계선 협상이 시작되었다.[34] 의제 채택 후 첫 번째로 다룬 군사분계선 협상은

---

33 지안 첸, 2000「중국의 한국전 개입과 공산블럭의 협력」『6·25전쟁과 한반도 평화』, 국방대학교안보문제연구소, 56쪽.

34 군사분계선 협상 과정은 국사편찬위원회, 1994『남북한관계사료집』1~2권(본회담기록: 1권은 개성회담, 2권은 판문점회담기록)과『남북한관계사료집』3권(제2의제 관련 제1~37차 분과위원회 기록)에 수록되어 있다.

1951년 7월 26일 본회담에서 시작되어 잠정군사분계선 설정에 합의한 1951년 11월 27일까지 계속되었다. 본회담에서 다루던 의제를 분과위원회로 돌려 회담이 계속되었고 그 과정에서 일련의 '개성 사건'을 거쳐 회담장이 판문점으로 이전되었다.

양측은 군사분계선 설정이 휴전회담에서 가장 핵심적 사안이라고 판단했기 때문에, 회담의 기획 단계에서 부터 이미 군사분계선 협상에서 달성할 목표와 원칙을 확정했다. 공산군 측은 이미 의제 채택 과정에서 38도선 주장을 제기한 바 있어 이미 양측은 한차례 논란을 경험한 터였다. 의제 채택 협상에서는 38도선을 명시하지 않는 방법으로 논란을 잠시 비켜 갔지만, 군사분계선 협상이 시작되자 일차적 쟁점으로 부각될 것은 충분히 예상 가능했다. 유엔군 측은 38도선을 반대하면서도 군사분계선 협상이 시작되기까지 분명한 입장을 드러내지 않았다. 협상이 시작되자 유엔군 측이 내놓은 것은 원칙적으로는 접촉선에 근거한 군사분계선 제안이었다. 유엔군 측은 협상 초기에는 우월한 해군과 공군력을 반영한 보상을 요구했다. 협상 과정에서 이것을 포기하는 대신 전선을 조정하는 방식으로 '지역 흥정'을 시도했고, 그것도 여의치 않게 되자 최종적으로 실제 접촉선을 군사분계선으로 하는 데 동의했다.

공산군 측은 회담이 시작되기 전 1951년 6월 초 이미 38도선을 군사분계선으로 하는 방침을 확정했다. 회담이 시작되기 전 북경에서 회동한 김일성과 마오쩌둥은 회담 기본 방침을 논의하는 과정에서 38도선을 군사분계선으로 하는 것을 휴전의 기본 조건의 하나로 정했다. 마오쩌둥과 저우언라이, 김일성 등은 모두 군사분계선 문제가 이번 회담에서 해결해야 할 핵심적 문제라는 데 인식을 같이 했다. 공산 3국 간 합의를 거쳐 6월 23일 소련 대표 말리크가 유엔에서 연설할 때도, "교전 쌍방이 휴전을 상의해야 하며, 쌍방은 군대를 38도선에서 철수시켜야 한다"고 38도선 주장을 분명하게 밝힌 바 있다. 마오쩌둥은 군사분계선 협상이 시작되기 전날인 7월 25일 리커눙에게 "반드시 38도선을 경계로 하라"는 지침을 재차 내려 보냈다.[35]

군사분계선 협상 첫날, 공산군 측 대표 남일은 "38도선을 쌍방의 군사분계선으로 정하고 쌍방이 38도선에서 각자 10킬로미터씩 물러나고 그 지역을 비무장지대로 설정하자"고 제안했다. 남일은 "38도선을 군사분계선으로 하는 것은 세계가 공인한 역사적 사실에 부합되며, 사실상 이번 휴전회담의 기초이며, 이것이 현재의 전황에 부합되는 오직 하나뿐인 공평하고 합리적인 선"이라고 주장했다.[36] 그러나 유엔군 측은 이러한 주장을 거부하고 우월한 해군과 공군력을 토대로 보상을 요구했다. 7월 27일 회담에서 유엔군 측 수석대표 조이 제독은 "군사분계선은 전투 상황에 의거 결정되어야 하며, 전투 상황의 현실은 지상군 및 공군과 해군의 3개 군의 총체적인 힘과 능력의 반영"이라고 주장했다. 협상에 충분한 여유를 가지기 위한 유엔군 측의 계산된 협상 전술이었지만,[37] 다른 한편으로는 미국이 군사적으로 우월한 위치에서 협상을 시작했다는 낙관적인 정세 판단에서 비롯된 것이기도 했다. 이로 인해 첫날부터 회담장

---

35 『항미원조전쟁사』 3권, 102쪽.

36 10차 개성회담, 1951. 7. 26, 『휴전회담회의록』 1권, 153~161쪽.

37 유엔군 측은 당시 점령하고 있던 전선의 위치보다 30~50킬로미터 북쪽에 분계선이 표시된 군사지도를 공산군 측에 제시했다. 이 최초의 제안은 당시 유엔군 측이 확보하려던 선보다 훨씬 북상시킨 것이었다. 당시 전선의 위치는 임진강 하구-연천-철원-김화-간성을 잇는 선이었는데, 유엔군 측이 제시한 분계선은 해주-금천-시변리-평강-장전을 잇는 선으로 군사적 요충지였던 철의 삼각지대를 유엔군 측에 포함시킨 선이었다(11차 개성회담, 1951. 7. 27, 『휴전회담회의록』 1권, 163~174쪽).

분위기는 험악했다.

7월 28일 마오쩌둥은 38도선 주장을 더욱 강하게 밀고 나가라고 리커눙에게 지시했다.[38] 공산군 측은 38도선이 쌍방의 전장에서의 형세를 반영하고 있다고 주장했다. 즉 7월 이후 쌍방의 교전 지역이 38도선을 남북으로 네 차례나 오르내렸으며, 쌍방의 공격과 후퇴가 결코 38도선을 벗어나지 않으며, 그렇기 때문에 현 단계에서 쌍방의 군사력을 잘 반영하고 있는 38도선이 군사분계선으로 되어야 한다는 주장이었다. 유엔군 측은 38도선을 군사분계선으로 받아들일 수 없다는 입장을 분명히 했다. 유엔군 측 주장은 "38도선은 단순한 정치적 의의만을 지니고 있을 뿐이며, 공산군이 지난 13개월 동안에 네 차례나 이 선을 횡단했다는 사실만으로도 이 선은 군사분계선으로서 적합하지 않다는 것이 증명되었다"는 것으로, 군사 휴전에서 38도선과 같은 가상의 지리적인 선은 하등의 정당성이 없다는 논리로 맞섰다.[39] 유엔군 측이 38도선을 거부한 것은 군사적인 측면에서 38선이 인위적인 선으로 방어가 어렵다는 점도 있었지만, 더 중요한 정치적 목적은 38도선보다 북쪽에서 전쟁을 중단하는 것이 북한 남침의 패배를 의미하는 실질적인 증거를 제공하게 될 것이라고 보았기 때문이었다.[40]

공산군 측은 유엔군 측이 의도적으로 협상을 지연시키는 정책을 채

---

38 「마오쩌둥이 리커눙에게 1951. 7. 28」 소련군 참모본부 제2총국 제22265호 암호전보, A.V. 토르쿠노프 저, 앞의 책, 338~339쪽. 이러한 내용의 보고를 받은 마오쩌둥은 "조이의 발언은 광망스럽고 황당하여 완전히 전장의 아우성이지 결코 휴전회담을 하는 것이 아니다"라고 흥분했다.

39 13차 개성회담, 1951. 7. 29, 『휴전회담회의록』 1권, 197~222쪽.

40 제임스 메트레이, 2000 「한국전쟁 휴전협상: 원심작용적 협상 전략?」 『6·25전쟁과 한반도 평화』, 국방대학교안보문제연구소, 109쪽.

택하고 있다고 판단하고, 국제 여론을 동원하여 회담에 영향을 미치고자 했다.[41] 8월 1일 북경의 중앙인민방송국의 펑더화이 연설 방송, 8월 초순 신화사와 인민일보사 등에 한반도 주재 종군기자들이 관련 기사를 게재하는 등 일련의 대응이 이어졌다.[42] 협상장 밖에서 공산 측은 유엔군 측이 "회담을 가능하게 했던 말리크의 원래의 건의를 헌신짝 버리듯 차 버렸다"고 비난했다.

양측이 팽팽히 대립하는 상황에서 8월 4일 공산군 측의 개성 중립지대 위반 사건이 일어났다. 개성 중립지대 안전 업무를 담당하던 공산군 측 일부 경비대원이 회의장으로 향하던 도중 쌍방이 합의한 개성 중립지대를 침범한 사건으로, 유엔군 측은 이 문제를 빌미로 회담 참석을 거부했다. 이로 인해 회담은 8월 10일까지 중단되었다. 공산군 측은 이를 착오라고 시인했으며,[43] 김일성과 펑더화이는 재발 방지를 약속하는 서한을 리지웨이에게 보냈다. 공산군 측은 우연히 발생한 사건으로 인해 회담이 중단되어서는 안 된다고 주장했다.[44]

결국 8월 10일 회담이 재개되었지만 군사분계선 문제에 대한 양측의 완강한 태도는 여전했다. 유엔군 측은 군사분계선의 기준으로 38도선

---

41 「리커눙이 마오쩌둥에게 1951. 7. 31」; 「마오쩌둥이 스탈린에게 1951. 8. 1」 소련군 참모본부 제2총국 제22446호 암호전보, A.V. 토르쿠노프 저, 앞의 책, 339~342쪽. 마오쩌둥과 리커눙의 왕복 서간 전문을 마오쩌둥이 스탈린에게 보낸 것이다; 『항미원조전쟁사』 3권, 109~110쪽.

42 펑더화이 「中國人民志願軍是不可戰勝的力量」 베이징 중앙인민방송국 보도, 『항미원조전쟁사』 3권, 109쪽; 「評朝鮮停戰談判(인민일보 사설: 조선에서의 정전회담을 평함)」 행정자치부·정부기록보존소 2002 한국전쟁 관련 중국 자료선집 『한국전쟁과 중국 I』 174~178쪽.

43 「남일이 조이 제독에게 보낸 서한」, 개성 연락장교회의 1951. 8. 9, 『휴전회담회의록』 9권, 53쪽.

44 「김일성·펑더화이가 리지웨이에게 보낸 서한, 1951. 8. 9」, 개성연락장교회의 1951. 8. 9, 『휴전회담회의록』 9권, 54쪽.

에 대해 토의하는 자체를 거부했으며, 공산군 측은 38도선 이외의 어떤 다른 선에 대한 토의도 거부했다. 이날 회담장에서 양측은 2시간 11분 동안이나 말없이 노려보기만 하는 등 신경전을 벌였다.[45] 유엔군 측은 이 문제를 보류하고 제3의제를 먼저 협상하자고 대안을 제시했지만, 공산군 측은 이 문제가 먼저 해결되어야만 다른 문제 논의를 시작할 수 있다며 즉각 거부했다.

리지웨이는 양측이 팽팽하게 대립하고 있는 상황에서 더 강경한 태도를 보이기를 원했다. 공산군 측에게 72시간의 여유를 주되 만일 변화가 없다면 협상 결렬을 선언하는 강경책을 합참에 건의했다.[46] 합참은 이 건의를 받아들이지 않았다. 오히려 협상의 기본 지시를 환기시키는 분명한 경고를 담은 서한을 리지웨이에게 보냈다. 합참은 회담을 결렬시키라는 특별 지시가 없는 한 회담을 결렬시켜서는 안 되며, 협상 중단은 정부 차원의 중요성을 갖는 것이라고 판단했다.[47] 미국 정부의 입장은 만일 휴전회담이 결렬될 경우 그 책임이 명확히 공산군 측에 있다고 인정될 만한 객관적인 증거가 필요하다는 것이었다. 합참은 휴전회담이 시작되기 전에 유엔사무총장과 미 국무장관 애치슨 등이 행한 연설 등이 공산군 측을 오도하여 유엔군 측이 38도선을 군사분계선으로 수락할 것으로 예상하게 만들었을 가능성도 지적했다. 따라서 모스크바와 북경이 조정할 시간이 필요하며, 38도선에 관한 입장 차이가 공산군 측

---

45 20차 개성회담, 1951. 8. 10, 『휴전회담회의록』 1권, 319~334쪽.

46 「리지웨이가 합참에 보낸 전문 1951. 8. 11」, C-68672, FRUS 1951 Vol.Ⅶ, pp. 801~810.

47 「합참에서 리지웨이에게 보낸 전문 1951. 8. 11」(JCS-98713), FRUS 1951 Vol.Ⅶ, pp. 811~812; 『미국 합동참모본부사』, 44쪽.

이 회담을 결렬시키는 전환점이라고 가정할 수는 없다는 것이 합참의 결론이었다.[48] 요컨대 상대방의 38도선 주장을 수용할 수는 없지만, 그들이 그러한 주장을 할 만한 근거를 자신들이 제공했다고 본 것이다. 미국은 1950년 12월 휴전을 모색하는 과정에서 휴전선으로 38도선의 군사적 타당성에 관해 여러 차례 검토하면서 휴전 교섭 시 38도선이 최저 조건이라고 보았다. 이러한 의견을 반영하여 1950년 12월 4일부터 8일까지 열린 미·영 수뇌회담에 대비한 정책문서에서도 38도선 부근에서의 휴전과 비무장지대 설치를 명기한 바 있었고, 일련의 38도선에 관한 입장 표명이 이어졌던 것이다. 8월 11일부터 14일까지 협상장에서는 지루한 공방이 계속되었지만, 그 이면에서는 변화의 조짐이 보이기 시작했다. 리커눙은 8월 12일 38도선 주장을 포기하자고 마오쩌둥에게 건의했다. 유엔군 측이 38도선 제안을 받아들일 가능성이 거의 없으므로 현실적인 선택을 고려하자는 제안이었다.

> 상대방의 최후의 카드는 현재의 전선에서 휴전을 하고 다시 작은 문제에 대한 약간의 조정을 하는 것이다. 만약 우리가 반드시 38도선을 군사분계선으로 하겠다고 한다면 회담 결렬에 대한 준비를 해야 한다. 그들과 38도선을 가지고 다투다가 회담이 결렬되는 것보다는 현재의 전선에서 휴전하고 다시 우리가 얻을 수 있는 문제에 대한 약간의 조정을 한 다음 휴전을 실현하는 것이 더 낫다. 그런 다음 3년에서 5년 정도 힘

---

48 『미국 합동참모본부사』, 44쪽.

을 비축할 시간을 버는 것이 좋다. 상부의 지시를 요청한다.[49]

현실적으로 38도선 주장을 가지고 다투다가 회담이 결렬되는 것보다는 현재의 전선에서 휴전하고 약간의 조정을 하자는 것으로, 결국 38도선 주장을 포기하자는 건의였다. 이 당시 공산군은 군사적으로 어려운 상황에 놓여 있었고 제반 여건도 좋지 않았다. 중국군은 유엔군과 한국군을 38도선 이남으로 밀어내기 위한 6차 전역을 9월 중 시도할 계획을 세웠지만, 8월 10일 저우언라이가 주도한 군사 회의에서는 공격 시기를 늦추라고 건의했다.[50] 유엔군의 폭격으로 병참보급로가 끊긴 데다 홍수까지 발생했으며, 소련의 공군 지원은 예정대로 이뤄지지 못했다.

마오쩌둥은 38도선이라는 명분을 포기하되 실리는 챙기는 방식으로 문제를 해결하고자 했다.[51] 38도선이라는 명확한 주장을 피하되, 38도선 부근에 군사분계선을 설정하는 방식이었다. 그는 "지형과 군사적인 형세를 고려해서 그 선이 임진강 동쪽으로는 38도선 이북에, 임진강 서쪽으로는 38도선 이남에 위치하게 되면 남북 지역이 대체적으로 동등하게 되고, 이름을 군사분계선으로 정하면 상대방이 받아들일 것"이라

---

49 심지화 편, 2003「毛澤東關於轉發停戰談判第21號簡報致史達林電(리커눙이 마오쩌둥에게 보낸 전문) 1951. 8. 12」, 959쪽;『항미원조전쟁사』 3권, 112~113쪽.

50 계획했던 6차 전역은 10월까지 연기되었다가 결국 철회되었다(『항미원조전쟁사』 3권, 143쪽).

51 소련 자료를 분석한「6·25내막 / 모스크바 새증언25」(『서울신문』 1995. 7. 23)에서는 소련과 중국 간에 이 문제로 이견이 드러났다고 보았다. 마오쩌둥이 스탈린에게 협상을 결렬시키기보다는 유엔군 측 주장을 수용하는 것이 바람직하다는 입장을 표명했지만, 스탈린은 원칙을 고수하며 이러한 제안을 받아들이지 않았다는 것이다. 하지만 중국 측 전사에는 이러한 이견에 대한 언급이 전혀 없다(『항미원조전쟁사』 3권, 114쪽). 중·소 간에 이 문제로 이견이 있었을 가능성도 있지만, 이후 군사분계선 협상은 마오쩌둥의 의견대로 진행되었다.

고 보았다.[52] 비록 38도선 주장에서 물러서는 결정을 하게 되더라도, 현 전선이 38도선에 걸쳐 있다고 합리화함으로써, 회담이 자신들의 양보로 비쳐지는 것을 최대한 막으려는 의도였을 것이다. 마오쩌둥은 회담에서 38도선과 현 전선을 연계시키는 전술을 구사하라고 지시했다.

> 회담의 중점을 적들의 원래 방안에 반대하는 데 두어야 할 것이며, 자신의 주장은 가급적 적게 해 적들이 당신들의 문제에 어쩔 수 없이 답하게 만들어야 한다. 논쟁에서도 또한 자신의 주장을 중복해서 말하지 말고 적들의 방안 및 애매모호한 주장을 중점적으로 반박해야 한다. …… 논쟁 중에 반드시 38도선과 현재의 전선을 연계시키고, 군사분계선과 비무장지대 또한 연계시켜, 다음번 협상의 절충방안에 대해 미리 복선을 준비하라. 이러한 회담전술을 사용하여 적들을 우리가 생각하는 방향으로 접근시키면, 적들은 외부에 대한 선전에서 주도권을 잃게 될 것이다.[53] (밑줄 강조: 인용자)

회담에서 38도선과 현 전선을 연계시키는 전술을 구사하라는 마오쩌둥의 지시는 두 가지 의미를 내포하고 있었다. 첫째는 38도선 주장을 철회할 수 있다는 것, 둘째는 비록 38도선 주장을 철회하더라도 협상의

---

52 8월 11일과 13일, 마오쩌둥은 두 차례에 걸쳐 이 분석을 리커눙에게 전문으로 통보하고, 대표단이 상대방의 태도를 관찰한 다음 이런 제안을 해도 가능하겠는가를 결정하라고 지시했다(심지화 편, 2003「毛澤東關於軍事分界線談判策略問題致史達林電(마오쩌둥이 리커눙에게) 1951. 8. 11」;「毛澤東關於轉發中朝方停戰談判目標問題致史達林電(마오쩌둥이 리커눙에게) 1951. 8. 13」, 앞의 자료 下冊, 953쪽, 964~965쪽. 이들 전문은 마오쩌둥이 군사분계선 담판 전략 문제에 관해 스탈린에게 보낸 보고 전문에 실려 있다).

53 『항미원조전쟁사』 3권, 114쪽.

주도권을 장악하려는 협상의 전술적 측면을 고려해야 한다는 점이다.

이어진 회담에서 유엔군 측은 현재의 전선과 군사적 현황을 기초로 하는 어떤 군사분계선 문제라도 논의할 의사가 있다고 했지만, 38도선을 군사분계선으로 정하는 방안에 대한 논의는 거절했다. 이때 마침 8월 13일 시변리 부근에서 3대의 공산군 측 보급 차량이 총격을 받은 개성 중립지대 위반 사건이 발생했다. 유엔군 측은 공산군 측이 사전 통고를 하지 않았기 때문이라며 공산군 측 항의를 묵살하고 아무런 조치도 취하지 않았다.

8월 14일 제24차 본회담에서 북한 대표 남일은 먼저 발언을 시작했다. 그는 여전히 38선을 군사분계선으로 삼아야 한다는 요지로 무려 79분 동안 쉬지 않고 발언했고, 회담 지연의 책임을 유엔군에게 돌렸다. 이어서 발언을 시작한 유엔군 측 대표도 68분 동안 답변을 이어갔다. 그는 공산군 측이 "전투에서 얻을 수 없는 것을 협상을 통해 추구하고 있다"고 비난했다. 서로가 일방적인 주장만 되풀이할 뿐, 협상장의 분위기는 타협의 여지가 없어 보였다.

다음날인 8월 15일 제25차 본회담에서 유엔군 측은 답보 상태인 회담을 진전시키기 위해 서로 허심탄회하게 대화하자는 취지로 분과위원회 구성을 제안했다. 공산군 측이 이에 동의하면서 제2의제(군사분계선) 분과위원회가 구성되었다.[54] 분과위원회 회의는 8월 17일 첫 회의를 시작으로 거의 날마다 회의가 이어졌지만,[55] 일련의 '개성 사건'으로 인해

---

54 26차 개성회담, 1951. 8. 16, 『휴전회담회의록』 1권, 423~432쪽.

55 이후 휴전회담은 쌍방 간에 5명의 대표들이 참석하는 본회담과 전문적인 세부 사항을 토의하는 분과위원회, 일반 행정사무를 취급하는 연락장교회의 등으로 구분하여 진행되었다. 양측은 분과

회담이 일시 중단되기도 했다. 제2의제 분과위원회에는 유엔군 측에서는 호데스 소장과 버크 제독이, 공산군 측에서는 이상조 소장(북한군)과 셰팡 소장(중국군)이 대표로 참석했다. 군사분계선 문제를 토의한 제2의제 분과위원회는 1951년 8월 17일부터 11월 27일까지 모두 31차례의 회담을 가졌다.[56]

분과위원회 회의에서 공산군 측은 처음으로 38도선 주장에서 물러설 수 있다는 암시를 내보였다. 즉 "38도선을 경계로 하는 비무장지대 설정에 있어 지형과 쌍방의 의견을 고려해 조정할 수 있다"는 제안이었다.[57] 마오쩌둥은 보다 확실한 제안을 내놓기 전에 김일성에게 전문을 보내 군사분계선에 대한 의견 조율을 시도했다.[58] 이른바 '38도선 조정 방안'으로, 현 상황에서의 휴전이 자신들에게 불리한 조건이 아니라고 판단했다. 덩화는 지역적 특성을 고려해서 이 제안이 유용하다고 건의했다. 즉 "임진강 서쪽 38도선 이남 지역은 면적이 비록 작지만, 인구가 많고 부유한 지역이고 전략적으로 적의 진지가 원산에서 가까우며 상륙이 쉽다. 그러나 우리 진지는 서울과 더 가까우며 적의 측 배후를 공략하기 쉽다. 이 방안은 적의 말로는 현 상태의 휴전이고, 우리 역시 38도선 지역 조정의 휴전이라 말할 수 있다"고 보았다.[59]

처음에 유엔군 측은 이 제안을 무시하고 또다시 해군과 공군력의 우

위원회 개회 중에는 본회담은 휴회하기로 합의했다.

56 제2의제에 관한 제1~37차 분과위원회 기록은, 『휴전회담회의록』 3권에 수록되어 있다.

57 제2의제 분과위원회 1차 개성회담, 1951. 8. 17, 『휴전회담회의록』 3권, 3~5쪽.

58 「마오쩌둥이 김일성에게 보낸 전문」 1951. 8. 17, 『항미원조전쟁사』 3권, 117쪽.

59 8월 18일 덩화가 개인 명의로 펑더화이에게 보낸 전문, 『항미원조전쟁사』 3권, 117~118쪽.

세에 대한 보상론을 제기했지만, 다음날 해·공군력에 대한 '보상' 요구에서 물러설 수 있다는 징후를 보임으로써[60] 회담은 일보 진전되었다. 공산군 측이 38도선에 대해 보다 유연한 태도를 보이고, 유엔군 측에서 보상 개념을 포기할 수 있다는 태도를 보임으로써, 이제 쟁점은 38도선이 아니라 유엔군 측이 주장한 현 전선의 개념과 실제 분계선을 어디에 그을 것인가의 문제로 옮겨갔다. 그런데 이때 일련의 '개성 사건'이 빌미가 되어 8월 23일부터 2개월여 동안이나 회담이 중단되는 사태가 벌어졌다. 8월 22일에 열린 제6차 분과위원회가 개성에서의 마지막 회담이었다.

'개성 사건'과 회담 장소 변경

개성에서 회담이 시작된 이래, 회담 지역과 중립 협정 위반 사건에 대한 양측의 비난과 이에 대한 반대 비난이 끊이지 않았다. 일련의 '개성 사건'이 발생한 이유는 회담 장소인 개성을 공산군 측이 통제하고 있었기 때문이었다. 개성에서 협상을 진행하는 동안 공산군 측은 개성 주변의 '진공 지역'을 차지했을 뿐 아니라 회담에서도 그러한 입지 조건을 이용하여 효과적으로 주도권을 행사했다. 공산군 측은 시설 등을 빌미로 일정하게 주도권을 행사했고, 상대적으로 유엔군 측 대표는 일종의 '포로'와 '패자' 같은 상황에 처했을 뿐 아니라 보도진의 접근도 제한되었다.[61] 회담 장소 문제는 비본질적이면서도 매우 미묘했고 불필요한 마찰

60 제2의제 3차 분과회의, 개성, 1951. 8. 19, 『휴전회담회의록』 3권, 9~13쪽.

61 7월 8일의 양측 연락장교회의에서 유엔군 대표 차량에 휴전회담 대표라는 상징으로 백기를 달도록 양측이 합의했고, 유엔군 측 대표단이 회담 장소로 가는 동안 공산군 측 카메라들은 백기에 렌즈 초점을 맞춰 유엔군 대표가 항복하러 개성에 오고 있다고 대대적으로 선전했다. '공산군 측이 파놓은 개성 함정'에 빠진 형국이었다(중앙일보사, 1983 『민족의 증언』 4권, 348쪽); 1951년 7월 8일 휴전

이 계속되었다. 유엔군 측은 개성의 회담 지역을 완전하게 중립화하여 동등한 입장에서 협상을 진행하거나, 회담 장소를 다른 곳으로 이전하고자 했다. 7월 10일 회담이 시작된 다음날부터 유엔군 측은 신문기자 출입을 적극 요구했고 이로 인해 회담이 중단된 바 있다. 유엔군 측은 회담장이었던 개성을 중립지대로 하자고 강력히 요구했다.

- 양측 협의로 무장병이 일체 없는 적당한 합의를 가진 회담 지역 설정
- 양 대표단의 회담 지역 내 및 동 지역 출입의 평등한 행동의 자유 보장
- 신문기자 대표를 포함한 대표단 인원 선정에서 호혜적 대우
- 개성 중심점에서 5마일 반경의 원형 지역을 중립지대로 설정
- 이 지대 내에서 회담 전 기간에 적대 행위 금지[62]

결국 7월 14일 공산군 측은 유엔군의 중립지대 설정 요구에 동의하고 신문기자의 회담장 출입도 허용하기로 합의했다.[63] 이에 따라 개성 중심점에서 5마일 반경으로 원형의 중립지대가 설정되었다. 중립지대 관련 양측이 합의한 주요 내용은 "이 지대 내에서는 적대 행위를 금지하고, 유엔군 측 대표들은 주간에 사전 통고 없이 판문점에서 개성 간의 도로를

회담 사전 협의차 개성에 다녀온 키니 대령도 보고서에서, 리지웨이 장군이 개성을 회담 장소로 수용한 것은 분명한 실수였다고 지적했다(윤억섭 역, 2000『충돌: 한국전쟁 이야기 1950-1953』, 삼우사(Robert Leckie, 1962 Conflict : The History of the Korean War, 1950-1953), 374쪽).

62 「리지웨이가 김일성·펑더화이에게 보낸 서한」, 1951. 7. 13, 『휴전회담회의록』 9권: 연락장교회의 기록 I, 1~32쪽.

63 「1951년 7월 14일 김일성과 펑더화이의 평양 라디오 방송 연설」, 『휴전회담회의록』 9권: 연락장교회의 기록 I, 25쪽.

그림 2 개성 중립지대 설정

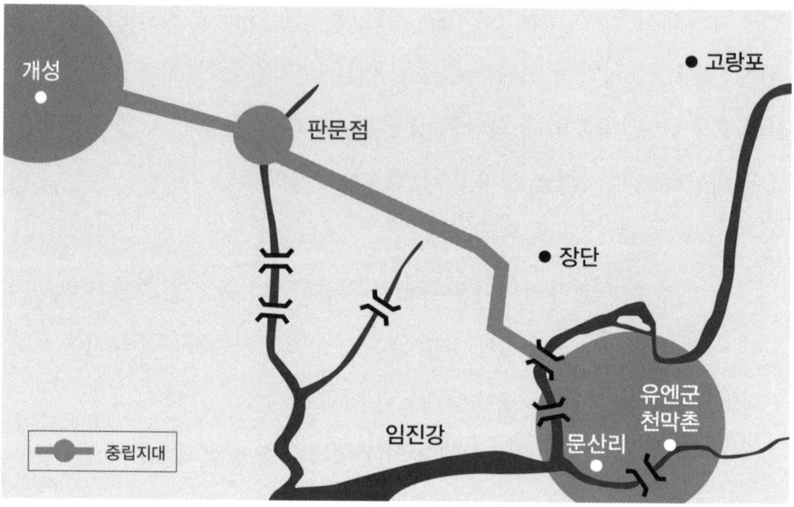

무제한 사용하며, 공산군 측은 호송 차량에 백색 십자 표시를 하고 시간과 경로를 유엔군 측에 통고하면 공격을 면한다"는 것 등이었다.

그 후 이러한 합의를 위반하는 사건이 빈발하면서 논란이 끊이지 않았다. 일련의 '개성 사건'이라 칭할 수 있는 위반의 첫 사례는 7월 16일, 공산군 측이 유엔군 병사들이 판문점을 향해 사격을 가했다고 주장한 것이었다. 이때부터 10월 22일 쌍방 연락장교 간에 회담 장소를 판문점으로 이전하는 데 합의할 때까지 회담장에서 제기된 '개성 중립지대 위반 사건'(이하 '개성 사건'으로 줄임)은 총 15회나 된다. 일련의 '개성 사건'들을 제기한 측과 상대방의 대응 및 결과 등을 정리하면 다음 〈표 6〉과 같다.

사소한 중립지대 침범부터 유엔군 항공기의 폭격까지 다양한 위반 사례가 있었지만, 8월 4일 사건을 제외하면 모두 공산군 측에서 유엔군 측이 중립 협정을 위반했다고 제기한 사건이었다. 특히 8월 23일의 개성 폭격 사건은 회담을 결렬시킨 직접적인 계기였다. 이날 김일성과 펑더화이는 리지웨이에게 항의 서한을 발송하여 책임 있는 처리를 요구했다.[64] 공산군 측은 일련의 개성 사건을 미국 측이 의도적으로 도발하고 있다고 판단했다. 미국이 외교와 내정의 목적을 위해 처음부터 휴전회담이 빠른 시일 내에 합의되는 것을 원치 않았다는 것이다.[65] 공산군 측은 이 문제를 빌미로 정회를 선언했지만, 그것이 협상의 장기 결렬로 이어져 책임을 져야하는 상황으로 이어지는 것은 원치 않았다. 협상 결렬의 책임은 서로 상대방에게 전가했다.

마찬가지로 유엔군 측 역시 이 사건을 공산군 측 조작이며 협상을 결렬시키려는 의도라고 보았다.[66] 유엔군 측에서 현장 조사를 한 연락장교는 이 사건이 공산군 측 조작이라고 보고했다. 그가 보고서에서 제시한 증거는, 첫째 유엔군의 제5공군 사령부는 이 지역 상공에 단 한 대의 비행기도 출격하지 않았으며, 둘째 가령 비행기가 폭탄을 투하한다면 헤드라이트를 켜고 한다는 것인데 그 절차가 모두 유엔군의 관례에 상반되며, 셋째 폭탄에 의한 폭파구의 모양으로 보아 단일 비행기가 폭격한 것

---

64 「김일성·펑더화이가 리지웨이에게 보낸 서한」, 1951. 8. 23, 『휴전회담회의록』 9권: 연락장교회의 기록 I, 156쪽.

65 『항미원조전쟁사』 3권, 124쪽.

66 리지웨이는 이 사건이 조작되었다고 합참에 보고하면서, 그 이유로서 협상 결렬 책임을 전가시킬 구실이 필요했고, 일본의 강화조약과 소련의 평화공세를 겨냥했으며, 협상의 주도권을 재장악하기 위하여 회담 중단을 시도한 것 등과 함께 미국이 일본과의 샌프란시스코 강화회담에 중국을 초청하지 않은 실망으로 인하여 취해진 조치"라고 보았다(『유엔군전사』, 40쪽).

표 6 '개성 사건'과 대응 양상

일자	제기 주체	사건 내용	상대측 대응	비고
1951. 7.16	공산군	유엔군 병사들이 판문점을 향해 사격		
1951. 7.21	공산군	유엔 항공기가 황주와 사리원에서 백색기를 표시한 공산군 대표의 보급 트럭에 기총 소사	사전 통고가 없는 경우에 일어난 피해에 대해 책임질 수 없다고 일축	
1951. 8.4	유엔군	중공군의 완전무장한 1개 중대가 회담 장소인 중립지대를 전술 종대로 통과	실수라고 해명하고 재발 방지를 약속	5일간 회의 중단, 개성 지역이 완전중립 보장 조건으로 회담 재개
1951. 8.8	공산군	유엔군 항공기가 시변리에서 백색기를 게양한 대표단 보급 차량 공격	공산 측이 대표단 이외의 목적으로 백색 표지를 남용하는 것이 아닌가 의문 제기. 공산 측의 조작이라고 주장	
1951. 8.13	공산군	시변리 부근에서 3대의 공산군 보급차량이 기총사격을 당함 / 판문점 교량 부근에서도 비무장 공산군이 약 40명의 유엔군으로부터 사격당함	공산 측이 사전 통고를 하지 않았기 때문이라며 공산 측 항의 묵살	
1951. 8.15	공산군	유엔군이 공산군 트럭에 기총소사		
1951. 8.19	공산군	중립지대 내 송곡리 부락 근처에서 순찰 중이던 중공군 헌병소대가 기습을 당하여 소대장 전사, 한 명 부상	남한 쪽 유격대의 독자적 행동이라고 해명	
1951. 8.23	공산군	유엔군 항공기가 휴전회담 장소 폭격	공산 측이 협상 결렬 책임을 유엔군 측에 전가시킬 목적으로 사전 조작된 공산군 측의 기만적 행위로 판단	2개월여 동안 회담 중단

일자	제기 주체	사건 내용	상대측 대응	비고
1951. 8.29	공산군	유엔 항공기가 개성 중립지대에 조명탄 투하		
1951. 8.30	공산군	유엔군 부대가 공산군 순찰대를 공격하여 총탄이 판문점 교량까지 날아옴		
1951. 9.1	공산군	유엔군 항공기의 두 번째 개성 폭격		
1951. 9.10	공산군	제3폭격비행단 소속기 1대가 조종사의 항로 착오로 개성을 기총소사. 일명 '만월리사건'	공산 측의 항의에 대해 조이 제독은 유감을 표명하는 서한 발송	회담 장소 이전 문제 논의 시작
1951. 9.19	공산군	한국군 방역부대 병사 4명이 살충제를 실은 트럭과 함께 판문점 다리를 건너 중립지대 침범	중립지대 위반임을 시인	실수로 인정받아 석방됨
1951. 10.7	공산군	유엔군 B-26 포격기가 개성 중립지대 무단횡단 (폭격은 하지 않음)		
1951. 10.12	공산군	유엔군의 F-80 1개 편대가 중립지대 무단횡단. 그중 1대가 기관총 실수로 12세 소년 사망, 2세의 동생 부상		

■ 출처 국사편찬위원회, 1994『남북한관계사료집』1권; Hermes W.G., 1966 Truce Tent and Fighting Front, US Army, Washington, D.C.(육군본부 역, 1968『유엔군전사: 휴전천막과 싸우는 전선』); James F. Schnabel, Rovert J. Watson, 1979 The Joint Chiefs of Staff and National Policy Vol.Ⅲ The Korean War Part Ⅱ(국방부전사편찬위원회 역, 1991『미국 합동참모본부사: 한국전쟁』하)

으로 볼 수 없다는 것이었다.[67] 리지웨이는 8월 25일 김일성과 펑더화이에게 "최근 발생한 몇 차례의 사건이 모두 완전히 사실적 근거가 없는 악의적인 거짓말"이라고 반박하는 답신을 보냈다.[68]

결국 개성 사건으로 인해 회담이 중단되었고, 양측은 회담 결렬의 책임을 상대방에게 전가했다. 그런데 이 문제에 대한 양측 대응은 서로 달랐다. 공산군 측은 유엔군 측에 적극적으로 항의하는 한편 이를 대대적으로 선전하여 국제 여론에 영향을 미치고자 했다. 반면 유엔군 측은 선전전에서의 불리함을 무릅쓰고 이 기회를 이용하여 회담 장소를 이전하고자 시도했다.

마오쩌둥은 유엔군 측이 압력 수단으로 일련의 개성 사건을 도발하고 있다고 보았지만 먼저 회담 결렬을 선언하지는 않을 생각이었다.[69] 김일성은 개성 지역의 중립성을 보장하기 위해 중립국 대표들을 감독관 및 증인 자격으로 회담에 참석시키자고 제안했다.[70] 그러나 스탈린은 마오쩌둥의 회담 상황 평가에 동의하며, 김일성의 제안은 중국과 북한이 휴전협정 체결을 더 원하는 것처럼 보일 수 있다는 이유로 반대했다. 그리고 미국의 도발 사건에 대해 만족스러운 답변을 얻는 것이 필요하다고 마

67 『유엔군전사』, 39쪽.

68 「리지웨이가 김일성·펑더화이에게 보낸 서한, 1951. 8. 25」, 『휴전회담회의록』 9권: 연락장교회의 기록 I, 163쪽.

69 심지화 편, 2003 「毛澤東關於敵人在中立區進行破壞問題致史達林電(마오쩌둥이 적의 중립지구에서의 파괴행동에 관해 스탈린에게 보낸 전문) 1951. 8. 27」, 앞의 책, 43~44쪽.

70 위의 책, 984~985쪽.

오쩌둥에게 조언했다.[71] 이후 공산군 측 항의가 잇따랐으며,[72] 신문과 방송 등 여론을 통한 항의와 폭로가 계속되었다. 유엔군 측은 대부분의 경우 공산군 측 조작이거나 거짓말이라고 반박했지만, 그들의 여론전과 명분에 영향을 줄만한 위반 사건이 실제로 충분히 발생했기 때문에,[73] 선전전에서는 유엔군 측이 불리했다.

그 외 일련의 개성 사건은 대부분 유엔군 항공기의 폭격이나 중립지대 침범 등이었고, 지상 사건의 경우는 한국군에 의해 발생했다. 9월 1일 공산군 측은 유엔군 항공기가 두 번째 개성 폭격을 했다고 주장하며, 또다시 유엔군사령관에게 항의 서한을 보냈다. 공산군 측은 일련의 위반 사건을 유엔군 측의 도발적 행위로 규정하고, 지상 사건의 경우도 유엔군 측이 한국군으로 하여금 불법으로 중립지대를 침입하게 한 것이라고 주장했다. 그러나 유엔군 측은 개성 사건을 계기로 태도를 누그러뜨리거나 양보하려는 의사는 전혀 없었다. 오히려 협상이 지연되는 동안 유엔군은 지상 전투와 공중 전투에서 압력을 강화했고, 한국군을 훈련할 시간을 벌었으며, 미국 정부는 극동 지역의 단기 및 장기 상황을 고려할 기회로 삼았다.

한편 유엔군 측은 이 기회에 회담 장소 이전 문제를 본격적으로 제

---

71 심지화 편, 2003「史達林關於同意中朝方面談判立場致毛澤東電(스탈린이 중·조 측의 담판 입장에 동의한다는 내용을 마오쩌둥에게 보낸 전문) 1951. 8. 29」, 986쪽. 마오는 다음날 스탈린의 건의를 받아들이며, 김일성에게 이미 이 상황을 통보했다는 답신을 보냈다(심지화 편, 2003「毛澤東關於接受史達林的建議致史達林電(마오쩌둥이 스탈린의 건의를 받아들임에 관해 스탈린에게 보낸 전문) 1951. 8. 30」, 위의 책, 987쪽).

72 『휴전회담회의록』 9권: 연락장교회의 기록Ⅰ, 181쪽. 공산군 측은 회담을 재개하려면 8월 22일부터 9월 1일 사이에 야기된 일련의 도발적 사건에 관해 양심적이고 책임 있는 처리와 재발 방지 보장을 요구했다.

73 『유엔군전사』, 19쪽.

기하기 시작했다. 리지웨이는 초기부터 회담 장소를 변경하고 싶어 했다. 리지웨이는 회담 초기 개성을 중립지대로 하거나 차선책으로 회담 장소 이전을 제기한 데 이어 8월 초에도 회담 장소 이전 문제를 또다시 제기했지만 공산군 측은 거부하거나 묵살했다. 워싱턴 당국도 처음에는 이를 승인하지 않았다. 리지웨이의 끈질긴 요청으로 9월 5일 마침내 합참은 '안전이 합리적으로 보장될 수 있는 새 장소를 제의'하라고 승인했지만, 유엔군 측이 회담 결렬의 책임을 지게 될 조치는 피하고자 했다.[74]

리지웨이는 공산군 측에서 단순히 선전의 주도권을 장악하기 위한 항의와 비난만을 되풀이하고 있다는 점은 언젠가 회담을 재개하려는 의도라고 보고, 워싱턴의 승인에 따라 9월 6일 새로운 회담 장소를 선정하기 위한 연락장교회의 개최를 제의했다. 그런데 마침 9월 10일 유엔 공군기 1대가 항로 착오로 개성에 기총소사를 하는 사건이 발생했다. 공산군 측이 항의하자 다음날 조이 제독은 이를 시인하고 유감의 뜻을 표명하는 서한을 보냈다.[75] 유엔군사령부가 공개적으로 책임을 인정하고 유감

---

74 『미국 합동참모본부사』, 49쪽.

75 Investigation of Alleged Aerial Strafing of Kaesong, 1035 Item, 1951. 9. 10, Enclosure (1): Investigation of Alleged Strafing within the Kaesong Neutral Zone on the Morning of 10 September 1951, Sketch 1·2·3, Enclosure (2): Report of Fifth Air Force, To General Nam Il, Senior Delegate, Delegation of the Koreran People's Army and the Chinese People's Volunteers, from C. Turner Joy, Senior Delegate, United Nations Command Delegation, To General Ridgway from Kim Il Sung, Supreme Commander, Korean People's Army and Peng Teh-Huai, Commander, Chinese People's Volunteers, 『휴전회담회의록』 9권, 286쪽; 『유엔군전사』, 40쪽에서는 이 사건에 대해 "이상하게도 때마침 또 하나의 사건이 발생했고, 이때만은 중립지대의 실제적인 위반이었다"고 시인했다; 반면 중국 측 전사에는, 9월 1일부터 8일까지 8일 동안에만도 미국 측 항공기가 개성 중립 지역 상공을 침범한 횟수는 모두 139회나 된다고 주장했다(『항미원조전쟁사』 3권, 124쪽). 공산군 측이 회담장에서 제기한 사례보다 실제 위반 사례는 훨씬 더 많았다는 것이다.

을 표시한 것은 이때가 처음이었다. 리지웨이는 공개적으로 9월 10일 위반 사건에 대한 책임을 인정하는 한편, 회담장을 판문점 부근으로 옮기자고 제안했다. 회담을 재개하는 조건으로 회담 장소 이전 문제를 또다시 들고 나온 것이었다.

원래 리지웨이는 9월 공산군 측에 교섭 재개를 촉구하는 메시지를 보내고, 그의 메시지를 수신한 후 24시간 내에 그들이 연락장교회의를 열지 않으면 개성 지역의 중립화를 일방적으로 끝낼 것이라고 선언할 예정이었다. 개성에는 아무런 회담도 진행되지 않고 있으며, 이로써 그곳이나 그곳에 있는 사람이 공격에서 제외될 아무런 이유도 없다는 것이 이유였다. 그러나 9월 10일의 '뜻하지 않은' 위반 사건과 그에 이은 유엔군 측의 시인과 유감 표명으로 분위기가 반전되면서, 이 구상은 실현되지 않았다.

공산군 측은 유엔군사령부가 공개적으로 책임을 인정하고 유감을 표시한 것에 대해 상당히 우호적인 반응을 보였지만, 회담 장소 변경 제안은 거부했다. 9월 12일 공산군 측은 유엔군사령관의 회담 장소 변경 제안(9월 6일자 서신)을 거부하고, 회담을 재개하되 회담 장소는 반드시 개성이어야 한다고 고집했다. 9월 24일 회담 재개를 위한 연락장교회의가 열렸다.[76] 공산군 측은 휴전회담 재개와 그 일시만 토의하자고 주장했고, 유엔군 측은 회담 장소 변경을 휴전회담 재개 조건으로 강하게 내세웠다.

실제로 개성회담 장소 변경 문제와 관련하여 워싱턴 행정부와 현지

---

76 연락장교회의 1951. 9. 24, 『휴전회담회의록』 9권: 연락장교회의 기록 I, 314~325쪽.

사령관인 리지웨이 간의 의견 불일치가 완전히 해소된 것은 9월 말에 가서였다. 9월 25일 극동지구에 와 있던 합참의장 브래들리와 국무부 찰스 보렌은 회담 장소 변경을 강력히 주장해야 한다는 리지웨이의 계획을 승인했으며, 보렌은 리지웨이의 회담 장소 변경 주장을 강하게 지지했다.[77] 이후 리지웨이는 회담 장소 변경 문제를 더 강하게 밀어붙였다. 의견 차이로 연락장교회의가 결국 성과 없이 끝나자, 9월 27일 리지웨이는 직접 나서서 회담 장소 변경을 강하게 요구했다. 리지웨이와 김일성 · 펑더화이 사이에 수차례 서한이 오고 간 후,[78] 마침내 10월 7일 공산군 측은 회담 장소를 이전하는 데 동의했다.[79] 공산군 측은 새로운 회담 장소로 판문점을 제안하면서, 휴전회담 지역의 중립 범위를 개성과 문산을 포함한 지역으로 확대하자고 제안했다.[80]

이때 공산군 측이 회담 장소 이전에 동의한 일차적 목적은 회담을 재개하는 데 있었던 것으로 보인다. 유엔군 측이 회담 재개 전제 조건으로 회담 장소 이전 문제를 먼저 합의하기를 원했고 더욱 강경하게 그러한 입장을 밀고 나가는 상황에서, 결국 회담을 재개하기 위해서는 유엔군 측 제안을 수용할 수밖에 없었던 것이다. 유엔군 측은 공산군 측이 회담

---

77 『유엔군전사』, 41쪽.

78 리지웨이가 김일성 · 펑더화이에게 보낸 서한, 1951. 9. 27; 김일성 · 펑더화이가 리지웨이에게 보낸 서한, 1951. 10. 3; 리지웨이가 김일성 · 펑더화이에게 보낸 서한, 1951. 10. 4, 『휴전회담회의록』 9권, 348~351쪽.

79 『항미원조전쟁사』 3권, 198쪽. 이 서한은 저우언라이가 기초했다.

80 김일성 · 펑더화이가 리지웨이에게 보낸 서한, 1951. 10. 7 『휴전회담회의록』 9권, 352쪽; 이후 연락장교회의에서 중립 지역의 범위를 확대하려는 공산군 측과 최대한 중립 지역 범위를 제한하려는 유엔군 측의 의도가 충돌하여, 10월 22일에야 양측은 회담 재개와 중립지대에 관해 합의했다(연락장교회의 개성회담, 1951. 7. 8, 『휴전회담회의록』 9권: 연락장교회의 기록 1, 637~648쪽).

을 재개하기를 원했던 것은 군사적 압박이 효과를 발휘한 것이라고 보았다. 유엔군 측은 회담이 결렬된 8월에서 10월 사이에 "밀고 나가는 전술"을 구사했고, 그러한 작전이 공산군 측에 심각한 피해를 입혔으며, 전투의 기선을 장악했다고 평가했다.[81] 그러나 마오쩌둥은 회담 장소를 이전한다고 해서 유엔군 측이 반드시 유리한 것은 아니라고 판단했다.[82] 이미 유엔군 측이 두 건의 위반 사례를 시인했고 세계 여론에서도 미국 측이 불리한 입장에 처했기 때문에, 일단 '개성 사건의 불법성'에 대한 언급을 유보했다가 적절한 순간에 또다시 유엔군 측을 비난하는 무기로 활용할 수 있다고 보았다.[83]

10월 8일 리지웨이가 회담 장소를 판문점으로 하자는 공산군 측 제안에 동의하자 10월 10일 쌍방 연락장교회의가 열렸다. 회담 재개 문제와 중립 지역 범위를 논의하는 과정에서 이번에는 중립 지역의 범위를 확대하려는 공산군 측과 최대한 중립 지역 범위를 제한하려는 유엔군 측의 의도가 충돌했다. 10월 9일부터 18일 사이에 마오쩌둥은 리커눙에게 미국 측의 중립 지역 문제에 대한 의도를 분석하고 대응책을 지시했다.

> 미국 측은 문산이 개성과 같은 크기의 중립 지역으로 설정되어 서울의 진입로가 개방되고 개성 중립 지역 협의가 그들의 공군의 행동을 속박하여 규칙을 위반하게 될 것을 두려워하고 있다. 그렇기 때문에 미국 측

---

81 『유엔군전사』 84쪽.

82 예프게니 바자노프·나딸리아 바자노프 저 김광린 역, 1988「1951년 10월 18일자 마오쩌둥이 리커눙에게 보낸 암호 전문 제25025호」,『소련의 자료로 본 한국전쟁의 전말』, 도서출판 열림, 198쪽.

83 1951년 10월 24일자 마오쩌둥이 리커눙에게 보낸 암호 전문 제25224호, 위의 책, 199쪽.

은 개성과 문산 지역의 범위를 축소하려고 하는 것이다. …… 반드시 문산과 개성이 동등한 지위를 가져야 함을 설명하라. 쌍방의 주둔지와 판문점 사이의 통로 범위를 절대 도로로 한정시키지 말고 반드시 도로 양편으로 일정 범위를 설정하며 어떠한 적대적인 게릴라 활동도 모두 중단하게 하라.[84] (밑줄 강조: 인용자)

중립 지역의 범위 문제가 미 공군 작전과 관련되므로 범위를 더 확대하라는 지시였다. 여기서 지적한 게릴라 활동은 남한의 비정규군이나 유격대 활동을 의미하는 것으로 보이는데, 중국 측이 일련의 개성 사건이 어느 정도는 이들이 야기한 것으로 보았다는 의미로도 해석된다. 유엔군 측은 남한 유격대의 게릴라 활동에 의한 중립지대 침범 사건에 대해서는 책임질 수 없다는 입장이었다.

협상에서 보다 중요한 문제는 중립지대 범위 문제였다. 개성과 문산 사이의 중립지대 범위를 확대하려는 공산군 측과 최대한 그 범위를 제한하려는 유엔군 측의 입장 차이로 중립지대 설정에 합의를 보는 데만 13일이 소요되었고, 10월 22일에야 양측은 회담 재개와 중립지대에 관해 합의했다.[85] 중립지대 협정은 일련의 '개성 사건'과 같은 위반 사건이 재발되지 않도록 하거나 혹은 재발하더라도 그 책임 범위를 보다 명확히

---

84 『항미원조전쟁사』 3권, 198쪽.

85 10월 22일 연락장교회의에서 체결된 것은 "Agreement between Liaison Officers on Matters concerning Resumption of Conference by the Delegation(쌍방 대표단의 회담 재개에 관한 쌍방연락장교 간의 협정)"과 쌍방연락장교 간의 "공동양해사항협정"의 두 건이다. 동일한 내용의 협정문에 첫 번째 문건은 유엔군 측 연락장교 대표인 키니(A. J. Kinney)가 서명했으며, 두 번째 문건에는 양측 본회담 수석대표인 남일과 조이가 서명했다(『휴전회담회의록』 9권: 연락장교회의 기록 I, 637~648쪽).

하는 데 합의했다는 점에서 의미가 있었다. 유엔군 측은 양해 사항에서 우발적인 경우와 남한의 비정규군이나 유격대의 침범에 대해서는 책임질 수 없다는 입장을 공산군 측에게 관철시키는 데 성공했다. 반면 공산군 측은 이 합의로 미국 측이 2개월여 동안 개성 중립 지역 합의를 위반한 사건에 대해 발뺌해 온 것이 더 이상 불가능하게 됐다고 평가했다.[86]

일련의 개성 사건의 사례는 다양했다. 사소한 위반도 있었고 폭격이나 사격과 같은 중대한 위반도 있었다. 고의적 도발로 보이는 경우도 있었지만 실수나 착오에 의한 경우도 있었고, 상대방이 우발적 사건이거나 실수라고 인정한 경우도 있었다. 회담장에서 제기한 사례 외에 실제로 더 많은 위반 사건이 발생했을 개연성도 있었다. 양측의 주장이 상반되기 때문에 그 실체를 명확하게 규명하기는 어렵지만, 일련의 개성 사건과 회담 장소 이전 문제가 미묘하게 결합되어 있었던 것만은 분명해 보인다.

개성 사건의 의도와 책임에 대한 양측 주장은 상반되지만, 그로 인한 회담 결렬의 책임은 상대방에게 두었다. 유엔군 측은 공산군 측이 협상을 지연시킬 목적으로 개성 사건을 조작하고 책임을 전가하면서 회담을 결렬시켰다고 보았다. 반면에 공산군 측은 유엔군 측이 자신들을 압박하고 회담을 지연 혹은 결렬시키기 위해 도발을 감행했다고 보았다. 결국 개성 사건의 목적이 회담을 지연 혹은 결렬시키려는 데 있다는 주장은 양측이 같았다. 그러나 회담 결렬 이후 대응 방식은 양측이 달랐다. 공산군 측은 적극적으로 문제를 제기하고 항의하는 한편 이를 선전함으로써 세계 여론을 유리하게 이끌고자 했다. 유엔군 측은 이를 상대방의 선전이

86 『항미원조전쟁사』 3권, 200쪽.

나 조작이라고 무시하는 한편 회담 장소 이전과 결부시켰고, 회담 재개를 조건으로 결국 회담 장소를 개성에서 판문점으로 이전하는 데 성공했다.

기존 연구에서는 일련의 개성 사건을 주로 미국 자료를 근거로 공산군 측 조작이나 선전전의 일환으로 보았다.[87] 공산군 측이 회담 초기부터 협상을 결렬시키되 그 책임을 유엔군 측에 덮어씌울 구실이 필요했고, 선전전에 활용하여 회담 주도권을 갖고 차후 새로운 전략을 수립하기 위한 방편으로 이용했다는 것이다.[88] 한편 회담 장소 이전 문제와 개성 사건을 결부시켜 분석한 경우에도 평가는 엇갈린다. 한국의 공식적 입장을 담고 있는 『한국전쟁 휴전사』에서는 이를 공산군의 의도적 술책이라고 보았다. 즉 공산군 측이 애초에 개성을 휴전회담 장소로 제의한 것이 그들의 전략적 목적을 달성하기 위한 하나의 방책이었고, 이를 보다 확실하게 보장하기 위해 개성 중립지대 협정을 유엔군 측이 위반했다는 허위 사실 날조, 회담 지연 등의 술책을 구사하여 유엔군 측이 선택의 여지 없이 스스로 판문점으로 회담 장소를 옮기는 제안을 하게끔 만들었다고 평가했다.[89] 즉 공산군 측 저의가 개성을 확실하게 점유할 수 있는 여건 조성을 위해 회담 장소를 개성 남쪽으로 이전시키는 것이라는 사실을 유엔군 측이 간파하지 못하고, 회담 장소의 안전보장을 최우선으로 고려하

---

87 이병주, 1979 「휴전회담실무대표회의록문석(I): 공산군 측의 협상 전략과 전술을 중심으로」 국토통일원정책기획실. 그는 '개성 사건'을 공산군 측의 주요 협상 전술의 하나인 '사건의 조작'이라고 보았다.

88 양영조, 2003 「1951년 단장의 능선 전투와 군사분계선 협상」 『戰史』 제5호, 국방부군사편찬연구소, 142쪽; 육군본부에서 펴낸 『6·25사변 육군전사』 제6권에서도 일련의 개성 사건은 8월 4일 중공군의 중립지대 침범 사건을 은폐하고 역선전하기 위한 술책으로 거의 전부가 허구 날조라고 보았다.

89 『유엔군전사』, 131쪽.

여 회담 장소를 이전했다는 것이다.

회담 장소 이전을 원했던 것은 유엔군 측이지만 공산군 측이 그렇게 유도했다는 인식으로, 결국 유엔군 측은 애써 협상 장소를 이전함으로써 공산군 측에 유리한 결과를 만들어 주었다는 부정적 평가이다. 회담 장소 이전을 요구한 것은 유엔군 측이었지만, 그 결과 더 유리해진 것은 공산군 측이라는 이러한 평가는 결국 개성이 공산군 측에 넘어갔다는 사실에서 비롯된 것이기도 하다. 군사분계선 협상 초기 회담 지역인 개성에서는 회담 장소와 그 주변 지역을 중립화하도록 양측이 합의한 중립 협정 위반 사건이 빈발했다. 그로 인해 회담이 거의 2개월간 중단되었지만, 양측은 그 책임을 서로 상대방에게 전가했다. 이 시기에 협상을 지연시키는 것이 유리하다고 판단한 어느 일방에 의해 개성 사건이 조작되고, 그에 대한 책임을 상대방에게 전가하면서 그것을 회담의 결렬로 몰고 갔다고 가정한다면, 개성 사건은 공산군 측 조작이거나 의도적으로 일으킨 사건으로 보아야 할 것이다. 반면에 회담 초기부터 회담 장소 이전을 원했던 유엔군 측이 중립 협정 위반 사건을 빈번히 일으킴으로써 회담 장소의 불안정성을 부각시키고, 회담 장소 이전을 밀어붙이기 위해 의도적으로 모종의 도발을 했을 가능성도 배제할 수 없다. 유엔군 측으로서는 일단 회담 장소를 개성에서 다른 장소로 옮긴 후 개성을 군사적으로 점령하거나 협상을 통해 개성을 확보하려는 의도를 갖고 있었을 것이다. 결과적으로 볼 때 유엔군 측은 상대방을 압박하여 회담 장소를 이전시키는 데 성공했지만, 회담 장소를 이전함으로써 어느 편이 더 유리해졌는가는 이 시점에는 명확하게 드러나지 않았다. 유엔군 측은 이어진 군사분계선 협상에서 개성 지역을 확보하려고 시도했고, 이로 인해 개성 지역은 또다시 논쟁거리로 떠올랐다.

2) 판문점회담 : 군사분계선 설정과 '전투 계속의 원칙'

쟁점 ① : 개성 지역 확보를 위한 설전

1951년 10월 25일 개성회담이 중단된 지 2개월여 만에 장소를 옮겨 판문점에서 회담이 재개되었다. 판문점은 문산과 개성을 연결하는 국도 1번도로 상에 있는 조그만 주막거리에 불과했으나, 회담 장소로 결정되면서 세계의 이목이 집중되는 곳으로 변모했다. 유엔군의 추계 공세가 마무리된 시점이었다. 회담 재개 전 공산군 측은 이미 현재의 전선에 약간의 조정을 가하는 현실적 기초에서 군사분계선을 확정하는 방침을 정했다.[90] 공산군 측은 회담 재개 후 첫 회의에서 쌍방이 각각 상대방의 의견과 가까우며 상대방이 고려할 수 있는 새로운 분계선 방안을 하나씩 내놓자고 주도적으로 제안할 계획이었다.

당시 유엔군 측의 기본 입장은 유엔군사령부의 전선에서 큰 변동이 있어서는 안 된다는 것과 캔자스-와이오밍 선의 안전 보장이었다. 미국은 최소한 38도선 이남 지역은 철저하게 확보하고자 했지만, 가상의 선인 38선을 기준으로 방어전을 수행하기는 어려웠다. 그 때문에 38선 바로 북쪽에서 방어에 유리한 지형을 따라 새로운 통제선인 캔자스 선(Kansas Line)을 설정했다. 캔자스 선은 임진강 하구에서 시작하여 임진강과 38선이 만나는 지점 부근에서 동쪽으로 꺾여 화천저수지 북쪽을 지나 38선

---

90 심지화 편, 2003「毛澤東關於轉發對談判策略的請示致史達林電(마오쩌둥이 담판 전략에 대하여 전달한 지시에 관해 스탈린에게 보낸 전문) 1951. 10. 25」;「毛澤東關於轉發對修改分界線建議第二方案的請示致史達林電(마오쩌둥이 수정된 분계선 건의 제2방안에 대하여 전달한 지시에 관해 스탈린에게 보낸 전문) 1951. 10. 25」, 앞의 책, 1073~1076쪽. 리커눙이 10월 22일과 23일 마오쩌둥에게 보낸 전문의 사본을 동봉하여, 이러한 제안을 설명했다.

보다 약 40~50킬로미터 북쪽 지점에서 동해와 만나는 선이었다. 이론적으로는 개성도 38선 남쪽이므로 그 북쪽에 캔자스 선을 설정해야 했지만, 방어에 불리한 지형 때문에 캔자스 선의 서쪽 끝은 임진강으로 정해졌다. 와이오밍 선(Wioming Line)은 캔자스 선보다 10마일 더 북쪽에 설정했다.

회담 재개 후 유엔군 측은 더 이상 보상 개념을 내세우지 않았다. 대신에 양측 군의 안전과 방어를 위해 전선의 조정이 필요하다고 주장하며 그 과정에서 개성 지역을 확보하고자 했다. 이 때문에 군사분계선 협상은 상당 기간 개성 지역을 둘러싼 지역 흥정으로 흘렀다. 개성은 1950년 전쟁 발발 후 최초로 북한군에 점령된 주요 도시였기 때문에 남과 북이 공히 이 지역에 중요한 상징적 의미를 부여했다. 게다가 개성은 38도선 남쪽에 위치하고 있어 전쟁 발발 전 남한에 속해 있었으므로 한국민의 관심과 집착이 상당했다.[91] 또한 개성은 순수하게 군사적 견지에서도 평양-사리원-문산-서울을 잇는 요충지였다.

회담이 재개되자 유엔군 측은 접촉선의 기준이 될 비무장지대 제안을 서면으로 제출했다. 제안에 따르면 동부와 중부 지역인 동해안과 금성 지역에서는 유엔군이 접촉선에서 철수하고, 서부 지역인 개성 주변에서는 공산군 측이 철수하도록 하여 개성 지역을 확보하려는 의도가 깔

---

91 이승만은 백선엽에 이어 1951년 10월 24일부터 유엔군 측 휴전회담 대표로 참석한 이형근에게 개성을 탈환하라고 지시했다. 이형근은 미8군사령관 벤플리트의 승인을 얻어 인천에 있던 한국군 해병대 1개 대대를 동원하여 개성탈환작전을 시도했지만 실패했다(이형근, 1993 『군번1번의 외길인생』, 중앙일보사, 69~73쪽). 이형근은 1951년 10월 24일부터 1952년 2월 6일까지 휴전회담 한국군 대표로 참석했다.

려 있었다.[92] 이 방안에 따르게 되면 공산군 측은 약 1500제곱킬로미터 지역을 포기해야 하며 포기한 지역을 비무장지대로 정하고 그 행정 역시 쌍방 각자가 관리하게 되어 있었다. 이와 동시에 유엔군 측은 쌍방의 실질적인 접촉선을 확정하는 것에도 반대하고, 다만 군사분계선을 확정하는 것만 논의하자고 주장했다.

공산군 측은 다음날 이 제안을 거부하고 따로 계획한 지대와 지도를 제시했다. 공산군 측이 제시한 군사분계선은 서부로부터 옹진반도를 횡단하여 칠운동 남서쪽, 점공리 서쪽, 원동리 남서쪽에서 동해안의 초도리에 이르는 선이었다. 그들의 제안에 따르게 되면 유엔군 측은 하계와 춘계 공세를 통해 확보한 동부 전선의 군사적인 중요지대(피의 능선, 단장의 능선, 해안분지, 김화, 철원)를 고스란히 넘겨주어야 했다. 그 대신 공산군 측은 옹진반도와 연안 지역을 유엔군 측에게 양보하겠다고 제안했지만 유엔군 측 역시 이 제안을 거부했다.

유엔군 측은 더 적극적으로 개성을 확보하려고 시도했다. 일단 회담 장소를 개성에서 판문점으로 옮긴 후 유엔군 측의 복안은 개성을 자신들의 통제하에 두거나 또는 비무장지대 내에 두려는 것이었다. 유엔군 측은 개성에서 휴전협상을 하지 않았다면 이 지역은 이미 유엔군이 차지했을 것이며, 7월 1일부터 개성이 중립지대였다는 '유일한 이유' 때문에 유엔군 측이 차지하지 못했으며, 개성은 남쪽의 수도인 서울 방어에 필수적이고,[93] 유엔군 측이 북한 해안의 일부 도서를 포기하는 대신 개성 지역

---

92 제2의제 분과위원회 7차회담 기록, 1951. 10. 25; 제2의제 분과위원회 8차회담(판문점 2차회담) 기록, 1951. 10. 26, 『휴전회담회의록』 3권, 45~62쪽.

93 제2의제 분과위원회 8차회담(판문점 2차회담) 기록, 1951. 10. 26, 『휴전회담회의록』 3권,

에서 그에 상당하는 땅을 교환해야 한다고 주장했다. 유엔군이 점령하고 있던 북한 해안의 도서를 넘겨주는 대가로 개성 지역을 확보하려는 시도였다.

그러나 공산군 측 역시 개성을 포기할 의사가 전혀 없었다. 공산군 측은 유엔군 측 주장이 '이치에 맞지 않는 궤변'이라고 일축했으며, "그러한 논리는 우리가 휴전협상 때문에 문산을 점령하지 못한 것과 비슷한 것"이라고 응수했다. 유엔군 측이 서울 방어를 위해 개성이 필요하다면, 자신들은 평양 방어를 위해 개성이 필요하다는 논리였다. 회담은 아무런 결실 없이 수일간 설전만 반복되었다. 공산군 측은 개성을 포기하는 것과 관련한 어떤 거래도 하고 싶어 하지 않았다.

공산군 측은 유엔군 측의 지역 교환 논쟁에 말려들지 않고 군사분계선 협상을 진전시킬 방안을 모색했다.[94] 공산군 측은 최종적인 제안이라며 10월 31일 13차 분과위원회 회의에서 현재의 접촉선을 기준으로 4킬로미터 폭의 비무장지대를 설정하자고 제시했다.[95] 그러나 유엔군 측의 거부로 무산되었다. 당시 워싱턴에서는 최소한 캔자스 선 경계를 유지할 수 있다면 이러한 제안을 받아들이라고 지시했지만, 리지웨이는 개성

51~62쪽.

94 심지화 편, 2003「毛澤東關於轉發小組委員會討論分界線的情況致史達林電(마오쩌둥이 분과위원회 분계선 토론 상황 전달에 관해 스탈린에게 보낸 전문) 1951. 10. 31」, 앞의 책, 1080쪽. 마오는 거의 매일 스탈린에게 협상 상황을 보고했으며, 리커눙이 자신에게 협상 상황을 보고한 전문을 동봉했다. 이날 마오는 중국 측이 제시한 담판 방침에 동의한 김일성의 10월 25일자 전문을 스탈린에게 보냈다. 북한도 중국 측의 협상 제안에 이의가 없다는 점을 확실하게 스탈린에게 전달한 것이었다. 리커눙은 마오와 김일성, 펑더화이를 수신인으로 하여 협상 진행 상황에 대한 보고전문을 거의 날마다 보냈다.

95 제2의제 분과위원회 13차회담(판문점 7차회담) 기록, 1951. 10. 31,『휴전회담회의록』3권, 143~152쪽.

을 확보할 수 없다면 차선책으로 개성을 비무장지대에 포함시키기 위한 절충을 시도했다. 개성을 가로지르는 접촉선을 설정하여 개성을 분할 점령하여 비무장지대에 두려는 것이었다.[96] 그러나 공산군 측은 개성에 대한 어떠한 거래도 거부했으며, 나중에는 개성 문제에 대한 논의마저 거절했다.

이러한 상황에서 공산군은 회담을 유리하게 이끌기 위해 전술적 반격 작전, 개성 방어 작전, 서해안 연해 도서 점령 작전 등을 전개했다. 공산군은 10월 31일부터 유엔군의 돌출 부분과 노출 부분, 혹은 방어가 허술한 대대급 이하 부대를 선택해 전술적 반격 작전을 진행했다. 또 개성 지역의 방어 병력을 증가시켰고, 압록강 하구에서 청천강 하구에 이르는 연해 14개 섬을 공격하여 점령했다. 공산군 측은 이러한 군사적 공격이 판문점회담에 유리한 영향을 미쳤다고 평가했다.[97]

11월 5일 유엔군 측은 군사분계선의 최종 합의를 유보하고 다른 의제를 먼저 토의하자고 제안했다. 군사분계선 및 비무장지대는 "적절히 조정된 휴전협정 조인 당시의 지상 접촉선에 의거해야 하며, 비무장지대는 4킬로미터 폭으로 하되", 최종 합의는 유보하고 다른 의제를 먼저 다루자는 제안으로, 여전히 '지역 조정'의 가능성을 염두에 두고 일단 이 문제를 보류하려는 의도였다. 공산군 측은 제2의제를 완전히 타결하기 전에는 다른 의제로 넘어갈 수 없다고 반대했다.[98]

결국 11월 6일 합참은 개성 문제를 양보해야 한다는 결론을 내렸다.

---

96 제2의제 분과위원회 판문점 9차회담 기록, 1951. 11. 2, 『휴전회담회의록』 3권, 170~191쪽.

97 『항미원조전쟁사』 3권, 204~215쪽.

98 제2의제 분과위원회 18차회담(판문점 12차회담), 1951. 11. 5, 『휴전회담회의록』 3권, 221~243쪽.

워싱턴의 원래 입장은 "군사분계선은 일반적으로 현 전선을 따라야 한다"는 것이었고, 공산군 측 대표단은 이 원칙을 이미 수락한 상태였다. 게다가 미국 내 여론도 개성 문제로 회담이 결렬되는 것을 지지하지 않았다. 당시 미국에서는 리지웨이 장군의 개성에 관한 입장을 잘 이해하지도 못했고 지지하지도 않았다. 뉴욕타임즈는 "대표단들은 이미 휴전선과 관계되는 큰 문제를 합의했는데, 왜 외관상 사소한 문제에 매여 주저하고 있는가?"라는 기사로 우회적으로 비판했다.[99] 결국 미국으로서는 군사적 상황을 협상으로 변경시키기는 거의 불가능하다는 사실을 새삼 절감한 채 개성을 포기하는 결정을 내릴 수밖에 없었다.

이로써 양측은 실질적인 접촉선을 기준으로 하는 군사분계선 설정 원칙에 합의하였지만 휴전 전망에 대해서는 견해가 달랐다. 이후 논쟁은 "어느 시점의 접촉선을 군사분계선으로 할 것인가"로 모아졌다. 유엔군 측은 휴전회담 조인 시점의 접촉선을, 공산군 측은 휴전 성립 시기에는 관계없이 군사분계선 협상이 완료되는 시점의 접촉선을 군사분계선으로 확정하자고 주장했다.

11월 7일 회담에서 공산군 측은 "지금 당장 현재의 접촉선을 25만분의 1 지도에 표시하여, 군사분계선을 확정하자"고 제안했다. 그리고 확정한 군사분계선은 큰 변동이 생기지 않는 한 수정되어서는 안 된다고 못 박았다.[100] 이러한 주장은 공산군 측이 군사분계선 협상만 마무리되

---

99 『미국 합동참모본부사』, 63쪽.

100 제2의제 분과위원회 20차회담(14차 판문점회담) 기록, 1951. 11. 7, 『휴전회담회의록』 3권, 257~273쪽. 중국 대표 셰팡은 "최근 한반도의 군사정세에서 전략 전술상 의미 있는 큰 변동은 없었다. 당신들의 추계 공세는 겨우 몇 개의 고지를 점령한 것일 뿐이다. …… 유엔군 측은 휴전 성립까지 시일이 걸릴 것이라고 예측하지만, 왜 곧 휴전이 될 수도 있다고는 예측하지 않는가?"라고 주장했다.

면 곧 쉽게 휴전이 성사될 것이라고 가정했거나, 유엔군의 대규모 공격을 피하려는 의도였을 것이다. 공산군 측은 지난 몇 달간 전선에 큰 변화가 없었다고 전제하고, "우리가 빨리 휴전에 이르면, 큰 변동이 없을 것이고, 그것이 곧 최종 합의가 될 것"이라고 주장했다.[101] 그러나 유엔군 측은 전선이 유동적이기 때문에 휴전 성립 시까지 군사분계선과 비무장지대는 확정될 수 없다는 입장을 고수했다. 유엔군 측은 휴전협정에 조인할 때까지는 접촉선을 결정하는 것이 불필요하며, 양측 군대의 안전과 비무장지대의 민사 행정 편리 등을 위해 전선을 단순화할 필요가 있다며 전선을 조정하자고 제안했다. 공산군 측에서 북한군 대표 이상조는 이 같은 조정을 완강하게 거부했지만, 중국군 대표 셰팡은 "전선을 직선화하고 접촉선과 근접한 정도의 조정은 가능하다"고 상대적으로 유연한 태도를 보였다.

이날 회의에서 양측은 각자 군사분계선과 비무장지대를 표시해 온 두 개의 지도를 갖고 비교 검토했다. 한 시간 남짓 검토 후 양측 지도에서 접촉선에 큰 차이를 보인 지역은 금성, 금화-철원 지역, 사천강 서부 지역, 개성 남부 지역 등이었다. 유엔군 측 대표는 이때도 개성 지역을 가로질러 군사분계선을 표시했고, 공산군 측 대표들은 개성은 접촉선에서 멀리 떨어져 있다며 반발했다. 사실상 유엔군 측 시도는 접촉선에 근거해야 한다는 원칙에서 벗어난 것이었고, 이때까지도 개성 지역에 대한 미련을 완전히 버리지 못하고 있었다.

유엔군은 군사분계선을 확정하자는 공산군 측 주장을 수용하게 되

101 제2의제 분과위원회 21차회담(15차 판문점회담) 기록, 1951. 11. 8, 『휴전회담회의록』 3권, 274~292쪽.

면 유엔군 측이 다른 의제 항목에 관한 합의에 도달하기 위해 군사적 압력을 가할 수 없게 될 것을 우려했다. 이 때문에 "군사분계선은 휴전 조인 시의 접촉선에 근거한다"는 원칙에 합의하는 정도로 협상을 마무리하고자 했던 것이다. 반면에 공산군 측은 합의된 바를 반드시 지도에 표시하여 군사분계선을 확정하자고 고집했다. 양측은 자신의 입장을 굽히지 않고 팽팽히 맞섰다.

논쟁의 핵심은 양측이 휴전 조인 시점과 전선의 변동 가능성을 얼마나 크게 보느냐에 있었다. 유엔군 측은 휴전 협정 체결 시에는 현재와는 다른 접촉선이 될 가능성이 크다고 보았지만, 공산군 측은 별다른 변동이 없을 것으로 가정했다. 공산군 측은 "지금 합의 가능한 실제 접촉선을 확인하여 지도에 표시하는 것"으로 의제 합의를 완전하게 마무리하자고 고집했다.[102] 회의 시작 때마다 공산군 측 대표 이상조는 "할 이야기는 없는가? 듣고 싶다"는 말로 회의를 시작했다. 가끔 먼저 발언하는 경우는 준비된 안건이 있을 때뿐이었다. 유엔군 측 역시 새로운 이야기가 없다고 가볍게 응수하고, 양측 다 기존의 주장을 고집하며 버티기 작전으로 밀고 나갔다.

이러한 팽팽한 대립을 끝낸 것은 워싱턴이었다. 이때 리지웨이를 비롯한 유엔군 측 대표단과 워싱턴의 입장에는 분명한 차이가 있었다. 워싱턴은 일단 유엔군 측의 주요한 요구 사항을 만족시키는 군사분계선 설정 원칙에 대한 조기 합의에 상당한 중요성을 부여했다. 원칙에서 유엔군 측 입장을 공산군 측이 수용한 만큼 너무 몰아붙이면 공산군 측이 그들의

102 제2의제 분과위원회 25차회담(19차 판문점회담) 기록, 1951. 11. 12, 『휴전회담회의록』 3권, 352~374쪽.

최초 요구인 38도선 주장으로 후퇴할 것을 우려했다. 합참은 11월 12일, "다른 의제들이 1개월 내에 타결되지 않는다면 군사분계선은 재협상되어야 한다"는 조건을 붙여 현재의 접촉선을 확정하자는 공산군 측 제안을 수락하라고 리지웨이에게 지시했다. 그러나 그러한 협정이 정전을 의미하는 것은 아니며, 지상 작전은 계속될 것이라는 점도 분명하게 했다.[103]

리지웨이는 강하게 반발했다. 그는 "이러한 지시가 기본 원칙과 대의를 손상한 '양보'이며, 이러한 양보는 본질적으로 유엔군 측의 입장을 약화시킬 것"이고, 양보하면 모든 것을 잃게 된다며 확고하게 버티기를 원했다. 그러나 워싱턴의 결정은 확고했다. 워싱턴 당국에서 이러한 양보를 결정했던 데는 외교적 입장이 중요한 요소로 작용했다. 미국은 당시 11월 6일 개막된 제6차 유엔 총회에서 소련과 선전전을 벌이고 있었다. 소련은 원폭 금지에 관한 국제회의, 4대 강국과 중국 간의 평화회의, 그리고 38도선을 기준한 한국전쟁 휴전을 주장하고 있었다. 이런 상황에서 미국은 군사분계선 협상을 가능한 빨리 타결하고자 했고, 리지웨이나 유엔군 측 협상대표단의 입장에서는 불만스러운 '양보'를 지시했던 것이다.[104]

결국 협상을 통해 개성 지역을 확보하려던 유엔군 측 노력은 성과 없이 끝났다. 개성 지역을 반드시 확보하고자 했다면 공산군 측의 최초 요구인 38도선을 군사분계선으로 받아들이거나 군사적으로 점령하는 두 가지 방법이 있었지만, 둘 다 현실적 해결책이 되지 못했다. 유엔군은

---

103 "Memorandum no the Substance of Discussions at a Department of State-Joint Chiefs of Staff Meeting", 1951. 11. 12, FRUS Vol.Ⅶ, pp.1122~1124; 『미국 합동참모본부사』, 64~65쪽.

104 『미국 합동참모본부사』, 68~70쪽.

군사적 방어에 유리한 지형을 고려해서 캔자스 선을 설정했는데, 개성은 38도선 이남이었지만 군사적 이유로 이 선에서 제외되었다. 유엔군 측은 일단 확보한 유리한 접촉선을 유지하는 한편 보상 개념을 내세워 개성을 확보하고자 했다. 그 근저에는 군사적으로 유리한 위치에 있다는 판단과 더 강하게 군사적 압력을 가하면 공산군 측이 쉽게 양보할 것이라는 낙관적 전망도 깔려 있었다. 군사분계선 협상이 진행되는 동안 유엔군 측의 지상 작전과 공중 공습은 충분히 성과를 거두었고 대단히 위력적이었지만, 상대를 완전히 굴복시킬 만큼 결정적이지는 못했다. 결국 현 전선을 군사분계선으로 고집할 것이라면 개성 지역을 군사적으로 확실하게 점령하는 방법이 유일했지만, 그 역시 제대로 실행되지 못했다.

군사분계선 협상 과정에서 개성 지역에 대한 워싱턴과 현지 사령관인 리지웨이 사이의 견해 차이도 이러한 혼선의 한 축을 담당했다. 리지웨이는 군사전략적 측면을 우선시했고 군사적으로 더 강경하게 대처하기를 원했다. 반면 미국 정부 당국자들은 휴전을 모색하기로 결정한 이후 미국 내 여론과 국제 정세 및 동맹국과의 관계, 대유엔 외교까지 고려해야만 했다. 방어진지나 개성 지역의 군사전략적 중요성에 대한 이해는 현지 군지휘관들과 차이가 있었다.[105] 정세 판단의 근거가 달랐지만 협상의 지휘 계통상 워싱턴의 결정에 따를 수밖에 없었던 것이다.

---

105 브래들리 합참의장은 개성이라는 장소에 관한 논쟁을 오래 끈 것은 잘못이었으며, 그 문제는 회담 결렬의 모험을 정당화할 만큼 중요하지 않았다고 개인 의견을 밝혔다(「국무부-합동참모본부 회의에서의 토의 본질에 관한 각서(1951. 11. 12)」, 『미국 합동참모본부사』, 508쪽 재인용).

쟁점 ②: 전투 계속의 원칙

다음날인 11월 13일 제26차 분과위원회 회의에서는 처음으로 '전투 중지(stop fight)'라는 용어가 등장했다. 공산군 측은 유엔군 측에게 '어디서'(실제 접촉선에 입각하여 구체적인 분계선을 작성하자는 요구) 전투를 중지할 것인가를 물었다. 그러자 유엔군 측은 '어디서'가 아니라 '언제'(휴전협정 조인 시점) 전투를 중지할 것인가가 중요하며, 우리는 휴전 조인 시점의 접촉선에서 전투를 중지할 것이라고 답변했다. 공산군 측은 유엔군 측 제안은 "휴전을 위한 것이 아니라 수많은 인명을 살상하기 위한 것"이라고 비난했다. 군사분계선과 비무장지대가 결정되면 전투를 중단하자는 것이었다. 이후 '군사분계선을 확정하면 전투를 중단한다'는 문제를 두고 논쟁이 이어졌다. 새로운 쟁점은 사실상 매우 중요한 의미를 갖고 있었다. 이것은 유엔군 측이 회담 첫날부터 분명하게 짚고 넘어가고자 했던 '전투 계속의 원칙'과 관련된 문제였다.

다음날인 11월 14일 제27차 분과위원회 회의는 이 쟁점을 둘러싸고 특히 공방전이 치열했다.[106] 공산군 측은 군사분계선 협상에 합의하면 그것은 '사실상 정전(de facto cease-fire)'을 의미한다고 주장했다. '사실상 정전' 개념을 둘러싼 설전이 계속되면서 분위기는 험악해졌다. 이 회의에서 양측은 서로 감정적으로 대립했고, 심지어 공산군 측 대표는 유엔군 측 대표단의 발언을 비난하며 험악한 분위기를 조성했다. 그만큼 이 문제는 양측 모두에게 대단히 민감한 사안이었다. 공산군 대표 이상조는 "우리가 즉시 정전을 원하는 것은 사실이며, 그것은 전세계 평화를 사랑하는

106 제2의제 분과위원회 27차회담(21차 판문점회담) 기록, 1951. 11. 14, 『휴전회담회의록』 3권, 397~422쪽.

사람들과 전선의 모든 병사들이 바라는 바이고, 군사분계선과 비무장지대가 확정되면 우리는 더 이상 공격하지 않을 것"이라고 선언했다.[107]

유엔군 대표 버크 소장은 "공산군 대표가 주장한 현재의 접촉선에서 '즉각' 정전한다는 것은 새로운 문제이며 전혀 새로운 관점"이라고 말했다. 이 시점에 양측 논쟁의 숨은 의미는 전투를 중지할 것인가 계속할 것인가의 문제였다. 유엔군 측은 공산군 측이 유엔군 측의 하계 및 추계 공세를 무시하고 지금 결정하는 군사분계선을 고집하게 되면, 이는 사실상 일정한 기간 전투 중지를 의미한다고 보았다. 리지웨이는 협상이 진행되는 기간의 전투 중지는 유엔군 측에 상당히 불리할 것이라고 판단했다. 그것은 협상에 대한 압력으로 군사적 수단을 활용할 여지를 제한하게 될 수도 있었다.[108]

7월 10일 개성에서 휴전회담이 시작되자 유엔군 측 수석대표 조이 제독은 서두 성명에서 "전투는 휴전 조건에 합의가 이루어질 때까지 계속될 것"이라고 분명하게 선언한 바 있었다.[109] 휴전 성립 시까지 전투를 계속한다는 원칙은 1951년 초 미국이 휴전 정책을 수립할 때 한 차례 논쟁을 거쳤던 문제였다. 1951년 2월 애치슨 미 국무장관은 동맹국들과의 협의를 거쳐 38선 재돌파를 보류하고 휴전협상에 의한 외교적 해결을 선호한 데 비해 국방부와 맥아더는 이에 강력하게 반발하며 38도선을 재돌

---

107 제2의제 분과위원회 29차회담(23차 판문점회담) 기록, 1951. 11. 16, 『휴전회담회의록』 3권, 439~466쪽.

108 『유엔군전사』, 89쪽.

109 『휴전회담회의록』 1권, 4~24쪽; Robert Frank Rutrell 저 강승기 역, 1982 『한국전에서의 미 공군 전략』, 행림출판사, 337쪽.

파하고 평양과 원산 선에서 방어선을 확보해야 한다고 주장했다. 결국 양 측의 정책 대립은 트루먼 대통령이 직접 성명을 발표하여 휴전을 제의하는 한편, 휴전 성립 시까지 군사작전을 계속한다는 절충안으로 귀착되었다. 회담에서 유엔군 측은 이것을 일차적 전제 조건으로 내세웠다. 유엔군 측 대표단은 성과 없이 논쟁을 계속하기보다는 접촉선에 관한 공산군 측 제안을 수용하는 대신 '전투 계속'을 전제 조건으로 내세워 관철시키고자 했다. 11월 17일 회의에서 유엔군 측은 준비된 제안을 제시했다. 주 내용은 1개월간의 시한을 부가하는 조건으로 접촉선에 관한 공산군 측 제안을 수락한다는 것이었지만, 휴전협정 조인 시까지 적대 행위는 계속한다는 점을 명문화했다.[110]

유엔군 측이 이 제안을 내놓은 직후 북한은 독자적으로 외무장관 박헌영 명의로 대유엔 호소문을 발표했다. 당정치국 결정에 따른 것으로 소련이나 중국과 미리 협의를 거치지 않은 것이었다. 11월 19일 발표한 이 호소문에서 북한은 "한국 문제의 평화적 해결을 위한 첫 단계로, 한국에서의 전투 행동 즉시 중지, 전선으로부터의 군대 철수와 2킬로미터의 비무장지대 설치, 한국으로부터의 모든 외국군 철수, 한국전쟁을 장기화시킨 당사자의 처벌, 일반 조선 인민들에게 야만적인 만행을 조직하고 저지른 자들의 처벌" 등을 주장했다.[111] 이 호소문에는 미 공군의 북한

---

110 제2의제 분과위원회 30차회담(24차 판문점회담) 기록, 1951. 11. 17.『휴전회담회의록』 3권, 467~483쪽.

111 「평양으로부터 라주바예프가 모스크바 소련 외무부 그로미코에게」 1951. 11. 21.『한국전쟁 관련 소련 외교문서』. 라주바예프는 이날 전문에 박헌영이 파리의 유엔 총회 의장 및 뉴욕의 안보리 의장에게 보낸 성명서 본문을 전달했다. 1951년 11월 19일자로 조선민주주의 인민공화국 외상 박헌영 명의로 되어 있다.

지역에 대한 폭격의 야만성을 지적하는 내용도 포함되어 있었다.

북한이 발표한 호소문에서 한국 문제의 평화적 해결을 위한 첫 단계는 한국에서의 전투 행동을 즉시 중단하자는 것이었다. 유엔군 측 제안에 언급된 '전투 계속의 원칙'에 대한 명백한 반대 의사 표명이었다. 당시 중국은 유엔군 측 제안을 그대로 수용하려는 입장이었고, 스탈린은 중국의 결정을 지지하고 있었다.[112] 북한의 대유엔 호소문 발표는 스탈린이 중국의 입장에 동의한다는 답신을 보낸 직후에 일어난 일이었다. 스탈린은 북한의 대유엔 호소문이 "현재 미국 측이 공갈 협박을 하고 있는 상황에서 중국·북조선 측의 연약함을 상징하는 것으로 보일 수 있으므로 정치적으로 불리한 행위"라면서 연기하라고 촉구했다.[113] 그러나 북한은 이 호소문을 일방적으로 발표했고, 이로 말미암아 북한 주재 소련 대사 라주바예프는 본국으로부터 질책을 받았다.[114]

북한이 소련이나 중국과 미리 협의하지 않고 이러한 호소문을 일방적으로 발표한 것은 북한과 중·소 간에 이 문제를 두고 입장 차이가 있었음을 보여 준다. 공산 3국 간 내부 의견 조율 과정에서 주도권을 갖지 못한 북한이 선택한 방법이 일방적인 호소문 발표였지만, 북한의 돌출 행동은 공산군 측 공식 입장을 변화시키지는 못했다. 미군 폭격으로 심각

112 심지화 편, 2003「毛澤東關於朝鮮停戰談判和中國國內情況等問題致史達林電(마오쩌둥이 한반도 정전담판과 중국 국내 상황 등에 관한 문제를 스탈린에게 보낸 전문), 앞의 책, 1102~1104쪽;「史達林關於朝鮮停戰談判問題致毛澤東電(스탈린이 한반도 정전담판에 관한 문제를 마오쩌둥에게 보낸 전문) 1951. 11. 19」, 앞의 책, 1108쪽.

113 「그로미코가 북한 주재 라주바예프에게 1951. 11. 19」『한국전쟁 관련 소련 외교문서』

114 「그로미코가 말렌코프에게(라주바예프에게 전달) 1951. 11. 20, No.334」『한국전쟁 관련 소련 외교문서』; 심지화 편, 2003 앞의 책, 1109~1110쪽.

한 피해를 입고 있었던 북한은 군사분계선 협상이 타결되면 즉각 전투를 중단할 것을 요구했지만, 중국은 이것을 문제 삼기보다는 실질적인 접촉선을 군사분계선으로 하는 정도로 유엔군 측과 합의하고자 했고, 소련은 중국 측 입장을 지지했다.

공산군 측 대표단은 11월 21일 유엔군 측 제안을 정식으로 수락했다. 물론 유엔군 측이 협정문에 명문화한 '전투 계속의 원칙'에 대해서도 문제 삼지 않았다.[115] 1951년 11월 27일 양측은 "휴전협정이 조인될 때까지 전투를 계속한다"는 조항이 명시된 군사분계선 협정문 초안을 가조인했다.[116] 결국 양측이 군사분계선을 확정했지만, 휴전협정이 조인될 때까지 전투를 계속한다는 전제에 합의함으로써 이후 소모전이 지속되는 계기가 마련되었던 것이다.

잠정군사분계선 설정과 임시 휴전

1951년 11월 14일 합참은 이미 대통령의 재가를 받아 조기에 합의점에 도달하기 위해 공산 측의 분계선을 수락하라고 리지웨이에게 지시해 놓은 상태였다. 워싱턴 당국이 이러한 양보를 결정했던 데는 외교적 입장이 중요한 요인으로 작용했지만, 군사적인 측면에서 사상자 수가 급증한 것도 협상 타결을 시도하게 한 요인이었다. 협상이 시작된 1951년 7월부터 군사분계선 협상이 타결된 11월 말까지의 기간 중 유엔군은 거

---

115 제2의제 분과위원회 33차회담(27차 판문점회담) 기록, 1951. 11. 21, 『휴전회담회의록』 3권, 498~510쪽.

116 제2의제 분과위원회 37차회담(31차 판문점회담) 기록, 1951. 11. 27, Enclosure (1): Proposed Agreement on Item 2 for Plenary Session, 『휴전회담회의록』 3권, 538~541쪽.

의 6만 명의 사상자를 냈는데, 그중 2만 2000명 이상이 미국군이었다. 그리고 대부분의 사상자는 군사분계선 협상이 난항을 겪고 있던 9~10월에 발생했다.[117]

합참은 공산군 측이 제시한 '실제 접촉선'을 받아들이라고 지시했다. 리지웨이는 이러한 양보는 본질적으로 유엔군 측 입장을 약화시킬 것이라면 반대했지만, 합참의 지시는 이미 결정된 사항이었다. 합참은 첫째 캔자스 선의 안전을 유지하게 할 뿐 아니라 와이오밍 선도 보호해 주기 때문에 양보가 될 수 없으며, 둘째 나머지 의제 완료를 위해 1개월간의 기간 제한을 설정하며, 셋째 군사적 압력을 경감해서는 안 되며, 다음 달 중에 미국에 유리한 접촉선상의 중요한 변동이 있어서도 안 되며, 넷째 합의하더라도 공군과 해군 작전에 영향을 미치지 않는다는 점 등을 강조했다. 리지웨이는 이러한 합참의 지시를 협상대표단에 전달했고, 유엔군 측 대표단은 11월 17일 회담에서야 마지못해 1개월간의 시한을 부가하는 조건으로 접촉선에 관한 공산 측 제안을 수락했다.[118] 유엔군 측 제안은 다음과 같다.

① 휴전협정 조인 시까지 적대 행위를 계속한다는 협정을 재확인.
② 분과위원들에 의하여 합의된 현 접촉선을 잠정 군사분계선으로, 이로부터 2킬로미터 떨어진 두 개의 선을 잠정 비무장지대의 남북

---

117 『미국 합동참모본부사』, 70쪽.

118 리지웨이의 반발과 마찬가지로 유엔군 측 협상대표단 역시 이러한 양보에 대해 불만스러워했다. 분과위원회 협상 대표였던 버크 제독은 자신들이 공산군 측 눈에 "시키는 대로 하는 사람"으로 보일 것이라고 못마땅해 했다(『유엔군전사』, 23쪽; 『미국 합동참모본부사』, 512쪽). 그러나 협상대표단의 재량권이 그리 많지 않다는 점은 공산군 측 대표단도 마찬가지였다.

경계선으로 삼는다.

③ 위의 잠정 군사분계선 및 잠정 비무장지대는 전체 회담에서 양측 대표에 의하여 이 협정서가 수락된 후 30일 이내에 휴전협정이 조인될 경우에 유효하다.

④ 휴전협정이 30일 이내에 조인되지 못할 경우에는 그 당시에 있어서의 접촉선을 쌍방의 분과위원들이 결정하고, 이를 새로운 잠정 비무장지대로 설정하며, 그 중앙선을 잠정 군사분계선으로 삼는다.[119] (밑줄 강조: 인용자)

휴전협정 조인 시까지 적대 행위를 계속한다는 점을 우선적으로 재확인하면서, 현 접촉선을 잠정 군사분계선으로 하며 양측 2킬로미터 폭의 비무장지대를 설정하되, 이는 30일 이내에 휴전협정이 조인될 경우에 유효하다는 것이었다.

공산군 측도 "현재의 실질적인 접촉선을 군사분계선으로 하는 것"을 최종 입장으로 내부 입장을 정리했다. 11월 14일 마오쩌둥은 스탈린에게 북한과 중국 측의 이러한 입장을 통보하면서, 개성을 통제할 수 있다는 점에서 김일성도 동의한 것이라고 밝혔고,[120] 11월 19일 스탈린도 이에 동의하면서, 미국이 회담을 빨리 끝내기를 원하고 있는 만큼 회담에서 강경한 노선을 취하며 초조하거나 가능한 빨리 끝내려는 태도를 보여

119 제2의제 분과위원회 37차회담(24차 판문점회담) 기록, 1951. 11. 17, 『휴전회담회의록』 3권, 467~483쪽.

120 심지화 편, 2003 「毛澤東關於朝鮮停戰談判和中國國內情況等問題致史達林電(마오쩌둥이 한반도 정전담판과 중국 국내 상황 등에 관한 문제를 스탈린에게 보낸 전문) 1951. 11. 14」, 앞의 책, 1102~1104쪽.

서는 안 된다고 충고했다.[121] 군사분계선 협상을 타결하는 문제로 북한과 중국, 소련 간에 일정한 입장 차이가 존재했던 것은 분명했다. 미군 폭격으로 심각한 피해를 입고 있었던 북한은 조속한 휴전을 원했고, 중국 역시 유엔군 측과 합의할 수 있는 선인 당시의 실질적인 접촉선을 군사분계선으로 하는 것에 동의하는 입장이었다. 소련은 보다 거시적 안목에서 미국이 서유럽 재무장에 나설 것을 우려했다. 이 때문에 협상에서 중국과 북한이 더 완강하게 맞서기를 원했지만,[122] 북한과 중국의 요구를 무시하거나 일방적으로 지시할 수는 없었다. 결국 스탈린은 11월 19일 마오쩌둥의 타협안에 동의했던 것이다.

공산 3국 간 내부 조율을 거치는 동안 유엔군 측의 11월 17일 제안을 신중히 검토한 공산군 측 대표단은 11월 21일 제33차 분과위원회 회의에서 유엔군 측 제안을 정식 수락했다.[123] 단 양측이 군사분계선 설정에 합의하면 30일 안에 어떠한 전선의 변경이 일어나도 분계선은 변경할 수 없다는 일부 수정안을 제의했다. 유엔군 측이 이 수정안에 동의함으로써 양측은 마침내 11월 23일 제35차 분과위원회 회의에서 군사분계선과 비무장지대 설정에 합의했다. 최종 합의된 협정문 초안은 다음과 같다.

첫째, 쌍방의 실제 접촉선을 군사분계선으로 정하고 이미 서명한 휴전

---

121 심지화 편, 2003「史達林關於朝鮮停戰談判問題致毛澤東電(스탈린이 한반도 정전담판에 관한 문제를 마오쩌둥에게 보낸 전문) 1951. 11. 19」, 앞의 책, 1108쪽.

122 윌리엄 스툭, 앞의 책, 486~487쪽.

123 제2의제 분과위원회 33차회담(27차 판문점회담) 기록, 1951. 11. 21,『휴전회담회의록』3권, 498~510쪽.

협정 중에 규정된 구체적인 시간에 쌍방은 각자 이 선에서 2킬로미터씩 후퇴하여 군사 휴전 기간 동안의 비무장지대를 설정하는 원칙을 확정한다.

둘째, 쌍방 분과위원회는 제1항 원칙에 의거 현재의 접촉선을 즉시 확정하여 군사분계선을 정하고 비무장지대의 중간선으로 삼는다. 만약 대표단 회의에서 본 협의 및 상순한 군사분계선과 비무장지대의 구체적인 위치를 승인한 뒤 30일 이내에 군사 휴전 협의에 서명한다면 쌍방의 실제 접촉선이 어떤 변화가 있더라도 이 군사분계선 및 비무장지대는 조정하지 않는다.

셋째, 적대 행위가 휴전 협의에 서명할 때까지 계속 진행될 것을 감안하여, 만약 대표단 회의에서 본 협의 및 상술한 제2항에서 확정한 군사분계선 및 비무장지대의 구체적인 위치를 승인한 후 30일 이내에 군사 휴전 협의에 서명하지 않는다면 쌍방 분과위원회는 군사 휴전협정이 곧 서명하게 될 때 쌍방의 실제 접촉선에서 발생한 변화에 의거 상술한 군사분계선 및 비무장지대를 수정하여 수정된 후의 군사분계선과 군사 휴전협정에 서명하기 직전의 쌍방 접촉선이 완전히 일치되게 하여 군사 휴전 기간 동안의 군사분계선으로 정한다.[124] (밑줄 강조: 인용자)

쌍방의 실제 접촉선을 군사분계선으로 정하고 양측으로 2킬로미터씩 후퇴하여 비무장지대로 하며, 휴전협정에 서명할 때까지 적대 행위를 계속할 것을 감안하여 30일 이내에 휴전협정에 서명하지 않을 경우 수정

124 제2의제 분과위원회 35차회담(29차 판문점회담) 기록, 1951. 11. 23, 『휴전회담회의록』 3권, 526~532쪽.

한다는 것이었다. 특히 양측이 합의한 세 번째 항에 "적대 행위가 휴전협정에 서명할 때까지 계속 진행될 것"이라는 조항이 명시된 것은 주목할 만하다. 공산군 측은 11월 21일 유엔군 측 제안을 수용하기로 결정하면서, 이 부분에 대해 아무런 이의를 제기하지 않았다. 그것은 곧 수락을 의미하는 것이었고 결국 협정에 명시되었던 것이다.

공산군 측이 처음 '전투 중지' 개념을 제기했을 때, 원론적으로 군사분계선 설정과 동시에 전투를 중지한다는 주장을 제기했고 이 문제로 한동안 설전이 계속되었다. 그러나 결국 유엔군 측이 강력하게 주장한 이 '전투 계속의 원칙'을 '슬그머니' 받아들인 것이다. 이 문제는 이후 협상이 장기화되면서 전쟁의 참혹한 결과를 초래한 가장 중요한 문제였다. 비록 유엔군 측이 먼저 이러한 원칙을 제기하고 강하게 고집했지만, 공산군 측이 결국 이에 동의했다는 것은 그 결과에 대한 책임도 나누어 가져야 함을 의미한다.

11월 23일 참모장교들이 지도에 접촉선을 긋기 시작했다. 4일간 쌍방 참모장교들이 전 전선 145마일에 걸쳐 접촉선의 정확한 위치를 조사 작성했고, 11월 26일 쌍방은 이에 합의했다.[125] 1951년 11월 27일 제2의제 분과위원회 제37차 회의에서 군사분계선 협상이 마무리되었다. 11월 27일 가조인한 협정문 초안의 요지는 다음과 같다.

---

125 접촉선 결정을 위한 참모장교회의 기록, 1951. 11. 23, 『휴전회담회의록』 3권, 533~534쪽. 이 참모장교회의에는 유엔군 측에서 머레이(J. C. Murray)와 버틀러(A. M. Butler)가, 공산군 측에서 북한군 장춘산과 챠이청원(시성문)이 참석했다. 참모장교회의 기록에 목록만 있을 뿐 첨부문건은 수록되어 있지 않다.

- 휴전협정이 조인될 때까지 전투를 계속한다.
- 현 접촉선을 군사분계선으로 하고 이를 중심으로 하여 남북으로 각각 2킬로미터씩, 도합 4킬로미터의 비무장지대를 설치한다.
- 상기 군사분계선 및 비무장지대는 30일 이내에 휴전협정이 조인될 경우에 한하여 유효하다.
- 30일 이내에 휴전협정이 조인되지 않을 경우의 군사분계선은 휴전협정이 조인될 당시의 접촉선으로 한다.[126] (밑줄 강조: 인용자)

휴전협정이 조인될 때까지 전투를 계속한다는 전제하에 현 접촉선을 군사분계선으로 하고, 남북으로 각각 2킬로미터씩 비무장지대를 설치하며, 이는 30일 이내에 휴전협정이 조인될 경우에 한하여 유효하다는 것이었다. 그리고 이날 제28차 본회담을 열고 분과위원회에서 가조인한 협정문 초안에 따라 군사분계선 협정을 정식으로 체결했다.[127]

이어서 쌍방 참모장교들이 접촉선과 비무장지대의 경계를 확정하기 위한 회의를 열었다. 참모장교회의는 12월 1일부터 7차례에 걸친 회담 끝에 12월 10일, 접촉선에 의거 비무장지대의 남쪽과 북쪽 경계를 확정했다. 이때 쌍방이 합의한 접촉선 위치는 임진강 하구–판문점 비무장지대 동단–한탄강–김화–금성–북한강–송정의 거벌리·사태리–가칠봉–월비

126 제2의제 분과위원회 37차회담(31차 판문점회담) 기록, 1951. 11. 27; Enclosure (1): Proposed Agreement on Item 2 for Plenary Session, 『휴전회담회의록』 3권, 538~541쪽.

127 제2의제 분과위원회 28차회담(2차 판문점회담) 기록, 1951. 11. 28, Enclosure (1) Agreement on Item 2, 『휴전회담회의록』 2권, 8~22쪽.

그림 3 잠정군사분계선 지도(1951. 11. 27)

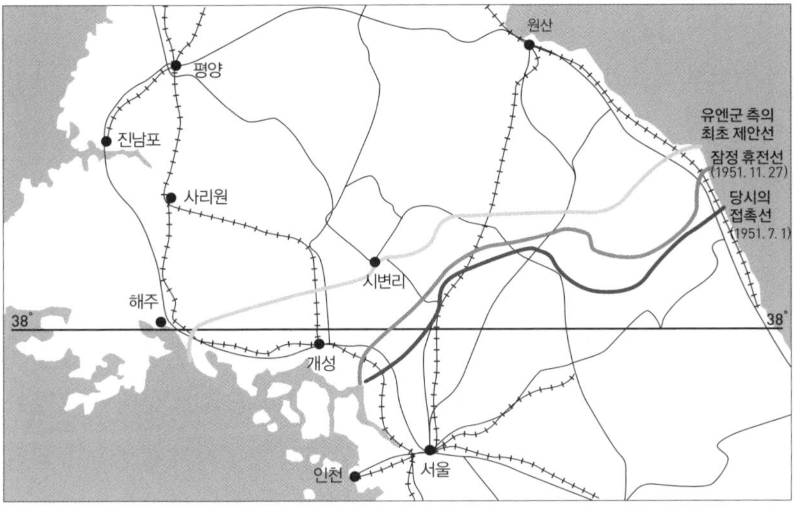

산 남동방-동해안의 남강 하구를 잇는 선이었다.[128] 이때의 잠정군사분계선 지도는 〈그림 3〉과 같다.[129]

군사분계선 협정이 조인되자 전선에서는 수일 내에 휴전협정이 체결될 것이라는 소문이 돌았고, 미국의 신문들은 미8군이 전투 중지 명령을 받았다고 보도했다. 트루먼은 즉각 야전에 해명을 요구하는 동시에 강

---

128 Meeting of the Staff Officers to Determine North and South Boundaries of Demilitarized Zone, Held at Pan Mun Jom, 10 December 1951, Enclosure Ⅲ A: Description of Military Demarcation Line, Enclosure Ⅲ B: Description of the Northern Boundary of the Demilitarized Zone, Enclosure Ⅲ C: Description of the Southern Boundary of the Demilitarized Zone, Staff Officers' Meeitngs on Agenda Item 2 Pan Mun Jom 30 November - 10 December 1951, 『휴전회담회의록』 6권, 20~37쪽.

129 『한국전쟁 휴전사』, 138쪽.

력한 부인 성명을 발표했다. 이것은 하나의 해프닝으로 끝났지만 전선에서는 물론이고 한반도의 휴전회담을 지켜보던 세계 여론은 곧 휴전협정이 체결될 것으로 기대했다. 군사분계선 협상이 타결되자 나머지 의제 합의를 위한 1개월의 기간 동안 '잠정적 휴전'이 이루어졌다. 만약 양측이 진정으로 휴전을 원했다면 이로써 전쟁이 끝날 수 있었을 것이다. 그러나 전쟁은 계속되었고, 이때 합의한 군사분계선은 휴전협정이 체결되는 1953년 7월 시점에도 크게 달라지지 않았다. 군사분계선 협상을 시작할 때 양측은 이 문제가 해결되면 곧 휴전이 성사될 것이라는 막연한 기대감을 갖고 있었다. 그러나 협상의 진행 과정에서 양측은 상대방이 받아들이기 어려운 조건을 내걸거나 군사적 압력을 가중시켜 협상을 유리하게 이끌고자 했다. 휴전회담이 개시된 이래 양측은 진지를 보강하기 시작했고 군사분계선 협상에서 한 치의 땅이라도 더 확보하려는 치열한 진지 쟁탈전과 북한 지역에 대한 유엔군 측의 폭격이 이어졌다.

군사분계선 협상 과정을 종합해 보면, 공산군 측은 애초에 그들이 주장한 38도선 주장을 포기했지만 실제 접촉선에 전혀 조정을 하지 않은 군사분계선을 설정함으로써, 형식적으로는 양보했지만 실질적으로는 큰 불만이 없었다. 또한 개성 지역 홍정을 효과적으로 방어하여 개성을 지켜내는 데 성공했다는 것만으로도 충분한 성과가 있었다. 이러한 점에서 공산군 측은 군사분계선 협정 체결을 공산군 측의 작전 승리의 결과라고 평가했다. 반면에 리지웨이를 비롯한 협상대표단의 반대에도 불구하고 워싱턴의 결정에 따라 잠정 군사분계선 설정에 동의한 유엔군 측 성과는 명목적인 것 외에는 미미해 보였다. 유엔군 측 대표단은 성급한 처사였다거나 지나친 양보라고 불만스러워했으며, 임시 휴전 기간인 1개월 내에 나머지 의제가 합의되지 못함으로써 유엔군 측은 돌이킬 수 없는 실책을 범했다고 평가했다.[130] 유엔군은 군사분계선 협정 후 30일간 지상 작전은 정찰 활동 정도로 제한하고 공세 작전도 제한했으며, 적극방어에 치중했다.[131] 미국은 군사분계선에 관한 조항에만 쌍방이 합의하면 곧바로 30일 이내에 휴전이 성립될 것이라 판단했기 때문에, 병력 손실을 감수하면서 북진하더라도 30일 이내에 휴전이 성립된다면 다시 원위치로 물러나야만 한다고 보았던 것이다.

게다가 결국 개성을 확보하지 못한 것도 이 문제에 집요하게 매달렸던 유엔군 측 입장에서는 뼈아픈 실패였다. 이러한 결과는 군사분계선 협상에서 유엔군 측이 견지한 기본 입장과 회담에서 구사한 전략의 불일치에서 초래된 것으로, 협상 지휘 계통상 각자 정세 판단 근거가 달랐기 때문으로 볼 수 있다. 미국은 군사적 압력을 경감시킬 의도가 전혀 없었지만 잠정 군사분계선에 합의한 이후 한 달 간은 임시 휴전 기간이 되고 말았다. 이 기간에 유엔군이 현 전선의 유지 및 강화에 주력하는 동안 공산군 측은 견고하고 종심 깊은 방어진지를 구축하고 전투력을 증강했다. 결과적으로 공산군 측이 열세였던 지상 병력을 대폭 증강하고, 공군력을 강화하여 MIG 제트기의 행동 범위가 진남포에서 원산에 이르는 공역까지 확대되어 유엔 공군을 크게 위협하게 되었다.[132]

그러나 유엔군 측은 군사분계선 협상 과정에서 전투 계속의 원칙에

---

130 『유엔군전사』, 138쪽. 한국 측은 특히 더 불만스럽거나 비관적인 평가가 주류이다.

131 『미국 합동참모본부사』, 68쪽.

132 휴전회담이 시작된 1951년 7월 초순에 유엔군 병력이 55만 4000명, 공산군 측 병력이 49만 9000명이었는데, 임시 휴전 기간이 만료된 1951년 12월 하순 유엔군 측 병력은 58만 1000명으로 증가한 데 반해, 공산군 측 병력은 무려 79만 5000명으로 증강되었다(『미국 합동참모본부사』, 140쪽, 표1 쌍방의 전투력 비교 참조).

대한 합의를 이끌어냄으로써 이후 협상 과정에서 공산군 측에 군사적 압력을 계속 행사할 수 있는 근거를 마련했다는 점에서는 나름의 성과를 거뒀다. 유엔군 측은 휴전협정 체결이 지연되는 동안 우월한 해군과 공군력을 이용하여 북한 전역에 대한 공습을 강화함으로써 사실상 공산군 측에 엄청난 인적 물적 손실을 입혔으며, 북한 전역은 밤낮없이 계속되는 공습으로 완전히 초토화되었다.

군사분계선 획정을 위한 지상 전투 확대

1951년 7월 휴전회담이 시작된 후 양측의 군사적 목표는 서로가 유리한 조건에서 휴전을 성사시키는 것이었다. 회담이 시작되면서 합참은 군사적 압력을 경감해서는 안 된다는 지시를 내렸고 회담 추이에 따라 군사작전이 수립되거나 변경되기도 했다. 1951년 6월 중순부터 7월 말까지 한국군과 유엔군은 캔자스-와이오밍 선에 방어진지를 구축하면서 개성에서의 휴전회담 추이를 주시하고 있었다.

개성에서의 휴전 교섭이 시작된 후 3일도 지나지 않아 리지웨이 유엔군사령관은 공산군 측의 태도가 매우 비타협적이라고 보고 항공 작전을 강화하도록 명령했다. 리지웨이는 1951년 7월 13일 웨일랜드(O. P. Weyland) 미 극동공군사령관에게 "현 교섭기간 중 적에게 타격을 가할 수 있도록 공군력을 모두 동원하여 최대한의 이익을 얻어내라"고 명령했고, 미 극동공군은 1주일도 안 되어 평양 공격 계획을 수립했다. 합참은 휴전협상이 한창 진행되고 있는 시기에 평양을 집중 공격 목표로 삼는다면 유엔군 측이 협상을 결렬시키려는 의도로 비칠까 두려워 세계 여론을 의

식하여 공격을 승인하지 않았다.[133] 그러나 리지웨이는 외부에 대해서는 '은밀히' 7월 30일 평양 폭격을 감행했다.[134]

공산군 측도 회담이 시작되자 병력과 장비를 증강하면서 방어진지 강화에 주력하여 유엔군의 포격과 항공 폭격에 견딜 수 있는 갱도식 진지를 구축했다. 회담 초기부터 공산군 측은 협상이 순조롭지 않을 것이며, "아마도 더 강도 높은 군사 투쟁을 치러야 할지도 모른다"고 전망했다.[135] 마오쩌둥의 지시에 따라 7월 24일 중국인민지원군사령관 펑더화이는 회담과 군사작전을 긴밀히 연결한 제6차 전역을 준비했다. 이 시기 중국군의 군사 방침은 여전히 적극적으로 지구전에 대비하는 것이었지만, 6차 전역을 통해 회담을 유리하게 하고 38도선을 경계로 휴전을 성사시키고자 했다.

회담의 진전이 없자 중국군 협상 대표인 덩화와 셰팡은 8월 15일 이전에 9월 전역 준비를 완료할 것을 건의했다. "그들이 양보해 봐야 현 상태에서의 휴전 정도일 것인데, 적을 38도선 이남 10킬로미터 지역까지 물러나게 하는 것이 아주 어려운 일이 될 것이기 때문에 회담에는 전쟁의 승리가 동반되어야 하며, 회담 결렬에 대한 군사적 준비도 필요하다"는 것이었다. 이때의 구상은 9월 10일 전역을 개시하며 2개월 동안 연속 공격을 진행하고, "매월 적군 4만 명 정도를 쓰러뜨린다면 미 제국주의는 이에 굴복하고 화해를 요구할 것이며 38도선을 군사분계선으로 정하고 한반도의 모든 외국 군대가 철수하게 될 것"이라는 전망에 근거했다.

---

133 로버트 프트렐 편저, 1982 앞의 책, 387쪽.

134 위의 책, 388쪽.

135 「펑더화이가 리커눙에게 1951. 7. 14」『항미원조전쟁사』 3권 129쪽.

표 7 군사분계선 협상시기(1951년 8월 18일~10월 20일) 주요 지상전투

주요 전투	일자	전투 내용	회담 및 협상 상황
향로봉전투	1951년 8월 18일 ~ 24일	한국군 수도사단과 제11사단이 향로봉 북쪽의 주요 고지를 확보하기 위해 924고지와 884고지 일대에 배치되어 있던 북한군 제13사단과 제45사단을 격퇴하고 남강선으로 진출한 공격 전투.	• 8월 17일 군사분계선 협상을 위한 합동분과위원회 설치 및 회의 개시 • 공산 측 : 38도선 주장 일보 후퇴 및 유엔군 측 보상 개념 포기 요구 • 유엔 측 : 접촉선을 중심으로 4마일 폭의 비무장지대 설치안 제안 준비
피의능선· 단장의능선· 백석산전투	1951년 8월 18일 ~ 10월 13일	한국군과 유엔군이 중동부전선의 주저항선을 강화할 목적으로 펼친 제한된 공격작전. 양구 북방이 피의 능선 전투로 북한군이 해안 분지 북쪽 능선으로 후퇴. 1개월간의 단장의 능선 전투 승리로 미 제2사단이 가칠봉과 백선산 사이 전선 조정. 백석산 전투는 한국군 제7사단과 제8사단이 북한군 제32사단과 제12사단을 격퇴한 전투로 북한군은 어은산 방면으로 후퇴.	• 개성 중립지대 위반 사건으로 8월 23일부터 2개월여간 회담 중단 • 유엔군 측의 회담 장소 변경 시도 • 9월 24일 판문점에서 연락장교회의 개최 : 휴전회담 재개와 회담 장소 변경 관련 토의
해안분지 (펀치볼)전투	1951년 8월 31일 ~ 9월 20일	미 제1해병사단과 한국 해병 제1연대가 양구 북방의 해안분지(일명 펀치볼 : Punch Bowl)를 확보하기 위하여 가전리 일대에 배치된 북한군 제1사단을 격퇴시킨 공격 작전. 북한군은 동부전선의 요충인 해안분지에서 물러나 간부봉 방면으로 후퇴.	• 9월 1일 유엔 항공기 2차 개성 폭격 사건, 9월 10일 유엔 공군기 개성에 기총소사 등 유엔군 측의 개성 중립지대 위반 사건 연이어 발생. • 9월 6일 유엔군사령관의 회담 장소 변경을 위한 연락장교회의 개최 제의. 공산 측의 거부. • 9월 19일 공산 측 : 회담 재개 동의

주요 전투	일자	전투 내용	회담 및 협상 상황
가칠봉전투	1951년 9월 4일 ~ 10월 14일	한국군 제5사단이 양구 북방의 가칠봉을 공격하여 북한군 제27 사단을 격퇴하고 목표를 점령한 공격 전투. 북한군은 가칠봉에서 쌍두령 방면으로 후퇴, 한국군은 펀치볼 북서쪽의 주요고지 확보	• 10월 10일 연락장교회의 재개 • 공산 측 회담 장소 변경에 동의
월비산전투	1951년 10월 12일 ~ 15일	한국군 수도사단이 거진 북방의 월비산을 공격하여 북한군 제19 사단을 격퇴한 공격 전투. 북한군은 남강 북쪽으로 후퇴. 한국군은 전선의 북단 있는 금강산에 이르는 관문 장악.	• 10월 12일 유엔 항공기가 개성 지역 상공 통과. 그 중 한 대가 기총소사하여 12세 소년 사망, 그의 2세 동생 부상당하는 사건 발생
코만도작전	1951년 10월 3일 ~ 9일	미 제1군단의 2개 사단과 영연방 제1사단, 한국군 제1사단이 서부 전선의 공산군 경계진지선까지의 진출을 목표로 전개한 공격작전. 이 작전으로 한국군과 유엔군은 주저항선을 10킬로미터 북쪽으로 끌어 올렸으며, 철원–연천 계곡을 통제함으로써 서울–철원 및 철원–김화 간의 주요 보급로의 안전 보장	• 회담 장소 변경 논의
노매드–폴라 선 진격작전	1951년 10월 13일 ~ 20일	미 제9군단의 제24사단과 한국군 2개 사단이 중부전선의 금성 일대에서 전선을 대략 4~5 킬로미터 북상시키기 위해 펼친 공격 작전. 노매드 선(하소리–풍동리–죽동–여문리–금성천 하구)와 폴라 선(하소리–외야동–교암산–송동리–금성천 하구)으로 진출하여 철의 삼각지대 일대을 제압할 수 있는 유리한 지형에 방어선 구축.	• 공산 측 : 판문점으로 회담 장소 변경에 동의 • 휴전회담 재개 교섭

■ 출처 국방부전사편찬위원회, 1989『한국전쟁 휴전사』; 국방군사연구소, 1997『한국전쟁』 하; 국방부 군사편찬연구소, 1997『한국전쟁(하) - 전선교착과 휴전협상 』; 중국 군사과학원 군사역사연구부 저 국방부 군사편찬연구소 역, 2005『중국군의 한국전쟁사』 3권

그러나 8월 10일 저우언라이가 주도한 군사 회의는 공격 시기를 늦추도록 건의했다. 비행장 건설이 11월이 되어서야 완성되며, 소련의 스탈린이 공군 지원에 대해 아무런 답변이 없고, 물자 수송이 곤란하다는 이유로 6차 전역은 10월까지 연기되었다가, 결국 철회되었다.[136] 공산군 측이 적극적인 군사적 공세를 취하기 어려운 주객관적 상황 때문에 전역이 철회되었던 것으로 회담과 군사작전을 연계시키는 방침은 변함이 없었다.

반면 유엔군은 더 적극적으로 공세를 펼쳤다. 개성 사건으로 회담이 일시 중단되자 리지웨이 유엔군사령관은 2개월간 하계 공세를 집중했다. 공산군 측을 회담장으로 복귀시키기 위한 압력 수단이자 군사분계선 합의 이전에 방어에 유리한 고지를 점령하고 협상에 나가기 위한 목적이었다. 미8군의 제한된 공격작전이 개시되고, 미 제2사단은 해안분지(펀치볼)를 장악하기 위한 공격작전으로 밀어올리기 전술, 추계작전, 터치다운 작전 등을 10월 23일경 완료했다. 10월 초부터 10월 중순까지 이어진 추계공세 역시 같은 목적으로 서부 및 중서부 전선에서 전개되었다. 휴전회담의 재개를 강요하는 방편의 하나로 공산군을 계속 압박하는 한편 휴전 성립 시에 설정될 군사분계선을 감안하여 10킬로미터 전진을 목표로 했다. 유엔군은 이 작전에서 임진강 북쪽 연안-역곡천-중강리-금성천 하구를 연하는 반월형 지역으로 진출하여 방어선을 보강했다. 이 시기 주요 지상 전투는 〈표 7〉과 같다.

유엔군의 하계 및 추계 공세가 이어지는 가운데 10월 25일 휴전회담

136 『항미원조전쟁사』 3권, 143쪽.

이 재개되었다.[137] 공산군 측이 회담을 재개하고 회담 장소 이전에 동의한 것은 유엔군 측의 군사적 압박이 주요 요인으로 작용한 것은 분명했다. 그러나 중국은 자신들이 우월한 입장에서 회담을 재개했다고 평가했다. 유엔군의 추계 공세는 군사적 압력을 통해 휴전회담에서 공산군 측에 군사분계선에 관한 요구를 받아들이게 하려는 목적을 달성하지도 못하고 엄청난 희생을 치렀고, 결국 미국 측이 다시 휴전회담 테이블로 돌아오게 됐다는 것이다.

이 기간 중 양측 모두 엄청난 인명 손실이 있었다. 1951년 7월부터 11월까지 유엔군은 6만여 명의 사상자를 냈으며, 유엔군 측이 추산한 공산군 측 사상자는 무려 약 23만 4000여 명에 달했다.[138] 반면 중국 측 자료에 따르면, 유엔군은 하계 공세 동안 전체 전선에서 모두 7만 8000여 명(미군 2만 2000여 명)의 인명 피해를 입었으며, "이렇게 엄청난 대가를 지불하고서야 겨우 179제곱킬로미터를 밀고 들어갈 수 있었다." 또한 추계 공세 방어 작전에서도 7만 9000여 명의 유엔군을 살상했으며, 유엔군에 빼앗긴 진지 지역은 단 467제곱킬로미터 정도에 지나지 않았다고 주장하고 있다.[139] 자신들의 인명 손실에 대해서는 전혀 언급하지 않았지만, 양측 자료를 비교해 보면 공산군 측 인명 손실이 훨씬 더 컸음을

---

137 1951년 12월 중순 전임 유엔군 측 휴전협상 대표였던 알레이 버크 해군 소장은, 워싱턴으로 귀국하여 트루먼 대통령과 만났을 때 "전선에서 전개되는 사건들은 협상 테이블에서 오가는 어떠한 말보다도 훨씬 더 큰 협상 결과를 가져왔다"고 말했다(윌리엄 스툭, 『한국전쟁의 국제사』, 475쪽).

138 유엔군은 심각한 인명 손실 때문에 미국 의회의 질책을 받았다(매듀 B. 리지웨이 김재관 역 1981 『한국전쟁』 212쪽); 미 합참의 브래들리 의장은 "리지웨이가 실행한 각개고지 점령 전술은 극동에서의 미국의 전반적인 전략에 부합되지 않는 것이었다. 이런 전법을 사용하면 리지웨이는 20년이 지나야 비로소 압록강변에 도착하게 될 것이다"라고 혹평했다(『미국 합동참모본부사』, 70쪽).

139 『항미원조전쟁사』 3권, 194쪽.

알 수 있다.

유엔군의 군사작전은 주로 공군력과 해군력에 의지하여 이루어졌다. 유엔군의 지상 작전도 압도적인 해군 및 공군력의 지원이 있었기 때문에 가능했다.[140] 지상에서의 제한 공격과 더불어 1951년 8월부터 10월까지 미 제5공군과 해군에 의한 항공 작전과 해상 전투가 전개되었다. 이때까지는 유엔군 측이 제해·공권을 완전하게 장악하고 있었다. 휴전협상이 개시된 이래 유엔 공군은 공산군의 병참선 차단 작전에 중점을 두고 후방의 기지와 전선 사이에 있는 도로망을 마비시키는 것을 목적으로 한 '교살 작전(Strangle Operation)'을 전개했다. 그러나 6월 중순 이후 공산군은 공세에서 수세로 전환하면서 재보급을 야간에만 실시했기 때문에 큰 성과를 거두지는 못했다. 8월 중순부터 3개월간 철도 시설을 주 표적으로 선정하고 제2차 철도 차단 교살 작전을 전개했다. 이 작전에서는 표적의 완전 파괴를 목표로 해군 함재기와 해병대 항공기까지 동원했다. 그러나 점차 공산군의 MIG-15기와 대공포화가 증강되어 초기의 절대적인 제공권 우세를 유지하기는 힘들었다.[141] 8월 14일 평양을 폭격한 데 이어 8월 25일 소련과의 국경선에 근접해 있다는 이유로 표적에서 제외시키고 있던 나진 폭격이 이루어졌다. 9월에는 공산군 수송 보급을 차단하기 위한 철도 차단 교살 작전을 보조하기 위한 해상작전이 전개되었다. 8월 영국군 해병 특공대가 원산 부근에 두 차례 상륙하여 상대방 시설을 습격한 데 이어 9월 18~19일 원산 폭격, 10월 5일 흥남에 함포사격

---

140 전기원, 2001 「한국전쟁시 미국 해군의 활동과 역할」『軍史』 제44호, 국방부군사편찬연구소; 로버트 프트렐 편저, 앞의 책 참조.

141 『미국 합동참모본부사』, 70쪽.

이 전개되었다.

이러한 공격에 대응하여 북한과 중국은 동서 해안 방어에 중점을 두고, 동·서해안을 통일 지휘할 수 있는 조·중 연합지휘 체계를 수립했다.[142] 회담장에서 '개성 지역 흥정'이 전개되는 상황에 대응하여 개성 지역의 방어를 강화하는 한편, 공군 참전을 준비하기 위해 청천강 이북의 남시·태천·원리 비행장을 건설하기 시작했다. 9월 하순부터는 소련 공군 지도하에 중국 안동 지역의 비행장을 기지로 출동작전을 펼쳐 이북의 철도 수송과 비행장 건설을 엄호하고 부대훈련을 병행했다. 이러한 사태 진전은 유엔군사령부의 공중 우세권과 지상군의 안전에 커다란 위협이 되었다. 미국은 협상이 결렬될 경우를 대비한 새로운 대응책이 필요하게 되었고, 이는 1951년 11월 합참의 새로운 정책 수립에 영향을 미쳤다.[143]

이 시기의 군사적 상황을 종합해 볼 때, 유엔군 역시 비록 심각한 인명 손실을 입었지만 방어에 유리한 진지를 확보하고 전선을 밀어 올리는 데 성공했으며, 그것이 공산군 측으로 하여금 회담 재개와 회담 장소 이전에 동의하게 만든 것은 분명했다. 그러나 유엔 공군 폭격의 효과는 제한적이었다. 폭격 정확도가 낮아 효율성이 떨어졌으며, 공산군 측은 신속한 보수공사로 유엔군의 폭격에 맞섰다.[144] 공산군 측은 유엔 공군의 폭격에 대응하여 대공포화를 강화했고, 1952년 봄 유엔군은 "10개월간의

---

142 『항미원조전쟁사』 3권, 168~170쪽.

143 『미국 합동참모본부사』, 70쪽.

144 미 제5공군 작전부의 분석보고에 따르면 미공군 전폭기의 폭격 정확도는 7퍼센트에 불과했다. 1951년 12월 23일 미 제5공군 정보부는 "적의 철도보수요원과 교량건설요원이 유엔 측의 평양철도봉쇄를 극복하고 모든 주요간선철도를 소통시켰다"고 시인했다(로버트 프트렐 편저, 앞의 책, 399쪽).

철도 차단 공격으로도 공산군 측이 유엔군 측의 휴전 조건을 수락하지 않을 수 없도록 적에게 치명적인 손실을 끼치는 데 성공을 거두지 못했다"고 스스로 인정했다.[145] 1951~52년 유엔군사령부의 해·공군 부대는 적극적이었지만, 이들의 작전이 회담 테이블에서 절대적 영향을 미칠 정도는 아니었다.[146] 군사적 압력은 더 큰 군사적 반격을 불러왔지만 그 어느 편도 압도적이지 못했으며, 그것은 협상의 진척이나 합의 과정에서도 마찬가지였다.

한편 1951년 11월 27일 잠정 군사분계선이 설정되자 양측은 자신들이 확보한 진지를 유지하기 위한 방어에 중점을 두었고 전선은 소강상태로 접어들었다. 미국 내 여론은 전쟁을 지속하는 것에 대한 회의적 분위기가 점차 고조되었다. 유엔군은 장기전을 준비·지원하는 일련의 조치를 취하고 후방을 공고히 하는 한편 군사력을 증강했다. 이 시기 한국군 재편성과 훈련이 강화되었고, 한편에서는 후방 안정을 위한 '토벌 작전'이 대대적으로 벌어졌다. 유엔군과 한국 정부의 합의하에 호남 지역 '공비 토벌' 작전을 위한 '백야전 전투사령부'가 1951년 11월 25일에 설치되었고, 사령관으로는 한국군 제1군단장 백선엽 소장이 임명되었다. 그는 당시 휴전회담 한국 측 대표로 참석하고 있었는데, 이 작전에 투입되면서 휴전회담 대표는 이형근으로 교체되었다. 이 시기에 토벌 작전을 시작한 이유는 전황의 큰 변동이 없을 것으로 예상하여 전선에 투입된 2개 사단 규모를 차출할 수 있으며, 산속에 거점을 둔 공비 토벌에 가장 유리한 낙

---

145 미 공군 참전사에는 "적은 동양의 인해전술이 서양의 과학기술을 압도한 것에 득의양양해 하고 있었다"고 기술했다(로버트 프트렐 편저, 위의 책, 421쪽).

146 『미국 합동참모본부사』, 252쪽.

엽기이고, 한국군의 재편성과 실전 경험을 쌓기 위한 훈련을 겸한다는 등이었다.[147] 호남 지역 공비 토벌 작전은 1951년 12월 2일부터 1952년 3월 14일까지 전개되었고, 사살·포로·투항 등을 포함하여 1만 6000여 명의 전과를 올렸다. 이 숫자는 1951년 8월 말 대략 1만여 명의 유격대가 남아 있을 것이라고 예상한 것보다 훨씬 많은 숫자였다. 성공적인 작전의 결과일 수도 있지만 무리한 토벌 작전으로 무고한 민간인이 희생된 경우도 많았다.[148]

미국은 이 시기에 한국군 훈련을 강화하고 편제를 확대했다. 한국군 장교를 선발하여 미국에서 훈련을 받게 했고, 한국군의 작전 능력을 증강시켜 한국군이 제1선의 주요 작전 임무를 맡도록 준비했다. 동시에 한국군 증강 계획도 진행되었다. 한국군 증강 계획은 이미 1951년 5월 17일 미 대통령이 승인한 국가정책이었다. 국가안전보장각서(NSC) 48/5에는 미국은 "한국군을 가능한 빨리, 결과적으로는 그곳에서 유엔군이 지고 있는 부담의 대부분을 떠맡을 수 있기에 충분한 전력을 가진 믿을 만한 군으로 발전시켜야 한다"고 명시했다.[149] 이러한 기본 전제를 더욱 발전시키고 휴전회담으로 인해 변화된 상황을 반영하여 NSC 118/2가 새로운 정책으로 수립되었다. 1951년 12월 20일 대통령이 승인한 국가안전보장회의 문서 NSC 118/2에 의거하여, 만일 휴전이 이루어진다면 미국은 "대한민국 국군의 조직, 훈련 및 장비를 최대한 강화하여 그들이 대한민

---

147 『유엔군전사』, 132쪽.

148 박동찬, 2003 「호남지구 게릴라 토벌 작전 분석(1950.6~1951.4)」 『군사』 49호, 국방부군사편찬연구소, 253쪽.

149 『미국 합동참모본부사』, 215쪽.

국의 방위와 안보를 위하여 증가하는 책임을 떠맡을 수 있도록" 준비했다.[150] NSC 118/2의 초점은 전쟁 종결에 있었고, 이 공식 정책은 회담 기간 내내 견지되었다. 1953년 초 국가안전보장회의 기획처에서 "한국에서 취할 행동 방침"을 분석하여 4월 2일 NSC 147로 제출한 문서에서도 이 같은 방침은 유지되었다.

3. 군사력 증강 금지와 중립국 감시기구 구성 논쟁

1-1) 군사력 증강 금지와 감시 권한 합의

1951년 11월 27일, 30일 기한부로 잠정 군사분계선협정이 체결되자 다음날부터 바로 양측은 제3의제인 휴전 감시 방법과 기구 협상을 시작했다.[151] 주요 안건은 휴전 조항 실시 기구의 구성·권한·직무 등에 관한 것이었다. 제3의제 회의가 시작되기 전 양측은 이 협상에서 기본적으로 관철시켜야 할 최저 입장을 정해 놓고 있었다. 미국은 6월 30일 협상의 기본 지침에서 이 문제에 관해 "휴전의 준수를 확인하고 한국으로 인원과 물자의 도입 중지를 위해 전 한국에 걸친 자유로운 조사를 요구한다"는 내용을 최저 입장으로 했다. 군사정전위원회와 같은 정전 기구 협상은

---

150 한국역사연구회 1950년대반 옮김, 2001 『한미관계 20년사 1945~1965』, 한울(Donald Stone MacDonald, 1992 *U.S.-Korean Relations from Liberation to Self-Reliance*, Westview Press, Inc), 38~39쪽.

151 29차 본회담(판문점 3차 회담), 1951. 11. 28, 『휴전회담회의록』 2권, 26~50쪽.

어려움이 적을 것으로 예상했다.

군사분계선 협상이 마무리될 즈음인 1951년 11월 14일 마오쩌둥은 스탈린에게 제3·4·5의제에 관한 전문을 보냈다. 제3의제는 "쌍방 후방의 1~2개 항구를 감찰하는 것에 동의하고 중립국 감시를 제의, 소련·폴란드·인도를 제안"하는 것이 기본 입장이었다. 스탈린은 11월 19일 이에 동의했다.[152] 공산군 측은 구체적인 안을 확정하기보다는 원칙적인 건의만 내놓고 상대방 제안을 기다려 대응한다는 전략을 세웠다. 11월 19일 마오쩌둥은 리커눙에게 제3의제에 관한 다섯 가지 원칙을 제시하고 대표단이 원칙에 의거해 구체적인 조문을 작성하라고 지시했다. 11월 25일 마오쩌둥은 리커눙에게 추가로 보낸 전문에서 "우리 측은 먼저 원칙적인 건의만 내놓고 상대방이 자신의 의견을 내놓기를 기다린 다음 다시 대책을 제시하는 것이 유리하다"고 거듭 지적했다.[153]

리지웨이는 제3의제 협상이 시작되기 전인 10월 4일 합참에 기본 지시를 문의하고 최종 지시를 구했다. 그는 군사력의 균형이 바뀌지 않도록 적의 군사력 증강을 억제하기 위해 비무장지대 외부 지역에서 충분한 접근의 자유와 조사권을 보유하는 것이 가장 중요하다고 보았다.[154] 리지웨이가 최종 입장에 대한 결정을 워싱턴에 요구했지만 합참은 이 문제

---

152 심지화 편, 2003「毛澤東關於朝鮮停戰談判和中國國內情況等問題致史達林電(마오쩌둥이 한반도 정전담판과 중국 국내 상황 등에 관한 문제를 스탈린에게 보낸 전문) 1951. 11. 14」;「史達林關於朝鮮停戰談判問題致毛澤東電(스탈린이 한반도 정전담판에 관한 문제를 마오쩌둥에게 보낸 전문) 1951. 11. 19」, 앞의 책, 1102~1104쪽, 1108쪽.

153 「마오쩌둥이 리커눙에게 1951. 11. 19; 1951. 11. 25」『항미원조전쟁사』 3권, 331쪽 재인용).

154 브래들리와 볼렌의 방문 중에 리지웨이가 이 주제로 토의했고, 그들은 미국의 입장이 재검토되어야 한다고 동의했다. 합참은 10월 23일, 최종 입장은 회담의 진전에 따라 워싱턴에서 결정해야 한다고 전제하면서, 이러한 리지웨이의 최초 입장을 수락했다(『미국 합동참모본부사』, 90쪽).

에 대한 명확한 입장을 제시하지 않았다. 다만 11월 16일 지상 감시나 공중정찰은 바람직하나 협상에서 논쟁할 가치는 없다는 정도만을 통보했다.[155]

리지웨이는 휴전협정 후 18개월 이내에 어떠한 철군에도 반대하며, 향후 12개월 동안 한국에서의 현재의 군사력을 유지하는 것을 기본 입장으로 갖고 있었다. 그는 유엔군이 한국에 계속 주둔하게 되면 유엔군의 안전 문제가 최우선 고려 사항이 되기 때문에 효과적인 조사가 도움이 될 것이라고 보았다. 리지웨이가 가장 위협적 요소라고 판단한 것은 공산군의 공군력 증강으로, 한국의 작전에 즉각적 위험이 될 뿐 아니라 장차 일본의 안보에도 위협이 될 수 있다고 보았다.[156] 리지웨이는 전 한국에 걸친 조사가 보장되어야 하며, 조사는 북한에서 12개 주요 지점, 남한에서 11개 지점에서 실시해야 하며, 총 40개 공동조사팀이 소요될 것이며, 시비의 대상이 되는 문제와 위반 사항은 군사정전위원회에 보고하여 처리하고자 했다. 그러나 철도는 민간경제와 연결되어 있어 복구가 불가피하며, 적의 비행장 보수 문제도 호혜의 원칙 때문에 불가피하다는 입장이었다.[157]

---

155 한국에서 새로운 침략의 방지에 대한 보증으로서 다른 대안도 있을 수 있다는 것이었는데, 그러한 대안의 하나는 국무부가 제안하고 국가안전보장회의에서 계획한 '확대제재선언(Greater Sanctions)'이었다(『미국 합동참모본부사』, 90~91쪽).

156 리지웨이는 조사원칙이 핵 문제에 관한 소련과의 협상에서 미국이 확고하게 견지되어 왔으며, 한국에서 그 원칙을 포기한다면 미국의 입장을 약화시킬 것이라고 지적하면서 "한국 문제"는 "별도로 해결될 문제"가 아니라 "소련 문제의 해결 범위 내에서" 해결된다고 했다(『미국 합동참모본부사』, 92~93쪽). 리지웨이는 군사분계선 협상 과정에서 워싱턴의 양보로 협상능력이 제약되었다고 보고, 그가 의제 3항에 대하여 무엇까지 할 수 있는지 명확한 결심을 받고 정부의 지지를 확인하고자 했다.

157 『미국 합동참모본부사』, 93쪽.

그러나 합참은 리지웨이의 기본 입장에 동의하면서도 세부적인 면에서 몇 가지 다른 판단을 하고 있었다. 합참은 11월 28일 리지웨이에게 즉각적인 철수는 없다고 확인했지만, 어떤 조건에서는 단계적 철수가 미국의 군사적 이익이 될 수도 있다고 지적했다. 그럼에도 주목표는 만족할 만한 휴전을 이루는 것이며, 리지웨이가 구상하고 있는 세부적 조사가 중요하다는 데 동의했다. 그리고 6월 30일자 리지웨이에게 하달된 기본 지시에 규정된 대로 병력과 장비의 추가적 도입을 금지하는 협정을 제3의제에서 제의할 것과 그러면서도 북한의 약 100여 개에 이르는 비행장을 다만 지상 감시자로서 적절하게 감시하는 가능성에 무게를 두면서, 만일 추가적인 연구 결과 공중감시가 부대 안전에 필요한 것으로 판단되면 합참이 이 최종 입장의 수정을 고려할 수도 있다고 보았다. 그러나 이 문제로 인한 협상의 파기 결정은 상대편에게 넘겨야 한다고 주의를 환기시켰다.[158]

특히 합참은 감시권과 인원 및 장비의 일대일 교체를 강조했다. 일대일의 개인 또는 부대 단위의 교대 및 노후장비 교체 인정을 전제로 군사정전위원회와 예하 감시기구는 휴전협정 조항에 부합되는가를 확인하기 위해 필요할 때마다 감시할 수 있도록 한반도 전역을 자유롭게 무제한으로 동행할 수 있어야 하고, 휴전 기간 중에는 병력이나 군수품 증강을 금지한다는 내용이었다. 양측이 각기 제안을 내놓고 협상을 시작하자 의외의 쟁점이 드러나기 시작했다. 제3의제 관련 회의 첫날인 11월 28일 본회의에서 공산군 측 남일은 제3의제 관련 다섯 가지 원칙을 제안했다.

---

158 『미국 합동참모본부사』, 94쪽.

① 휴전이 조인되자마자 곧 모든 전투는 중지한다.

② 모든 군대는 휴전 조인 3일 이내에 비무장지대에서 철수한다.

③ 모든 무장 부대는 휴전 조인 후 5일 이내에 군사분계선을 분할선으로 하여 상대방의 후방·연안 도서·해상에서 철수한다.

④ 어떠한 무장 부대도 비무장지대에 들어갈 수 없으며, 비무장지대에 대하여 군사력을 사용할 수 없다.

⑤ 쌍방은 동일한 수의 군사정전위원을 지명하며, 이들은 "휴전의 구체적 사항의 감시 및 휴전협정의 이행을 공동으로 책임진다.[159]

(밑줄 강조: 인용자)

휴전 조인 후 전투 중지, 3일 이내 비무장지대에서 철수, 5일 이내에 상대방의 후방과 연안 도서 및 해상에서 철수, 비무장지대 준수 그리고 쌍방 동수로 군사정전위원회를 구성하며 이들이 휴전 감시 및 협정 이행을 책임진다는 내용이었다. 공산군 측은 11월 19일과 11월 26일자 마오쩌둥의 지시대로 원칙적인 면만 간략하게 언급했을 뿐, 감시 및 이행과 관계된 절차에 대해서는 언급하지 않았다. 이때 공산군 측은 제안한 3항에서 해상분계선의 개념을 제시하고 상대방 무장 세력의 철수를 주장했다. 이것은 지상분계선과 연계된 해상분계선 개념으로, 지상분계선 서쪽 끝 밖의 해역에서는 임진강 하구에서 한강의 중심과 황해도·경기도의 분계선을 끼고 해상까지 연장시킨 것을 분계선으로 하며, 군사분계선 및 이들 두 도계 이북의 모든 도서에서 상대방 무장 세력이 반드시 철수해야 한

159 29차 본회담(3차 판문점회담) 기록, 1951. 11. 28, 『휴전회담회의록』 2권, 26~50쪽.

다는 제안이었다. 유엔군 측은 구체적인 답변 대신 자신들이 준비한 제3의제 관련 7개 원칙을 제시했다.

① 정전은 휴전협정 조인 후 24시간 이내에 효력을 발생하며, 쌍방의 통제하에 있는 모든 형태의 부대가 준수한다.
② 휴전협정의 각 조항의 이행을 위하여 쌍방 동수의 인원으로 구성되는 공동 감시기구를 설치한다.
③ 휴전협정 조인 후 쌍방의 병력, 보급, 장비 및 시설의 증강이 있어서는 안 된다.
④ 군사정전위원회가 감시 기능을 수행함에 있어서 동 위원회와 그에 대하여 책임지는 공동 감시 소조는 전 한반도를 자유롭게 접근할 수 있다.
⑤ 쌍방의 군대는 육·해·공군의 정규·비정규군을 막론하고 상대방의 통제 지역으로부터 철수한다.
⑥ 비무장지대 내에는 쌍방이 특별히 합의한 경우 외에는 어떠한 무장부대도 두지 않는다.
⑦ 쌍방의 군사지휘관은 휴전협정의 조항에 따라 비무장지대의 해당 지역을 관리한다.[160] (밑줄 강조: 인용자)

정전협정 조인 후 24시간 이내에 정전 효력이 발생하며, 쌍방 동수로 공동 감시기구 구성, 군사력 증강 금지, 군사정전위원회와 감시 소조

160 29차 본회담(3차 판문점회담) 기록, 1951. 11. 28, 『휴전회담회의록』 2권, 26~50쪽.

의 전 한반도 접근권, 쌍방 군대의 상대방 통제 지역으로부터의 철수, 비무장지대 준수 등의 내용이었다. 유엔군 측은 특히 3항과 4항을 핵심적인 것으로 강조했다. 유엔군 측 수석대표 조이는 군사력과 보급, 장비와 설비를 증강하지 않으면 휴전 기간 동안 북한이 비행장 건설이나 복구를 할 수 없을 것이라고 보았다. 그는 비행장이 공격을 위해 사용되는 군사 시설이라고 주장했다. 또한 이를 감독하기 위해 정전위원회와 공동 감시 소조가 자유롭게 한반도의 모든 지역을 출입해야 하며, 보충과 교체 등의 방법으로 한반도의 군사력을 유지할 수 있게 허용해야 한다고 주장했다. 공산군 측이 제시한 해상분계선에 대해서는 전혀 언급하지 않았다. 양측이 제시한 원칙은 정전의 감독 부분에서는 어느 정도 일치하지만, 구체적인 감독의 내용에서 큰 차이를 보였는데, 핵심 쟁점은 유엔군 측이 관철하고자 한 군사력 증강 금지와 감시 권한 문제였다.

공산군 측은 유엔군 측이 내놓은 군사력 증강 금지와 감시 권한 제안이 부적당하고 실제적인 것이 아니라고 강하게 반박했다. 대신에 그들은 군사력 증강 금지와 외국군 철수를 결부시켰다. 즉 모든 외국군의 철수 문제가 먼저 토의되어야 하며 그것이 실현되면 군사력 증강 문제는 자연적으로 해결될 것이며, 그렇게 되면 감시 문제는 논의할 필요조차 없다는 논리였다. 공산군 측은 군비축소 및 감시 문제는 휴전 후 있을 정치회담의 영역에 속한다고 주장했다. 또한 북한의 시설 복구, 특히 비행장 복구에 관한 어떠한 제한도 수락할 수 없다고 분명하게 밝혔다. 오히려 공산군 측은 북한 내에 비행장을 증설함으로써 휴전 기간 중 자신들의 군사력을 증강시킬 권한이 있다며, 유엔군의 철군을 요구했다. 공산군 측은 유엔군 측 제안이 북한의 재건과 복구를 방해하려는 저의에서 비롯되었으며, 북한에 대한 '내정간섭'이라고 강하게 반발했다.

실제로 유엔군 측이 군사시설 증강을 반대한 것은 북한 내 비행장 건설 또는 복구를 제한하는 것을 의미했다. 제공권을 장악한 유엔군 측이 휴전 기간 중에도 이를 계속 유지하려는 시도로 받아들인 공산군 측의 반발은 충분히 예견했던 일이었다. 리지웨이 유엔군사령관 역시 비행장 보수 문제는 호혜의 원칙 때문에 제한하기 어렵다고 보았지만,[161] 유엔군 측이 이 주장을 고집하면서 이후 제3의제 협상 과정에서 최대의 쟁점으로 부상했다. 반면에 유엔군 측은 공산군 측이 외국군 철군 문제를 거론하는 것을 문제 삼았다. 공산군 측이 회담 초기 의제 채택 과정에서 한동안 논란이 되었던 외국군 철군 문제를 다시 들고 나온 것은 일종의 협상용 카드였지만, 이렇게 하여 쟁점은 공산군 측이 주장한 모든 외국군의 철군과 유엔군 측의 군사력 증강 금지 및 감시 권한 문제로 압축되었다. 유엔군 측은 서둘러 이 문제의 한계와 범위를 명확하게 밝혀두고자 했다. 12월 1일 제32차 본회의에서 유엔군 측은 성명서를 통해 기존의 입장을 재천명했다.

첫째, 휴전 기간 중 쌍방은 군대 또는 군사 요원을 한국에 증강하지 않는다.
둘째, 쌍방은 휴전협정 발효 당시 한국에 있는 군사 장비 및 물자의 보유 수준을 능가하지 않는다.
셋째, 휴전협정 제 조항의 준수를 감독하기 위하여 쌍방 인원으로 구성

161 미 공군은 1951년 7월 초 약 2년 정도의 작전을 감당할 수 있는 반영구적인 시설을 마련하기 위한 비행장 건설 확장 계획을 승인했으며, 대구·군산·수원비행장에 900피트의 활주로를 건설하도록 지시했다(로버트 프트렐 편저, 1982 앞의 책, 351쪽).

된 군사정전위원회를 설치한다. 이 위원회와 공동 감시반은 전 한반도에 걸쳐 주요 교통로상을 자유로이 통행하고 쌍방의 합의에 의하여 지상·해상·공중의 출입구와 교통 중심지를 감시할 권한을 가진다. 또한 이 위원회는 한반도 전역에서 공동으로 공중감시 및 사진정찰을 실시하고 비무장지대를 공동 감시할 권한을 가진다.

그리고 한국으로부터의 외국군 철군 문제는 본 휴전회담의 범위를 완전히 벗어나는 것이고 관계 제국 정부에 의하여 최종적으로 확정지어질 주제임을 명확히 밝혀둔다.[162] (밑줄 강조: 인용자)

요컨대 군사력 증강 금지와 전 한반도에 걸친 자유로운 조사 및 감시 권한에 대한 유엔군 측의 기존 입장을 재확인하는 한편, 외국군 철군 문제는 관계 제국 정부에 의해 최종적으로 확정지어질 문제로 휴전회담의 범위를 완전히 벗어나기 때문에 논의할 수 없다는 입장이었다. 12월 3일 공산군 측은 모종의 타협안을 제시했다. 1주일 전 자신들이 제안했던 5개 원칙에 다음 두 가지 원칙을 추가한 것이었다.

첫째, 앞으로 정치회담을 용이하게 할 수 있고 확고한 군사 휴전을 보장하기 위하여, 일체의 병력이나 장비 도입을 금지한다.

둘째, 군사정전위원회와는 독립적으로 비무장지대 외의 출입항에 대한 조사를 하도록 중립국 감시기구를 설치하며, 중립국 감시기구 구성을 위해 한국전쟁에 중립적인 국가의 대표들을 초청하는 것에 합의한

162 32차 본회담(6차 판문점회담) 기록, 1951. 12. 1, 『휴전회담회의록』 2권, 80~98쪽.

다.[163] (밑줄 강조: 인용자)

첫 번째 제안은 일체의 병력이나 장비 도입을 금지하도록 규정함으로써 유엔군 측의 군사력 증강 금지 제안보다 한발 더 나아간 것이고, 중립국 감시기구 문제는 새롭게 제기된 사항이었지만 자신들이 제3의제 협상이 시작되기 전에 미리 선정해 놓은 기본 제안 중 하나였다. 중립국 감시기구 문제는 결정적인 순간에 주요한 협상 카드로 내놓으려 준비한 비장의 카드로 소련을 중립국으로 제시하기 위한 사전 포석이었다. 공산군측 의 제안은 원칙적으로 유엔군 측 두 가지 핵심 요구 사항인 군사력 증강 금지와 조사 제안을 수락한다는 의미이기도 했다.

그러나 공산군 측 제안으로 오히려 유엔군 측은 수세에 빠지게 되었다. 유엔군은 모든 부대와 장비에 대한 철저한 제한이나 중립국 감시기구에 대해서는 미처 착안하지 못했다. 게다가 일체의 병력 및 무기 도입·교체를 금지한다는 것은 병력 보충은 일대일 기준으로 허용되어야 한다는 미국 측 입장과 모순되는 것이었다.

다음날인 12월 4일 제35차 본회의에서 유엔군 측이 제3의제를 다룰 분과위원회 구성을 제의, 공산군 측이 동의함으로써 이날 오후부터 제3의제 분과위원회가 열리기 시작했다.[164] 유엔군 측 대표로 터너(H. M. Turner)와 호데스(H. I. Hodes)가, 공산군 측 대표로 이상조와 세팡이

163 34차 본회담(8차 판문점회담) 기록, 1951. 12. 3, Enclosure(1): Communists Seven Principles of Agenda Item 3, 『휴전회담회의록』 2권, 125~138쪽.

164 제3의제 분과위원회 회의기록은, 국사편찬위원회에서 발간한 『휴전회담회의록』 4권에 수록되어 있다.

참석했다.[165] 제3의제 분과위원회는 1951년 12월 4일부터 1952년 4월 19일까지 모두 71차례 회담을 진행했고, 나머지 미결의 문제는 후에 유엔군 측 일괄 타결안에 포함되어 재논의되었다. 12월 4일 첫 제3의제 분과위원회 회의에서 공산군 측은 이전의 제안을 더욱 구체화시킨 9개 항목을 제시했다.

① 휴전 기간 중 병력의 교체와 장비의 교환을 허용하지 않는다. 부대에 복귀하는 개인은 정전위원회가 규정하는 범위 내에서, 그리고 중립국으로 구성되는 감독 기관의 검사를 거친 후 한국에 들어오는 것을 허용할 수 있다.

② 군대(military forces)란 용어는 육·해·공군의 정규 및 비정규군의 모든 부대와 개인을 의미한다.

③ 무기(weapons)란 용어는 항공기를 포함한 모든 군사 장비를 의미한다.

④ 어느 측도 한반도 내의 모든 시설의 재건을 방해하거나 조사할 권리는 없다.

⑤ 무기와 탄약의 보충 보급과 교체를 허용하지 않는다.

⑥ 중립국 대표로 구성되는 감독 기관은 동일 성격의 조사를 행하기 위하여 동일 종류의 대표를 쌍방이 합의한 후방의 출입항에 파견할 수 있다. 조사의 범위는 우리가 제안한 제6원칙으로 제한한다.

⑦ 중립국은 쌍방에 의해 초빙되는 3내지 5개국이 적당하다.

---

165 북한 측 대표인 이상조는 12월 11일부터 진행된 제4의제인 포로 송환 협상에 대표로 나감으로써 장춘산으로 교체되었다. 유엔군 측도 12월 17일 호데스(Hodes)가 빠지고 페렌바흐(Ferenbaugh)로 교체되었다.

⑧ 중립국으로 구성되는 감독 기관은 쌍방의 후방 출입항에 상주하거나 정기적으로 주재하는 일은 그들 자신이 결정하며, 감시 방법도 같은 식으로 결정한다.

⑨ 이와 같은 방법이 쌍방에 의해 동의된 후에 우리 측의 중립국 목록을 제시하겠다.[166] (밑줄 강조: 인용자)

요지는 휴전 기간 중 병력의 교체와 장비 교환 불허, 시설 재건을 방해하거나 조사할 권리는 없으며, 중립국 대표로 구성되는 감독 기관의 후방 출입항 파견, 중립국은 쌍방에 의해 초빙되는 3내지 5개국으로 한다는 것 등이었다. 공산군 측 제안의 핵심은 4항 모든 시설의 재건을 방해하거나 조사할 권리가 없다는 것과 6항 중립국 감시기구 구성에 있었다. 공산군 측은 군사정전위원회의 임무 및 권한은 비무장지대로 엄격히 제한하며, 중립국으로서 자격이 있는 국가는 한반도에 파병하지 않은 국가로 예를 들면 체코슬로바키아, 폴란드 등을 고려할 수 있으며, 스위스도 중립국이 될 수 있으며 스웨덴과 덴마크는 유엔군 측에 의료 지원을 제공하고 있지만 이 국가들도 중립국으로 고려될 수 있다는 입장이었다. 12월 6일, 이번에는 유엔군 측이 이전의 제안들을 묶어 다시 8개 항목의 대안을 제시했다.

① 쌍방의 통제하에 있는 모든 군대(육·해·공군)는 휴전협정이 발효된 후 24시간 이내에 모든 적대 행위를 중지한다.

---

166 제3의제 분과위원회 1차 판문점회담 기록, 1951. 12. 4, 『휴전회담회의록』 4권, 3~18쪽.

② 쌍방의 통제하에 있는 모든 군대는 휴전협정이 발효된 후 72시간 이내에 비무장지대로부터 철수하여야 하며, 쌍방이 합의한 경찰의 성질을 띤 군대는 철수하지 않는다.

③ 휴전협정 제 조항의 수행 및 준수를 감독할 책임을 담당할, 유엔군사령관과 조선인민군 및 중국인민지원군사령관에 의하여 지명된 동수의 인원으로 구성되는 군사정전위원회를 설치한다.

④ 군사정전위원회는,

- 동 위원회에 속하는 합동 감시반을 포함하여 쌍방 대표가 상호 합의에 따라 전 한반도에 걸쳐 모든 출입항과 교통중심을 감시할 권한을 가지며, 또한 주요 교통로를 자유로이 통행할 수 있다.
- 전 한반도에 대한 합동 공중감시와 사진정찰의 권한을 가진다.
- 비무장지대에 대한 완전한 합동 감시의 권한을 가진다.

⑤ 쌍방은 휴전협정 발효 당시의 한국에 존재하는 부대, 인원, 전투 장비, 군사시설 또는 물자의 수준을 증가시키지 않는다.

⑥ 휴전협정 발효 후 72시간 이내에 쌍방은 그 통제하에 있는 육·해·공군을 상대방의 지배 지역으로부터 철수시킨다.

⑦ 쌍방은 휴전협정의 제 조항에 따라 군사분계선을 경계로 비무장지대의 자기 측 지역을 관리한다.

⑧ 휴전협정 후 군사정전위원회가 조직되고, 인원이 배치되며, 부여된 기능을 발휘할 준비가 될 때까지는 효력을 발생하지 않는다.[167]

(밑줄 강조: 인용자)

---

167 제3의제 분과위원회 3차 판문점회담 기록, 1951. 12. 6, Enclosure (1) Meeting of Staff Officers to Determine Contact Line, Held at Pan Mun Jom, 6 December 1951, 『휴전회담회의록』 4권, 45~62쪽.

휴전협정 발효 후 24시간 이내에 적대 행위 중지, 72시간 내 비무장 지대로부터 철수, 쌍방 동수로 군사정전위원회 구성 및 전 한반도에 걸친 감시 권한, 군사력 증강 금지, 휴전협정 발효 후 72시간 이내에 상대방 지역으로부터 무장병력 철수 등의 내용이 골자였다. 유엔군 측의 최초 제안과 비교하면 군사정전위원회가 한반도 전체에 대한 감시를 진행할 권한을 가진다는 내용이 추가된 점이 차이가 날 뿐, 이전의 주장을 좀 더 구체화한 정도였다. 유엔군 측 제안의 핵심은 공산군 측의 중립국 감시기구 구성을 거부하고, 쌍방 교전 당사국으로 구성되는 군사정전위원회가 합동 감시 권한을 갖도록 한 데 있었다.

2월 7일까지 협상 과정에서 쟁점은 다음 4개로 줄어들었다. 즉 첫째 새로운 부대의 도입 금지(그 금지가 보충병의 도입도 금지하는 것으로 해석되어야 하는지), 둘째 시설 특히 비행장 건설, 셋째 근해 도서의 지위, 넷째 감시반 구성(공산 측이 원하는 대로 중립국으로 구성할지, 유엔군 측이 원하는 대로 교전 당사국 대표로 구성할지와 이들과 군사정전위원회와의 관계 등)의 문제가 쟁점으로 남았다.

12월 7일 리지웨이는 합참에 어떤 원칙을 끝까지 견지해야 하는가와 어떤 것을 양보할 수 있는가에 대한 지시를 요청했다. 국방장관 및 국무장관과 협의를 거쳐 합참은 최종 입장으로서, 4개 쟁점에 구체적인 지시 사항을 결정했다.[168] 이에 대한 12월 11일자 미국 정부의 훈령은 다음과 같다.

---

168 이 지시 사항은 12월 7일 대통령에게 제출, 12월 11일 승인을 받아 리지웨이에게 훈령으로 내려졌다.

① 병력 보충과 교대는 중요하기 때문에 우리 입장을 변경할 수 없다.
② 시설을 복구하는 문제는 약간의 양보를 할 수 있으나, 비행장에 관한 문제가 휴전을 성립시키는 데 최후의 장애가 된다면, 반드시 워싱턴의 승인을 거쳐 입장을 수정해야 한다.
③ 군사분계선 이북 도서에서 철군하는 문제와 중립국 감시 소조 구성에 동의한다.
④ 중립국의 선별은 반드시 쌍방의 합의가 있어야 하고, 중립국 감시 소조는 반드시 군사정전위원회의 지휘를 받는다.[169]

병력 보충과 교대는 중요하기 때문에 고수하고, 비행장 외 모든 시설의 복구에 관한 반대는 조건부로 철회하며, 군사분계선 이북 도서에서 철군하는 문제와 중립국 감시 소조 구성에 관한 공산 측 견해를 수락한다는 것이었다. 이는 중립국 선정 문제에서 양보하는 대신 병력 보충과 교대를 가능하게 하고, 시설 복구 및 비행장 문제에서 양보할 수도 있다는 암시를 담고 있었다. 그러나 비행장 문제에서 최종 양보는 반드시 워싱턴의 승인을 거치도록 했다. 12월 12일 회의에서 유엔군 측은 미국 정부의 훈령에 따라 제3의제에 대한 포괄적인 수정안을 제시했다.

- 분계선 북방 연안의 도서와 영해로부터 유엔군 측이 철수하고, 쌍방이 수락할 수 있는 중립국이 감시반에 인원을 제공한다는 개념에 동의한다.

169 『미국 합동참모본부사』, 98~99쪽.

- 반면, 공산군 측은 인원의 교체와 장비 보충을 허용하고, 중립국 감시반을 군사정전위원회 산하에 두는 것에 동의하여야 한다.
- 비행장의 건설과 복구를 금지하는 유엔군 측 주장은 변함이 없다.[170]

중립국 감시기구 구성에 동의하는 대신 그것을 군사정전위원회 산하에 두며, 인원 교체와 장비 보충의 허용을 요구하면서도 비행장 건설과 복구 문제는 여전히 반대 입장이었다. 분계선 북방 연안의 도서와 영해로부터 유엔군 측이 철수한다는 내용은 공산군 측 제안을 수용한 것이었다. 이때 유엔군 측은 포로 협상을 시작하기에 앞서 모든 포로의 성명과 국적, 수용소 위치 등을 표시한 포로 명부를 교환하자고 제의했고, 12월 11일 양측 합의에 따라 포로 협상이 동시에 진행되기 시작했다.

유엔군 측의 12월 12일자 수정안에 대한 공산군 측의 첫 반응은 인원 교체와 장비보충 금지 입장의 고수였다. 공산군 측의 완고한 입장에 대해 유엔군 측은 인원 교체와 장비 보충을 금지하려는 것은 결국 한국군 이외의 외국 군대의 철군으로 이어져 사실상 외국군 철군과 결부시키려는 저의라고 반박했다. 몇 차례 회의를 거듭한 후 12월 14일 공산군 측은 유엔군 측의 병력 교체 주장을 조건을 달아 수용할 수 있다는 제안을 내놓았다. 즉 유엔군 측이 이미 군사분계선 이북의 도서와 해상에서 철수하는 데 어느 정도 동의했고 중립국 감시 소조 구성에도 동의했기 때문에 유엔군 측의 병력 교체 문제에 대해 양보하겠지만, 쌍방이 병력을 교체할 필요가 있을 경우 군사정전위원회의 승인을 받아야 하며, 교

---

170 제3의제 분과위원회 9차 판문점회담 기록, 1951. 12. 12, 『휴전회담회의록』 4권, 169~191쪽.

체 인원수는 매월 5000명을 넘을 수 없고 반드시 중립국 감시기구의 현장 감독을 받은 다음 쌍방이 동의한 후방 항구에서 진행한다는 조건이었다. 또한 중립국 감시 소조의 직책을 "휴전 협의를 위반한 사건이 비무장지대 이외의 지역에서 발생했을 때 중립국 감시 소조가 즉시 사고 발생 지점에 가서 필요한 감시를 실시한다"는 규정으로 할 것을 제안했다.[171]

그러나 유엔군 측은 이 '양보'를 받아들이지 않았다. 이러한 부대조건은 순환 교대가 현실적으로 어려운 것은 고사하고 불가능할 수도 있는 제약으로, 군사정전위원회는 쌍방 동수로 구성되므로 공산군 측이 반대하면 사실상 병력 교체가 불가능했다. 게다가 교체 병력수를 5000명으로 제한한 것은 너무 적은 규모로, 당시 유엔군 측 미군만 하더라도 26만여 명이어서 이들만 교체하는 데도 4년 이상 소요될 것이었다. 이번에는 부대 교체 인원수를 두고 논쟁이 계속되었다. 1951년 12월 중순, 이제 쟁점은 비행장 복구 문제, 인원 교체 및 장비 보충 문제, 중립국 감시단 구성 문제, 출입 항구의 수 문제로 압축되었다. 잠정 군사분계선에 합의하면서 규정한 30일의 기간이 다 되어 가는데, 제3의제 관련 쟁점은 물론이고 다른 의제는 아직 협상이 시작되지도 못한 상황이었다.

리지웨이는 12월 17일 합참에 비행장 제한 문제에 대한 확실한 입장 정리를 요구했다. 그는 지금 모든 문제의 최종 입장을 제시해야 하며, 만일 공산군 측이 계속 고집을 부린다면 회담을 중단시켜야 한다고 주장했다. 리지웨이는 "왜 적이 비행장에 관해 그렇게 관심을 갖는가?"에 대한 답을 얻는 유일한 방법은 그들을 압박하여 휴전이냐 비행장이냐를 결정

171 제3의제 13차 판문점회담 기록, 1951. 12. 16, 『휴전회담회의록』 4권, 210~229쪽.

하게 만드는 것이라고 보았다.[172] 군사적 압력을 강화하든가 회담을 중단하든가, 어느 것이든 더 확실한 태도를 보여야 한다는 것이 그의 주장이었다.

그러나 합참은 여전히 협상의 여지가 남아 있다고 보았다. 쟁점이 된 문제에 대해 최종적인 태도를 정하지 않고 공산군 측이 새로운 안을 제기하면 재조정할 가능성이 남아 있다고 본 것이다. 합참은 그 시점에서 회담의 중단을 원치 않으며, 만일 중단될 경우에는 그 책임이 전적으로 공산군 측에 있다는 객관적 근거를 제시할 수 있어야 한다는 입장이었다. 그러한 기조에서 합참은 12월 19일 비행장의 건설과 복구 문제, 공중감시, 인원 교체와 장비 보충, 중립국 감시반, 임시 휴전 기간 연장 문제 등 현안에 대한 구체적인 지침을 내렸다. 아직 리지웨이가 주장한 최종 입장을 발표할 시기가 아니고, 최종 입장을 밝히는 시기를 재량에 맡겨 달라는 리지웨이의 요청도 승인하지 않았다.

- 비행장 건설과 복구: 장기적인 면에서 모든 비행장 복구의 완전한 금지는 실행이 불가능할 것이므로 제트기용을 제외한 비행장의 재건 및 유지는 허용한다.
- 공중감시: 바람직하지만 본질적인 것은 아니며, 최종 입장에서 비록 지상 감시가 없는 곳일지라도 양보해야 한다.
- 인원 교체와 장비 보충: 적절한 인원 교체를 승인하든가, 전체적인 병력 수준이 휴전이 유효할 당시의 수준보다 증가되지 않는 한 제한

172 리지웨이가 합참에 보낸 전문, 1951. 12. 18, FRUS 1951 Vol. Ⅶ, pp. 1366~1372.

하지 않으며, 장비 보충은 증강이 있어서는 안 된다는 점을 완강히 주장해야 한다.

- 중립국 감시반: 주요 출입항에 주재하며, 필요시에는 어디든지 통행할 수 있는 자유를 부여하여야 한다.
- 임시 휴전 기한(12월 27일)이 다 되어도 협상이 성립되지 않을 경우, 15일을 초과하지 않는 범위 내에서 기간 연장을 제의하거나 동의해야 한다.[173]

비행장 건설과 복구에서 민간 비행장 재건을 허용하며, 공중감시는 기존 주장을 철회할 수 있고, 인원 교체에도 협상의 여지를 남겨 두며, 협상을 위해 임시 휴전 기간을 15일까지 연장할 수도 있다는 지침이었다. 미국이 이 시점에서 유연한 태도를 보이며 최종 입장을 표명하지 않음으로써 협상 결렬을 피하고 싶어했던 이유 중 하나는, 당시 계획하고 있던 확대제재선언(Greater Sanctions)에 대한 기대감 때문이었다.

미국은 어떠한 조사 방법도 공산군 측의 새로운 공격을 막을 보증이 될 수 없다고 보았다. 휴전협정 체결 이후 또 다른 적대 행위를 방지하는 주요한 방법은 공산군 측에게 도발 시에는 철저하게 보복을 당하게 된다는 사실을 인식시키는 것이라고 보았다. 그것은 단순히 한국전쟁에 참전한 중국군뿐 아니라, 중국 본토로 향하는 군사적 대응 조치를 취할 것이라는 경고를 담고 있어야 하며, 가급적 많은 한국전쟁 참전국을 포함시켜 선언문을 작성하고 휴전 성립 후 이를 발표하고자 했다. 확대제재선언

173 합참에서 리지웨이에게 보낸 전문, 1951. 12. 19, FRUS 1951 Vol. Ⅶ, pp. 1377~1382.

을 위한 선임참모들의 제안이 NSC 118/2에서 국가안전보장회의와 대통령에 의해 승인되었고, 미국은 한국전 참전 국가들로부터 동의를 얻기 위해 노력하되, 필요하다면 일방적으로라도 이러한 경고를 하려고 했다.

12월 19일 국가안전보장회의가 NSC 118/2를 승인한 날, 합참은 제3의제 쟁점에 대한 지침과 함께 확대제재선언 구상을 리지웨이에게 알렸다. 그러나 리지웨이는 이 선언이 사실상 효과적인 억지력을 갖기 어려울 것이라고 보았으며, 비행장 복구를 양보하는 것에도 반대했다. 그는 휴전 이후 북한에 공군력이 대폭 증강될 것을 우려하며, 제3차 세계대전을 불러오더라도 핵무기 사용을 승인하지 않는 한 확대제재선언이 효과적인 억지력을 제공하기는 어려울 것이라는 입장을 피력했다.[174] 그러나 리지웨이의 이와 같은 견해는 묵살되었고, 워싱턴에서는 확대제재선언을 발표하려는 구상을 지속적으로 추진했다.

한편 공산군 측도 인원 교체와 장비 보충 문제에서 일정한 양보를 결정했다. 12월 18일 마오쩌둥은 이들 문제를 도서 지역에서 철군하는 문제 및 출입 항구 문제를 연결하여 해결하라고 리커눙에게 지시했다. 마오쩌둥은 "도서 지역에서 철군하는 문제는 적이 이것을 협상의 카드로 삼으려 기도하고 있다. 따라서 교체와 보충 문제에서 우리가 일정 정도 양보하면 적은 우리의 도서 지역에서 철수한다고 할 것이고 중립국이 쌍방이 동의한 후방 항구를 감찰하자고 한 우리 측 건의를 받아들일 것"[175]이라고 지시했다. 인원 교체와 장비 보충을 부분적으로 허용함으

---

174 리지웨이가 국방부에 보낸 전문, 1952. 1. 7, FRUS 1952 Vol.XV, pp. 10~12.

175 「마오쩌둥이 리커눙에게 1951. 12. 8」『항미원조전쟁사』 3권, 336쪽.

로써 자신들이 제기한 도서 지역 철군 문제와 중립국의 출입항 감시 문제를 관철시키려는 의도였다. 12월 20일 유엔군 측은 이제까지 논의된 제3의제 문제점을 정리하고 회의 진행을 돕기 위해 참모장교회의를 구성하자고 제의했고, 공산군 측은 이에 동의했다. 제3의제의 문안을 실무적으로 조정하기 위한 참모장교회의가 1951년 12월 20일부터 1952년 4월 7일까지 열렸다.[176]

1951년 12월 27일 군사분계선 협상에서 규정한 30일간의 시한이 끝났지만 협상은 더디게 진행되고 있었다. 비행장 건설 및 복구 문제, 지상 및 공중감시, 인원 교체와 장비 보충 문제는 여전히 남아 있었다. 비행장 건설 및 복구 문제를 두고 유엔군 측은 휴전을 확실히 보장하기 위해 쌍방은 비행장을 현 상태로 유지해야 한다며 북한의 비행장 재건을 막으려 했고, 공산군 측은 이를 내정간섭이라며 강하게 반발했다. 지상 및 공중감시 문제에서는 유엔군 측이 지상 감시는 출입항과 주요 교통 중심지에서 자유로이 실시하며 공중감시는 필요에 따라 실시한다고 주장한 데 반해 공산군 측은 지상 감시는 한정된 출입항에서만 실시하며 공중감시는 불필요하다는 입장이었다. 인원 교체와 장비 문제에서 유엔군 측이 휴전 발효 시의 수준에서 제한 없이 인원 교체와 장비 보충 보급을 실시한다는 주장을 한 반면, 공산군 측은 휴전 발효 후 인원의 교체는 일부 허용하되 정전위원회의 승인을 받아야 하며, 장비 보충은 불가하다는 입장이었다.

쟁점들은 참모장교회의를 포함한 여러 차례의 회담을 거치면서 상

176 참모장교회의 기록은 국사편찬위원회에서 편찬한 『휴전회담회의록』 6권에 수록되어 있다.

당 부분 해결되었다.[177] 12월 24일 제20차 제3의제 분과위원회 회의에서 공산군 측은 "휴전 후 쌍방이 협의한 교체 외에 한반도 국경 밖에서 어떤 군사병력, 작전 항공기, 장갑차량, 무기, 탄약도 들여오지 않는다", "비무장지대 내부에서는 군사정전위원회에서 그들이 직접 파견한 합동 소조를 이용하여 책임지고, 비무장지대 이외의 지역에서는 쌍방이 동의한 항구 및 정전협정을 위반한 사건이 보고된 지점에서 중립국 감시기구에 위탁해 책임지게 한다"는 규정을 제안했다. 유엔군 측이 이를 수용함으로써 결과적으로 인원 교체에서는 유엔군 측 요구대로 쌍방 합의에 따라 일정한 교체가 허용되었고, 중립국 감시 문제에서는 쌍방이 동의한 항구 및 위반 지점에서 중립국 감시기구가 활동하게 한 공산군 측 주장이 관철되었다.

군사분계선 협상에서 규정한 30일간의 임시 휴전 기한이 만료되었지만 나머지 의제들이 여전히 남아 있는 상황이었다. 임시 휴전 기한이 지난 12월 28일 마오쩌둥은 리커눙에게 "연기될 것을 두려워하지 말고 비교적 긴 시일 동안 더 지연되어야 비로소 문제가 해결될 것이라는 것을 준비하라"며 협상의 장기화를 대비하라고 지시했다.[178] 공산군 측 협상 대표들은 민간 비행장 복구를 허용한 유엔군 측 타협안조차 완강히 거부했다. 어떠한 제한도 결국 국내문제의 간섭이 된다는 주장으로, 비행장 문제는 그 어떤 사안보다도 핵심 쟁점이 되어 있었다. 공산군 측은 비행장 문제를 절대로 양보할 수 없다는 확고한 입장이었고, 유엔군 측 역시

177 제3의제 분과위원회 12차 판문점회담 기록, 1951. 12. 24, 『휴전회담회의록』 4권, 363~379쪽.

178 「마오쩌둥이 리커눙에게 1951. 12. 28」 『항미원조전쟁사』 3권, 339쪽.

장기간 지속될 것으로 예상되는 휴전을 보장할 수 있는 유일한 제한 요소라며 물러서지 않았다.

서로 간에 일진일퇴의 날카로운 대립이 이어졌다. 12월 29일 유엔군 측은 비행장 문제에 대해 공산군 측이 양보한다면 공중감시에 대한 요구 조건을 철회하겠다는 타협안을 제시했다.[179] 다음날 공산군 측은 이 제의를 일보 진전된 것이나 본질적이 아니라 다만 표현상의 양보라고 규정하면서도, 유엔군 측의 공중감시에 대한 양보만 받아들이고 비행장 문제는 단호하게 거절했다. 유엔군 측 협상 대표들은 자신들이 공중감시, 도서의 지위, 감시기구 및 조사반의 성격, 비행장 복구 문제에서 중요한 양보를 했으며 더 이상의 양보는 없다고 입장을 고수했다.[180]

1952년 들어서도 회담장은 매일 똑같은 입씨름만 반복될 뿐 아무런 소득이 없었다. 비행장 문제는 여전히 팽팽하게 대립해서 아무런 진전이 없었지만 다른 문제는 어느 정도 타협이 이루어졌다. 공산군 측이 12월 29일 제출한 개정안에서는 여전히 비행장 문제는 거부했지만 전투기를 제외한 인원 및 무기·탄약을 교체할 수 있으며, 중립국 감시반을 군사정전위원회 산하에 두자는 유엔군 측 제안을 수용했다.[181]

결국 합참은 1952년 1월 10일 비행장 문제를 양보하기로 최종 결정

179 제3의제 25차 판문점회담 기록, 1951. 12. 29, Enclosure (1): United Nations Command Proposal on Principles 4, 5 and 6, Agenda Item 3, 『휴전회담회의록』 4권, 423~435쪽.

180 1952년 1월 1일 28차 분과위원회 회의에서 유엔군 측 대표는 "비행장 복구에 관한 우리의 입장을 변경하기를 기대한다면 공산 측 대표들이 협상테이블에 앉아 늙게 될 것"이라고 말했다. 공산 측은 "그러면 여기 앉아서 늙을 것"이라고 응수했다(제3의제 분과위원회 28차 판문점회담 기록, 1952. 1. 1, 『휴전회담회의록』 4권, 458~462쪽).

181 제3의제 36차 판문점회담 기록, 1952. 1. 9, 『휴전회담회의록』 4권, 545~560쪽.

했다. 확대제재선언을 보증하기 위한 충분한 합의가 이루어졌으며, 그러면 비행장 복구 문제가 덜 중요하게 된다는 이유였다. 그러면서도 리지웨이에게는 나머지 의제가 완전히 합의될 때까지는 이 문제를 토의하지 말라고 지시했다. 비행장 문제가 유일한 미해결 문제이자 유일한 결렬점이라는 것이 분명하게 된 다음에야 양보해야 된다는 것이었다. 합참은 비행장 문제를 확실하게 양보하는 시점에 확대제재선언을 발표할 계획이었다.[182] 합참은 계획하고 있는 성명서 내용을 리지웨이에게 같이 보냈다. 가장 중요한 부분은 한국에서 유엔군으로 참전한 국가들이 공동으로 취할 경고였다. 확대제재선언을 발표할 수 있도록 비행장에 대해 유엔군 측이 양보하는 조건으로 공산군 측이 휴전협정에 동시에 서명할 것을 주장하라는 지시가 이어졌다. 리지웨이는 계획된 성명서 내용을 보고, "어느 때보다도 워싱턴이 잘못된 궤도 위에 있다"고 확신했다. 그는 당시 가용 군사 자원으로는 중국의 새로운 침략을 막을 수 없으며, 유엔군의 비행장 재건에 대한 양보와 휴전협정 동시 서명을 주장하라는 안 역시 '전적으로 실행 불가능"하다고 보았지만,[183] 합참의 지시대로 협상을 진행해야만 했다.

비행장 문제가 쟁점이 되어 논쟁이 되풀이되는 가운데 회의는 점차 짧아졌다. 1월 25일, 유엔군 측은 쌍방 참모장교들로 하여금 비행장 문제는 제외하고 제3의제 세부 사항을 해결하며, 이미 도달한 잠정 합의 사항을 골격으로 하는 문서를 작성하자고 제안했다. 공산군 측 동의로

182 합참에서 리지웨이에게 보낸 전문, 1952. 1. 10, FRUS 1952, Vol.XV, pp. 13~14.

183 구체적인 협정문안을 작성하는 과정에서 자세하게 협정시행규정을 기술할 수 없게 된다면 군사정전위원회는 끝없는 논쟁을 하게 될 것이라는 이유였다(『미국 합동참모본부사』, 107쪽).

1952년 1월 27일부터 제3의제 분과위원회는 휴회하고 휴전협정 문안 작성을 위한 참모장교회의가 열리기 시작했다.[184]

1952년 1월 27일 참모장교회의에서 유엔군 측은 자신들이 마련한 휴전 협정문 초안을 제시했다.[185] 아직 해결되지 않은 제4의제와 제5의제는 제외하고, 쌍방의 합의 사항과 유엔군 측 주장을 총정리한 전문과 3개조 54개항으로 구성된 초안이었다. 주요 내용은 다음과 같다.

- 비무장지대의 설정과 군사분계선 표지를 한다.
- 한강 하구를 쌍방 선박에 대하여 개방한다.
- 휴전협정 발효 후 5일 이내에 상대방의 후방 지역, 연안 해역 그리고 연안 도서로부터 모든 군대 및 장비를 철수한다.
- 유엔군사령관은 백령도, 대청도, 소청도, 연평도와 우도를 계속 지배한다.
- 1개월에 7만 5000명 이내의 인원 교체를 한다.
- 비행장 건설 및 복구 금지, 주요 부대의 위치 보고 그리고 공격력 증가 목적으로 병력 및 장비를 재배치하거나 집중하지 않는다.
- 군사 장비의 도입을 금지한다.(단 보충 보급 제외)

---

184 제3의제 분과위원회는 1월 27일 휴회한 후 참모장교회의에서 실무적인 조정을 거친 후 4월 3일에 재개되어 4월 19일 미결인 문제를 남겨둔 채 논의를 마무리 지었다. 제3의제 참모장교회의는 1952년 1월 27일부터 4월 2일까지 날마다 열렸다. 제3의제에 관한 참모장교회의 기록은 국사편찬위원회에서 발간한 『휴전회담회의록』 6권에 수록되어 있다.

185 참모장교회의 임무는 분과위원회의에서 합의된 사항을 성문화하는 것과 인원 교체, 장비 보충 보급, 출입항 선정, 중립국 감시반 구성과 감시 요령, 연안 도서로부터 병력 철수 문제 등을 토의하는 일이었다.

- 군사정전위원회를 설치하고, 15개의 합동 감시반을 그 예하에 두며 그들로부터 조력을 받는다.
- 중립국 감시기관을 6개국으로 구성하고, 40개의 감시반을 그 예하에 두고 그들로부터 조력을 받는다.
- 중립국 감시반은 한국의 10개소와 북한의 12개소의 출입항에 주둔하며 그 지역 내에서 자유로이 활동한다.
- 휴전협정은 정치적 수준에서의 평화협정의 규정에 의하여 대치될 때까지 계속 유효하다.
- 휴전협정은 1952년 2월 00일 00시부터 발효한다.
- 한국어, 영어, 중국어의 본문은 동등하게 인증된다.[186]

초안은 당시까지 합의된 사항과 쟁점으로 남은 문제들을 유엔군 측 주장을 그대로 반영하여 작성한 것으로 논란은 불가피했다. 유엔군 측은 초안에서 월간 병력 교체수를 7만 5000명으로 하고 비행장 건설 및 복구를 금지하며, 정전위원회의 합동 감시반과 중립국 감시반을 보다 많이 설치하여 완전한 감시 기능을 보장하려고 했다. 참모장교회의는 부드러운 분위기에서 신중하고 사무적인 절차로 진행되면서 상당 부분 합의점을 찾았지만, 공산군 측은 인원 교체와 출입항 선정 문제를 두고 이견을 제시했다. 유엔군 측이 월간 7만 5000명을 제시한 데 반해 공산군 측은 5000명으로 제한하고, 출입항 선정에서도 유엔군 측이 남한에 10개소, 북한에 12개소를 제안한 데 비해 공평하게 동수로 각각 3개소씩 할 것을

186 제3의제에 관한 2차 참모장교회의 기록, 『휴전회담회의록』 6권, 88~104쪽.

제안했다. 월간 병력 교체 숫자에서도 공산군 측이 2만 5000명까지 양보했지만, 유엔군 측은 최소한 4만 명은 되어야 한다고 고집했다. 출입항의 숫자를 두고 공산군 측이 3개소를 고집하자 유엔군 측은 두 배인 6개소는 되어야 한다며 맞섰다. 리지웨이는 이러한 사소한 문제에서 더 이상 양보한다면 비행장 복구 및 포로 송환 원칙에 관한 입장을 위태롭게 할 수도 있다며 강경 대응 논리를 펼쳤지만, 여전히 합참은 협상을 결렬시킬 만큼의 강경한 자세는 허용하지 않았다.[187]

참모장교회의를 거쳐 양측이 합의한 주요 사항은 다음과 같다. 첫째, 정전위원회 산하 합동 감시반을 15개에서 10개로 줄이며, 둘째 무기와 장비 교체에 관해 최종적으로 교대 인원을 3만 5000명으로 하며, 무기와 장비는 같은 성능, 같은 유형이라는 조건하에 일대일 교체로 하며, 셋째 출입항 숫자는 양측 공히 5개 지역으로, 공산군 측 신의주·청진·만포진·흥남·신안주, 유엔군 측 부산·인천·강릉·군산·대구 등으로 하고, 넷째, 출입항에서 중립국 감시 소조 감독하에 진행하며, 다섯째 당시 미국의 통제하에 있던 백령도·대청도·소청도·연평도·우도의 서해 5개 섬을 휴전 후에도 유엔군이 계속해서 통제하며, 그 외의 군사분계선 쌍방 해역의 연장선 이북의 기타 모든 섬은 전부 북한에서 통제한다. "유엔군 측이 통제하도록 합의한 서해 5도를 제외하고는, 군사분계선 쌍방 해역의 연장선 이북의 기타 모든 섬을 전부 북한에서 통제"하기로 합의한 것은, 지상의 군사분계선을 연장한 선을 암묵적으로 해상분계선으로 삼아 합의한 것으로 볼 수 있다. 당시에는 해상분계선이라는 용어를 명시하

187 『미국 합동참모본부사』, 149쪽.

지 않음으로써 논란을 피해 갔지만, 명확한 규정을 두지 않음으로써 정전 이후 NLL 논란의 단초가 되었다.

1-2) 해상분계선과 서해 5도 예외 규정

제3의제 분과위원회 회의에서 주요 쟁점은 아니었지만 양측은 해상분계선 문제를 두고 '영해(coastal waters)'와 '연안 도서' 문제를 두고 입장 차이를 보였다. 양측 대립의 핵심은 유엔군 측이 당시 점령하고 있던 북한의 후방 지역에서 연안 부근의 특정한 도서를 확보하기 위해 철수 원칙에 예외를 두고자 했기 때문이었다. 공산군 측은 유엔군 측 주장이 갖는 의미를 명확히 인식하고 있었다. 중국은 유엔군이 휴전 후 북한과 중국 측 후방 연해 해역 및 도서 지역에 해군 함정 및 기타 부대를 남기려고 기도하고 있다고 판단하고 강하게 반발했다. 마오쩌둥은 11월 28일부터 12월 2일 사이에 여러 차례 리커눙에게 전문을 보내, 유엔군의 제안에 강력하게 반박하고 상대방 연해 도서와 해역에서 철수해야 한다고 주장하라고 강조했다.[188]

유엔군 측은 12월 12일 포괄적 수정안을 제시하면서, 공산군 측이 주장한 군사분계선 연장선 북쪽 도서에서 철군하는 문제에 원칙적으로 동의했다.[189] 공산군 측의 집요한 요구 때문이기도 했지만, 유엔군 측에

---

188 『항미원조전쟁사』 3권, 271쪽.

189 미 합참은 이때까지 남아 있던 4가지 쟁점, 즉 병력 교체수, 비행장 건설, 도서 문제, 중립국 감시반 구성 문제에 대해 최종 입장을 정리하고, 대통령의 승인을 받아 유엔군사령관 리지웨이에게 이

서는 보다 더 중요하다고 생각했던 병력 보충과 교대 문제를 관철시키기 위한 일종의 협상용 양보였다. 이는 원칙적으로 공산군 측이 주장한 해상분계선 개념을 수용한 것으로 보이지만, 영해의 범위를 두고는 여전히 이견이 남아 있었다. 유엔군 측은 1952년 1월 27일 휴전 협정문 작성을 위한 참모장교회의에서 이와 관련한 내용이 담긴 휴전 협정문 초안을 제시했다. 여기에 처음으로 '서해 5개 도서 예외 규정'이라 할 수 있는 서해 5개 도서를 유엔군사령관이 계속 지배한다는 규정이 포함되어 있다. 초안에서 해상 관련 주요 조항을 간추려 보면 다음과 같다.[190]

- 한강 하구를 쌍방 선박에 대하여 개방한다.
- 휴전협정 발효 후 5일 이내에 상대방의 후방 지역, 연안 해역 그리고 연안 도서로부터 모든 군대 및 장비를 철수한다.
- 유엔군사령관은 백령도, 대청도, 소청도, 연평도와 우도를 계속 지배한다.

유엔군이 초안을 제시한 후 군사분계선 연장선 이북과 38도선 이남 수역의 도서 문제가 쟁점이 되었다. 유엔군이 휴전 이후에도 계속 지배한다고 제시한 서해 5개 도서는 이 수역에 속해 있는 유엔군 측이 통제하고 있던 섬들 중 일부였다. 그런데 예상 외로 불과 일주일만인 1952년 2월 3일 공산군 측은 도서 문제를 양보하기로 결정하고, 원래부터 상대방 통

를 지시했다(『미국 합동참모본부사』, 99쪽).

190 제3의제 참모장교회의 기록, 1952. 1. 27, 『휴전회담회의록』 6권, 84~104쪽.

제하에 있던 도서와 기타 다른 도서는 별도의 규정을 두어 처리한다는 방침을 세웠다.[191] 공산군 측은 서해 5도에 대해 별도 규정으로 특수한 성격적 제한을 둔 초안을 제시했고,[192] 휴전 협정문 작성을 위한 참모장교회의에서 그대로 합의되어 휴전 협정문에 첨부되었다. 별첨 지도와 관련 규정은 〈그림 4〉와 같다.

그림 4 휴전협정 별첨지도 제3도. "한국 서부 연해도(淵海島)들의 통제"[193]

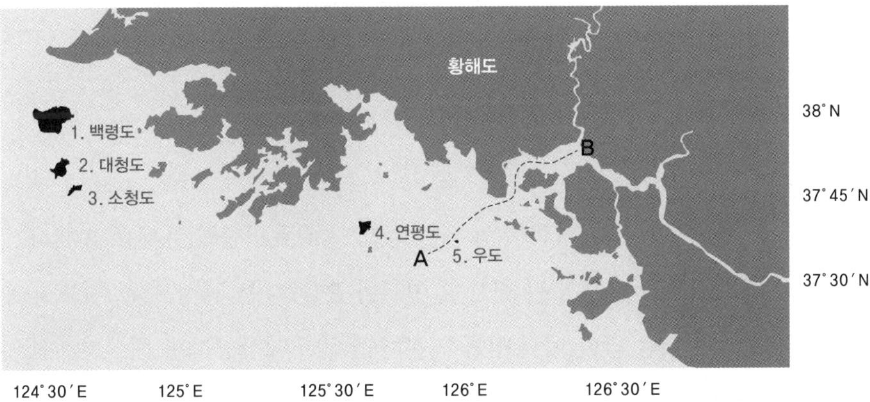

황해도와 경기도의 도계선(선 A-B)의 서·북쪽에 있는 모든 섬은 조선인민군과 중국인민지원군 총사령관의 군사통제하에 둔다. 단 다음 5개 섬은 제외한다.

1. 백령도: 북위 37°58′ 동경 124°40′

---

191 심지화 편, 「모택동이 스탈린에게 보낸 전문」 1952. 1. 31, 앞의 책, ---쪽.

192 제3의제 35차 참모장교회의 기록, 1952. 3. 2, "Control of Caastal Islands on the West Coast of Korea", 『휴전회담회의록』 6권, 476~478쪽.

193 리영희, 1999 「'북방한계선'은 합법적 군사분계선인가?」 『반세기의 신화』, 삼인, 92쪽; 이것과 동일한 정전협정 시 작성된 지도 사본이, 이문항 지음, 2001 『JSA-판문점(1953~1994)』, 소화, 365쪽에 부록으로 수록되어 있다.

2. 대청도: 북위 37°50′ 동경 124°42′

3. 소청도: 북위 37°46′ 동경 124°46′

4. 연평도: 북위 37°38′ 동경 125°40′

5. 우도: 북위 37°36′ 동경 125°58′

이상 5개 섬은 유엔군 총사령관의 군사통제하에 남겨둔다. 상기 경계선 남쪽에 위치한 서해안의 모든 도서는 유엔군 총사령관의 군사통제하에 둔다.

주(註) (1): "선 A-B의 목적은 다만 한국 서부 연안 섬들의 통제를 표시하는 것이다. 이 선은 아무 다른 의미가 없으며 또한 이에 다른 의미를 첨부하지도 못한다."

주(註) (2): 각 도서군들을 둘러싼 장방형의 구획의 목적은 다만 유엔군 총사령관의 군사통제하에 남겨두는 각 도서군들을 표시하는 것이다. 이러한 장방형의 구획은 아무런 다른 의미가 없으며, 또한 이에 다른 의미를 첨부하지도 못한다.[194]

황해도와 경기도의 도계선은 다만 서해 도서들의 통제를 표시하기 위한 것이며 서해 5도는 선으로 연결할 수 없다는 규정으로, 지도상에 별도의 단서를 달아 이들 섬을 연결하는 선이 해상봉쇄나 해상분계선으로 연결되는 것을 미리 차단하고자 했다. 휴전회담에서 해상분계선은 군사분계선 협상이 아니라 제3의제인 휴전 감시 방법 및 기구 협상 과정에서 제기되고 논의되었다. 공산군 측은 지상분계선을 연장한 선을 해상분계선 개념으로 설정한 연안 수역을 주장했고, 유엔군 측은 이를 명시적으로 수용하는 대신 암묵적인 동의하에 '군사분계선 연장선 북쪽이면서 전쟁 발발 이전에 통제권을 갖고 있던 도서들을 해당 지역에 귀속시킨다'는 개념을 새롭게 제시했다. 이른바 '서해 5개 도서 예외 규정'은 그 과정

194 휴전 협정문 작성을 위한 제6차 참모장교회의기록, 1953. 6. 14, 『휴전회담회의록』 8권, 146쪽.

에서 삽입되었던 것이다. 서해 5도 예외 규정을 담고 있는 조항에서 '연해 도서'는 다음과 같이 규정하고 있다.[195]

> '연해 도서'의 정의는 휴전협정의 발효 시에 어느 쪽이 점령하고 있었느냐와는 관계없이 (전쟁 발생 전날인) 1950년 6월 24일에 각기 통제하고 있던 섬들을 말한다. 다만 황해도와 경기도의 도 경계선의 서·북쪽에 있는 모든 섬들 중에서 백령도·대청도·소청도·연평도·우도의 다섯 섬은 유엔군 총사령관의 군사통제하에 남겨둔다.

이 조항 어디에도 '38도선'이라는 분명한 언급이 없지만, '전쟁 발생 전날인 1950년 6월 24일에 각기 통제하고 있던 섬들'이라는 것은, 전쟁 발발 전의 남북 분할선인 38도선을 염두에 둔 것이었다. 이것은 사실상 지상의 군사분계선 협상에서 쟁점이 되었던 '38도선'을 해상분계선 개념에 끌어들인 것으로, 서해 5도는 38도선 이남이면서 당시 지상분계선 연장선 이북에 위치한 섬들이었다.

지상 군사분계선 협상에서 공산군 측은 38도선을 주장했던 반면, 유엔군 측은 실질적 대치선(현 전선)을 고집하면서 38도선은 더 이상 아무런 의미가 없다고 강하게 주장했다. 그런데 서해 5개 도서를 비롯한 38도선 이남의 도서들은 전쟁 전부터 계속 유엔군(남한) 측 통제하에 있었고 전시에도 유엔군 측이 장악하고 있었다. 결국 유엔군 측 제안은 해상에서 공산군 측 주장에 따라 원칙적으로 지상 군사분계선 연장선을

---

195 관련 조항은 최종 합의된 휴전 협정문 13항(b) 2조에 해당된다.

해상분계선의 개념으로 받아들이되, 38도선을 잠정적 선(가상선)으로 임의로 설정하여 그 아래 수역에서 서해 5개 도서를 제외한 다른 섬들에 대한 통제권을 양보한다는 논리였다. 공산군 측 역시 유엔군 측 원칙을 받아들인 이상, 힘으로 통제할 수 없다면 어느 정도의 양보는 불가피했을 것이다.

이 협상에서 유엔군 측은 자신들의 양보라고 거듭 주장했고, 이는 사실에 부합되는 것이었다. 지상에는 명확한 군사적 대치선인 접촉선이 있지만, 전시 내내 한반도 주변 해역과 섬들은 거의 대부분 유엔군이 장악하고 있었다. 그 때문에 유엔군 측은 연안 도서를 '영해' 내의 도서로 한정하고자 했지만, 공산군 측은 '영해' 문제는 순전히 군사적 휴전을 다루는 휴전회담에서 다룰 문제가 아니라며 논의 자체를 거부했다.

군사분계선 협상 과정에서 일련의 '개성 사건'과 '지역 홍정'이 벌어지자 공산군 측은 개성 방어를 강화하는 한편, 미국이 회담에서 서해안 도서(유엔군 통제 도서)들과 개성을 맞바꾸자는 제안을 할 구실을 없애고 유엔군 측의 서해안 연안 도서 지역 정보 기지를 없애기 위해 도서 상륙작전을 감행했다.[196] 당시 압록강 하구에서 청천강 하구에 이르는 연해의 일부 섬은 유엔군과 한국군 '백마부대'나 '평북연대'라 부르는 무장특수공작원들의 은신처였다. 1951년 11월 한 달 동안 공군 지원하에 중국군 50군단이 단도·대화도·소화도·애도·탄도·대소가차도·우리도·운무도 등 14개 섬을 공격하여 점령했고, 북한군 해안방어부대도 대동강 하구의 피도·청양도 및 옹진반도 부근의 용호도·창린도·순위도·저

---

196 『항미원조전쟁사』 3권, 212~215쪽.

도·육도 등 섬을 공격하여 점령했다. 그러나 해군력이 거의 전무한 상황에서 육군과 공군의 합동작전이었다. 육지에 근접한 섬의 경우는 탈환이 가능했지만, 해군력이 뒷받침되지 않는 공산군 측 전력으로 유엔군과 한국군을 도서에서 전부 몰아내는 것은 사실상 불가능했다. 해상분계선 개념은 지상의 군사분계선 개념에 기초하여 설정되었으므로, 만약 지상 군사분계선이 '38도선'으로 설정되었다면 개성 문제가 논란이 되거나 서해 5도 예외 규정은 필요하지 않았을 것이다. 결국 지상의 군사분계선 설정 과정과 같은 논란을 거친 후, 최종 합의는 양측 군사력에 의해 결정되었다. 다른 한편으로는 유엔군이 비록 전시에 제해권을 장악하고 있었지만 해상분계선 이북 지역 서해 모든 섬을 전후에도 계속 통제하기는 현실적으로 어려웠기 때문에 서해 5개 도서를 제외한 나머지 도서들에 대한 관할권을 공산군 측에 넘겨주었다고 볼 수도 있다.

또 하나의 쟁점은 영해 문제였다. 1952년 1월 27일 유엔군 측은 영해를 3해리로 규정한 협상안을 제시했다. 그러나 공산군 측은 3해리로 할 경우 교전 쌍방 간의 근접으로 인해 전투가 재개될 수 있으므로 정전의 효과적 실행을 위해 12해리로 하자고 주장했다. 그러나 실제로는 유엔군 측의 해상봉쇄에 대한 우려와 해상 기동 공간을 확보하려는 의도였다. 유엔군 측은 해상봉쇄를 하지 않는다는 규정이 정전협정 초안에 별도로 규정되어 있으므로 우려할 필요가 없으며, 3해리 규정은 국제 해양 법규에 부합되는 행동 범위를 명확히 하자는 것이라고 주장했다.

리지웨이는 영해를 간조 시 해안에서 12마일로 정하는 것은 후일 있을 수 있는 국제 문제와 관계되는 선례가 될 수 있지만, 이것이 휴전협정에만 적용된다고 명시한다면 그러한 관련성이 제한될 수 있을 것으로 판단하고 휴전협상에서 12마일에 동의하도록 인가해 줄 것을 합참에 요구했다.[197] 합참은 3마일로 제한하도록 노력하되 실패한다면 영해의 정의를 협정문에서 생략하라고 지시하면서도 휴전협정에만 적용된다는 전제하에 영해를 12마일로 주장하는 공산군 측 주장에 동의할 수도 있다고 리지웨이에게 재량권을 주었다.[198] 이후 협상 과정에서 영해 개념은 삭제되고 연안 도서의 정의로 대치되었다. 양측이 합의한 연안 도서는 "휴전협정의 발효 시에 어느 쪽이 점령하고 있었느냐와는 관계없이 (전쟁 발생 전날인) 1950년 6월 24일에 각기 통제하고 있던 섬들"로 규정되었다.

이러한 일련의 협상 과정을 보면, 해상분계선을 명확히 설정하는 데 소극적이었던 것은 유엔군 측이었다. 유엔군 측은 휴전회담 시기와 1953년 정전 당시까지도 한반도 주변 해역에 대한 제해권을 전적으로 확보하고 있었으므로 굳이 해상에 군사분계선을 설정할 필요를 느끼지 않았기 때문이었을 것이다. 공산군 측은 황해도와 경기도의 도계선을 해상분계선 개념으로 제시했지만, 협상 과정에서 영해나 해상분계선을 명시하지 않고 양측 합의를 담아 최종 협정문이 작성되었던 것이다. 이렇게 합의된 해상분계선이 없다는 것, 즉 휴전 협정문에 해상분계선이 명시되지 않았다는 사실 역시 양측의 물리력이 반영된 결과물이라고 보아야 할 것이다.

---

197 「리지웨이가 합참에 보낸 전문, 1952. 2. 3」, 『미국 합동참모본부사』, 530쪽.

198 「합참에서 리지웨이에게 보낸 전문, 1952. 2. 5」, 위의 책, 530쪽.

2) 북한 내 비행장 복구와 소련의 중립국 감시기구 포함 논쟁

비행장 문제를 제외하고는 제3의제 대부분의 쟁점이 해결되었다. 그런데 중립국 감시기구 구성과 관련하여 공산군 측이 소련을 중립국으로 선정할 것을 제안함으로써 또 하나의 중요한 쟁점으로 부상했다. 1952년 2월 1일부터 참모장교회의에서 중립국 감시기구 구성 문제가 논의되었다. 중립국 감시기구는 휴전협정 위반 사항을 확인하기 위한 조사 과정을 감시할 기구였다. 리지웨이는 1951년 12월에 이미 이 문제에 대한 지침을 요구한 바 있었고, 합참은 국무부 대표와 협의하여 스위스·스웨덴·노르웨이를 제안했다. 합참은 공산군 측의 선택을 예상하며 소련은 수락할 수 없으며 소련의 위성국 중에는 좋고 나쁠 어떤 기준이 없고, 각 측이 동일한 수의 국가를 지명할 필요는 없지만, 각 측으로부터 나온 감시자 총수는 동등해야 한다고 지시했다.[199]

공산군 측은 감시 소조를 관장할 기구를 중립국 감시위원회(NNSC)라는 명칭으로 할 것을 제안하였고, 양측은 이에 합의했다. 유엔군 측은 중립국 감시위원회 참여 국가로 스위스·스웨덴·노르웨이 3개국을 제의했다. 그런데 2월 16일 회의에서 공산군 측은 폴란드·체코슬로바키아와 함께 소련을 지명하고, 양측이 지명한 국가를 동시에 수락하자고 제의했다.[200] 유엔군 측은 폴란드와 체코슬로바키아는 수락했지만 소련은 거부했다. 참모장교들은 중립국 선정 문제를 처음에는 "거짓말처럼 단순하게"

199 『미국 합동참모본부사』, 150쪽.

200 제3의제 20차 판문점회담 기록, 1952. 2. 16, 『휴전회담회의록』 6권, 347~358쪽.

보았지만, 곧 그러한 생각과 소망은 뒤틀어지게 되었다.[201]

공산군 측 태도는 의외로 강경했다. 2월 24일 마오쩌둥은 리커눙에게 "현재 회담에서 비행장 건설과 소련이 중립국 감시기구에 참가하는 문제에서 절대 양보할 수 없다. 만약 상대방이 입장을 바꾸지 않으면 차라리 교착 상태로 몰고 가라"고 지시했다.[202] 공산군 측은 회담이 결렬되더라도 양보할 수 없다는 강경한 태도를 고수했다. 그들은 "소련은 한국전쟁의 개입에 가장 엄중히 반대했을 뿐 아니라, 한국 문제의 평화적인 해결을 가장 강력히 지지한 유엔의 일개 회원국이다. 만일 소련이 중립국으로 지명될 수 없다면 지구상에 존재하는 국가 중 중립국이란 없을 것"이라고 주장했다. 이러한 강경책은 비행장 복구를 제한하는 유엔군 측을 압박하려는 일종의 협상용 카드였다.

유엔군 측은 소련을 거부하는 이유를 어떻게 대야 하는가를 두고 고심했다. 합참은 리지웨이에게 소련의 참전 증거는 실체를 제시하기 어렵기 때문에 유엔군 측이 소련을 중립국으로 고려하지 않는다고 말하는 것은 어리석다고 보았다. 따라서 아무 이유도 제시하지 않든가, 소련이 한국에 근접해 있기 때문에 제외되어야 한다고 설명하라고 지시했다.[203] 유엔군 측은 회담장에서 중립국 선택은 당연히 한반도 부근이 아닌, 그리고 과거 한반도 문제에 참여한 기록이 없는 나라여야 한다고 주장했지만 그다지 설득력 있는 주장이라고 보기는 어려웠다. 공산군 측은 아무런 이유 없이 한반도 주변 국가를 중립국에서 배제한다며 강하게 반발

201 『미국 합동참모본부사』, 150쪽.

202 『항미원조전쟁사』 3권, 342쪽.

203 『미국 합동참모본부사』, 151쪽.

했다. 애매한 태도 때문에 유엔군 측 입지는 오히려 더 좁아졌고, 공산군 측은 자유롭게 소련을 찬양하는 선전을 시작했다. 결국 소련을 중립국에 포함시키는 문제는 포로 협상이나 비행장 복구와 맞먹는 또 다른 중요한 협상의 걸림돌이 되었다. 소련은 '은밀히' 참전했고, 미국도 그 사실을 분명히 알고 있었다.[204] 그러나 이것을 논쟁거리로 만들어 문제를 복잡하게 만들 의도는 전혀 없었기 때문에 소련을 중립국으로 받아들일 수도 없지만, 수용할 수 없는 명확한 이유를 제시하지도 않는다는 것이 미국의 기본 입장이었고, 이것은 일종의 딜레마였다.

이러한 입장은 1952년 2월 27일 리지웨이에게 내린 지시에서도 반복되었다. 소련을 반대하는 명확한 입장을 담은 이 지시는 국무부가 기안하고 대통령이 승인한 것이었다. 소련을 수락할 수 없다는 것은 절대적으로 확고하고 취소 불가능하다는 점을 분명하게 하라고 지시했지만, 여전히 미국이 소련을 거부하는 근거를 자세히 설명할 필요는 없다고 했다.[205] 공산군 측 역시 완강한 태도를 보이자 유엔군 측은 3월 16일 이후 이 사안을 잠정적으로 접어 두고 다른 쟁점과 함께 일괄 타결 방식으로 처리하고자 했다.

---

204 소련은 한국전쟁에 직접 참전하지 않았다고 주장했지만, 이는 사실이 아니었다. 소련기들은 자신의 정체를 드러낼 수 있는 일체의 흔적을 지우고 대부분 중국 공군기로 변장했고 일부는 북한기로 위장했으며 조종사들은 중국 공군 복장을 착용했다. 교신에서 러시아어 사용을 금지하는 등 미국의 눈을 피하기 위해 철저히 조심했다. 소련은 2년 8개월 동안 12개 비행사단과 2개 고사포사단, 1개 항공기술사단을 중국 영내에 주둔시키면서 한국전쟁에 순환 참전했다. 참전 연인원은 7만 2000명에 달했고, 조종사 중 70퍼센트가 제2차 세계대전에 참전한 정예들이었다. 소련 공군은 한국전에 참전해 1300대의 미군기를 격추했으며, 소련기도 345대가 격추되었고, 전체 전사자는 200여 명이었다(『중앙일보』 1994. 7. 28); 미국이 소련 공군의 참전 사실을 알고 있었다는 사실은, 로버트 프트렐 편저, 1982 앞의 책, 357쪽과 462쪽에서도 확인된다.

205 합참에서 리지웨이에게 보낸 전문, 1952. 2. 27, FRUS 1952-1954 Vol. XV, pp. 71~72.

1952년 3월 25일 참모장교회의에서 비행장 문제와 소련을 중립국으로 참가시키는 문제를 제외한 휴전협정 초안이 합의되었다. 다음날 참모장교회의에서 양측은 남은 쟁점인 중립국 감시위원회의 소련 참가 문제와 비행장 건설 제한 문제를 토의하기 위해 분과위원회 회의을 열기로 합의했다.[206] 그에 따라 4월 3일부터 관련 분과위원회가 열렸지만 회의는 비생산적이었다.[207] 양측은 4월 19일 또다시 의제3항을 참모장교회의에 넘겼으나 4월 말까지도 아무런 진전이 없었다.

3) 유엔군 측 일괄 타결안

제3의제에서 비행장 복구 제한과 소련 중립국안을 두고 대립하던 이때 제4의제 포로 협상에서는 송환 원칙 문제가 쟁점이었다. 소련 중립국안과 포로 문제는 점차 양측에게 군사적 승리를 대신하여 정치적 승리를 위한 목표로 대두되었다. 유엔군 측은 비행장 제한 문제는 양보할 수도 있다는 입장이었지만, 아직 공산군 측에게 통보하지 않은 채 유보 상태였다.

유엔군 측 협상 대표인 조이 제독은 총체적인 타결 방법을 모색했다. 3월 9일 조이 제독은 리지웨이에게 두 가지 타결 방안을 제시했다. 첫

---

206 제3의제 59차 참모장교회의 기록, 1952. 3. 26,『휴전회담회의록』6권, 657~661쪽.

207 이때 공산군 측 대표는 셰팡과 장춘산이 계속 맡았고, 유엔군 측 대표는 터너와 함께 해리슨이 페렌바흐를 교체하여 새로 합류했다. 회의 시간이 점점 짧아져 거의 5분을 넘지 않게 되었고, 4월 14일 회의는 15초, 4월 15일 회의는 25초 만에 끝났다(『휴전회담회의록』4권, 700~728쪽).

째, 공산군 측에 최후통첩을 하되 일정한 양보를 포함시켜 온전한 휴전 협정문을 작성한다는 것으로, 정해진 기간 내에 공산군 측이 이를 수락하거나 아니면 협상을 끝내고 전투를 시작하든가 양자택일하도록 강요한다는 것이었다. 둘째, 공산군 측에 공개적으로 최후통첩을 하지는 않으나 이미 제출된 휴전협정 초안에 약간의 어구상의 수정만을 가하자는 것으로, 제안을 통보한 후 본회담은 휴회하고 더 이상 실질적 토의에 응하지 않는다는 것이었다. 이때 무력 사용을 시사하고 확고한 태도를 보이는 것이 협상 타결에 도움이 될 것이라고 제안했다.[208] 이러한 방안을 선택하기 위해서는 미국 정부의 결심이 필요했고, 공산군 측이 거절할 경우 전 전선에서 대대적인 작전을 전개하게 되는 위험 부담이 있었다. 그러나 그는 교착 상태에 있는 협상을 진척시키는 데는 가장 신속하고 유리할 것이라고 보았다. 두 방안은 모두 최후통첩의 성격을 띤 것이었다.

리지웨이는 그것이 자기의 권한 밖에 있다는 이유로 이 건의를 수락하지 않았다. 대신 조이 제독과 협상대표단 및 참모들과 논의한 결과를 합참에 보고했다. 그는 당시 상황평가보고서에서 "공산군 측이 휴전을 원하고 있는지조차 알 수 없으며, 현안들에 대해서 어떤 입장을 취할 것인지 예측하기 어려운 반면, 회담에 임하는 공산군 측의 태도는 점점 강경해져서 유엔군 측 대표를 궁지에 몰아넣고 있다"고 협상의 어려움을 토로했다.[209] 그는 공산군 측에 끌려가는 듯한 회담 진행 상황을 타개하

---

208 『유엔군전사』, 163~164쪽.

209 리지웨이가 참참에 보낸 전문, 1951. 3. 11, FRUS 1952-1954 Vol.XV, pp. 80~81 ; 『미국 합동참모본부사』, 163쪽. 리지웨이는 이미 언급한 최저의 입장에서 양보하지 않으며, 동시에 적에게 이 입장을 고수한다는 미국의 결의를 강조하는 것이 유엔군 측 입장의 "명백한 악화"를 막을 수 있는 절대적 방안이라는 입장이었다.

기 위해 한국전쟁 참전국으로부터 정식 지지를 받을 수 있는 강력한 방침을 세우거나 무력을 행사해야 한다고 건의했다.

이때 미 육군 작전참모부장 에들맨(C. D. Eddleman) 소장이 '일괄 타결안'을 하나의 해결책으로 제시했다.[210] 그때까지 남아 있던 중요 문제를 한데 묶어 일괄 타결안으로 제시하고, 공산군 측이 이를 수락하지 않고 협상이 결렬되면 유엔군사령부는 그 책임을 모면할 수 있을 거라는 의견이었다. 미국 정부 내에서도 점차 회담 노선을 강화해야 한다는 유엔군사령부 주장을 지지했다. 비록 동맹국들은 군사행동 강화에 반대 입장이었지만, 일괄 타결안이야말로 정체 상태에 빠진 휴전협상을 타개할 수 있는 유일한 방법으로 간주되기 시작했다.

1952년 3월 14일 트루먼 대통령은 최종 결정을 내렸다. 이 계획에 따르면 합참은 유엔군사령관에게 일괄 타결안 제안을 준비하도록 지시하고, 동시에 대통령은 전국의 라디오 방송을 통해 그것을 설명하고 최종 선언이라는 점을 밝히며, 한국전쟁 참전국 정부에는 이를 지원하는 유사한 성명을 발표하도록 압력을 가할 것이었다.[211] 회담장에서는 유엔군사령관이 포로의 격리 및 재분류를 시작할 준비가 되는대로 협상을 본회의로 옮겨 계속하며, 공산군 측에 새로운 안이 없다는 것이 확인되면 그때 조이 제독이 리지웨이 장군과 김일성의 회담을 제안할 계획이었다. 유

---

210 육군 작전참모차장 애들맨(Eddleman) 소장이 이끌고, 국무부의 존슨(U. Alexis Johnson)과 국방부의 셜리번(Charles A. Sullivan)으로 구성된 비공식위원회는 합참 산하에 구성되어 있었다. 이들은 거의 매일 모여 리지웨이 장군이 제기하는 문제와 제의를 연구하며, 합동참모본부와 국무부 대표를 위한 응답 또는 해결책을 준비했다(『미국 합동참모본부사』, 505쪽).

211 합참에서 리지웨이에게 보낸 전문, 1951. 3. 15, FRUS 1952-1954 Vol.XV, pp. 89~91; 『미국 합동참모본부사』, 165쪽.

엔군사령관이 회담에서 내놓을 최종적이자 불변의 입장은, 비행장 문제는 유엔군 측이 양보하되 포로 문제는 1952년 2월 27일자 합참 지시에 따라 재분류되고 격리 수용된 포로들을 포로 명부에서 제외시킨 수정된 명단을 토대로 전체 대 전체 교환 방식으로 한다는 것이었다. 포로 문제에서 자원 송환 원칙에서 양보를 요구하고 중립국 감시단 참가 국가로 소련을 포기하거나 미국을 구성원의 하나로 포함한 타협안을 수락하거나 선택하도록 한다는 계획이었다. 요컨대 공산군 측이 포로 문제에서 양보한다면 유엔군 측은 소련을 중립국 감시단에서 제외하는 대가로 비행장 건설 및 복구 제한 문제를 양보할 수 있다는 내용이었다.

그러나 리지웨이는 합참이 구상한 일괄 타결안에 전적으로 동의하지 않았다. 어떠한 기준에 의해서도 소련의 감시기구 회원 자격에 관해 반대한다는 점에는 이견이 없지만,[212] 김일성과의 회담은 '우리가 없다고 믿는' 공산군 측 사령관의 권위를 인정하는 것을 암시하게 될 것이라는 이유로 반대했다.[213] 포로 협상에서도 송환에 관한 공산군 측 입장이 사실상 변경이 불가능한 것인지 아직 확실하지 않은 상황에서 협상 전략을 수정하는 것은 유엔군 포로의 무사 귀환을 위태롭게 할 수도 있다는 이

212 리지웨이는 소련인이 특수 신분을 가지고 유엔군의 후방 지역에 출현하면 통제상 참을 수 없는 문제가 발생하게 될 것이기 때문에, 유엔군 측이 이 점은 양보해서는 안 된다고 생각했다. 그는 정부가 나서서 강력한 공개 성명을 발표한다면 적이 이 문제를 포기할 수도 있다는 견해를 합참에 지속적으로 제시했다(리지웨이가 합참에 보낸 전문, 1951. 3. 17, FRUS 1952-1954 Vol.XV, pp. 95~96; 합참에서 리지웨이에게 보낸 전문, 1951. 3. 20, FRUS 1952-1954 Vol.XV, pp. 109~111).

213 리지웨이가 합참에 보낸 전문, 1951. 3. 17, FRUS 1952-1954 Vol.XV, pp. 95~96; 『미국 합동참모본부사』, 168쪽; 합참은 만일 적이 사령관급의 회의 개최를 싫어한다면, 휴전협상대표단의 본회의에서 같은 계획을 추진하도록 했다. 합참은 리지웨이와 의견을 달리했지만, 결국 이 문제에 대한 리지웨이의 의견을 수용했다.

유로 반대했다.[214] 그는 결론적으로 유엔군 측이 비행장 문제 한 가지를 양보하는 대신에 공산군 측에게 소련 중립국안과 포로 자원 송환이라는 두 가지를 양보하라고 요구하는 것은 오히려 협상을 위태롭게 할 수도 있다고 의견을 제시했다. 그러나 합참은 이미 일괄 타결안을 통한 해결 방식을 결정한 상태였다.

유엔군 측은 일괄 타결안을 제시하기에 앞서 공산군 측 입장을 충분히 탐색하기 위해 3월 22일 참모장교회의를 비밀 회담으로 하자고 제의했다.[215] 일괄 타결안은 세 가지 쟁점을 연계하여 해결하려는 것으로 다른 두 가지 쟁점에 대한 입장은 명확했지만 포로 송환에 대한 상대방 입장은 아직 확실하지 않았다. 비밀회의에서 양측은 조금 더 솔직했고 자신들의 요구 사항을 드러냈다. 송환될 포로 숫자가 상대적으로 많다는 것에 관심을 보인 공산군 측은 즉각 포로 명단 점검 작업을 시작하고 포로 송환 원칙에 관한 토의는 명단 점검 후 재개하자고 제안했다. 1952년 4월 4일 양측은 더 정확한 숫자를 제시할 때까지 참모장교회의를 휴회하기로 결정했다.[216] 공산군 측이 비밀 회담을 공개 회담으로 전환하자고

---

214 리지웨이가 합참에 보낸 전문, 1951. 3. 17, FRUS 1952-1954 Vol.XV, pp. 95~96;『미국 합동참모본부사』, 167쪽.

215 3월 22일 합참이 리지웨이에게 보낸 메시지에서는, 사적인 모임이나 비공식 회담을 통한 접근 방법을 활용하되, 여기서 유엔군사령관의 계획이 그들이 경고한 바 있는 위험이 없이 해결의 기회를 제공한다고 시사되지 않는 한, 그 계획을 승인하는 것으로 해석되어서는 안 된다고 지시했다(『미국 합동참모본부사』, 176쪽).

216 그런데 4월 1일 참모장교회의에서 유엔군 측은 "값비싼 대가를 치러야 할 전술적 실수"를 범했다. 공산 측에게 송환 가능한 포로의 숫자를 '대략' 11만 6000명 정도가 될 것이라고 귀뜸해 주었던 것이다. 이 숫자는 유엔군 측이 최초 제시한 13만 2000여 명의 포로 가운데 남한 출신 포로 약 1만 6000명 만을 제외한 것이었는데, 일괄 타결안을 제시하는 시점에는 송환 가능 포로의 숫자가 7만 명으로 줄어들었기 때문이다(『미국 합동참모본부사』, 178쪽). 포로 송환 협상은 V장에서 다룰 것이다.

제의하여 1952년 4월 28일 본회담이 열렸다. 유엔군 측 수석대표는 마침내 일괄 타결안을 제시했다.

> ① 유엔군 측은 휴전 기간 중 비행장 건설 또는 복구에 대하여 아무런 제한도 하지 않는다는 공산군 측 주장에 동의한다.
> ② 공산군 측은 중립국 감시위원회의 일원으로서 소련에 대한 지명을 취소한다.
> ③ 공산군 측이 억류하고 있다고 통고한 약 1만 2000명의 아군 병력과 송환을 강력히 반대하지 않고 유엔군 측의 수용소 내에 수용되어 있는 약 7만 명의 포로를 교환한다는 조건으로 포로를 송환한다.[217] (밑줄 강조: 인용자)

리지웨이가 지적했듯이, 비행장 문제 한 가지를 양보하고 소련 문제와 포로 문제 두 가지 양보를 요구한 것이어서 공산군 측 반응은 예측하기 어려웠다. 예정된 수순에 따라 이때 트루먼은 일괄 타결안 지지 성명을 발표했다. 리지웨이도 같은 내용의 성명을 발표했으며, 포스터(John Foster) 미 국무차관보는 한발 더 나아가서 휴전회담이 완전 결렬될 경우 중국 해안 봉쇄, 중국 해안에 대한 수륙 양면작전 수행, 소련과 직접협상과 같은 가능성도 있지만 핵무기 사용은 고려하고 있지 않다는 성명을 발표했다. 공산군 측이 일괄 타결안을 거부하고 협상이 완전히 결렬될 경우 중국을 압박하려는 의도였지만, 동맹국들과의 관계를 고려하여 핵무

---

217 54차 본회담(18차 판문점회담) 기록, 1952. 4. 28, 『휴전회담회의록』 2권, 208~216쪽.

기 사용만은 자제한다는 내용이었다.

우려했던 대로 공산군 측은 유엔군 측 일괄 타결안을 거부하고 5월 2일 자신들의 일괄적 해결 방안을 역제의했다. 전체 포로 송환에 동의하고, 비행장 건설 문제에서 유엔군 측이 북한 내정에 간섭하는 것을 포기하는 조건으로 쌍방이 모두 받아들일 수 있는 폴란드·체코슬로바키아·스위스·스웨덴을 중립국으로 거명하는 것에 동의한다는 제안이었다.[218] 즉 유엔군 측이 포로 문제와 비행장 문제 두 가지를 양보하면, 소련 문제 한 가지를 양보하겠다는 것으로 맞선 것이었다.

결과적으로 쌍방의 일괄 타결안은 제3의제 쟁점인 비행장 건설 제한 문제에서 유엔군 측이 공산군 측 주장을 수용할 수 있다는 것이고, 공산군 측이 중립국 거명 문제에서 유엔군 측 요구를 받아들일 수 있다는 점을 보여 주었다. 이로써 제3의제의 남아 있던 두 가지 쟁점은 사실상 해결된 셈이었다. 그러나 양측이 자신들의 양보와 전쟁 포로 송환 문제를 서로 연계했기 때문에, 제3의제에 관한 합의가 본회의에서 정식으로 승인되지는 못했다. 5개월을 끌어온 제3의제의 쟁점은 사실상 모두 해결되었지만 포로 문제를 남김으로써 일괄 타결안으로 해결하려던 유엔군 측 의도는 관철되지 못했다.

218 55차 본회담(19차 판문점회담) 기록, 1952. 5. 2, 『휴전회담회의록』 2권, 246~256쪽.

4. 관계 제국 정부에 대한 건의 사항 협상

1952년 1월 31일, 유엔군 측은 제5의제인 관계 제국 정부에 대한 건의 사항 협상을 정식 제의했다. 그리고 남은 다른 문제와 함께 토의하기 위해 제5의제 분과위원회 설치도 제안했다. 2월 3일 공산군 측은 본회담에서 제5의제에 대한 원칙적 합의가 먼저 이루어져야 하며, 그 후 초안 작성을 위해 참모장교회의에 인계하자고 제안했다. 그에 따라 제5의제를 다룰 분과위원회는 따로 구성되지 않았고, 2월 6일부터 본회담에서 제5의제 협상이 시작되었다. 제5의제 관련 회의는 1952년 2월 6일 제36차 본회담부터 2월 17일 제42차 본회담까지 8차례 열렸으며, 다른 의제에 비해 빠르게 합의를 보았다.[219]

관계 제국 정부에 대한 건의 사항 협상은 공산군 측이 의제 채택 협상에서 외국군 철수 문제를 포함해야 한다는 요구를 포기하는 대가로 합의했던 의제였기 때문에, 또다시 정치 문제를 두고 논란이 확대될 가능성이 있었다. 그러나 유엔군 측은 이 협상에서 외국군 철수 문제를 구체적으로 다루지 않을 계획이었다. 1951년 12월 초 리지웨이는 협상 대표인 조이 제독에게, 각 정부 당국은 정전협정에 의해 해결되지 못한 적절한 문제를 토의하기 위하여 정치 대표자들의 회담을 개시하도록 고려한다는 광범한 '건의'를 하는 정도로 합의하라고 다소 막연한 지침을 내

---

219 양측은 1952년 2월 19일 제43차 본회담에서 제5의제의 원칙에 합의하고 구체적 협정문안 작성을 위해 참모장교회의로 넘겼다(43차 본회담(17차 판문점회담) 기록, 1952. 2. 19, 『휴전회담회의록』 2권, 148~200쪽); 이때 공산군 측 대표단은 변동이 없었지만, 유엔군 측은 페렌바흐가 해리슨으로 교체되었고, 한국군 대표 이형근이 유재흥으로 교체되었다.

렸다. 1952년 12월 중순 합참은 이러한 건의 정도로 제한하라는 지침과 함께 외국군 철수 문제는 아무런 언급도 하지 말라고 주의를 주었다.[220] 유엔군 측이 이러한 태도를 견지하는 한, 구체적인 합의를 이끌어내기는 어려운 조건에서 협상이 시작되었다.

1952년 2월 6일 제36차 본회담 협상 첫날, 공산군 측은 제5의제 목적이 한반도 문제의 평화적 해결을 위한 기반을 닦는 것이며, 이를 실현하기 위한 명확한 방법·절차·내용을 담아야 한다고 주장했다. 휴전 성립 후 정치회담이 신속히 열려야 하며 외국군이 철수하여야 한다는 주장으로, 공산군 측 제안은 다음과 같다.

> 북한과 중국 양국 정부를 일방으로 하고 유엔의 관련국 정부를 다른 일방으로 하여, 정전협정이 서명되고 발효된 후 3개월 이내에 각각 대표 5인씩을 파견하여 정치 회의를 개최하고 다음 내용을 협상한다.
>
> - 한반도로부터 모든 외국 군대의 철군
> - 한국 문제의 평화적 해결
> - 한국의 평화와 관련되는 기타 여러 문제[221] (밑줄 강조: 인용자)

정전 발효 후 3개월 이내에 정치 회의를 개최하고, 외국 군대 철군과

220 『미국 합동참모본부사』, 143쪽. 트루먼은 정치회담에 대하여 어떠한 약속도 하기를 원치 않았으며, 그래서 합참은 리지웨이에게 그러한 어떤 약속도 피하라고 주의를 주었다.

221 36차 본회담(10차 판문점회담) 기록, 1952. 2. 6, Enclosure (1): Draft of Principle Proposed by the Delegation of the Korean People's Army and the Chinese Peoples Volunteers on the Fifth Item of the Agenda, 『휴전회담회의록』 2권, 149~154쪽.

한국 문제의 평화적 해결, 한국의 평화와 관련되는 기타 여러 문제를 협상한다는 것이었다. 회의 주체는 북한과 중국을 한편으로 하고, 유엔의 관련국 정부를 다른 한편으로 설정했다.[222] 공산군 측은 한국에 대해서는 분명한 입장을 제시하지 않았고, 회의 주체로 명시하지도 않았다.

유엔군 측은 이 제안 가운데 협상 내용 중 세 번째 항목으로 제시한 '한국의 평화와 관련되는 기타 여러 문제'를 문제 삼았다. 유엔군 측은 이것이 중국과 북한의 유엔 가입 및 대만 문제를 연계시키려 한 것으로 추측하고 이것을 '평화와 관련된 한국 내의 기타 문제'로 수정하여 2월 9일 회담에서 자신들의 제안을 내놓았다.

> 한국 문제의 평화적 해결을 보장하기 위해 지휘관들은 각국 정부와 관계 당국 즉, 일방 조선민주주의인민공화국과 중화인민공화국, 타방 국제연합과 대한민국에 대하여 3개월 이내에 다음 여러 문제가 최고 수뇌의 정치회담 또는 그들이 적절하다고 생각하는 다른 정치적 수단에 의해서 처리될 방책을 강구할 것을 건의한다.
>
> - 한반도로부터의 외국군 철군
> - 한국 문제의 평화적 해결
> - 평화와 관련된 한국 내의 기타 문제[223] (밑줄 강조: 인용자)

222 이때 교전 양측을 회담 주체로 설정했던 공산군 측은 정전 후 관련 협상이 시작되자 중립국을 포함하는 원탁회의를 주장하여 새로운 논란거리를 만들었다.

223 37차 본회담(11차 판문점회담) 기록, 1952. 2. 9, 『휴전회담회의록』 2권, 155~157쪽.

공산군 측 제안과의 차이는, 첫째 명확한 규정 없이 단지 3개월이라는 기한 내에 절차를 정해 정치 회의를 진행하거나 혹은 적당한 정치적 방법을 찾는다고만 규정하고, 둘째 공산군 측이 제안한 '한반도의 평화와 관련된 기타 문제'를 '평화와 관련된 한국 내의 기타 문제'로 바꾸어 놓으며, 셋째 협상 주체로 일방은 북한과 중국, 다른 일방은 유엔과 한국으로 명시했다는 점 등이었다. 이렇게 함으로써 정치회담에서 논의될 내용은 한국 내 문제로 제한하고, 여타 중공과 북한의 유엔 가입 등과 같은 문제와 결부되는 것을 차단하려는 의도였다. 또한 이 제안의 핵심은 당사자들이 적절하다고 판단할 때 정치회담이 기타 정치적 수단에 의해 문제를 해결하기 위해 조치를 취하도록 건의한다는 것으로, 유엔군 측이 방점을 둔 것은 문장 끝부분의 '건의'였다.

공산군 측은 유엔군 측 제안이 모호하며, 정치회담을 회피하거나 지연시킬 근거를 제공한다는 이유로 반대했다. 유엔군 측은 "공산군 측은 한국 내에 있는 중국군은 지원군이기 때문에 정치 당국의 결정과는 하등 관계가 없다고 했으므로, 휴전 후 개최될 정치회담에 중국의 참가를 반대한다"는 논리로 공산군 측을 공격했다.[224] 유엔군 측은 어떠한 종류의 정치적 또는 경제적 사항도 토의하지 않을 것이며, 한국과 관계없는 군사적 사항도 토의하지 않겠다는 입장이었지만, 공산군 측은 관계 제국 정부에 대한 건의라는 어구에 이미 정치적 사항이 포함되는 것이라고 주장했다.

양측의 상반된 해석과 입장에서 쟁점은 정치회담 주체와 무엇을 의

224 38차 본회담(12차 판문점회담) 기록, 1952. 2. 10, 『휴전회담회의록』 2권, 160~169쪽.

제로 삼을 것인가로 귀결되었다. 공산군 측은 참가국 선정 논의 과정에서 소련을 포함시킬 것이라는 예상과는 달리 북한과 중국을 제시하고 소련을 거론하지 않았으며, 한국을 참가시키자는 제안은 묵살했다. 유엔 가맹국 전부가 전쟁에 참가한 것이 아니라는 이유로 유엔을 참가시키는 것도 반대했다. 유엔군 측은 구체적인 내용에 대한 협상을 피하는 방식으로 대응했다. 유엔군 측은 현지 군사령관들이 정치 당국에 건의하는 데 있어 정치적 회담의 성격·규모·양식 등을 규정하려는 것은 적절치 않으며, 정치적 해결을 위한 방법 및 기구는 고위 당국자의 결정 사항이라고 주장했다. 결국 공산군 측은 2월 16일 자신들의 입장을 다소 완화시킨 수정안을 제시했다.

> 한국 문제의 평화적 해결을 보장하기 위해 쌍방 사령관은 쌍방의 관계 제국 정부에 휴전협정이 조인되고 효력이 발생한 후 3개월 내에 각기 대표를 파견하여 쌍방의 고위 정치회담을 소집하고 한반도로부터의 모든 외국 군대의 철수 및 한국 문제의 평화적 해결 등의 문제들을 협의할 것을 건의한다.[225] (밑줄 강조: 인용자)

휴전 조인 후 3개월 내에 정치 회의를 개최한다는 것을 분명히 하는 대신, 한국의 평화와 관련되는 기타 여러 문제라는 표현을 삭제하고 '한국 문제의 평화적 해결'이라는 문구만 남긴 것이었다. 또한 정치회담 참가국을 명시하는 대신 '쌍방의 관계 제국 정부'로 수정하여 해석의 여지

225 41차 본회담(15차 판문점회담) 기록, 1952. 2. 16, 『휴전회담회의록』 2권, 192~195쪽.

를 남겨두었다.

다음날 유엔군 측은 이 제안의 표현 중 "한국 문제의 평화적 해결 등의 문제들"이 한반도와 관련된 것 이외의 사항이 아니라는 점과 외국군이란 비한국군을 의미하는 것이라는 점을 명확히 하는 조건부로 이 제안을 수락했다.[226] 공산군 측 대표단은 유엔군 측이 자신들의 제안을 너무 쉽게 수락한 것에 당황한 듯 보였지만,[227] 유엔군 측은 공산군 측 초안이 아주 광범위한 재량권을 허용하고 있으며, 자신들의 표현과 일치한다고 보았다. 공산군 측은 이것이 장래 정치 회의에서 어떤 특정 문제를 토론한다고 구속하지도 않지만, 기타 문제를 토론할 가능성도 배제하지 않는 것이라고 여지를 두었다. 이로써 합의 사항은 공산군 측이 제시한 초안의 원문 그대로 휴전협정 제4조 제60항으로 명문화되었다.[228]

다른 의제에 비해 협상 과정도 짧았고, 타결도 쉬웠다. 휴전협상 초기 의제 채택 과정에서는 물론이고 다른 의제 협상에서도 군사 문제와 정치 문제의 범위를 놓고 양측이 대립했던 것을 상기한다면 의외의 결과였다. 이는 협상 과정에서 양측이 구체적 사안으로 대립하기보다는 자신

---

226 42차 본회담(16차 판문점회담) 기록, 1952. 2. 17, 『휴전회담회의록』 2권, 196~198쪽.

227 유엔군 측 협상 대표인 조이 제독은 "공산 측 대표단은 유엔군 측이 너무 쉽게 수락한 것에 당황하여 여러 차례 휴회를 요구했으며, 그들이 어리석은 실수를 저지르지나 않았는가 심사숙고하는 것 같았다"(Turner Joy, *How Communists Negotiate*, pp. 135~136(『미국 합동참모본부사』, 529쪽 재인용)고 회고했다.

228 1953년 7월 29일 양측이 서명한 휴전 협정문은 전문과 제1조 군사분계선과 비무장지대 11항, 제2조 정화(停火) 및 정전의 구체적 조치 12~50항, 제3조 전쟁 포로에 관한 조치 51~59항, 제4조 쌍방 관계정부들에의 건의 60항으로 되어 있다. 그 외에 직접 송환하지 않은 전쟁포로 처리에 관한 휴전협정에 대한 임시적 보충협정, 병상포로 교환에 관한 협정(1953. 4. 11), 중립국 송환위원회 직권의 범위에 관한 포로 협정이 따로 체결되었다.

들에게 유리한 방식으로 해석하거나 논쟁을 회피하는 방식으로 '타협'한 결과였다. 양측 모두 내용을 모호하고 폭넓게 규정하길 원했기 때문에 비교적 빠르게 합의에 도달할 수 있었지만,[229] 이러한 타협은 쉽게 합의를 보게 하는 대신 휴전 이후 정치회담의 전망을 어둡게 한 결정적 요인이었다.

이러한 타협이 가능했던 이유는, 첫째 정치회담은 어느 한편이 한반도를 포기하지 않는 한, 혹은 한반도를 상대방의 자유의사에 맡겨도 좋다고 양보하지 않는 한, 이에 대한 규약은 구속력이 없다고 보았기 때문이었다. 둘째 유엔군 측은 공산군 측 요구로 의제 채택에는 합의했지만, 이 의제는 정치회담 소집을 '건의'할 것인가의 여부를 토의해 본다는 정도로밖에 의미를 두지 않았다. 그럼에도 공산군 측이 이에 동의함으로써 쉽게 합의를 보았던 것이다. 셋째 미국이 군사 휴전의 범주 외에 정치회담에 참가할 주체(참가국), 구체적인 인원이나 신분, 회담의 기능과 형태 등 논란이 될 수 있는 사항은 토의하지 않는다는 방침에 따라 이러한 쟁점들을 다루지 않았기 때문이었다.

공산군 측은 애초에 의제 채택 과정에서 논란이 되었던 외국군 철군 문제를 여기서 분명하게 다루고 싶어 했지만, 유엔군 측은 외국군 철군 문제를 휴전 후 논의하도록 '건의'할 수 있다는 조항으로 대체시켰고, 공산군 측은 이를 수용했다. 사실상 미국이 애초에 정한 방침을 관철시킨 셈이었다. 반면 공산군 측은 여기서 양보하는 대신 외국군 철군 문제

---

229 Rosemary Foot, 1990 *A Substitute for Victory : The Policities of Peacemaking at the Korean Armistice Talks*, Cornell Univ. Press, pp. 74~76.

를 전후 정치회담에서 또다시 제기하려는 복안을 갖고 있었다.[230] 결국 공산군 측은 외국군 철군 문제를 반드시 관철시킨다기보다는 협상 카드로 활용했던 것으로 볼 수 있다.

---

230 전후 정치회담과 정전체제에 대한 자세한 내용은, 김보영, 2013「휴전회담 쟁점과 정전체제」『전쟁과 유물』, 전쟁기념관, 43~46쪽 참조.

제 3 부

포로 송환을 둘러싼 갈등 구조와 휴전협정 체결

1. 포로 송환 원칙을 둘러싼 갈등과 휴전회담 중단

1) 포로 명단 교환

포로 송환 문제는 겉으로 보기에는 비교적 간단해 보였다. 한국전쟁 발발 이전인 1949년 8월 12일 "포로의 대우에 관한 제네바 협약"이 이미 존재했고, 미국은 이 협약에 비준하지는 않았지만 서명국이었으며, 북한은 전쟁 발발 직후 제네바 협약을 준수할 것이라고 선언했다. 쌍방이 인정한 제네바 협약 제118조에는 "포로는 적극적인 적대 행위가 종료된 후 지체 없이 석방되고 송환하여야 한다"고 명시되어 있다.[1] 양측 모두 이것

1 제2차 세계대전이 종료되었지만 소련이 자국의 복구 사업을 위하여 다수의 독일과 일본군 포로들을 장기간 강제로 억류하는 상황이 발생하자 이를 방지하기 위하여 제네바 협약에서는 신속한 강제 송환을 규정했다. 따라서 많은 수의 포로가 송환을 희망하지 않을 수도 있다는 가능성은 이 협

을 포로 협상의 기본 전제로 인정할 것으로 예상했다.

공산군 측 휴전협상 전략 기본 원칙에서 포로 문제 해법은 모든 포로의 일괄 교환이었으며,[2] 이것은 모든 포로의 전원 송환(무조건, 강제 송환)을 의미했다. 유엔군 측 기본 입장은 '포로의 일대일 교환'이었다. 1951년 6월 30일 휴전회담 직전 합참에서 리지웨이에게 하달한 기본 지침은 "포로는 가능한 한 신속히 일대일 기준으로 교환한다, 국제적십자사 대표들의 포로수용소 방문을 허용해야 한다"는 것이었다.[3] 포로 협상 초기에는 비록 이견을 예상했지만 그토록 심각하게 쟁점이 될 것이라고는 예측하지 못하는 분위기였다.

1951년 12월 11일 제4의제 포로 송환 협상을 위한 분과위원회 제1차 회의가 시작되었다. 군사분계선 협상이 마무리된 후 임시 휴전 기간인 한 달 내에 다른 의제를 해결하기 위해 제3의제인 휴전 감시 방법과 기구 협상이 진행되는 과정에서 양측은 동시에 포로 협상을 진행하기로 합의했다. 제4의제 분과위원회 대표로 유엔군 측에서 리비(R. E. Libby)와 히크맨(G. W. Hickman, Jr.)이, 공산군 측에서는 이상조와 차이청원(柴成文)이 참석했다.

포로 협상 시작은 순조롭게 출발했다. 분과위원회 회의 첫날 공산

정에서 다루어지지 않았다.

2 1951년 7월 3일 마오쩌둥이 스탈린에게 보낸 '휴전협상 전략 기본 원칙' 중 포로 문제에 대한 것으로, 스탈린은 이에 동의했다. 여기서 마오쩌둥은 "적들이 포로의 일대일 교환을 제의할 것"이라고 예견하면서 포로 숫자의 불균형과 한국군 출신의 북한군 포로 등의 문제로 인해 논란의 여지가 크다고 말했다(「마오쩌둥이 스탈린에게 1951. 7. 3」(모스크바 새증언23, 『서울신문』 1995. 7. 18). 그의 예측은 이후 포로 협상 과정에서 보면 매우 정확한 것이었다.

3 합참에서 리지웨이에게 보낸 전문, 1951. 6. 30(『미국 합동참모본부사』, 110쪽 재인용).

군 측 대표는 다만 한 가지 원칙만을 주장했다. "쌍방은 그들이 보유하고 있는 모든 포로를 휴전협정 조인 후 즉각 석방해야 한다"는 것이었다.[4] 공산군 측은 전쟁 포로 문제에 관한 국제법과 국제관례를 내세웠다. 1929년 체결되고 1949년 수정된 '전쟁 포로 대우에 관한 제네바 협약' 제118조에 "전쟁이 중단된 후 즉시 전쟁 포로를 석방하거나 송환하여야 한다"는 규정과 제7조 "어떤 상황하에서도 전쟁 포로는 본 공약에서 부여한 그들에 대한 일부 혹은 전부의 권리를 포기할 수 없다"는 규정을 근거로 들었다. 포로에 관한 제네바 협약 제118조와 제7조는 이후 포로 송환 원칙을 두고 양측이 대립하는 과정에서 공산군 측이 내세운 핵심 근거였다.

유엔군 측 대표단은 포로 송환 원칙에 대한 논쟁을 피하고 대신 회담 첫 단계로 전체 포로 명단 교환과 국제적십자사 대표들의 포로수용소 방문 허용을 주장했다. 유엔군 측은 먼저 전체 포로의 성명, 국적, 기타 증명 자료, 포로수용소의 위치, 각 포로수용소 내 각 국적의 포로 숫자 등의 정보 교환을 요구하며, 이러한 자료를 받기 전에는 실질적인 토론을 진행하지 않겠다고 선언했다. 공산군 측은 자신들의 포로 송환 원칙을 먼저 수락해야 한다고 고집했다. 포로 명부 교환이나 국제적십자사 대표들의 포로수용소 방문 등은 '기술적' 문제로, 원칙에 대해 먼저 합의한 후 논의하겠다는 입장이었다. 특히 공산군 측은 국제적십자사를 거부했는데, 이것이 공정하지 않고, 미국의 조종하에 중국과 북한 등 사회주의 국가를 적대시하고 배척하는 국제기구라며 수락할 수 없다고 주장했다.

---

4 제4의제 분과위원회 1차 판문점회담 기록, 1951. 12. 11, 『휴전회담회의록』 5권, 3~18쪽.

12월 12일 제2차 회의에서 공산군 측은 구체적인 방안을 제시했다. 포로 송환 원칙과 포로 송환 기간, 상병포로 문제, 포로 송환위원회 관련 안을 확정한 후, 포로 명단을 교환하자는 제안이었다.

> ① 쌍방은 현재 수용하고 있는 전체 전쟁 포로를 석방한다는 원칙을 확정한다.
> ② 협상을 통해 정전협정에 서명한 후 가능한 최단 시일 내에 쌍방은 단계적으로 각자 수용하고 있는 전체 전쟁 포로의 석방과 송환을 완료하기로 정하며, 중상을 입은 포로는 첫 단계로 석방하고 송환한다는 원칙을 확정한다.
> ③ 쌍방이 포로를 교환하는 지점을 개성과 판문점으로 정할 것을 건의한다.
> ④ 정전위원회에 쌍방이 각자 동등한 수의 인원을 파견해 포로 송환위원회를 설치하고 상술한 협의에 따라 전쟁 포로의 교환 업무를 책임지고 처리할 것을 건의한다.
> ⑤ 상술한 각 항은 쌍방의 동의를 거쳐 확정된 후 쌍방은 현재의 전체 전쟁 포로 명단을 즉각 교환한다.[5] (밑줄 강조: 인용자)

요컨대 전체 전쟁 포로 석방 원칙 확정, 정전협정 서명 후 최단 시일 내 포로 전원의 석방과 송환 완료, 교환 지점은 개성과 판문점으로 하며, 쌍방 동수로 포로 송환위원회를 설치하고, 이러한 사항에 대한 합의

5 제4의제 분과위원회 2차 판문점회담 기록, 1951. 12. 12, 『휴전회담회의록』 5권, 169~191쪽.

를 본 후에야 포로 명부를 교환할 수 있다는 제안이었다. 공산군 측은 포로 교환 기한으로 상병(傷病)포로 송환은 휴전 후 10일 이내에, 기타 모든 포로 송환은 한 달 이내에 완료할 수 있다고 부가했다. 이 제안의 핵심은 '포로 전원 송환' 원칙에 대한 합의를 전제로 기타 사항을 논의하며, 모든 조항에 합의를 본 후에야 포로 명단을 교환하자는 것이었다.

유엔군 측은 기존의 입장을 고수했고 회의는 그 후 일주일간 답보 상태를 면치 못했다. 논의의 전제가 달랐기 때문에 포로 송환 원칙을 두고 서로 충돌하지는 않았으나, 회의를 진전시키기 위해서는 어느 한편의 양보가 필요했다. 결국 공산군 측이 "먼저 포로 명부를 교환하자"는 유엔군 측 제안을 수용했다. 이에 따라 12월 18일 양측은 전쟁 포로 명부를 상호 교환하게 되었으며, 명부 검토를 위해 4일 간 휴회했다. 비록 어느 정도의 난항이 예상되었지만, 포로 명부를 교환한 후 포로 협상은 훨씬 더 격렬한 소용돌이에 빠져들었다. 1951년 12월 18일 양측이 최초 수교한 포로 명부 내역과 포로 숫자, 비율 등을 표로 정리하면 〈표 8〉과 같다.[6]

유엔군 측은 협상 전에 공산군 측에 억류되어 있는 유엔군 포로 숫자를 잘 알지 못했다. 북한은 전쟁 초기 110명의 포로 명단을 제네바 주재 국제적십자사에 넘긴 적이 있었으나, 그 후에는 아무런 통보도 하지 않았다. 반면 유엔군 측은 10만 명이 넘는 포로 명단을 국제적십자사에 제출했다.[7] 포로 명부를 확인한 후 양측은 모두 실망과 불신감을 드러냈

6 『한국전쟁 휴전사』, 175쪽; 『미국 합동참모본부사』, 130쪽, 조성훈, 『한국전쟁과 포로』, 191쪽; 이때 유엔군 측 포로 명부는 영문 이름과 포로 일련번호만 기재되어 있었던 반면, 공산군 측은 각 포로의 이름, 군번, 부대번호, 계급, 소속 포로대대 등을 적었고, 각국 포로의 이름 및 각국의 문자로 된 서명까지 적었다.

7 『미국 합동참모본부사』, 117쪽.

표 8 휴전회담에서 양측이 최초 수교한 포로명부 내역(1951년 12월 18일 현재)

구분	소속국	인원(명)	합계(명)
공산군 측 수용 포로 내역 (유엔군 포로) : A	한국	7,142	11,559
	미국	3,198	
	영국	919	
	터키	234	
	필리핀	40	
	프랑스	10	
	호주	6	
	남아프리카공화국	4	
	일본	3	
	기타	3	
유엔군 측 수용 포로 내역 (공산군 포로) : B	중국	20,700	132,474
	남한	16,243	
	북한	95,531	
양측 포로 숫자 비율	A : B = 8 : 92		

다. 공산군 측이 넘겨준 유엔군 측 포로 숫자는 1만 1559명에 불과했다.[8] 전쟁 초기 북한 측이 발표한 전과만 합치더라도 포로는 6만 5000명 이상이 되며, 유엔군 측에서 전투 중 실종 인원으로 추정한 숫자는 한국군이

8 공산군 측이 넘겨준 유엔군 측 포로 내역을 보면, 한국군 포로 7142명, 미국군 3198명, 영국군 919명, 터키군 234명, 필리핀군 40명, 프랑스군 10명, 호주군 6명, 남아공군 4명, 일본군 3명, 캐나다군 1명, 그리스군 1명, 네덜란드군 1명으로 총 1만 1559명이었다(국방부전사편찬위원회, 1989,『한국전쟁 휴전사』, 175쪽;『미국 합동참모본부사』, 129쪽).

8만 8000명, 미군도 1만 1500명 이상이었으며, 영국군과 터키군 실종자 수를 합하면 그 숫자는 10만 명이 넘었다.[9] 실종 인원 전부가 포로가 되었다고는 할 수 없지만, 적어도 약 7만 5000명 이상을 기대했던 유엔군 측 예상에 훨씬 못 미치는 숫자였다.

한편 유엔군 측이 넘겨준 공산군 포로는 총 13만 2474명으로, 북한 출신 9만 5531명, 남한 출신 1만 6243명, 중국인 2만 700명이었다. 유엔군 측에서 그간 포로 명부를 충실하게 국제적십자사에 보고해 온 누계(1950. 8. 28 ~ 1951. 6. 8) 15만 476명과는 차이가 있었지만, 유엔군 측이 미리 포로 조사를 통해 남한 출신 포로 3만 7000명을 민간인으로 분류하여 명단에서 누락시켰고, 이중 처리된 약 2000명과 탈출 혹은 실종자를 제외한 숫자였다.[10] 그래도 공산군 측이 내놓은 포로 숫자와 비교하면 열 배가 넘는 엄청난 숫자였다.

4일간의 휴회를 마치고 12월 23일 제10차 분과위원회가 열렸다.[11] 양측은 서로가 기대치에 미치지 못하는 포로 숫자를 두고 상대방에 불만을 제기했다. 공산군 측은 유엔군 측이 4만 4000여 명 이상의 포로를 누락시켰으며, 민간인으로 재분류한 포로 조사도 불완전하다고 주장했다. 유엔군 측은 전쟁 전에 남한에 거주하다가 잘못 생포되었거나 강제 입대당한 3만 7000명을 민간인 억류자로 재분류했고 이들은 송환 대상

---

9 『미국 합동참모본부사』, 129쪽; 한국군 협상 대표였던 이형근은 실종자 수를 토대로 한국군 포로 규모를 8만 8000명, 유엔군 포로는 1만 2500명으로 총 10만 명 정도로 보았다(이형근, 1993 『군번 1번의 외길인생』, 중앙일보사, 73쪽). 기존 연구들 역시 이러한 주장을 근거로 포로 규모를 추론했다(조성훈, 2001 「미귀환 국군 포로 연구」 『한국전쟁 중 중국의 참전전략과 포로 문제』, 한중 국제학술세미나 발표문).

10 『유엔군전사』, 103쪽; 『미국 합동참모본부사』, 130쪽.

11 제4의제 분과위원회 10차 판문점회담 기록, 1951. 12. 23, 『휴전회담회의록』 5권, 157~182쪽.

이 아니라고 답변했다. 공산군 측은 이를 '일방적 행위'라고 항의하면서, 포로 송환 여부를 결정하는 기준은 '거주지'가 아니라 반드시 '포로가 복무했던 군대'가 되어야 한다고 주장했다.

유엔군 측은 공산군 측이 적어도 약 5만 명의 유엔군 및 한국군 포로 명단을 누락시켰다고 비난했다. 전쟁 발발 후 첫 9개월간 공산군 측이 발표한 포로 숫자 6만 5000명을 근거로 한 주장이었다. 공산군 측은 포로가 도망하거나 유엔군 폭격으로 사망, 혹은 귀향하도록 전선에서 석방했기 때문이라고 해명했다. 그 와중에 공산군 측은 한국군 포로 가운데 지원자를 입대시켰다는 사실도 솔직하게 시인했다. 공산군 측이 지원자 입대를 시인하자 유엔군 측은 이를 자원 송환 원칙을 주장하는 근거로 활용했으며,[12] 이미 민간인으로 분류한 3만 7000명과 상쇄시키는 등 매우 유용한 대응논리로 활용했다.

협상 시작 전 유엔군 측은 포로 협상에서 야기될 수 있는 문제점을 다양하게 검토했다. 포로들 가운데 자유중국군과 한국군 출신 포로들을 송환할 것인가, 북한에 억류된 한국 및 유엔군 측 민간인 생존자의 석방을 주장할 것인가, 숫자상의 차이로 인해 상대방이 포로의 일대일 교환을 거부할 경우 어떻게 대응할 것인가 등으로, 포로 문제에 대한 유엔군 측 입장이 정리되는 데는 상당한 시간이 걸렸다. 유엔군 측이 초기에 중요하게 고려한 것은 민간인을 포로 제안에 포함시킬 것인가 여부였지만, 한편 정확한 숫자는 알지 못했지만 포로 숫자상의 불균형도 이미 고려하

---

12 유엔군 측 휴전회담 대표단 캠프 내의 대부분의 사람들은 처음에는 자유송환이란 생각에 회의를 품고 있었으나, 공산군 측의 이러한 설명을 듣고 자유송환 원칙을 주장하기에 좋은 이유가 생겼다고 생각했다(정성관 저, 1953『板門店의 秘史』, 평문사, 202쪽).

고 있었다.

합참은 협상 전 군인 및 민간인을 포함한 포로 취급에 관해 리지웨이에게 하달할 일반 지시를 준비했다. 1951년 10월 29일에는 대통령까지 참석한 토의에서 트루먼은, 양측이 보유하고 있는 포로 수가 심한 불균형 상태라는 견지에서 전체 대 전체 교환이 공평하지 못하다고 보았다. 11월 14일 합참은 리지웨이에게 보낼 지시 초안을 마련했는데, "가능하면 일대일 교환을 위해 노력해야 하나, 해결에 필요하다면 전체 대 전체 교환에 동의하라"는 내용이었다. 합참은 다음날 국방장관에게 이 초안을 보여 주며, 리지웨이의 남한 출신 포로 처리에 관한 제안과 선별 석방에 반대 의견을 제시했다.[13] 합참은 이때까지도 명확한 대안을 갖고 있지 못했으며, 리지웨이에게 구체적인 지침을 내리지도 않았다.

1951년 11월 28일 리지웨이는 다시 포로 해결 방안을 합참에 제출했다. 그는 "적에게 포로 명부 제출을 요구하고, 처음에는 일대일 교환을 위해 노력하며, 필요하다면 유엔군 포로 송환을 최대한 확보하기 위해 교환 비율을 높여 전체 대 전체 송환에 이르거나 이를 포함해서 협상할 계획"이라고 보고했다.[14] 그러나 합참은 그로부터 2주가 지나도록 명확한 지침을 내리지 않았다. 12월 11일 포로 협상을 위한 첫 분과위원회가 열릴 때까지도 후에 유엔군 측의 핵심 제안이었던 '자원 송환 원칙'은 포

---

13 10월 16일 리지웨이는 국제적십자사가 북한군에게 징집된 남한 출신 약 4만 1000명의 포로는 "민간인 억류자"로 재분류할 수도 있다는 데 동의했다고 합참에 통보했다. 조사 후 이들과 북한 민간인 피난민 350명은 이들의 석방을 요청해 온 한국 정부의 관리하로 석방할 것이라고 하면서, 그러나 이러한 조치가 휴전협정을 위태롭게 하거나 유엔군 포로의 복귀를 위태롭게 하지 않을 것이라는 점이 명확하게 된 뒤에라야 석방을 실시할 의향이었다(『미국 합동참모본부사』, 119쪽).

14 리지웨이가 합참에 보낸 전문, 1951. 11. 28(CX-58195), FRUS 1951 Vol. Ⅶ, pp. 1197~1198.

로 협상 계획 가운데 포함도 제의도 되지 않은 미묘한 위치에 놓여 있었다.[15]

이 시기에 리지웨이는 잠정적으로 전쟁 발발 전에 38도선 남쪽에 살았던 포로에 대한 조사와 재분류를 추진했다. 12월 5일까지 이 범주에 속하는 3만 7132명과 368명의 북한 피난민이 민간인 억류자로 재분류되었고, 이들은 분리하여 별도로 수용되었다. 유엔군 측은 이들에 대한 포로 기록을 없애고 제네바 협정에 따라 그들을 민간인 억류자로 분류하며, 그들의 이름을 전에 공산군 측에 통보한 포로 명부에서 삭제하도록 국제적십자사에 제공했다.[16]

합참이 포로 송환에 관한 최종 지침을 내린 것은 분과위원회가 첫 회의를 시작한 다음날이었다. 1951년 12월 12일 합참은 공산군 측이 일대일 교환을 거부할 것으로 전망하고, 포로 개인의 의사를 존중하도록 한 대안을 마련했다. 즉 모든 포로는 교전 당사국의 공동 팀에 의해 석방에 앞서 심사를 받을 것이며, 이 과정에서 송환을 거부하는 포로는 잔류시키는 방안이었다. 그러나 이때까지도 공산군 측의 거부를 예측하면서도 일대일 교환을 강력하게 주장해야 한다는 데 초점을 두었다. 합참은 북한에 억류된 미국인이나 다른 외국인들을 포로 송환과 연계시키는 문

15 『유엔군전사』, 102쪽.

16 『미국 합동참모본부사』, 122쪽; 이때 민간인 억류자로 분류된 사람들은, ①민간인 신분으로 북한군에 징용되어 있다가 생포된 자, ②강제적으로 연행되어 북한군에 편입된 자, ③한국군이었다가 북한군의 포로가 되어 강제적으로 북한군에 편입된 자, ④한국군이지만 낙오되었을 때 잘못되어 포로로 분류된 자, ⑤전혀 군사와는 관계가 없는 한국인으로 피난 도중에 포로의 무리 속에 끼어들었다가 그대로 포로가 된 자, ⑥물건이 탐나서 수용소에 숨어들었다가 그대로 체포된 자, ⑦민간복장을 착용한 북한군 또는 간첩으로 오인되어 체포된 자 등이었다(육군본부, 2002 『한국전쟁과 반공 포로』, 85쪽).

제를 검토하되, 한국 측에서 주장하는 납북자 문제나 북에서 내려온 피난민 문제와 연루되는 것은 피하라고 지시했다.[17]

리지웨이는 이 지침에 대해 상당히 비판적인 입장이었다. 그는 공산군 측이 "개인의 선택에 기초한 교환에 동의할 가능성은 아주 희박하다"고 보았다. 그러한 방안 대신에 리지웨이는 자신이 처음 계획한 절차대로 "일대일 교환 방식을 추구하고, 국제적십자사의 포로수용소 방문 허용을 요구하며, 포로 교환을 신속히 처리하고, 최대 인원의 유엔군과 한국군 복귀를 보장하기 위해 그룹 대 그룹 교환 방식을 주장하면서", 공산군 측 반발에 부딪칠 경우 공산 치하로 복귀하기를 원치 않는 포로의 강제 교환을 포함하여 전체 대 전체 교환에 동의할 수 있는 권한을 달라고 요구했다.[18] 그는 민간인 석방과 포로 문제를 결부시키는 것에도 반대했다. 만일 유엔군 측 대표단이 한국 민간인 석방 문제를 협상에 포함시키지 못하면 한국의 반발이 심할 것이라는 점이 이유였다. 당시 유엔군 측 대표단의 한국군 대표는 "약 5000명에 달하는 한국인 저명인사 석방을 위한 모든 노력이 이루어지지 않는다면 대표단에서 철수하겠다"고 주장하고 있었고, 주한 미대사 무초(John Muccio)는 한국 정부로부터 실종된 한국 민간인의 명단을 확보하려고 시도하고 있었다. 무초는 "한국인 납북자 송환 문제를 같이 다루지 않는다면, 한국민에게 이미 인기가 없는 휴전을 조롱할 구실을 제공할 것"이라고 우려했다.[19] 이러한 요인들을 고려

17 합참은 별개의 메시지로 적의 수중에 있다고 믿어지는 미국인 또는 유럽인 55명의 명단을 제공했다(합참에서 리지웨이에게 보낸 전문, 1951. 12. 10, 『미국 합동참모본부사』, 125쪽).

18 리지웨이가 합참에 보낸 전문, 1951. 12. 12, FRUS 1951 Vol.Ⅶ, pp. 1315~1317.

19 주한 미대사 무초가 국무부에 보낸 전문, 1951. 12. 5, FRUS 1951 Vol. Ⅶ, pp. 1252~1254.

하여 리지웨이는 민간인 석방 문제는 전반적인 문제가 검토될 때보다 적절하게 처리되어야 할 정치적인 문제라고 여겼다.[20] 그러나 합참은 미국 내 여론과 유엔 회원국들의 압력, 보유한 포로 숫자의 심각한 차이 등을 고려해서 민간인 석방 문제를 포로 협정에 포함시키도록 지시했던 것으로, 현지의 협상대표단과 워싱턴의 시각차를 반영하고 있었다.

리지웨이는 12월 18일, 그때까지의 판문점 협상 결과와 자신의 포로 송환 방책을 합참에 보냈는데, 그는 여전히 민간인 문제를 결부시키는 데 반대했다. 그의 제안은 전쟁 포로를 조기에 최대로 송환받기 위해서는 군인들에 국한된 전체 대 전체 교환이 최선이며, 강제 송환을 피하기 위한 유일하고도 합리적인 대안은, 공산군 측에 수용되어 있는 모든 포로가 송환될 때까지 민간인은 무시하고 처음부터 일대일 교환을 제안하며, 그 다음에 유엔군 측에 남아 있는 잔류 포로 중 복귀를 희망하는 자를 송환한 후, 그 나머지는 석방한다는 것이었다. 그는 선별한 민간인의 복귀를 요구하여 문제를 혼란스럽게 만들면 일부 인원을 강제 송환해야 할 것이라고 판단했다. 리지웨이는 선별한 민간인 복귀와 포로의 비강제 송환 원칙 중 우선순위를 결정해 달라고 합참에 요구했고,[21] 합참은 포로가 민간인보다 우선이지만, 최종 입장을 채택하기 전에 워싱턴의 승인을 받아야 한다고 지시했다.[22] 결국 리지웨이는 합참의 지시대로 전쟁 포로와 민간인을 결부시킨 방안을 작성해서 합참에 보고했고, 그 결과로 나온 방안이 1952년 1월 2일자 유엔군 측 포로 송환 방안이었다.

---

20 리지웨이가 합참에 보낸 전문, 1951. 12. 12, FRUS 1951 Vol.Ⅶ, pp. 1315~1317.

21 리지웨이가 합참에 보낸 전문, 1951. 12. 18, FRUS 1951 Vol.Ⅶ, pp. 1366~1372.

22 『미국 합동참모본부사』, 129쪽.

이렇게 하여 유엔군 측이 보다 구체적인 방안을 마련하는 데 두 달 이상이 소요되었다. 유엔군 측은 1952년 1월 2일 제20차 회의에서 처음으로 자신들이 마련한 구체적인 포로 송환 방안을 제시했다. 포로의 석방·교환·송환 문제를 민간인 송환과 결합시킨 첫 방안이었다.

① 송환을 선택한 전쟁 포로는 당연히 일대일의 기초에서 교환을 진행하고, 일방이 자신이 억류하고 있는 전체 전쟁 포로를 교환할 때까지 진행한다.

② 교환 후에도 계속해서 남는 전쟁 포로는 일방이 송환을 선택한 전체 전쟁 포로와 상대방이 억류하고 있는 외국인·민간인, 휴전협정에 서명할 때 바로 상대방이 통제하는 영토 내에 있는 송환을 선택한 자기 측 민간인 및 기타 인원을 일대일 방식으로 교환한다. 이렇게 교환하는 전쟁 포로는 송환 후 다시 참전하지 않는다.

③ 송환을 선택하지 않은 모든 전쟁 포로는 전쟁 포로의 신분을 벗고 선서를 해야 하는데, 다시는 무기를 들고 한국전쟁에 참전하지 않겠다는 내용이 포함되어야 한다.

④ 휴전협정에 서명할 때 상대방 통제하의 영토 내에 있던 어느 일방의 나머지 민간인은 만약 송환을 선택하면 모두 송환한다.

⑤ 송환의 선택이 강제에 의하지 않도록 보장하기 위하여 국제적십자사 대표가 교환 장소에서 모든 전쟁 포로와 휴전협정에 서명할 때 상대방 통제하의 영토 내에 있던 어느 일방의 모든 민간인과 대화할 수 있도록 허락한다.

⑥ 제2. 제4. 제5항의 어느 일방의 '민간인 및 기타 인원'은 1950년 6월

25일에 한국 혹은 북한 주민이었던 사람을 가리킨다.[23] (밑줄 강조: 인용자)

이 제안의 목표는 강제 송환이 아닌 포로와 민간인의 전체 대 전체 교환 방식으로, 리지웨이의 초기 구상과 합참의 제안을 합친 것이었다. 우선 송환 희망 포로를 일대일로 교환하고, 나머지는 송환을 결정한 민간인과 다시 일대일로 교환하며, 송환을 원치 않는 포로는 석방하고, 전쟁 발발 이전의 거주지로 송환을 원하는 민간인을 송환한다는 내용이었다.[24] 요컨대 '민간인과 결부시킨 자원 송환 원칙'으로, 유엔군 측이 처음으로 '자원 송환 원칙'을 공식적으로 제기한 것이었다. 유엔군 측 대표는 공산군 측이 포로 중 자원자 입대를 시인한 사실과 결부시켜 볼 때 이것이 정당하다고 주장했다. 공산군 측이 이미 전선에서 많은 한국군으로 하여금 남한으로 돌아갈 것인가 공산군 측을 위해 싸울 것인가를 선택하게 한 전례인 자유 선택의 원칙을 인정하고 확대하기 위한 제안이라는 논리였다.

그러나 여전히 핵심은 '자원 송환'이라는 원칙이 아니라, 상대방에 억류되어 있는 민간인을 전쟁 포로 송환과 묶어서 처리함으로써 유엔군 측이 넘겨주어야 할 공산군 포로 숫자만큼의 민간인들을 돌려받는데 있었다. 유엔군 측이 넘겨주어야 할 포로 숫자가 상대적으로 너무 많았기 때문에, 일대일 교환을 전제로 숫자상의 불균형을 해소하려는 의도가

23 제4의제 20차 판문점회담 기록, 1952. 1. 2, 『휴전회담회의록』 5권, 336~348쪽.

24 리지웨이가 합참에 보낸 전문, 1951. 12. 29, FRUS 1951 Vol.Ⅶ, pp. 1461~1462.

더 강했다. 다음날 공산군 측은 유엔군 측 주장을 터무니없다며 거부했다. 공산군 측은 "포로의 석방과 송환은 노예 거래가 아니며 20세기는 노예제도의 야만적인 시대가 아니다"라고 원색적 표현을 사용하며 맹렬히 비난했다.[25] 이렇게 하여 점차 논쟁의 초점은 송환 원칙으로 옮겨가고 있었다.

1월 8일 회의에서 유엔군 측은 수정안을 제시했다. 같은 수로 교환 후에도 송환을 원하는 포로가 유엔군 측 감시하에 남는 경우에 지체 없이 송환하되, 공산군 측이 이들에게 적대 행위를 허락하거나 강요할 수 없다는 제안이었다. 이 수정안 역시 송환을 원하는 포로만 송환하겠다는 것으로 원칙상 큰 차이가 없었다. 공산군 측은 유엔군 측 입장이 제네바 협정 위반이며 민간인을 위해 포로를 인질로 사용하기 위한 시도라고 비난했다.[26]

공산군 측이 제네바 협정을 근거로 들고 나옴에 따라 이후 회의는 제네바 협정의 유권적인 해석을 둘러싸고 전개되었다. 양측은 제네바 협정을 각기 자신들에게 유리하게 해석했다. 유엔군 측은 제네바 협정 제7조 "포로는 여하한 경우에도 현 규정에 의하여 그들에게 보장된 권리의 일부 또는 전부를 포기할 수 없다"는 규정을 송환에 대한 포로의 선택의 권리가 있다는 것으로 해석했다. 또한 제네바 협정 제118조에 대해서도, 강제 송환이 오히려 이 조항의 위반이라고 주장했다. 이 규정은 포로를 보호하기 위한 규정이며, 포로 자신들의 의사에 반하는 송환을 강요하

25 제4의제 21차 판문점회담 기록, 1952. 1. 3, 『휴전회담회의록』 5권, 349~368쪽.

26 제4의제 26차 판문점회담 기록, 1952. 1. 8, 『휴전회담회의록』 5권, 449~465쪽.

는 일은 협정의 본래 목적과 정신에 위배된다고 보았다.

논쟁이 해결될 기미를 보이지 않자 1952년 1월 12일 리지웨이는 민간인 교환과 자원 송환 문제에 관한 최종적인 지시를 합참에 요구했다. 1월 15일 합참은 리지웨이에게 최종 입장으로, 모든 군인 포로를 강제 송환하지 않는 전체 대 전체 교환에 동의하라고 지시했다. 합참은 "약 3000명의 유엔군 포로가 우리 수중에 있는 수많은 공산군 포로의 행복에 비교될 수 없이 보다 중요하다는 압력에 직면하여", 앞으로 더 수정이 필요할 수도 있지만, 지금이 최종 입장인 것처럼 행동하라고 지시했다.[27] 결국 공산군 측에 억류되어 있는 유엔군 포로를 안전하게 돌려받기 위해 전체 대 전체 교환에 동의할 수밖에 없다는 결정이었다. 민간인 문제는 합의가 안 될 경우 제5의제에 통합하는 방안을 찾아보라고 지시했다. 이때 합참은 제3의제 핵심 쟁점인 비행장 문제와 소련 중립국안을 포로 문제와 결부시켜 해결하려 한 일괄 타결안을 준비 중이었다.

포로 문제로 논란을 거듭하는 동안, 유엔군 측은 세부적인 문제들을 검토할 참모장교회의를 제의하여 1월 23일부터 참모장교회의가 병행 개최되었다. 포로 협상을 위한 참모장교회의는 1952년 1월 23일부터 5월 10일까지 열렸다.[28] 리지웨이는 공산군 측이 송환을 거부할 포로 수에 대한 관심보다는 자원 송환 원칙 문제로 반발하는 것이라고 생각했지만, 협상이 진전됨에 따라 송환될 포로 숫자 문제도 부각되기 시작했다.

1월 28일 유엔군 측은 새로 작성한 포로 명부를 공산군 측에 넘겨

27 합참에서 리지웨이에게 보낸 전문, 1952. 1. 15, FRUS 1952~1954 Vol.XV, pp. 25~26.

28 이에 관한 기록은 국사편찬위원회에서 편찬한 『휴전회담회의록』 7권에 수록되어 있다. 참모장교회의는 휴전협정 문안 등을 실무적으로 조정하기 위한 회의였다.

주었다. 새 명부는 중국군 포로 2만 720명, 북한군 11만 1360명, 총 13만 2080명으로 12월 18일 최초 명단보다도 394명이 적었다. 유엔군 측은 민간인으로 재분류된 4만 4000명에 대한 조사를 완료했고, 394명은 이 과정에서 민간인 억류자로 재분류했다고 해명했다.[29] 그리고 포로 명부에서 제외시킨 4만 4000여 명의 민간인 명부와 공산군 측이 이미 공표한 6만 5000명 이상의 포로 명부를 교환하자고 제의했다. 이날 유엔군 측은 1월 2일 제안한 자원 송환 원칙을 골자로 한 포로 관련 조항을 포함한 완전한 휴전 협정문 초안을 제시했다. 1952년 1월 27일 양측이 수교한 휴전 협정 초안에 포로 협정문까지 포함해서 완성한 초안이었다. 다음날 공산군 측은 포로 송환 원칙을 먼저 합의해야 한다며 이 초안 논의를 거부했지만, 상병포로 송환 우선 처리와 포로 교환 지점을 판문점으로 하는 데는 대체로 동의했다. 2월 3일 회의에서 공산군 측은 자원 송환 문제를 제외한 대부분의 유엔군 측 요구 조건을 수용한 대안을 제시했다. 일단 송환 원칙 문제는 남겨 둔 채 세부 사항 토의가 진행되었다. 2월 6일 양측은 분과위원회는 휴회하고, 참모장교들로 하여금 포로 협정안을 작성하도록 했다.[30]

이 시점에서 유엔군 측은 한국인 납북자 귀환은 협상으로는 불가능하다고 판단하고 포기했다.[31] 한국은 포로 협상에서 납북자 문제가 다

29 제4의제 46차 판문점회담 기록, 1952. 1. 28, Enclosure (1): Proposed Armistice Wording Article Ⅲ, Arrangements Relating to Prisoners of War, 『휴전회담회의록』 5권, 789~799쪽.

30 제4의제 55차 판문점회담 기록, 1952. 2. 6, 『휴전회담회의록』 5권, 908~912쪽.

31 이는 2월 3일 리지웨이의 요구에 따른 것이었다. 리지웨이는 포로 협상 평가서를 워싱턴에 보내면서 이렇게 요청했고, 합참은 한국 및 기타 국적의 민간인 송환에 있어 다만 원칙적인 점만이라도 어떠한 협정에 도달해야 한다는 조건부로 이를 승인했다(『미국 합동참모본부사』, 155쪽).

루어지기를 바랐지만, 이 문제의 처리 방식이나 중요도에 대해 한·미 간에 입장 차이가 있었다. 한국 정부와 피랍자 가족회를 비롯한 국내 여론은 납북자를 포로 송환과 연계해서 귀환시키기를 요구했지만,[32] 미국은 이 문제로 인해 협상이 지연되거나 쟁점화되는 것을 원치 않았다. 게다가 공산군 측이 '납북자 송환' 주장에 대해 유엔군이 후퇴 시에 다수의 피난민을 '납치'했다는 주장으로 맞서자 이 문제를 회피하고 싶어했다.

남한의 '민간인 납치' 주장과 북한의 '피난민 납치' 주장은 월북과 납북, 자발적 피난과 강제 소거라는 자발성·강제성 문제와 연결되어 사실상 타협의 여지가 없는 문제였다. 그러나 납북자 문제가 협상의 걸림돌이 되는 것을 원치 않았던 미국은 '실향사민'이라는 중립적 표현으로 이 문제를 정리하는 한편 외국인 송환을 위한 합의를 시도했다. 이러한 의도를 간파한 공산군 측이 일부 외국인을 돌려보내는 정도로 이 문제를 정리하고자 함으로써 이 문제는 '실향사민' 조항으로 합의되었다. 결국 한국의 입장이 제대로 반영되지 못한 포로 협상에서 양측이 타협한 결과, 전시 민간인 납치 문제는 전후 60여 년이 지난 오늘날까지도 미해결 과제로 남게 되었다.[33]

이제 포로 협상에서 양측의 대립은 송환 원칙 문제로 좁혀졌다. 유엔군 측 참모장교들은 자원 송환(voluntary repatriation)이라는 용어를 비

---

32 1951년 8월 2일 '6·25사변 피랍치인사가족회'가 결성되었다. 이들은 납북자 문제를 포로 협상 의제로 상정할 것을 강력하게 요구하고, 유엔군과 미대사관에 진성서를 발송하기도 했다(『동아일보』 1951. 12. 29. '가족회에서 피랍자 석방 진정서 발송').

33 휴전 후 실향사민 귀향이 진행되었지만 거의 성과는 없었다. 전시 민간인 납치 문제의 쟁점과 귀결에 대한 자세한 내용은, 김보영, 2013 「휴전협정 제59조 '실향사민(失鄕私民, displaced civilians)'조항을 통해 본 전시 민간인 납치 문제의 쟁점과 귀결」 『역사와 현실』 87집, 한국역사연구회 참조.

강제 송환(no forced repatriation)이라는 구절로 대체해 공산군 측 태도 변화를 유도했지만, 용어를 바꾼다고 해서 내용이 달라지는 것은 아니었다. 22일간의 협상 결과 2월 14일 제8차 참모장교회의에서 양측은 포로 송환 원칙을 제외한 나머지 세부 항목에 합의했다.[34] 포로 협상은 2월 29일 다시 분과위원회로 넘어갔다.

1952년 2월 27일 리지웨이는 포로 협상이 원칙 문제만 남기고 타결되었다는 조이 제독의 보고서를 합참에 보냈다. 리지웨이는 포로 문제에 대한 워싱턴의 확실한 결정을 요구했다. 회담의 남은 쟁점은 포로 송환 원칙과 제3의제의 비행장 문제 및 소련 중립국 포함 문제로 압축되었다. 그리고 앞장에서 살펴본 대로 유엔군 측은 일괄 타결안으로 협상을 끝내고자 했지만, 다른 두 쟁점이 해결된 후에도 포로 문제는 여전히 난제로 남았다. 당시 누구도 협상이 그로부터 15개월을 더 끌게 되리라고는 예측하지 못했지만, 회담이 진행되면서 이미 전쟁의 군사적 승리를 대체할 심리전으로 전화한 상황에서 어느 편도 자신들의 주장을 굽혀 양보하려 하지 않았다.

포로 협상 초기에 유엔군 측은 다소 혼란스러운 모습을 보였다. 처음에는 일대일 교환을 전제로 내세웠지만 점차 전체 대 전체 교환을 수용하는 대신 포로 의사를 존중한다는 입장으로 변했고, 후에는 자원 송환 원칙을 반드시 지켜야 하는 원칙으로 내세웠다. 자원 송환 원칙이 '원칙'으로 확립된 것도 포로 협상이 시작된 후인 1952년 2월이 지나서였다.

---

34 제4의제 관련 8차 참모장교회의 기록, 1952. 2. 14, Enclosure (1): Communists' Draft Wording on Agenda Item 4 of 14 Feb. 1952, 『휴전회담회의록』 7권, 132~155쪽. 공산군 측은 교전 당사국 적십자요원의 포로수용소 방문도 허용했지만, 포로 송환 원칙 문제에서는 전혀 양보하지 않았다.

포로 협상에서 유엔군 측이 우선적으로 고려한 것은 공산군 측에 있는 약 3000명의 유엔군 포로를 안전하게 돌려받는 것과 엄청난 포로 숫자 차이를 해결하는 문제였다. 해결 방안으로 민간인을 포함한 일대일 교환을 제시했지만, 결국 민간인 문제는 포기하고 전체 송환에 동의하는 식으로 입장을 바꿨다. 제네바 협정 제118조를 둘러싼 논쟁에서도 유엔군 측이 논리적으로는 불리했다. 결국 숫자상의 불균형을 고려하고 유엔군 포로의 안전도 확보하면서, 외형적으로 밀리거나 양보하는 듯한 인상을 주지 않고 협상을 주도하기 위해 유엔군 측은 자원 송환 원칙을 전면에 내세우기로 결정했다.

2) 자원 송환과 강제 송환 원칙의 대립

자원 송환 원칙은 한국전쟁을 심리전으로 전화시킨 매우 중요한 계기였다. 포로 송환 협상에서 자원 송환 원칙이 전면에 등장하면서 전쟁은 실질적으로 이념전이자 심리전으로 변모했다. 유엔군 측에서 자원 송환 원칙을 제기한 첫 번째 이유는 양측이 보유하고 있는 포로 숫자의 엄청난 차이였다면, 포로의 복잡한 성분도 한 요인이 되었다. 남북한 포로의 출신 성분뿐 아니라 국공 내전을 거쳐 공산화된 중국군 포로까지 결부되어 문제는 더욱 복잡했다. 그러나 앞서 살펴보았듯이 유엔군 측이 처음부터 이 원칙을 전면에 내세운 것은 아니었다.

포로에게 선택 기회를 허용해야 한다는 착상은 미 육군 심리전감 맥클루어(Robert A. Maclure) 준장이 제기했다. 그는 휴전회담이 시작되기 직전인 1951년 7월 6일 이러한 안을 제시했다.

중국군의 대다수가 강제로 입대했으며, 강제로 송환된다면 유엔군에게 투항했다 하여 무거운 처벌을 받거나 처형될지도 모른다. 그러므로 포로를 강제 송환시키는 일은 미국의 심리전에 손상을 주는 것이다. 전 국부군 포로들에게 선택권을 준다면 대부분이 대만을 선택하게 될 것이며, 대만은 중국의 일부로 고려할 수 있기 때문에 송환이 가능하다.[35]

일차적으로 중국군 포로를 염두에 둔 제안이었지만, 이것은 남한에 남기를 원하는 포로(송환 거부 포로, 반공 포로)를 잔류시키자는 뜻이기도 했다. 이 원칙을 적용하려면 첫 단계로 포로를 이러한 기준으로 분류할 수 있는가를 먼저 확인해야 했다.

리지웨이는 포로에게 선택권을 주는 방식은 비현실적 접근 방법이라고 보았다. 그는 포로 처리에서 가장 중요한 고려 사항은 유엔군 포로를 가능한 빨리 안전하게 돌려받는 것, 적의 포로로부터 전략정보를 최대한 획득하는 것이라고 보았다. 게다가 포로를 분류하기 위한 포로 면담이 외부에 알려지게 되면 유엔군 측에 불리한 선전이나 정치적 결과를 초래할 것도 우려했다. 또한 일대일 기준으로 포로 교환을 제의하면 더 많은 포로를 보유하고 있는 유엔군 측이 협상에서 유리하다고 보았다. 리지웨이는 상당수의 중국군 포로를 포함해서 적어도 2만 5000명 정도가 일대일 교환을 자원할 것으로 예측하고 일대일 교환을 제의하기에 앞서 송환 희망자를 식별하고자 했다. 포로 심사는 이미 진행되고 있었다.

---

35 Memo, CSA to JCS, *Policy on Repatriation of Chinese and North Korean Prisoners*, 1951. 7. 6, 『미국 합동참모본부사』, 112쪽.

리지웨이는 약 4만여 명의 남한 출신 포로를 따로 한국 정부로 넘기기 위해 분류하였고, 한국 측은 이들이 포로가 되기 전에 북한군에 강제로 편입되었으므로 포로로 간주하지 않았다. 유엔군 측은 이들을 민간인 억류자로 따로 분류하여 양측이 교환한 포로 명부에서 제외시켰다.[36]

합동전략조사위원회(Joint Strategy Survey Committee)는 맥클루어의 자원 송환 제안과 리지웨이의 일대일 교환 제안을 통합할 수 있을 것인지를 검토했다. 위원회는 리지웨이에게 일대일 교환 후 남은 포로에 대해 자원 송환을 적용할 수 있는가를 문의했다. 위원회는 1951년 7월 18일 리지웨이에게 두 가지 안을 제시했다. 첫째 중국과 북한 포로들을 그들의 완전한 동의 없이는 공산 통치 지역으로 송환하지 않고, 송환 거부 포로는 그들이 원할 경우 자유중국 정부가 받아준다면 대만으로 송환될 것이며, 둘째 적의 수중에 있는 유엔군 포로의 신속하고 안전한 귀환을 위협한다면 이 정책은 시행되지 않을 것이었다. 핵심은 공산군 측에 억류된 유엔군 포로의 안전한 귀환을 우선적으로 고려하며, 그에 따라 자원 송환 원칙을 추진한다는 내용이었다.

리지웨이는 7월 21일, 자원 송환 원칙이 인도주의적 측면과 이념 투쟁에서 유리할 수도 있는 반면, 제네바 협정 위반이라는 비판을 야기하고, 이후 전쟁에서 포로 송환을 막거나 공산군 측에게 선전의 구실을 제공할 우려가 있다고 답신했다. 위원회는 리지웨이의 우려에도 불구하고 자원 송환 원칙을 포로 교환이 일차 이루어진 후 남은 포로에 적용할 수 있을 것으로 결론짓고 이를 고위 당국에 보고해야 한다고 합참에 제의했

36 『미국 합동참모본부사』, 112~113쪽.

다. 합참은 이 제안이 심리전에 크게 도움이 되지만 공산군 측에 억류되어 있는 유엔군 포로를 송환하지 않을 위험성이 있으며, 더 나아가 순수한 군사적 이익을 넘어서는 문제를 내포하고 있다고 보았지만, 자원 송환 원칙을 적용하는 데 찬성하는 쪽으로 기울고 있었다.

그러나 애치슨 국무장관은 심리전에 유리하다는 점에는 동의했지만, 유엔군 포로의 신속한 복귀가 우선이라는 점과 제네바 협정에 상반된다는 점 때문에 자원 송환 원칙의 가치를 낮게 평가했다. 애치슨은 제네바 협정을 엄격히 준수하는 것이 한국전쟁이나 앞으로의 전쟁에서 미국에 더 이익이 될 것이라는 입장이었다.[37] 애치슨은 제네바 협정에 규정된 대로의 석방을 자원 송환의 대안으로 제시했다. 즉 유엔군에게 현저한 도움을 주었거나 공산 치하로의 복귀가 그들에게 죽음을 가져다 줄 것 같은 개인들을 휴전이 조인되기 전에 석방하며, 그들을 포로 현황에서 삭제하고, 북한군에 강제로 편입되었다가 포로가 된 대한민국 국민은 어떤 경우에도 송환되어서는 안 되며, 그들은 한국 정부와의 협의하에 휴전 전에 석방한다는 안이었다.[38] 자원 송환 원칙을 전면에 내세우지 않고 대외적으로는 제네바 협정을 준수한다고 표방하면서, 내용적으로는 포로를 미리 분류하여 송환 거부 포로를 송환 대상에서 제외시킨다는 발상이었다. 사실상 자원 송환 원칙과 다르지 않지만, 원칙을 전면에 내세우기보다 실리적 해법을 모색한 것이었다.

1951년 8월 8일 로베트(Robert Lovett) 국방장관은 일대일 교환과 자

37 『미국 합동참모본부사』, 115쪽.

38 『미국 합동참모본부사』, 522쪽.

원 송환을 통합한 합참의 제안을 국가안전보장회의에 내놓기 전에, 최고의 중점을 유엔군 포로의 복귀에 두면서도 엄격한 일대일 교환을 주장한 리지웨이의 계획에 대한 논평을 합참에 보냈다. 그는 이 계획이 군사적으로 유리하지만 동시에 이것이 공산군 측으로 하여금 포로의 전체 교환 이외에는 아무것에도 동의하지 않게 할지도 모른다고 지적했다. 따라서 먼저 일대일 교환을 추구하되 그것이 실패하면 전체 교환에 동의하도록 리지웨이에게 지시해야 한다는 입장이었다. 콜린스 육군참모총장 역시 애치슨 국무장관의 의견을 읽고 나서 견해를 바꾸어 합참의 제안 철회를 요구했다. 콜린스의 주도로 합참은 제네바 협정을 계속 확고하게 준수하는 것이 최선이라는 애치슨의 의견에 동의하며, 로베트에게 8월 8일 제안한 정책은 "추가적인 검토가 될 때까지" 철회하도록 건의했다.[39]

이렇게 하여 자원 송환 문제는 잠정적으로 유보되었지만, 전면에 등장할 가능성은 열려 있었다. 비록 유엔군 측의 기본이자 가장 중요한 목표는 유엔군과 한국군 포로를 조기에 최대한 석방하는 것으로 정리했지만, 자원 송환 원칙이 갖는 심리전적 이점에는 이견이 없었다. 리지웨이는 이러한 방침에 따라 일대일 교환이 최선책이지만 조기 석방에 대한 동의를 얻기 위하여 필요하다면 전체 대 전체 송환에 가깝거나 그것을 포함하는 대량 교환도 따를 의향이었다.

1951년 12월 18일 포로 명단을 교환하면서, 자원 송환을 다시 검토하는 계기가 마련되었다. 우선 미국은 포로 숫자상의 불균형을 해소하기 위해 일대일 교환을 기본으로 포로와 민간인 송환 문제를 결부시키고자

39 『미국 합동참모본부사』, 116쪽.

했다. 1952년 1월 2일자 유엔군 측 첫 번째 포로 송환 방안은 이러한 방침에 따른 것이었다. 이때까지도 자원 송환 원칙을 명확히 제시하지는 않았지만, 협상 과정에서 포로들의 의사를 존중한다는 전제를 내세워 점차 원칙의 문제가 쟁점으로 부각되기 시작했다. 결국 포로 송환 원칙 문제로 회담장에서 양측이 대립하기 시작하면서, 합참은 민간인 교환과 자원 송환에 대한 최종 입장 정리를 해야 했고, 민간인 교환 요구는 철회되었다. 이때까지도 합참의 입장은 모든 포로의 강제 송환을 피해야 한다는 정도였다. 1952년 2월 한 달간 회담은 참모장교회의를 통해 송환 원칙을 제외한 세부 항목에 대한 합의를 이루고 있었다.

워싱턴에서는 1952년 2월 한 달 동안 자원 송환 원칙 문제가 강도 높게 토의되었다. 자원 송환이 유엔군의 정책으로 정리되기까지 미국 내에서 대통령과 국무부 및 국방부 등의 의견 조정 과정을 거쳤다. 1951년 8월 처음 자원 송환 개념이 논의될 때 유보적이었던 애치슨 국무장관의 태도도 달라졌다. 애치슨은 "송환되면 죽음을 당하리라고 생각하는 포로들을 공산군 측에 강제로 인도하라는 주장은 인간의 존엄성에 대한 우리의 근본적인 도덕적·인도주의적 원칙에 배치되는 것이며, 심리전의 측면에서도 공산 독재에 반대하는 미국의 위상을 위태롭게 하는 것"이라며, 자원 송환 원칙을 수용했다. 리지웨이는 1952년 2월 27일 포로 협상이 송환 원칙 문제만 남기고 타결되었다는 조이 제독의 보고서를 합참에 발송하면서, 포로 문제에 대해 워싱턴의 확실한 결심을 요구했다.[40]

결국 미국 정부는 도덕적 측면, 국내 정치, 국제정치, 반공적 입장 등

---

40 리지웨이가 합참에 보낸 전문, 1952. 2. 27(C64383), FRUS 1952-1954, Vol. XV, pp. 66~67.

모든 요소를 고려한 결과 강제 송환이 비인도적이며 부당한 처사라고 결론 내렸다. 여기에 공산군 포로들이 본국 송환을 거부했을 경우에 나타날 선전 효과도 고려하여 최종 확정된 기본 원칙이 '인도적 자원 송환 원칙'이었다. 트루먼 대통령은 "미국은 포로를 송환하기 위해 강제력을 사용하고 그로 인해 포로의 생명이 위태롭게 될 어떠한 협정도 수락하지 않을 것"이라는 요지의 연설을 통해 자원 송환 원칙을 공식적으로 천명했다.[41]

합참은 1952년 2월 27일 미국 정부의 최종 결정을 리지웨이에게 통보했다.[42] 첫째 만일 공산군 측이 협상에 동의하지 않을 것이라고 생각될 때, 송환을 거부하는 포로들을 적절한 시기와 방법으로 포로 신분에서 제외시킬 것, 둘째 이렇게 재분류된 사람들은 다른 포로들과 분리 수용하며 유엔군사령부의 관리하에 두되 그들의 명단은 공산군 측에게 이미 넘겨진 포로 명부에서 제외할 것, 셋째 공산군 측에게 이 수정된 명부에 기초하여 전체 대 전체 교환에 동의할 준비가 되어 있으며, 공산군 측이 자원 송환 방식을 수락하지 않기 때문에 이렇게 할 수밖에 없었다고 통보할 것 등을 지시했다.[43]

---

41 『미국 합동참모본부사』, 158쪽.

42 *"Memornadum of Conversation, by the Deputy Assistant Secretary of State for Far Eastern Affairs(-John) : U.S. Position on Forcible Repatriation of Prisoners of War*, 1952. 2. 27", FRUS 1952-1954 Vol. XV, pp. 68~69 ; 합참에서 리지웨이에게 보낸 전문, 1952. 2. 27(JCS 902158), FRUS 1952-1954 Vol. XV, pp. 70~71.

43 극동 문제담당 국무차관보 직무대리 존슨(U. Alexix Johnson)과 육군참모차장 헐(John Hull) 대장이 극동에 파견되어 리지웨이와 자원 송환 원칙으로 말미암아 야기될 가능성이 있는 문제에 대해 논의했다. 유엔군사령관과 휴전회담 대표단은 송환을 거부하는 포로는 명단에서 삭제하고 그 나머지만 송환시키자는 의견에 대해 반대했지만, 결국 합참의 지시대로 따를 수밖에 없었다(『미국 합동참

1952년 3월 5일 회의에서 공산군 측은 회담의 진전을 위해 유엔군 측이 민간인으로 분류한 4만여 명의 송환 문제를 휴전 후 다시 협상할 수 있다고 양보했다. 그러나 1951년 12월 18일 교환한 포로 명부를 기초로 전체 대 전체 송환 원칙이 전제되어야 한다고 주장했다.[44] 유엔군 측의 자원 송환 원칙을 적용하는 데 부분적으로 동의한 것으로, 타협의 여지가 있다는 표시였다. 3월 16일 포로 협상이 다시 참모회의로 넘어갔을 때, 유엔군 측은 일괄 타결안 제안에 앞서 공산군 측 입장을 충분히 탐색하기 위해 3월 22일부터 참모장교회의를 비밀회의로 하자고 제의했다.

비밀회의에서 유엔군 측은 조금 더 솔직한 태도를 보였다. 강력하게 송환을 거부하는 사람들을 제외한 모든 포로의 송환을 약속하자, 공산군 측 역시 남한 출신 포로 약 1만 6000명 또한 송환 대상에서 제외할 수도 있다고 유연한 태도를 보였다. 3월 27일 참모장교회의에서 공산군 측은 "원적이 상대방 점령 지역인 전쟁 포로는 본인이 원하면 송환하지 않고, 쌍방이 수용하는 한반도 이외 국적의 전쟁 포로와 원적이 상대방에 점령되지 않은 지역인 전쟁 포로를 모두 송환한다"는 조정 방안을 내놓았다. 즉 남한 출신 송환 거부 포로는 제외하는 데 동의하되, 북한 출신 포로와 중국군 포로의 전원 송환을 요구한 것이었다.[45] 이때 공산군 측 방안의 초점은 중국군 포로의 전원 송환에 있었다. 공산군 측은 의외로 완고한 태도를 보였으며, 유엔군 측이 자원 송환이라는 미명하에 중국

모본부사』, 159쪽).

44 제4의제 61차 판문점회담 기록, 1952. 3. 5, 『휴전회담회의록』 5권, 989~1001쪽.

45 제4의제 관련 34차 참모장교회의 기록, 1952. 3. 27, 『휴전회담회의록』 7권, 402~413쪽.

군 포로들을 대만의 '장제스(蔣介石) 군대'로 넘기려 한다고 비난했다.[46] 리지웨이는 송환 거부 포로를 한국과 대만에 잔류시킬 계획이었다.[47]

4월 1일 제39차 참모장교회의에서 유엔군 측은 이전의 일대일 교환 주장을 철회하고 전체 포로 교환을 수용하는 수정안을 내놓았다.

> 교전 쌍방은 정전협정에 서명하고 발효될 때 수용하고 있는 전체 전쟁 포로를 석방하고 송환한다. 그 실시는 정전협정에 서명하기 전 쌍방이 수정하고 받아들인 명단을 기초로 한다.
> 그리고 그에 대한 '양해 사항'으로서,
> 첫째, 각 일방이 수용하고 있는 일체의 전쟁 포로와 수용된 민간인 중에서 1950년 6월 25일의 거주지가 수용 측 일방 지역인 자는 원거주지에 남기를 원하는 자를 제외하고는 모두 송환한다.
> 둘째, 기타 전쟁 포로는 강제력에 의하지 않고 송환을 원하지 않는 자는 모두 석방하여 자신이 선택한 지역에서 거주하도록 하고, 그 외에는 모두 송환한다.[48] (밑줄 강조: 인용자)

전체 대 전체 송환 원칙을 수용하는 대신 양해 조항을 두어 자원 송

---

46 제4의제 관련 35차 참모장교회의 기록, 1952. 3. 28, 『휴전회담회의록』 7권, 463~472쪽.

47 1952년 1월 초 리지웨이는 송환 거부 포로를 분류하여, 이승만과 장제스에게 이들의 재정착에 대한 입장을 문의했다. 무초 대사가 이승만에게 문의한 결과 이승만은 전 북한군 포로의 흡수에는 아무런 반대가 없으나, 중국인 포로는 대만으로 보낼 것을 희망한다고 했다. 장제스는 그들에게 선택의 기회를 허용한다는 발상에는 동의했지만, 대만에서 스스로 인수하겠다는 뜻을 시사하지는 않았다(『미국 합동참모본부사』, 136~137쪽).

48 제4의제 관련 39차 참모장교회의 기록, 1952. 4. 1, 『휴전회담회의록』 7권, 473~477쪽.

환 원칙을 적용하려는 의도였다. 송환 포로 명단도 정전협정 서명 전에 수정할 가능성을 열어 두었으며, 전쟁 발발 이전에 남한에 거주했던 남한 출신 포로는 제외하겠다는 제안이었다.

그런데 이날 회의에서 유엔군 측 참모장교들은 어처구니없는 실수를 했다. 공산군 측이 송환 포로 총수가 대체로 어느 정도가 될지 묻자, 유엔군 측이 약 11만 6000명이 될 것이라고 귀띔해 주었던 것이다. 이 숫자는 유엔군 측이 최초 제시했던 포로 명부 약 13만 2000명의 포로 가운데 남한 출신 1만 6000명만 뺀 숫자였다. 본격적인 포로 조사를 시작하기 전이었으므로 자원 송환 원칙을 적용했을 때 송환 거부 포로를 감안해서 숫자 문제에서 보다 신중하게 대응할 필요가 있었지만, 유엔군 측의 이러한 섣부른 대응으로 문제는 더 복잡해졌다.

유엔군 측이 미리 알려 준 숫자는 공산군 측이 3월 27일 조정 방안에서 제시한, 송환되어야 할 북한 출신 포로와 중국군 포로를 모두 포함한 숫자였기 때문에 공산군 측은 당연히 이 숫자에 관심을 보였다. 공산군 측은 포로 의사를 확인하기 위한 포로 심사가 질서 있게 실시되어야 한다며 유엔군 측 포로 심사도 사실상 인정했다. 그리고 회담 진전을 위해 즉각 명단 점검 작업을 개시하고, 원칙에 대한 토의는 그 후에 재개하자고 제안했다. 그리하여 1952년 4월 4일부터 양측은 더 정확한 숫자를 제시할 때까지 휴회하기로 결정했다. 이때 유엔군 측은 송환 포로 숫자가 10만 명 이상이 된다면 공산군 측을 만족시키고 합의에 이를 수 있을 것이라고 판단했다.[49] 이제 송환 포로 숫자를 확정하기 위한 포로 조사

49 『미국 합동참모본부사』, 91쪽.

작업이 진행되어야 했다.

1952년 4월 3일 리지웨이는 포로 조사 실시 허가를 받아, 이틀 후 밴플리트(James Van Fleet) 미8군사령관에게 포로 조사를 위한 스캐터(Scatter) 계획에 착수하라고 명령했다.[50] 처음 3일간 조사로 13만 2000명의 포로 가운데 약 반 정도 면담이 진행되었다. 심사는 순조롭게 진행되지 못했다. 4월 13일까지 10만 6376명에 대한 심사가 진행되었는데, 그중에서 송환 희망 포로는 3만 1231명에 불과했다. 거제도의 4만 4000명의 포로와 민간인 억류자는 심사를 거부했으며,[51] 그 밖에도 부산 제10수용소의 포로 병원에 수용된 1만 2000명의 포로와 민간인 억류자 심사도 마무리되지 못했다. 그때까지 심사하지 못한 남은 포로 전원이 송환을 희망한다고 해도 공산군 측에게 미리 알려 준 11만 6000명과는 상당한 차이가 있었다. 결국 조사를 격렬하게 거부하는 7개 수용소는 자동적으로 송환을 희망하는 자로 간주하고 조사 작업이 마무리되었다.

조사를 마친 리지웨이는 1952년 4월 15일 송환을 희망하는 포로는 대략 7만 명 정도라고 합참에 보고했다. 이때 유엔사가 보유하고 있는 포로는 민간인 포함 약 17만 명 이상이었다. 이 잠정적인 결과는 공산군 측의 저항을 불러올 것이 분명해 보였다.[52] 그럼에도 이날 합참은 송환 희

---

50 『유엔군전사』, 123쪽.

51 『유엔군전사』, 124쪽; 다른 자료에 따르면, 친공 포로가 장악한 제62동, 66동, 76동, 78동, 85동 및 95동에 있는 북한군 포로 4만 7000여 명의 심사를 하지 못했다(HQ, 164th MP POW Precessing Company, "Daily Journal", 1952.4.8~13, 5741/407; "Special Report of the Unified Command on the UN Action in Korea" 1952. 10. 18, Papers of Dean Acheson, Subject File, 63/HSTL, p. 17; "Young to Johnson : Answers to Questions on POWs", 1952. 5. 22, 국사편찬위원회, 1995, 『남북한관계사료집』 12권 한국전쟁시기 북한군 포로관계 문서(1050~1954), 172쪽).

52 『유엔군전사』(124쪽)에서는, 이 포로 조사 결과를 "휴전전망에 대한 비보"라고 표현했다.

망 포로는 전체 대 전체 교환을 하고, 그 나머지에 대한 재분류는 휴전협정 발효 후 적절한 국제기구에 의하여 심사한다는 약정하에 공산군 측에 통보하라고 리지웨이에게 지시했다.[53]

2주간의 휴회 후 1952년 4월 19일 재개된 참모장교회의에서 유엔군 측은 약 7만 명 정도가 송환될 것이라고 공산군 측에 통보했다. 민간인 억류자 7200명, 남한 출신 포로 3800명, 북한 출신 포로 5만 3900명, 중국군 포로 5100명이었다.[54] 유엔군 측이 4월 1일 제시했던 11만 6000명보다 현저히 줄어든 송환 포로 숫자 때문에 회담 분위기는 급격히 악화되었다. 공산군 측은 7만 명의 숫자를 고려한다는 것은 전적으로 불가능하다고 선언했다.

영국 등 다른 참전국도 대규모로 송환 거부 포로가 발생한 배경에 대해 의문을 제기했다. 주미 호주대사 스펜더(P.C. Spender)는 포로 심사가 피상적이라고 했으며, 영국 외상 이든(Anthony Eden)도 중립국에 의한 포로 재심사를 주장했다. 영국 언론까지 나서서 공정한 기구에 의한 재심사와 영국의 수용소 경비, 통제나 심사 참여 문제를 제기했다.[55] 그러나 재심사로 송환 희망자가 더 늘어날 것을 우려한 미국은 이러한 심사와 분리는 최종적이며, 결과를 상향 조정할 수는 없다는 입장을 고수했다.[56]

---

53 합참에서 리지웨이에게 보낸 전문, 1952. 4. 15, FRUS 1952-1954 Vol.XV, pp. 152~153.

54 제4의제 관련 42차 참모장교회의 기록, 1952. 4. 19, 『휴전회담회의록』 7권, 490~493쪽.

55 London to Secertary of State, 1952. 5. 27, No.5398, 국사편찬위원회, 1995 『남북한관계사료집』 12권 한국전쟁시기 북한군 포로관계 문서(1950~1954), 176쪽.

56 미 육군참모총장 콜린스는 만약 포로 재심사에서 송환 희망자가 9만 명으로 늘어난다면 심사가 제대로 처리되었을 경우 포로들이 모두 귀환할 것이라고 주장할 수 있으므로 재심사를 할 때가

4월 24일 제47차 참모장교회의에서 공산군 측은 이 숫자가 포로 문제의 협상 기초를 완전히 뒤집어 놓았다고 선언한 후,[57] 다음날 참모장교 비공개회의 마저 일방적으로 취소했다. 양측은 이 문제를 다시 본회담으로 돌려, 4월 28일 본회담을 재개했다. 원래 양측은 4월 27일 본회담을 재개할 예정이었으나, 합참이 본회담을 비공개로 할 것을 지시하고 이에 대해 리지웨이와 협상대표단이 강력히 항의하면서 하루 연기되었다. 조이 제독은 비밀회의를 제안하는 것이 협상 전략에도 부합되지 않으며, 유엔군 측 입장을 약화시킬 것이라고 판단했고 리지웨이 역시 같은 입장이었다. 그러나 합참은 보다 거시적 시각에서, 비밀회의를 먼저 제안하고 거부할 경우 공개회의에서 일괄 타결안을 제시하라고 지시했다.[58] 공산군 측 동의로 이날 회의는 비밀회의로 진행되었다.

4월 28일 제44차 본회담에서 유엔군 측 수석대표는 마침내 일괄 타결안을 제시했다. 유엔군 측은 일괄 타결안이 최종적이고 변경 불가능한 제안이라고 전제하고, 이미 합의에 도달한 사항에 이러한 내용을 포함한 휴전협정 초안을 제출했다.[59] 공산군 측 대표 남일은 무기 휴회를 선언했다.[60] 앞 장에서 살펴보았듯이 일괄 타결안은 그때까지 남아 있던 제

아니라는 의견을 제시했다. 극동 문제담당 국무차관보 직무대리 존슨도 재심사가 휴전 이전에 실시된다면 공산군 측이 이를 선전의 자료로 삼을 것이고 휴전협상도 늦출 것이기 때문에 정전 후 재심사를 권고했다(DS and JCS Meeting 1952. 4. 16, FRUS 1952-1954 Vol.Ⅶ, p. 155).

57 제4의제 관련 47차 참모장교회의 기록, 1952. 4. 4, 『휴전회담회의록』 7권, 528~532쪽.

58 합참에서 리지웨이에게 보낸 전문, 1952. 4. 27, FRUS 1952-1954 Vol.XV, pp. 178~179; 『미국 합동참모본부사』, 184~185쪽.

59 44차 본회담(18차 판문점회담) 기록, 1952. 4. 28, Encolsure (1) : United Nations Command Proposed Armistice Agreement-Revision of 27 April 1952, 『휴전회담회의록』 2권, 207~244쪽.

60 조이 제독은 그 회의를 요약 보고하면서, 공산군 측이 유엔군 측의 제안에 "알 수 없는 반응"을

3의제의 주요 쟁점과 포로 문제를 한 데 묶어 해결하려고 유엔군 측에서 오랫동안 준비해온 비장의 카드였다. 만약 공산군 측이 일괄 타결안을 거부한다면, 협상은 파국으로 치달을 것이었다.

5월 2일 다시 열린 제45차 본회담에서 공산군 측은 중립국 감시위원회 구성에서 소련의 참석 주장을 포기하고 유엔군 측 제안을 수락했지만, 포로 문제에 관해서는 민간인 억류자로 분류된 3만 7000명의 남한 출신 포로들만 양보할 수 있다는 입장이었다.[61] 결국 비행장 문제와 소련 문제가 상쇄되고 이제 협정 체결의 유일한 장애물은 포로 송환 원칙인 자원 송환 문제만 남았다.

5월 6일 비밀회의가 공개회의로 전환되자마자, 리지웨이는 합참의 승인을 받은 공개 성명을 즉각 발표했다. 일괄 타결안을 설명하고 한국의 평화에 관한 책임이 공산군 측에 있다고 비난하는 내용이었다. 예정된 수순대로 워싱턴에서도 트루먼 대통령이 일괄 타결안에 대한 미국 정부의 전적인 지지를 표명하면서 "우리는 인간을 도살장으로나 노예로 넘기면서까지 휴전을 하지는 않는다"는 성명을 발표했다.[62] 이러한 원색적인 비난은 포로 협상 초기 공산군 측에서 먼저 사용했던 방식이었다. 이제 양측 대립은 협상장을 넘어 체제 간 대립 양상으로 치닫기 시작했다. 그러나 때마침 발생한 거제도 포로수용소장 피랍 사건은 협상에서 유엔군

보였다고 했다(『미국 합동참모본부사』, 187쪽). 공산군 측은 비밀회의에서 유엔군 측의 일정한 양보를 기대했던 것일지도 모르겠다.

61 45차 본회담(19차 판문점회담) 기록, 1952. 5. 2, 『휴전회담회의록』 2권, 245~256쪽.

62 『미국 합동참모본부사』, 188쪽.

측 입장을 약화시켰다.[63]

1952년 5월 2일 공산군 측이 유엔군 측이 제시한 7만 명이라는 송환 희망 포로 숫자를 받아들이기를 거부했을 때, 양측 대립의 초점은 표면적으로는 송환 원칙 문제였지만 내용상 중국군 포로의 전원 송환이 핵심이었다. 저우언라이는 5월 5일 주중 인도대사 파니카를 만난 자리에서 포로 숫자 문제를 언급했다. 그는 당시 휴전회담 진행 가능성을 두 가지로 보았는데, 첫째 미국이 계속해서 협상을 지연시키고 '세균전'을 진행하면서 심지어 파국으로 몰고 가는 것, 둘째 미국이 제네바 공약을 준수하여 11만 명의 전쟁 포로를 석방하는 것에 동의하는 것이라고 가정했다.[64] 그러나 중국의 관심은 송환 포로 총수가 아니라 '중국군 포로의 전원 송환'이었다. 이후 휴전회담에서 공산군 측은 중국군 포로를 전부 포함시키면 북한군 포로의 수를 더 줄여도 되고, 모든 포로를 중립 지역이 아닌 평양에 이송시킨 후 국제적십자사가 심사한다면 수용할 수 있다는 방안을 제시했다.[65] 외형적으로는 포로 송환 원칙을 두고 대립하는 양상이었지만, 중국군 포로의 전원 송환을 위해서는 자원 송환도 부분적으로 수용할 수 있다는 입장이었다. 공산군 측 협상을 주도했던 중국의 입장이 반영된 결과였다. 중국 측이 송환을 거부하는 중국군 포로의 선택을 용인하는 것은 곧 한국전쟁에 참전한 중국의 '자존심'과 '명분'에 상처를 입는 것으로 인식했을 것이고, 사실상 이 문제는 포로 협상의 핵심

---

63 거제도 포로수용소장 돗드 장군 피랍 사건에 대해서는, 다음 장에서 자세하게 다룰 것이다.

64 『항미원조전쟁사』 3권, 356쪽.

65 *Memo of the Substance of Discussion at DS and JCS Meeting*, 1952. 7. 9, FRUS 1952-1954 Vol.Ⅶ, p.387.

쟁점이었다.

포로의 자원 송환 원칙을 하나의 확고한 원칙으로 제시하기까지 미국 내에서는 상당한 기간 동안 심층적 분석과 논의가 이루어졌다. 최종적으로 유엔군 측이 자원 송환 원칙을 채택한 데는 도덕적·심리적·인도적 이유가 복합적으로 작동했지만, 그 이면에는 내전으로 시작해서 국제전으로 비화한 전쟁 양상과 한·중 포로의 복잡한 성분, 송환 포로의 숫자 문제가 깔려 있었다. 송환 거부 포로의 숫자는 이미 심리전으로 전화한 당시 국면에서 매우 중요한 의미를 가질 수밖에 없었다. 공산군 측은 그러한 선택이 포로에 대한 강압의 결과라고 주장했고, 유엔군 측은 포로들의 송환 거부 선택이 자신들의 체제 우월성을 보장하는 것으로 해석했다. 결국 자원 송환 원칙은 군사적으로 일방적인 승리를 거둘 수 없다고 판단한 양측이 전쟁을 마무리하기 위해 시작한 휴전회담을 새로운 이념전의 장으로 만드는 결과를 초래했다. 미국이 전쟁을 장기화하고 협상을 지연시키더라도 그 원칙을 지키고자 한 것도, 중국이 이에 절대로 굴복하지 않겠다고 버틴 것도, 결국은 전쟁이 체제 간 이념전으로 전환되었기 때문이었다.

1952년 5월 21일 유엔군 측 휴전회담 수석대표가 조이 제독에서 해리슨(William K. Harrison) 육군소장으로 교체되었다.[66] 포로수용소에서는 반공 포로와 친공 포로 간에 유혈 충돌이 끊이지 않았고, 돗드(Francis T. Dodd) 포로수용소장 피랍 사건이 일어난 직후였다. 돗드 준장 석방을

---

66 해리슨은 제2차 세계대전 당시 미 제2사단장으로 체코에 주둔했었으며, 전후에는 미 제9사단장을 역임했다. 1952년 9월 5일 중장으로 승진했고, 휴전협정 체결 시까지 수석대표직을 맡아 휴전협정에 서명했다.

위해 포로들에게 작성해 준 콜슨(Charles F. Collson) 준장의 문서는 유엔군 측이 포로들에게 잔악 행위를 했다는 점을 명기하고 있어 휴전 교섭에 임하는 유엔군 측 대표들을 곤혹스럽게 만들었다. 한편 1952년 5월 공산군 측은 유엔군이 세균전을 전개했다는 주장을 본격적으로 제기하기 시작했다. 공산군 측의 세균전 선전은 국제 여론에 영향을 미쳤고, 회담장 분위기는 더 악화되었다.[67]

유엔군 측 수석대표 해리슨은 이미 제시한 일괄 타결안이 최종안이며 "우리 입장의 정당성과 공정성과 자비성에 대해서는 의문을 가질 여지가 없다"며 단호하게 휴회를 제안했다. 신임 수석대표 해리슨은 이전 회담부터 대표단의 일원이었고, 회담이 난항을 겪을 때 휴회와 회담 불참석을 제기했던 강경파였다. 그가 수석대표가 된 후 바로 유엔군 측은 휴회를 제안했고 매번 3일간 휴회하면서 공산군 측이 유엔군 측 최종 제안을 수용하거나 먼저 회담 결렬을 선언하기를 기다리고 있었다.

회담이 난항을 거듭하는 동안 인도가 우회적인 외교적 방법으로 미국과 중국의 입장을 파악하고 해결책을 모색하고자 나섰다. 6월 15일 주중 인도대사 파니카는 중국 수상 저우언라이의 두 가지 대안을 미국 쪽에 알려 왔다. 첫 번째는 중국군 포로 2만 명과 북한군 포로 9만 명 송환 기준으로 해결하거나, 중국군 포로 2만 명이 포함된다면 10만 명 기준에서 해결한다는 것, 두 번째 안은 모든 포로는 본국 송환되며, 송환 거부 포로는 판문점으로 이송하여 그곳에서 중국을 포함한 양측 적십자 대표로 구성된 위원회의 면담을 거쳐 포로 자신이 송환 여부를 결정한

67 이에 대해서는 다음 장에서 자세히 다룰 것이다.

다는 것이었다.[68] 두 가지 안 모두 중국군 포로 2만 명 전원 송환이 전제였다. 인도 정부는 중국이 휴전을 진정으로 원하고 있으며, 중국의 명예를 지켜주는 어떤 방법이 보인다면 교착 상태가 해결될 수 있다고 확신했다.[69]

미국은 영국 외무성을 통해 저우언라이의 두 번째 대안에 관심이 있다고 인도 정부에 알리면서, 인도 정부가 자체 경로를 통해 더 탐색할 것을 제의했다. 중국과 인도 관리들 간에 많은 대화가 오고 간 후, 인도는 중국이 이러한 제안을 판문점에서 다루고 싶어한다고 미국 측에 알렸다. 그러나 결국 7월 14일 영국 외무성은 중국이 다만 첫 번째 대안에 관심이 있을 뿐이며, 두 번째 대안 기준으로는 협상하지 않을 것이라고 인도 정부에 통고했다는 점을 확인함으로써 일련의 탐색전은 성과 없이 막을 내렸다.[70]

이때 인도를 통한 미국과 중국의 외교적 탐색전은 비록 불발로 끝났지만, 몇 가지 점에서 나름 의미가 있었다. 첫째, 인도가 판문점의 대립을

---

68 합참에서 유엔군사령관 클라크에게 보낸 전문, 1952. 6. 23, FRUS 1952-1954 Vol.XV, pp. 347~349; 합참은 이 두 가지 대안 중 첫째 안은 저우언라이가 수락하기가 더 용이할 것이며, 유엔군 측 입장에서는 두 번째 안이 채택할 만하다고 평가했다(『미국 합동참모본부사』, 274쪽).

69 합참에서 극동군사령관 클라크에게 보낸 전문, 1952. 6. 23, FRUS 1952-1954 Vol.XV, pp. 347~349; 그런데 중국 측 전사(『항미원조전쟁사』 3권, 356쪽)에서는, 저우언라이가 파니카를 만나 이러한 제안을 한 것은 5월 5일이었다고 적고 있다. 5월 2일 공산군 측은 유엔군 측의 일괄 타결안을 거부하고, 7만 명의 포로 숫자를 도저히 받아들일 수 없는 것이라고 한 바 있다. 『周恩來年譜(1949~1976)』 (상권, 237쪽)를 근거로 하고 있으므로, 이것이 더 정확할 것으로 보이는데, 저우언라이의 제안은 그로부터 한 달이 지난 6~7월에서야 미국에서 논의되었다.

70 주영대사 기포드(Gifford)가 국무부에 보낸 전문, 1952. 7. 14, FRUS 1952-1954 Vol.XV, p. 407; 주인도대사 보울스(Bowles)가 국무부에 보낸 전문, 1952. 7. 14, FRUS 1952-1954 Vol.XV, pp. 407~408.

중재하고자 다양한 외교적 경로를 활용했다는 점이다. 인도는 포로 문제가 결국 유엔으로 넘어가자 더 구체적인 대안을 모색하며 직접적 중재자로 나섰고, 정전 후에는 중립국 감시위원회와 포로 송환위원회 의장국 역할을 수행했다. 둘째, 중국이 제시한 두 번째 대안이 갖는 가능성이었다. 비록 중국이 이때는 첫 번째 안 외에는 관심이 없다며 물러섰지만 미국이 두 번째 대안에 관심을 보였고, 중국이 먼저 이러한 대안을 갖고 있었다는 점에서 양측이 합의를 모색할 때 활용 가능한 하나의 대안이 될 수 있었다. 이 제안은 인도가 유엔에서 포로 문제 해법을 제시할 때보다 구체화되었고, 최종적으로 송환 거부 포로를 판문점으로 옮겨 양측의 설득을 허용하는 방식으로 합의되었다. 셋째, 이러한 외교적 탐색은 협상장을 판문점에서 유엔으로 옮기는 결정을 하는 데도 영향을 미쳤다. 회담장에서 양측이 팽팽한 대립으로 타협점을 찾지 못하는 상황에서, 유엔을 통해 해결책을 모색하려는 시도는 해볼 만한 가치가 있었다.

한편 이 시기 미 국무부는 외교 경로를 통해 소련 정부와도 포로 문제를 논의하는 방안을 신중하게 검토했다. 소련에 제의할 제안은 유엔군 측이 이미 송환을 결정한 8만 3000명의 포로를 공산군 측 1만 2000명의 포로와 교환한 다음, 나머지 포로는 비무장지대로 이송하여 인도나 기타 중립국 감시하에 다시 면담을 거쳐, 만일 그들이 원한다면 고국으로 돌아갈 수 있는 기회를 더 부여한다는 것이었다. 이 제안은 중국이 인도에 제시했던 두 번째 안과 유사했고, 인도나 기타 중립국 감시하의 면담이라는 보다 구체적이고 진전된 내용을 담고 있었다. 그러나 유엔군사령관 클라크는 소련에 외교적 호소를 하는 이 제안이 연약함의 표시로 보일 것이라며 반대했다.[71] 그는 소련에 대한 외교적 호소보다는 군사작전을 더 강화해야 하며, 성명 발표나 행동에 있어서도 정부나 동맹국 정부 양자의 적절한 성명이나 행동으로 뒷받침해야 한다고 보았다. 모스크바 주재 미대사 케난도 소련 정부와 접촉하는 것이 당시로서는 바람직하지 않다고 조언하여 결국 국무부의 의견은 채택되지 않았다.

한편 1952년 6월 10일 신임 포로수용소장 보트너(Haydon L. Boatner) 준장의 지시하에 거제도 포로수용소에서 포로 이동이 시작되었다. 포로들을 각각 500명씩 수용하는 새로운 수용소로 분산 수용하기 위한 것으로 6월 말에 완료되었다. 1952년 7월에는 한국병참관구가 창설되어 포로소용소 및 기타 후방 지역 활동을 제8군으로부터 인수했다. 이렇게 하여 포로들에 대한 통제력을 확보한 후 포로 심사를 마무리하기 위한 작업이 진행되었다.

원래 미국 측은 재심사 결과 송환 희망자 수가 더 늘어나면 첫 심사의 유용성이 떨어질 것을 우려하여 재심사를 고려하지 않았다. 그러나 친공 포로수용소 심사 결과는 송환 거부자가 너무 적고, 반공 포로수용소 심사는 송환 거부자가 너무 많았다. 게다가 돗드 포로수용소장 피랍 사건으로 포로 대우와 심사에 대한 유용성이 크게 손상되자 결국 재심사를 결정했다.[72] 재심사는 6월 23일부터 시작되어 단 4일 만에 마무리되었고, 이로써 심사가 시작된 이래 총 16만 9944명의 포로 심사가 완료

---

71 클라크는 "우리는 전장에서 북한의 군사 목표에 대한 공중 공격의 계속적인 강화로 단호한 자세를 가져야 하며, 성명 발표나 행동에 있어서도 단호해야 하고, 이러한 단호함은 우리 정부나 동맹국 정부 양자의 적절한 성명이나 행동에 의해 충분히 지지되어야 한다"는 입장이었다(유엔군사령관 클라크가 합참에 보낸 전문, 1952. 7. 30, FRUS 1952-1954 Vol.XV, pp. 427~429).

72 합참에서 클라크에게 보낸 전문, 1952. 5. 26, FRUS 1952-1954 Vol.Ⅶ, pp. 244~245.

되었다. 최종 심사 결과 송환 희망 포로는 북한 출신 6만 2347명, 중국군 6550명, 남한 출신 4689명, 민간인 억류자 1만 136명으로 총 8만 3722명이었고, 송환 거부 포로는 북한 출신 3만 4196명, 중국군 1만 4251명, 남한 출신 1만 1622명, 민간인 억류자 2만 6153명 총 8만 6222명이었다.[73] 전체 포로 숫자로 보면 송환 거부 포로가 송환 희망 포로에 비해 약간 더 많은 수치였다.

이때 심사는 포로 의사를 확인하여 송환 희망자와 불원자로만 구분했으며, 송환 희망자 가운데는 남한 출신과 민간인 억류자도 있었다. 마찬가지로 송환 거부 포로 가운데 북한 출신과 중국군도 대거 포함되었다. 유엔군 측이 공산군 측에 넘겨준 포로 명부는 민간인 억류자로 분류한 남한 출신 포로를 제외한 13만 2000여 명으로 되어 있었지만, 이때의 숫자는 다만 남한 출신 포로들만을 제외한 것이었다. 그러나 이후 유엔군 측이 수용한 모든 포로를 대상으로 심사한 결과, 출신지와는 상관없이 포로들의 송환 의사에 따라 분류하였고, 결과적으로 공산군 측에게 애초 제출한 7만 명보다 약 20퍼센트 정도 송환 희망자가 늘어났다.

합참은 송환 희망 포로 숫자가 늘어난 것이 협상에 도움이 될 것이라고 예상했다. 공산군 측으로부터 돌려받을 약 1만 2000명에 비해 넘겨줄 포로 수는 약 7배에 달했다. 이 숫자는 송환 거부 포로 8만 6222명에게 자원 송환 원칙을 적용하려는 안을 공산군 측이 수락하도록 유인하기에 충분할 만큼 차이가 크다고 판단했다.[74] 공산군 측에게 새로운

---

73 『미국 합동참모본부사』, 251쪽.

74 위의 책, 250쪽. 그러나 이러한 희망적인 예상은 보기 좋게 빗나갔다. 보유하고 있는 포로 수와 송환 포로 비율에서 중국군과 북한군이 심하게 차이가 났고, 공산군 측 회담을 주도하는 중국군 측

명단을 제시하기 전 1952년 7월 3일 최종적으로 포로 재조사가 진행되었고, 그 결과 송환 희망 포로는 8만 3722명에서 8만 3071명으로 더 감소했다. 최종 확인된 송환 희망 포로는 북한 출신 6만 2169명, 중국군 6388명, 남한 출신 4560명, 민간인 억류자 9954명으로 총 8만 3071명이며, 송환 거부 포로는 북한 출신 3만 4373명, 중국군 1만 4412명, 남한 출신 1744명, 민간인 억류자 2만 6338명으로 총 8만 6867명이었다.[75]

유엔군 측은 최종 확인된 송환 포로 명부를 언제 넘겨줄 것인지 고심했다. 브래들리 합참의장은 8만 3000여 명이라는 수치를 공산군 측에게 제공할 경우 그들이 또다시 석 달을 기다리면 그 수가 10만 명에 이를 것이라고 주장할 것이고, 이 결과를 알리지 않았는데도 그것이 공산군 측에 새어 나간다면 더 어려운 처지에 빠질 것을 우려했다. 클라크 유엔군사령관은 이 숫자를 늦게 알릴수록 공산군 측이 유엔군 측 발표보다 앞서 정보를 입수하여 공세를 펼 수도 있다며 빨리 통보하자고 요구했다.[76]

유엔군 측이 최종 포로 숫자를 언제 어떻게 통보할 것인가로 고민하고 있을 때, 공산군 측은 1952년 7월 6일 제97차 본회담에서 숫자 문제를 본격적으로 들고 나왔다.[77] 공산군 측은 유엔군이 억류하고 있는 모든 포로의 재심사를 요구하며, 특히 2만 명의 중국군 포로는 모두 포함

은 송환 포로 총수보다 중국군 포로의 송환 비율을 더 중요하게 보았기 때문이었다.

75 『미국 합동참모본부사』, 278쪽.

76 *Memoramdum of the Substance of Discussion at a Department of State-Joint Chiefs of Staff Meeting, Washington*, July 2, 1952, FRUS 1952-1954 Vol.Ⅶ, pp.371~372.

77 97차 본회담(71차 판문점회담) 기록, 1952. 7. 6, 『휴전회담회의록』 2권, 594~598쪽.

되어야 하고, 송환되어야 할 포로는 11만 명 선이라고 제시했다. 6월 15일 저우언라이가 인도대사 파니카에게 제시했던 첫 번째 안과 같은 주장이었다. 이 안은 1951년 12월 18일 유엔군 측이 제시한 명단을 근거로 남한 출신 송환 거부 포로만을 제외한 포로 전원 송환 요구로, 출신지를 기준으로 남한 출신만 일부 자원 송환을 허용하되 기본적으로 원적에 따른 본국 송환을 주장한 것이었다. 여기서도 중국군 포로 전원 송환이 기본 전제였다. 7월 11일 합참은 휴전 후 전체 송환자 수가 약간 증가될 수도 있다는 전제 아래 공산군 측에게 통보하라고 승인했고, 7월 13일 제104차 본회담에서 유엔군 측 대표단은 한국인 7만 6600명과 중국인 6400명 포함, 약 8만 3000명의 포로가 송환될 것이라고 제시했다.[78]

이때가 공산군 측에게는 중요한 선택의 기로에 선 순간이었다. 유엔군 측이 내놓은 최종 숫자를 수용하거나 거부하는 결정에 따라 휴전이 성사될 수도, 전쟁을 계속할 수도 있는 결정적 시점이었다. 휴회를 요청한 후 마오쩌둥은 김일성과 스탈린에게 전문을 보내 의견 조율을 시도했다. 이틀 후 마오쩌둥은 "유엔군 측의 도발적이고 유혹적인 방안을 절대 받아들이지 않아야 한다"는 거부 방침을 선택했다. 공산군 측의 강경책을 주도한 것은 마오쩌둥이었다. 그로부터 며칠간 공산군 측 내부에서는 신속하게 입장 정리를 이루어냈다. 마오쩌둥은 7월 15일 스탈린에게 중국 측 입장을 전달했다.

> ⋯⋯ 미국 측이 발표한 인민군과 지원군 송환 포로의 숫자는 둘의 비율

---

78 104차 본회담(78차 판문점회담) 기록, 1952. 7. 13, 『휴전회담회의록』 2권, 636~639쪽.

이 서로 맞지 않는다. 적은 이를 통해 북한과 중국의 전투적 단결을 무너뜨리려 기도하는 것이다. 이런 상황하에서 우리는 적의 이런 도발적이고 유혹적인 방안을 절대 받아들이지 않아야 한다고 여긴다. 또한 적의 압력에 굴복하는 것은 우리에게 절대적으로 불리하다. 만약 적이 양보를 거절하고 계속해서 지연시킨다면 우리는 즉시 선전을 확대하고 적의 휴전회담 결렬 기도와 침략 전쟁 확대 음모를 폭로하고 국제 여론을 동원하고 우리의 전선에서의 굳건한 방어와 결합시켜 적에게 계속해서 손상을 입혀 적이 최후의 양보를 하게 만들어야 한다. 만약 적이 회담의 결렬을 두려워하지 않고 전쟁을 확대하려 한다면 우리 또한 이에 대한 준비가 있다. 왜냐하면 이 문제는 정치 문제이기 때문이다.[79] (밑줄 강조: 인용자)

미국 측이 발표한 북한군과 중국군 송환 포로 숫자는 비율이 서로 맞지 않으며, 이는 미국이 북한과 중국의 단결을 해치려는 기도이며, 이는 단순한 포로 숫자 문제가 아니라 정치 문제라는 것이다. 절대로 양보할 수 없다는 입장을 분명하게 전달했다.

같은 날 마오쩌둥은 김일성에게도 공동 보조를 요구하며 강경한 태도를 보일 것을 촉구하는 전문을 보냈다. 미묘한 차이였지만 중국군과 북한군 송환 포로 비율 문제는 언급하지 않았다. 스탈린에게 보낸 전문과는 차이를 보이는 대목이다.

---

79 「마오쩌둥이 스탈린에게 1952. 7. 15」(『항미원조전쟁사』 3권, 381쪽 재인용).

현재 도발적이고 유혹적이며 진정한 양보가 없는 적들의 방안을 받아들이는 것은, 또한 적의 대규모 폭격이 진행된 후 이를 받아들이는 것은 우리 측에 절대적으로 불리하다. 두 가지 상반된 경우를 보면, 받아들이지 않는 손해는 단지 한 가지로, 즉 북한 인민군과 중국 지원군이 계속해서 손실을 보는 것이지만 …… (중략) …… 그 희생의 대가는 이미 38도선 부근의 진지의 공고함으로 나타났고 북한과 중국의 동북 지역을 보위함으로써 북한과 중국 인민들, 특히 무장 세력이 미 제국주의와 작전에서 단련됐으며, 싸울수록 강해지고 있다. …… 중국 인민은 모든 가능한 노력을 통해 북한 인민의 곤란을 해결할 것이고, 당신은 다시 겸손하게 현재 한반도에서 해결할 필요가 있지만 중국의 역량을 넘어서는 일부 문제를 제기할 필요가 없다. 나는 당신과 함께 필리포프(스탈린을 말함) 동지에게 도움을 요청할 것이다. 적의 방안을 받아들일 때의 손해는 더욱 심각하다.[80] (밑줄 강조: 인용자)

북한을 최대한 지원하겠다고 강조하면서, 유엔군 측 제안을 받아들일 수 없다는 입장에 동의해 줄 것을 요구했다. 당시 김일성은 유엔군의 북한 지역 대규모 폭격 때문에 포로 협상이 빨리 마무리되기를 원했다. 북한이 이미 조속한 휴전을 원한다는 사실은 여러 차례 전달된 바 있었다. 이미 1952년 1월 16일 북한 외무상 박헌영은 펑더화이를 방문하여 "전 조선 인민은 평화를 요구하고 있으며 전쟁을 계속하는 것을 원치 않는다"는 입장을 전달했다. 그러나 만약 소련과 중국이 전쟁을 계속하는

80 A.V.토르쿠노프 지음 구종서 옮김, 2003「마오쩌둥이 김일성에게 1952. 7. 15」『한국전쟁의 진실과 수수께끼』, 에디터, 397~399쪽.

것이 유리하다고 판단하면, 그에 따를 것이라고 부언했다. 펑더화이는 박헌영을 설득했고, 결국 면담 말미에 박헌영은 전쟁을 계속하는 것을 원치 않는다는 입장은 노동당 중앙위원회 및 북한 정부의 견해가 아니라 순수하게 개인적 견해라며 물러섰다.[81] 1952년 3월에도 김일성이 타스 통신 기자들을 불러 정전을 호소하는 기자회견을 했지만, 소련 정부의 통제로 보도되지 못했다.[82]

마오쩌둥의 전문을 받은 다음날 김일성은 원조 지원에 감사를 표하며, 마오쩌둥의 제안에 동의했다.[83] 저간의 사정을 고려한다면, 김일성의 동의는 마지못해 한 것이었을 것이다. 김일성의 이러한 입장은 같은 날 스탈린에게 보낸 전문에서도 드러난다.

> 현재의 한국 상황을 분석해 볼 때 휴전회담이 무기한 연기될 가능성을 배제할 수 없다. 회담이 진행되었던 지난 1년 동안 사실상 전시 상태로 되돌아갔으며 수세적 방어 자세였다. ……

---

81 예프게니 바자노프·나딸리아 바자노바 저 김광린 역, 1997「소련군 총참모부 제2총국 암호 전문 제16293호, 1952. 1. 16」,『소련의 자료로 본 한국전쟁의 전말』, 도서출판 열림, 212쪽; 그런데 와다 하루끼는 이때 박헌영의 행동을 조기 타결을 바라는 김일성과 전쟁 계속을 원하는 박헌영 사이에 견해 차이가 있었던 것으로 파악했다. 그는 박헌영의 펑더화이 방문이 불가사의한 사실이라고 하면서, 박헌영이 중국 측 입장을 살피기 위해 펑더화이를 방문한 것으로 추측했다(와다 하루끼 저 서동만 역, 앞의 책, 408쪽).

82 A.V.토르쿠노프 지음 구종서 옮김, 2003「소련 공산당 중앙위원회 정치국 제86호의 속기록 제P86/33호(1952.3.9 결정)」『한국전쟁의 진실과 수수께끼』, 에디터, 395~396쪽;「그로미코가 스탈린에게 1952. 3. 5」『한국전쟁 관련 소련 외교문서』.

83 A.V.토르쿠노프 지음 구종서 옮김, 2003「김일성이 마오쩌둥에게 1952. 7. 16」, 앞의 책, 399~400쪽. 김일성은 또한 활발한 군사행동과 장기전을 대비하여, 적어도 10개 이상의 고사포부대 증설, 공군 사령부의 재편성, 지상 전선에서의 국지전적 게릴라성 공격 등을 제안했다.

적은 막대한 인적 물적 타격을 주었다. 최근 북한 내 모든 발전의 가동이 중단되었으며, 적 공군의 적극적 활동으로 발전소의 재가동이 어려워 경제는 모든 분야에서 큰 타격을 받고 있다. …… 야만적 폭격이 있었던 지난 24시간 동안, 평양에서만(1952년 7월 12일 밤 11시) 6000명 이상의 주민이 사망하거나 부상당했다.

적군은 이러한 상황을 최대한 이용하여 받아들이기 어려운 조건을 제시하고 있다. 중국 측은 이러한 조건을 거부하고 있으며, 우리도 이 문제에 관해 의견을 같이하고 있다. ……

대공방어 강화, 북한군 공군의 야간 전투력 강하, 적 공군의 활동이 우리의 후방에서 이동하도록 적의 눈에 띄는 지상 작전을 시행할 필요가 있으며, 협상의 재개, 제네바 협정에 의거한 포로 교환, 교전 중지 및 휴전 문제를 가능한 신속히 해결해야 한다.[84] (밑줄 강조: 인용자)

비록 마오쩌둥의 강경책에 동의하지만, 북한의 어려움을 호소하며 휴전 문제를 가능한 신속히 해결해야 한다는 입장을 강하게 피력했다. 김일성은 서두부터 공산군 측이 수세적 방어 자세라는 점을 강조하고 북한의 피해 상황을 먼저 열거했다. 방점은 북한의 피해와 휴전 문제를 가능한 신속히 해결하는 데 있었고, 중국의 입장에 동의한다는 것은 적극적인 동조라기보다는 의견을 같이한다는 정도였다.

스탈린은 7월 17일 마오쩌둥에게 중국 측 입장에 동의한다는 답신을 보냈다. 평양에서의 보고도 받았으며, 김일성도 역시 마오쩌둥의 입장

84 심지화 편, 2003 「김일성이 스탈린에게: 라주바에프 대사를 통해 전달 1952. 7. 16」, 앞의 책, 1184~1185쪽.

에 동의하고 있다는 간단한 내용이었다.[85] 이 전문은 아무런 분석도 설명도 없이 다만 중국 측 입장에 동의한다고만 밝히고 있어, 소련의 진짜 의도를 파악하기는 어렵다. 며칠간 오고 간 전문을 통해 볼 때, 마오쩌둥이 주도하여 북한과 소련을 설득하고 강경책을 관철시킨 것으로 보인다. 이 시점에서 공산 3국은 중국이 주도한 강경책에 합의했고, 이는 이후 전쟁과 회담의 전개에서 매우 중요했다. 공산군 측 강경책을 주도한 것은 중국이었고, 마오쩌둥이 그 중심에 있었다.[86]

공산 3국 간 의견 조율을 마친 후 5일 만에 복귀한 제105차 본회담에서 공산군 측은 유엔군 측 제안을 분명하게 거부했다. 이들은 유엔군 측이 처음 제시한 명단의 13만 2000명과 비교할 때 송환 희망 포로수가 너무 적고, 2만 명의 중국인 포로가 완전히 포함되지 않았고, 중국군 송환 희망 포로 비율이 현저히 낮다는 점 등을 문제 삼았다. 유엔군 측이 제시한 명단에서 한국인은 7만 6000명으로, 유엔군 측 1951년 12월 28일 최초 포로 명단에 근거해 볼 때 송환해야 할 북한군의 80퍼센트 정도가 포함된 반면, 중국군은 6400명으로 송환해야 할 중국군 포로의 32퍼센트에 불과하다고 주장했다. 중국은 이러한 비율이 유엔군 측이 의

85 심지화 편, 2003 「史達林關於同意中方停戰談判立場致毛澤東電(스탈린이 중국 측 정전담판 입장에 동의하는 것에 관해 마오쩌둥에게 보낸 전문) 1952. 7. 17」, 앞의 책, 1186쪽.

86 지안 첸(앞의 논문, 61쪽)은 리커눙은 이 제안을 받아들일 수 있다고 마오쩌둥에게 제안했는데, 마오쩌둥이 스탈린과 협의를 하고 난 다음 이 제안을 반대했다고 보았다. 반면에 와다 하루끼는 8월 17일부터 진행된 모스크바에서 저우언라이와 스탈린의 회동 관련 문건을 검토한 후, 스탈린이 중국으로 하여금 전쟁을 계속하도록 압력을 가한 것으로 해석되어 온 것은 착오이며, 스탈린은 중국의 원칙적인 입장에 동조했을 뿐이라고 해석했다(와다 하루끼 저 서동만 역, 앞의 책, 410~411쪽). 소련 외무성 자료와 중국 자료를 통해 중국과 소련, 북한 간에 오고 간 전문을 검토해보면, 이때의 강경책을 선택한 것은 마오쩌둥이었던 것으로 보는 것이 더 정확할 것이다.

도적으로 북한과 중국을 분열시키려는 것이라고 주장했다. 공산군 측은 또한 북한의 수력발전소와 평양에 대한 무책임한 폭격을 비난하면서 야만적 폭격에 맞서 더욱 용감하게 싸울 것이라고 선언했다. 공산군 측 주장의 요지는 "당신들은 전장에서 얻을 수 없는 것을 회담 테이블에서도 절대로 얻을 수 없다"는 것이었다.[87] 공산군 측은 이후 더욱 완강한 태도를 보였다.

최종 숫자를 제시한 후 유엔군 측에게 남아 있는 더 이상의 협상 카드는 없었다. 그렇다고 유엔군 측에서 먼저 회담을 일방적으로 중단하지도 않았기 때문에 회담은 결렬도, 진전도 없는 상태로 명목만 유지했다. 미 합참은 유엔군사령관에게 필요할 경우 본회의를 7일간씩 휴회할 것을 제의하거나, 또는 만일 공산군 측이 그 제안을 거절한다면 일방적으로 휴회해도 좋다고 승인했다.[88] 다음날 유엔군 측은 참모장교회의만 남겨두고 일방적으로 7일간의 휴회를 선언했다. 8월에도 3일과 11일, 19일, 27일 네 번 회의가 열렸지만 휴회가 반복되었다. 어느 편도 회의 결렬의 책임을 질 의사도, 그리고 양보할 의사도 없었다.

한편 유엔군 측은 하나의 압력 수단으로 민간인 억류자 석방을 단행했다. 이러한 도전적 행동이 인도적 송환 원칙을 뒷받침하고, 공산군 측 반발도 무시할 수 있다고 판단한 유엔군 측은 1952년 6월 말에서 8월 말까지 2만 7504명의 민간인 억류자를 석방했다.[89] 공산군 측은 강하게

---

87 105차 본회담(79차 판문점회담) 기록, 1952. 7. 18, 『휴전회담회의록』 2권, 640~648쪽.

88 합참에서 클라크에게 보낸 전문, 1952. 7. 25, FRUS 1952-1954 Vol.XV, pp. 419~420.

89 10월에도 남한 출신 1만 6000명의 포로 가운데 민간인 억류자로 재분류한 1만 1407명을 추가 석방하여 총 3만 9464명을 일방적으로 석방했다(Recapitulation of CI Strength 1953. 9. 24, 21(조성훈,

비난하며 석방 중단을 요구했지만, 유엔군 측의 예상대로 이 문제를 빌미로 휴전협상을 중단시키지 않았다. 그러나 회담장에서는 아무런 진전도 없었고, 이것도 상대방에게 충분히 효과적인 압력 수단이 되었다고 보기도 어려웠다.

이즈음 모스크바에서 중·소회담이 열렸다. 여기서 중국의 강경책이 재확인되었고, 북한과 소련은 더 분명하게 그에 동의했다. 저우언라이가 소련을 방문한 주목적은 중국의 제1차 5개년 계획에 있었고, 중·소간 핵심 논의는 중국에 대한 소련 군사 장비 이전이었지만, 당연히 한반도 문제도 거론되었다. 저우언라이는 스탈린에게 미국이 평화를 원하지 않는다면 1년간 더 싸울 준비를 해야 하며, 중국은 전쟁이 2~3년간 더 지속될 것에 대비하고 있으며, 포로 문제에서 원칙적으로 미국에게 양보하지 않을 것임을 분명히 밝혔다. 그는 소련의 추가적인 군사 지원을 요구하면서 전쟁을 계속하는 것이 마오쩌둥의 뜻이며, 그것이 미국이 새로운 세계대전을 준비하는 것을 막는 길이라고 말했다. 이때 저우언라이는 북한의 입장에 대해서도 언급했는데, 매일 당하는 인력 손실이 미군으로부터 송환받으려는 포로 숫자보다 더 크기 때문에 북한이 전쟁을 계속하기를 원치 않는다고 말했다. 그의 의도는 이러한 북한의 입장에 동조한다는 의미라기보다는 북한의 불만에 대해 스탈린이 어떤 조치를 취해주기를 바라는 것이었고, 스탈린은 "북한은 인명 손실 외에 잃는 것이 없다"는 답

1996「한국전쟁 중 민간인억류자의 처리에 관한 연구」『군사』 32호, 301~306쪽 재인용); 조성훈, 2000「미국 자료를 통해 본 휴전협상의 지연 요인 연구: 포로 문제를 중심으로」『정신문화연구』 제23권 제2호(통권 79호), 63쪽; 송환을 거부한 민간인 억류자들은 "귀국"과 "감사절"이라는 작전명칭으로 석방되었다(윌리엄 린드세이 화이트 저 국방부전사편찬위원회 역 1986『한국전쟁 포로』, 242쪽.).)

변으로 중국의 손을 들어주었다.[90]

중국은 소련의 군사 지원을 필요로 했고, 소련은 중국과 미국이 전쟁을 계속하도록 함으로써 자국의 이익을 도모한 반면, 북한은 전쟁을 중단하기를 원했지만 결정권이 없었다. 공산 3국 내에서 북한의 발언권이나 결정권은 제한적이었고, 중국과 소련의 선택에 따라갈 수밖에 없는 상황이었다. 저우언라이의 제안에 따라 9월 초 김일성과 박헌영, 펑더화이가 모스크바를 방문하여 이 문제를 분명하게 매듭지었다.[91] 김일성과 박헌영은 소련과 중국의 의견에 동의했고, 결론은 휴전회담에서 더 강경한 자세로 대응한다는 것으로 모아졌다.

판문점에서 회담은 여전히 형식적으로 진행되고 있었다. 공산군 측은 7월 25일 본회의를 공개회의로 바꾸고, 참모장교회의도 동시에 개최해 용어의 세부 사항들을 검토하자고 제안했다. 그에 따라 본회의가 아무런 결실 없이 진행되는 동안, 7월 27일부터 8월 5일까지 참모장교들은 매일 회의를 갖고 휴전협정 초안의 세부적 표현을 다듬는 작업을 했다. 휴전 협정문 작성을 위한 참모장교회의는 1952년 7월 26일부터 8월 5일까지 11차례 열렸으며, 이때까지 합의된 휴전협정 초안을 손질하는 작업

---

90 심지화 편, 2003 「史達林與周恩來的會談紀錄(스탈린과 저우언라이의 대담 기록) 1952. 8. 20」, 앞의 책, 1195~1204쪽.

91 저우언라이의 제안에 따라 스탈린이 마오쩌둥을 통해 이들을 모스크바로 불러들인 것이다(암호 전보, 「저우언라이가 스탈린에게 1952. 8. 25」, 러연방 문서관 폰드 45, 목록 1, 파일 343, 89~90쪽(와다 하루끼, 1999, 앞의 책, 412쪽에서 재인용). 와다는 저우언라이의 의도는 스탈린으로 하여금 김일성을 '야단치도록' 하자는 것이라고 분석했다; 저우언라이는 8월 20일 스탈린과의 대담에서 마오쩌둥의 제안이라며 김일성과 펑더화이를 부르도록 먼저 제기했고, 스탈린은 먼저 초청하기는 불편하지만, 온다면 만나겠다고 답변했다(심지화 편, 2003 「史達林與周恩來的會談紀錄(스탈린과 저우언라이의 대담 기록) 1952. 8. 20」, 앞의 책, 1195~1204쪽).

을 마무리했다. 참모장교회의에서는 한국어와 중국어, 영어의 3개 국어로 표현되는 문서상의 언어 문제를 해결했으며, 이 문서들이 동등한 권위를 갖는다는 점에 합의했다.[92]

합의된 휴전 협정문은 모두 5조 63개 조항으로 구성되었으며, 이 가운데 포로 문제에 관한 2개항은 양측이 합의를 보지 못한 부분으로 남아 있었다. 제1조, 군사분계선과 비무장지대 11개항, 제2조, 정화(停火) 및 정전의 구체적 조치 39개항, 제3조, 전쟁 포로 처리에 관한 문제 9개항, 제4조 쌍방의 관계 제국 정부에의 건의 1개항, 제5조 부칙 3개항 등이었으며, 전체 문안 중에서 제63항의 정전협정 발효의 연·월·일·시는 나중에 기록하기로 했다. 이때 합의된 초안에서 제3조(전쟁 포로 처리에 관한 문제)의 제1항(전체 정전협정 초안 중의 제51항)은 잠정적으로 다음과 같이 규정되었다.

> 본 정전협정은 발효될 때 각 측이 수용하고 있는 전체 포로를 신속하게 석방하고 송환한다. 이 항의 전쟁 포로 석방과 송환은 본 정전협정 서명 전에 쌍방이 교환하고 수정한 명단에 따라 집행한다.[93]

전체 포로를 송환한다는 규정이었지만, 여전히 송환 원칙에 대한 입

---

92 휴전 협정문 초안 번역 및 세부문안작성을 위한 참모장교회의 11차회담 기록, 1952. 8. 5, Enclosure (1): Armistice Agreement Draft, Prepared by Communists and Submitted to the United Nations Command on 5 August 1952, 『휴전회담회의록』 8권, 64~93쪽.

93 후에 완전한 합의를 본 휴전 협정문의 제51항은 "본 정전협정이 효력을 발생하는 당시에 쌍방이 수용하고 있는 모든 전쟁 포로의 석방과 송환은 본 정전협정 조인 전에 쌍방이 합의한 하기 규정에 따라 집행한다"고 하여 구체적인 최종 합의 사항들을 추가하는 형태로 되었다.

장 차이는 남아 있었다. 유엔군 측은 이 초안의 규정을, 양측이 자신들의 희망에 따라 일방적으로 제51항의 조문을 사용하도록 하기 위해 두 가지 의미로 해석될 수 있다는 조건을 달았다. 포로 송환 원칙에 대한 양측의 입장이 팽팽히 맞선 상황에서 비록 휴전 협정문 초안은 완성되었지만, 협상은 사실상 교착 상태에 빠져 있었다.

이 시점에서 포로 문제의 핵심 쟁점은 외형적으로는 송환 원칙이었지만 내용적으로는 송환될 포로의 숫자 문제였고, 중국군 포로 전원 송환이 관건이었다. 회담은 수시로 비밀회의와 공개회의로 전환되며 진행되었다. 구체적인 송환 포로 숫자를 다루는 회의는 비공개로 진행되었으며, 원칙 문제는 공개회의로 진행되었다. 그 때문에 회담 쟁점은 원칙 문제로 보였지만, 숫자상의 불균형을 해소하고 위신을 상하지 않는 선에서 송환될 포로 숫자가 조정될 수만 있다면 타결 가능성도 있었다. 공산군 측은 송환 포로 숫자를 종전의 11만 명 선에서 최소한 9만 명 정도라도 받아들이겠다는 입장으로 물러섰지만, 여전히 중국군 포로는 전원 송환해야 한다는 전제를 고집했다.[94] 유엔군은 숫자 문제에서 타협하기보다는 군사적 압력을 강화하는 강경책을 선택했고, 중국은 절대로 양보할 수 없다는 태도로 버텼다. 북한은 이 시기 가중되는 미 공군의 공중폭격에 시달리느니 차라리 포로 문제에서 양보하기를 원했지만, 중국과 소련 모두 북한의 요구를 묵살했다.

미국은 점차 포로 문제의 수렁에 빠져들고 있었다. 판문점회담이 지지부진하자 미 국방부 내에서는 중국 본토 공격을 포함한 확전론이 또다

94 『周恩來年譜(1949~1976)』 上卷, 249쪽(『항미원조전쟁사』 3권, 379쪽에서 재인용).

시 고개를 들었다. 영국을 비롯한 동맹국들은 워싱턴이 비이성적 판단으로 전쟁을 확대시킬까 두려워하는 분위기가 팽배했다. 미국 내에서는 대통령 선거와 맞물려 반전 여론이 확산되었다. 포로 문제에서 양보하는 것은 국외에서는 중요한 이데올로기적 패배로 간주되고, 미국 내에서는 유화정책이라는 비판을 불러올 수 있었다. 지지부진한 상태가 계속될수록 미국 내의 좌절감은 커지고 트루먼의 인기도 계속해서 하락할 것이었다. 트루먼 행정부는 진퇴양난의 상황에 대한 해결책으로 군사적 압력을 강화하는 한편, 이 문제를 유엔으로 가져가기로 결정했다.

2. 공산 진영의 선전전과 유엔군의 군사작전

1) 거제도 포로수용소 사건과 세균전 논란

포로 협상이 진전이 없는 상황에서 발생한 '거제도 포로수용소 사건'과 공산군 측의 세균전 의혹 제기로 유엔군 측은 더욱 곤경에 빠졌다. 회담장은 이미 선전장으로 변모해 있었다. 1952년 5월에 발생한 거제도 포로수용소장 피랍 사건은 유엔군 측이 자원 송환 원칙을 적용하기 위해 포로 심사를 진행하는 과정에서 발생했다.

유엔군이 억류하고 있는 포로는 공식적으로 북한군과 중국군 소속 군인들이었지만, 여기에는 귀순자도 있었고 남한에서 인민군에 지원했거나 강제로 입대한 의용군도 있었다. 심지어 한국군 낙오자도 있었고, 공산군에 포로가 되었다가 탈출했거나 실종되었다가 복귀한 한국군도 일부 섞여 있었다. 다수의 민간인과 여자도 포함되어 있었다.[95] 1951년 10월 25일 리지웨이는 원래 거주지가 38도선 이남이고 신분 확인 등 적절한 처리가 완료된 포로들은 한국 정부로부터 안전 보장을 받는 즉시 석방을 고려하라고 미8군사령관에게 지시했다. 한국군 당국은 그보다 더 앞선 1950년 11월부터 이미 북한군에 강제 입대했거나 한국에 충성함으로써 석방될 자격이 있는 사람들을 구별하기 위해 포로 심사를 해왔다.[96]

1952년 7월 13일 유엔군 측이 송환 희망 포로 총수를 알려 주던 시점에서 유엔군 측이 억류하고 있는 포로 총수는 16만 9944명에 달했다. 대부분의 포로는 한국인이었고, 그중 약 2만 명 정도가 중국인이었다. 북한군 포로가 급증한 것은 1950년 9월 유엔군의 인천상륙작전 성공 이후부터 10월까지였고, 그해 12월 초에 이미 14만여 명을 넘었다. 유엔군은 1951년 10월 25일 리지웨이의 지시에 따라 포로 협상이 시작되기 전 3만 7000명을 민간인으로 분류하여 따로 수용했고, 공산군 측에게 1951년 12월 18일 처음 제시한 포로 명부는 이들을 뺀 13만 2474명이었다.[97]

---

95 육군본부, 2002 앞의 책, 33쪽.

96 이때 대략적인 포로의 분류는 군인과 민간인, 인민군과 의용군 출신 등으로 나누는 정도였고, 이러한 분류 작업은 부산의 포로를 거제도로 이송하는 작업이 마무리된 후에도 계속되었다(육군본부, 2002 앞의 책, 126쪽).

97 포로의 숫자는 사고와 폭동, 탈출이나 실종 등의 요인으로 하여 조금씩 차이가 났기 때문에 매번 통계가 달라졌다. 게다가 전선에서 고지쟁탈전이 계속되고 있었으므로 포로의 숫자는 계속 변할 수밖에 없었다. 포로는 계속 불어났고, 그 현황을 집계하는 시점에 아직도 한국군의 수중에 억류되어 있어서 유엔군이 파악하는 전체 통계에 포함되지 않은 포로도 있었다. 또 남한 지역에 흩어져 있는 여러 수용시설에 임시로 수용되어 있는 포로들도 있었다; 포로가 된 이후 사망자가 늘어남으로써 공산 측 포로 명부 역시 계속 변했다. 미군 폭격, 질병이나 영양부족 등의 요인으로 인한 포로 사망자 수는 공산 측이 제시한 것은 1651명이었지만, 유엔군 측이 포로의 증언과 기타 자료를 토대

포로의 숫자가 늘어나자 1950년 말 부산 지역에 수용했던 포로들을 분산 수용하기 위해 거제도에 포로수용소가 신설되었다.[98] 농토와 임야를 수용하여 만든 거제도 포로수용소 총면적은 약 1100만 평에 달했다. 1952년 1월 철조망으로 4개소에 울타리를 치고, 각 구역에 8개의 막사를 구축하기 시작했다. 1951년 2월부터 부산의 각 수용소에 있던 포로들이 거제도로 이송되기 시작했다. 2월 말에 5만 3000여 명이었던 거제도 포로수용소의 포로는, 3월 말에는 약 10만 명, 5월 말에는 11만 6000여 명으로 증가되었다. 그리고 부산으로부터 포로 이송 작업이 거의 마무리되던 6월 말에는 수용 인원수가 14만 명을 넘어서게 되었고, 그 후에도 새로 들어오는 포로는 모두 거제도로 보내졌다. 결국 원래 거제도 포로수용소에는 5만 명 정도의 포로를 32개 막사에 각각 700~1200명씩 수용하도록 계획되었으나, 얼마 지나지 않아 그 능력의 3배 이상을 수용해야만 했다. 막사 사이 공간에도 포로가 수용되었고, 1951년 가을에는 13만 명의 북한군 및 2만 명의 중국군이 '다져넣다시피' 거제도 포로수용소에 수용되었다. 이 과밀한 수용과 경계병 부족 및 전반적으로 경계병의 대부분인 한국군의 경험 미숙이 상황을 악화시켰다. 포로수용소 폭동은 거제도로 포로들을 집결시킨 이 무렵 시작되었으며, 상당 부분 한국 경계병과 북한 포로 간의 적대감 때문에 일어났다. 충돌 원인 중 하

로 파악한 포로 사망자는 1만 4930명(한국군 8334명, 미군 6137명, 기타 유엔군 459명)에 달했다(조성훈, 2001, 「미귀환 국군 포로 연구」).

98 맥아더는 1951년 1월 3일 합참에 보낸 메시지에서 포로들을 미국으로 배로 옮길 것을 요청했지만 승인되지 않았고, 리지웨이는 20만 명 이상의 원주민과 피난민이 거주하고 있고, 포로수용소를 설치할 만한 평지가 거의 없어 '악의 선택'에 가까운 거제도에 포로수용소를 설치하기로 결정했다(『미국 합동참모본부사』, 161쪽).

나는 한국군보다 공산군 포로에 대한 대우가 더 좋다는 것도 있었다.[99]

1951년 11월 미군 1개 대대가 추가되어 그해 말에는 9000명의 미군과 한국군이 포로수용소 경비와 시설을 맡았다. 미군이 포로수용소 시설, 보급 및 포로 관리 업무를 맡고, 한국군은 주로 포로의 급양 및 경비 업무를 분담했다. 한국군의 역할은 실권이 없는 보조적인 것이었지만, 경비 업무를 주로 한국군이 맡음으로써 포로들과의 충돌이 빈번히 일어났다.

포로 협상의 진전에 따라 송환 희망 포로 선별을 위한 포로 조사가 진행되었고, 그 과정에서 2월에 대규모 폭동이 일어났다. 2월 폭동은 1952년 2월 18일에 거제도 포로수용소에서 포로 재조사를 실시하는 과정에서 포로들과 충돌한 사건으로,[100] 217명의 포로와 39명의 군인들이 죽거나 부상당했다. 이 문제는 판문점 협상장에서도 논란이 되었다. 사건 이후 수용소 내 규율 확립을 위해 미 제8군사령관 밴플리트(James A. Vanfleet)는 돗드 준장을 거제도 포로수용소장에 임명했다.

1952년 4월 4일 리지웨이는 합참에 포로 심사를 시작하도록 승인해 줄 것을 긴급하게 요청했다. 그는 휴전협상이 결정적 조치를 요구하는 단계에 와 있다고 판단했다. 참모장교회의에서 전체 포로 숫자 중 3만 7000명을 뺀 11만 6000여 명을 송환 가능한 포로라고 공산군 측에게 귀띔해 준 직후였다. 리지웨이는 공산군 측이 때맞춰 휴회를 제의한 것

---

99 포로 관리를 책임지고 있는 미군 당국이 포로의 대우와 인권 존중이라는 제네바 협약을 준수하는 데 치중한 나머지 그들을 극진히 대우하는 편이었고, 특히 피복이나 급식 면에서 국군 경비병보다 오히려 포로가 더 낫다는 사실이 한국군의 감정을 상하게 했다(육군본부, 2002 앞의 책, 60~61쪽).

100 이것은 일명 '2.18 심사반대운동'으로 불리며, 포로 조사를 격렬하게 반대하는 제62포로수용소에서 발생한 사건이었다.

은 심사 절차를 묵인하는 것이라고 판단했다.[101] 송환 가능 포로의 정확한 숫자를 제공하려면 포로 심사가 필요했고, 합참은 바로 승인했다.[102] 리지웨이의 명령에 따라 제8군사령관 밴플리트는 4월 8일부터 포로 심사를 위한 스캐터 작전(operation scatter : 분산작전)을 시작했다. 밴플리트는 송환에 강력히 저항하는 합리적인 증거를 보이는 자들만 분리하면서 심사하여 최대한 11만 6000명을 채우고자 했다. 스캐터 작전에는 심사 후 송환 거부 포로를 새로 7개 지역으로 분산 수용하는 방안도 들어 있었다.

4월 13일까지 10만 6376명을 심사했지만, 거제도의 4만 4000명의 포로와 민간인 억류자는 심사를 거부했으며, 그 밖에도 부산 제10수용소의 포로 병원에 수용된 1만 2000명의 포로와 민간인 억류자에 대해서도 심사가 이루어지지 못한 상황에서 일차 포로 조사 작업이 마무리되었다.[103] 리지웨이가 4월 29일 합참에 올린 포로 심사 계획 보고서에 따르면, 거제도에서 심사에 저항하는 막사 내 포로를 심사·분리하려는 시도가 격렬한 저항에 부딪힐 것을 예상하고, 그러한 막사의 포로는 송환 희망자로 명단을 작성할 계획이었다. 그 외 남은 3500여 명은 확고한 통제와 환자 및 부상자 보호 조치가 필요하다고 보고했고, 5월 6일 합참의 승인을 받았다.

---

101 리지웨이가 합참에 보낸 전문, 1952. 4. 4, FRUS 1952-1954 Vol.XV, pp. 136~138.

102 『미국 합동참모본부사』, 179쪽.

103 『유엔군전사』, 124쪽; 특히 포로수용소 62구역은 그때까지 민간인억류자로 분류된 약 5600명의 포로를 수용하고 있었는데, 이들은 모두 강력히 심사를 거부하는 친공 포로들이었다(육군본부, 2002 앞의 책, 127쪽).

미 제8군사령관 밴플리트는 포로 조사 도중 송환 거부 포로(반공 포로)를 분리하여 육지로 이동시킬 계획을 수립했다. 그에 따라 1952년 4월 중순 반공 포로들은 육지로 수송되어 부산·마산·영천·논산·공주·부평·대구 등지의 7개 수용소에 500명 단위로 분산 수용되었다. 거제도의 친공 포로들은 3등분하여 거제도와 제주도, 육지에 분산 수용할 계획이었다. 분산 수용이 사건 발생을 감소시킬 수도 있지만 거제도에 남겨진 친공 포로 지도자들의 권력을 강화시킬 우려도 있었다. 리지웨이는 "그러한 조치는 힘을 필요로 하는 한편, 인명 손실이 예상된다"고 경고했다.[104]

이때 리지웨이는 아이젠하워(Dwight D. Eisenhower)와 교대하여 유럽연합군 최고사령관으로 갈 예정이었으며, 아이젠하워는 미국 대통령 선거전을 준비하게 되어 있었다. 당시 리지웨이가 보유한 지휘관직은 극동군사령관, 유엔군사령관, 극동육군사령관, 류큐 열도 사령관 등이었다. 1952년 4월 28일 일본평화조약 조인과 더불어 연합군총사령관 직위는 없어졌다. 리지웨이의 극동군사령관 직책은 클라크 대장에게 인계될 예정이었다. 클라크는 5월 7일 극동에 도착했으며, 리지웨이 장군이 출발하는 5월 12일 지휘권을 인수하도록 계획되었다.[105]

이러한 상황에서 거제도 포로수용소장 돗드 장군 피랍 사건이 발생했다. 1952년 5월 6일 제76포로수용소 포로들은 경비병에 의한 폭행과 수용소 내 금품 수색을 구실로 헌병대대장 레이븐 중령과의 면회를 요청

---

104 『미국 합동참모본부사』, 189쪽.

105 그러나 클라크가 도착하자마자 돗드 준장 피랍 사건으로 지휘권의 정상적인 이양이 중단되었다.

그림 5 포로대표 이학구가 포로수용소장에게 보낸 편지[106]

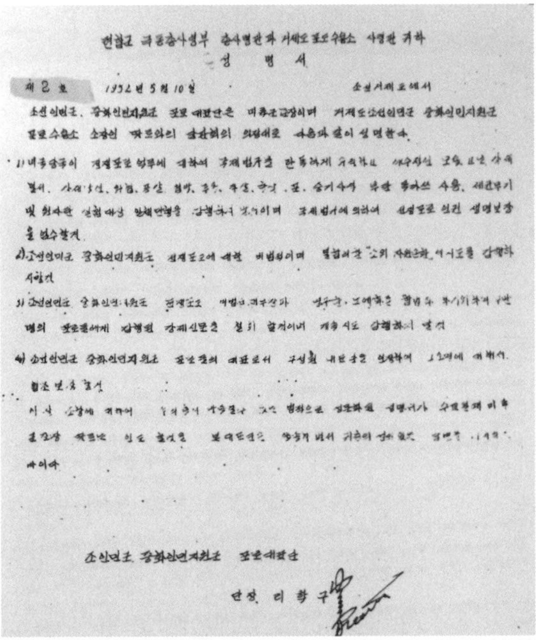
련합군 극동총사령부 총사령관과 거제도 포로수용소 사령관 귀하

성 명 서

제2호 1952년 5월 10일 조선거제도에서

조선인민군, 중화인민지원군 포로 대표단은 미국군당국이며 거제도조선인민군 중화인민지원군 포로수용소 소장인 따드와의 회담의 의정대로 다음과 같이 성명한다.

조선인민군 중화인민지원군 포로대표단

단장 리학구

한 데 이어 다시 포로수용소장 면담을 요청했다. 그들은 만일 돗드 준장과의 면담이 성사되면 제76포로수용소 내의 포로 명단 작성을 약속했다. 76수용소는 친공 포로들이 장악하고 있어 포로 조사를 포기했던 곳이었다. 돗드 준장은 포로 조사를 마무리하기 위해서라도 면담에 응하는 것이 좋겠다고 판단하여 이를 수용했고, 5월 7일 포로들과 면담 중에 납치되어 포로 막사 내로 끌려 들어갔다.

---

106 RG 554, Office of the Chief of Staff, Subject File 1945~52, Entry 2, Box 8, Reports Foward to JCF: 1951. Hold Copy: Prisoner of War, 포로 대표단 단장 이학구가 유엔군 포로수용소장 앞으로

미 제8군사령관 밴플리트는 미 제1군단 참모장 콜슨(Charles F. Colson) 준장을 새로 포로수용소장으로 임명하여 협상하도록 했다. 콜슨 준장은 돗드 준장 석방을 요구하는 공식 요구서를 전달했고, 포로들은 "① 위협, 구금, 대량 살인, 포 및 기관총사격, 독가스 사용 및 세균무기를 포함하는 야만적인 행동의 중지, ② 불법적이고 부당한 포로의 자원 송환 중지, ③ 포로 강제 심사 중지, ④ 포로 대표단 구성 허용" 등을 요구했다.

콜슨 준장은 "포로들에 대한 인도적 대우, 자원 송환 문제는 포로수용소장 권한 밖의 일이다. 강제 심사나 개인 심사는 철회할 수 있다. 포로 대표단 조직에 대해 반대하지 않으며 세부조직까지도 허락한다"고 답변했다. 포로들은 콜슨 준장의 회신이 확실한 공약이 못 된다고 거부했다. 콜슨 준장은 5월 10일 납치된 돗드 준장과의 전화 통화를 시도했다. 돗드 준장은 자신이 포로들이 살해된 적이 있었음을 시인했다고 밝히고, 포로들이 필수적이라고 요구하는 사항들을 포함시킬 것을 제안했다. 결국 콜슨 준장은 돗드 준장을 석방시키기 위해 "유엔군에 의해 포로가 살해되고 부상당한 유혈 사건이 있었음을 시인한다. 그리고 포로들은 앞으로 국제법에 의거하여 인도주의적인 대우를 받을 수 있게 될 것"이라고 구체적인 약속을 해주었다.

한편 돗드 준장 피랍 사건이 발생하자, 리지웨이와 클라크는 한국으로 날아와 밴플리트 및 조이 제독과 협상했다. 리지웨이는 밴플리트에게 그의 판단으로 필요하다고 생각되는 어떤 종류의 힘을 사용해서라도 "지

보낸 성명서 제2호.

체 없이 돗드 장군을 석방시키는 데 필요한 조치를 취하도록" 무력 진압을 인가했다. 다음날인 5월 9~10일 장갑차부대가 거제도로 이동했지만, 돗드 장군의 생명을 우려해서 신속하게 무력행사를 못 하고 있었다. 리지웨이는 포로의 요구 사항, 특히 가스와 세균전에 관한 요구 사항을 수락하면, 세계 여론에서 유엔군 측이 헤아릴 수 없는 손실을 초래할 것이라고 경고하는 강력한 메시지를 급송했다. 만일 5월 11일 아침까지 실질적 변화가 없다면 모든 강력한 조치를 취하라는 지시를 이행하라는 지시였다.[107]

그러나 이미 5월 10일 돗드 장군은 포로들에게 서약서를 써주고 석방되었다. 서약서는 돗드 장군의 생명을 구하는 대신 공산군 측에게 중요한 선전 무기를 제공함으로써 회담장의 유엔군 측을 곤경에 빠뜨렸다. 리지웨이는 책임을 밴플리트에게 돌렸다. 전쟁 포로에 관한 취급 권한이 육군사령관인 밴플리트에게 위임되었으며 주 책임은 그에게 있었는데, 한편으로는 전차대대의 도착이 지연되었다는 이유로, 다른 한편으로는 분명하지 않은 다른 이유 때문에 자신의 명령을 이행하지 않았다는 것이다.[108] 리지웨이로부터 지휘권을 인수한 클라크 장군은 5월 15일, 돗드 준장을 석방시키기 위해 작성한 콜슨 협정을 '순전히 공갈의 산물'이라며 무효를 선언했다. 클라크는 콜슨 준장을 해임하고 제2사단 부사단장인 보트너(Haydon L. Boatner) 준장을 수용소장으로 임명하는 한편 거제

---

107 매듀 B. 리지웨이 저 김재관 역, 1981 『한국전쟁』, 범우사, 238쪽. 리지웨이는 포로들의 요구에 응하는 것은 "피비린내 나는 전투를 거쳐 패배했을 때 맛보는 굴욕 및 피해와 비슷한 것"이었다고 회고했다.

108 조이 제독은 돗드 장군이 생포된 것을 알았을 때 "정말로 어쩔 줄 몰라"했으며, 이 때문에 회담에서 곤경에 처할 것이라고 클라크에게 말했다(『미국 합동참모본부사』, 193쪽).

도 경비대를 강화했다.[109] 신임 포로수용소장 보트너는 증원된 병력으로 포로를 제압할 계획을 세웠다. 그는 포로의 효과적 관리와 질서 회복을 위해 무력을 사용할 수 있는 전권을 부여받았다. 이후 심사와 분리를 반대하는 포로들에 대한 강경진압으로 더 많은 포로들의 부상과 사망 사건이 이어졌다.

공산군 측은 일련의 사건들을 이유로 회담을 결렬시키지는 않았지만, 포로 조사의 부당함을 비난하고 자신들의 '무조건' 송환을 주장하는 호재로 삼았다. 5월 9일 회담 석상에서 남일은 "끝없는 일련의 유혈 사건이 유엔군 측 포로수용소에서 일어나고 있다는 것은 유엔군 측의 이른바 포로 조사라는 것이 공산군 측 포로들을 강제로 잡아 두려는 음모임을 명백히 밝혀주고 있다"고 주장했다.[110] 공산군 측은 포로 조사 과정에서 반항하는 포로들에게 잔혹 행위를 했으며, 그것은 제2차 세계대전 기간 동안 독일과 일본의 포로수용소에 일어난 폭행과 비견된다고 비난했다.[111]

1952년 5월 21일 유엔군 측 수석대표가 조이 제독으로부터 해리슨(William K. Harrison) 육군소장으로 교체되었다.[112] 돗드 소장 피랍 사건

109 『미국 합동참모본부사』, 192쪽.

110 52차 본회담(26차 판문점회담) 기록, 1952. 5. 9, 『휴전회담회의록』 2권, 286~287쪽.

111 『항미원조전쟁사』 3권(365쪽)에서는 구체적 고문 사례를 나열하고 있다. 즉 "포로수용소에 고문실이 있었으며, 포로를 가두는 우리와 증기실, 가죽 채찍과 나무방망이 등의 고문 도구를 사용했다. 조사를 거부하는 포로는 폭행이나 손톱 밑을 찌르거나 증기 고문을 당했다. 심지어 칼로 입과 코가 잘리기도 했으며 혀와 귀가 잘려나가거나 혹은 손톱과 머리카락을 뽑히기도 했으며 불로 지지거나, 낙인을 찍고, 뜨거운 증기에 쏘이거나 물에 삶거나 얼렸다. 구타와 기아, 사살되는 사건이 거의 매일 발생했다" 등의 사례를 구체적으로 서술했다.

112 해리슨(Wllliam K. Harrison)은 제2차 세계대전 당시 미 제2사단장으로 체코에 주둔했었으며,

이 일어난 직후로, 포로수용소에서는 포로들 간에도 유혈 충돌이 끊이지 않았다. 콜슨 협정에 유엔군 측이 포로들에게 잔학 행위를 했다고 시인함으로써 휴전 교섭에 임하는 유엔군 측 대표들을 곤혹스럽게 만들었다. 유엔군 측은 이 모든 사건들이 공산군 측 공작에 의한 것이라고 보았다. 거제도 포로수용소에 북한군 특별 부대 소속의 공작원들이 일부러 포로가 되어 침투한 후, 포로들을 훈련시키고 판문점의 공산군 측 대표에게 정보를 제공했다는 것이다.[113]

친공 포로들에 맞서 반공 포로 조직도 결성되었다. 반공 포로 조직인 '대한반공청년단'은 유엔군과 한국군 경비대의 후원·지원을 받았고, 두 조직 간에 유혈 충돌이 빈발했다.[114] 송환 희망자와 거부자가 파벌을 조성하여 수용소 내의 주도권을 장악하기 위해 세력 다툼을 벌이는 가운데 포로 조사가 진행되었고, 이들 양 조직은 포로들의 송환 여부를 선택하는 데 영향을 미쳤다.

1952년 6월 19일 포로 분리 수용 작전이 완료되었고, 모든 포로수용소는 500명 단위의 소규모 수용 체제로 전환되었다. 반공 포로와 친공 포로가 분리 수용되면서, 친공 포로는 거제도의 저구리와 거제도 서남

전후에는 미 제9사단장을 역임했다. 1952년 9월 5일 중장으로 승진했고, 휴전협정 체결 시까지 수석대표직을 맡아 휴전협정에 서명했다.

113 1951년 말 유엔군 정보대가 파악한 바에 따르면, 북한군 특수부대의 명칭은 '특별공작대'로 북한군 사령부 소속이며, 특별공작대의 최고책임자는 남일이었다. 그 외 '해방동맹'이라는 '조선노동당 거제도지부'가 있었고, 군사조직으로 군사행정위원회가 조직되었다(육군본부, 2002 앞의 책, 169~198쪽).

114 '대한반공청년단'은 1951년 8월 27일 거제도 포로수용소 내에 이관순을 단장으로 결성되었다. 의결기구로 최고간부회의를 두고 중앙단집행기구를 구성했고, 규약·강령·단서(團誓)·단가·단증 등도 제작하여 체계적으로 활동했다(육군본부, 2002, 앞의 책, 199~221쪽).

해안에 위치한 용초도 및 봉암도에 분산 수용되었다. 제60단위 수용소와 제70단위 수용소는 친공 포로, 제80단위 수용소는 반공 포로수용소였다. 중국군 포로들은 전부 제주도로 보내 친공 포로는 제주 비행장에, 반공 포로는 모슬포에 위치한 수용소에 분리 수용했다. 분산 수용 후에도 송환 여부에 대한 개별 심사는 계속되었다. 송환을 거부하는 반공 포로는 육지로 이송시켜 이미 분산 수용된 반공 포로와 합류시켜 수용함으로써 결과적으로 육지의 7개 수용소에 반공 포로들이 수용되었다.[115] 포로 전체를 분리하고 분산 수용하는 데만 약 5개월이 소요되었다.

1952년 10월 8일 휴전회담이 무기 휴회된 이후에도 크고 작은 포로수용소 사건이 끊이지 않았다. 1952년 말과 1953년 초에도 포로수용소 폭동과 소규모 소요로 인하여 유엔군 경비대에 의해 포로가 살해되거나 부상당하는 일이 이어졌다. 11월 1일 공산군 측은 판문점 연락장교를 통해 격렬하게 항의했으며, 11월에도 '엄중한 항의'가 5차례나 이어졌다. 유엔군 측은 무응답으로 일관했다. 특히 12월 14일 봉암도사건은 경비대와 포로들 간의 충돌로 포로 85명이 사망하고 113명이 중상을 입은 대형 사건이었다. 공산군 측의 비난은 회담장에서뿐 아니라 유엔으로까지 이어졌다.[116] 공산군 측 수석대표인 남일은, 유엔군 자체 보고서와 국제적

---

115 의도적인지 아닌지 알 수 없으나, 이들 반공 포로들만 따로 육지에 분산 수용했기 때문에, 이승만의 6·18 반공포로석방이 감행될 수 있었다. 반공포로석방에 대해서는 다음 장에서 자세히 다룰 것이다.

116 소련은 중국을 대신하여 유엔 총회에서 "미국이 봉암도에서 포로를 집단 학살했다"고 공개적으로 비난했다(행정자치부 정부기록보존소, 2002「미국이 봉암도에서 벌인 전쟁 포로 대학살의 죄악에 대해 엄중히 항의하며 저우언라이 외교부장이 유엔 총회 의장에게 보내는 전보, 1952. 12. 21」『한국전쟁과 중국 I』(이하 『한국전쟁과 중국 I』로 약함), 275~276쪽).

십자사 보고서를 근거로 휴전회담 시작 후 유엔군 측이 억류된 포로 중 3000명 이상을 사망케 하거나 부상당하게 했다고 비난했다.[117]

포로 협상이 난항에 빠진 일차적 원인은 포로 숫자의 불균형이었지만 포로 성분의 복잡성도 한 요인이었다. 유엔군 측이 자원 송환 원칙을 관철하려면 포로 심사가 선행되어야 했다. 심사는 포로들의 송환에 대한 자유로운 선택을 보장하려는 것이었지만, 조사 과정은 그리 순탄치도 않았고 자유롭지도 못했다. 유엔군 측은 인도주의를 내세워 자원 송환 원칙을 고집했지만, 그 과정에서 포로수용소는 성분이 다른 포로들 간의 또 다른 전쟁터가 되어 버렸으며, 거제도 포로수용소장 피랍 사건 이후 반항하는 포로를 통제하는 과정에서 강압적으로 통제력을 발휘하면서 더욱 비인도적으로 변질되었다. 클라크는 포로수용소를 더 강하게 통제하기 위해 1952년 7월 포로 재판을 가능하도록 요청했지만, 서울의 무초와 국무부 반대로 성사되지 못했다. 클라크는 1953년 2월 또다시 포로 재판 허용을 요구했고, 합참은 2월 11일 신임국방장관 윌슨에게 건의하여 승인을 받았다.

한편 포로 협상이 난항을 겪고 있던 1952년 내내 공산군 측은 세균전 의혹을 광범위하게 제기했다. 세균전 논란은 1951년 12월 중순, 유엔주재 소련대사 말리크가 "유엔군 측이 유독성 가스를 살포했다"고 비난하면서 시작되었다. 1952년 2월에도 모스크바 방송은 "유엔군 측이 북한 지역에 간첩을 보내 우물에 독약을 넣고 천연두·장티푸스균을 살포했

---

117 유엔군사령부는 공산군 측 선전적 비난을 잠재우기 위해 1953년 1월 28일 "포로수용소의 공산주의 전쟁"이라는 정보보고서를 공개했다. 공산군 측이 계획적으로 포로들끼리의 전쟁을 부추겼으며, 회담장의 남일과 이상조가 직접 조종했다는 등의 내용이었다(『미국 합동참모본부사』, 325쪽).

다"고 주장했다. 1952년 2월 22일에는 북한 부수상 겸 외상 박헌영이 평양방송을 통해 이러한 주장을 되풀이했고, 중국 북경방송과 인민일보도 "유엔군이 만주와 북한 지역에 페스트·콜레라 등의 균을 가진 파리·모기·벼룩 등을 공중 살포했다"고 보도했다.[118]

북한은 이미 1951년 5월 8일에도 미국이 세균무기를 사용했다고 공식 항의한 바 있었다. 북한 외무상 박헌영은 미군이 1950년 12월 38도선 이북에서 철수할 때 평양시, 강원도, 함경남도, 황해도 등지에서 천연두 균을 살포했다고 주장했다.[119] 1951년 북한 지역에는 장티푸스·콜레라·발진티푸스·천연두 등의 전염병이 창궐했다. 1951년 1월 북한은 국가비상방역위원회를 만들고, 그 아래 중앙과 각 도 소재지에 위생방역소를 조직하였고, 각 시·군에 소독소를 설치해 이동방역대를 파견하는 등, 위생방역 사업 체계를 강화했다. 북한은 전염병이 미국의 세균무기 때문이라고 주장했다.

중국군 역시 1952년 1월 28일 철원군의 외원지와 용소동 지역에서 미군기가 세균을 지닌 곤충을 살포하는 것을 최초로 발견했으며, 그 후 이천, 철원, 시변리, 삭녕, 평강, 김화 등지에서도 미군기가 파리, 벼룩 등 세균을 지닌 곤충과 기타 작은 동물을 살포하는 것을 발견했다고 주장했다. 중국 측 자료에 따르면, 1952년 1월 28일부터 3월 31일까지 2개월

---

118 "全世界人民起來, 制止美國侵略者進行細菌戰爭的滔天罪行(전 세계 인민이여 일어나라, 미국 침략자의 천인공노할 세균전쟁의 진행을 제지하라!)"『인민일보』 사설, 1952. 2. 23; "周恩來外長支持朝鮮朴憲永外務相抗議美國進行細菌戰的聲明(저우언라이 외교부장이 조선의 박헌영 외무상을 지지하여 미국 정부의 세균전쟁 진행에 대해 항의하는 성명)" 1952. 2. 24,『한국전쟁과 중국 I』, 210~214쪽.

119 "The Day of the Judgement of the American War Cirminals is Near", *Editorial of the Peopleps Daily*, May 6, 1952(조성훈, 앞의 논문, 456쪽 재인용).

동안 한반도 북방에서 미군기가 병원균과 바이러스를 지닌 곤충 등을 살포하는 것이 840차례가 넘게 목격되었다. 살포 범위는 한반도 북방의 7개도의 44개 군단에 걸쳐 있었고 주로 평양 이북의 철도 간선과 주변의 인구밀도가 높은 도시 지역이었다. 1952년 2월 말 이후 중국 동부 지역과 칭다오 지역에서도 미군기가 병원균과 바이러스를 지닌 곤충을 살포하는 것이 발견되었다.[120] 중국은 미군이 아주 비밀스럽게 세균전을 진행했으며, 38도선 이북 지역과 중국의 일부 지역에서 실시했고, 세균전의 목적은 공산군의 방어력을 약화시키고 압력을 가해 휴전회담에 영향을 주는 한편, 세균 무기의 성능을 시험하기 위한 것이라고 보았다.[121] 1952년 2월 21일 중국 공산당 중앙위원회는 '미 제국주의의 세균전에 반대하는 선전 업무'에 관한 지시를 내렸다. 방역 계획을 수립하는 한편, 3월 14일에는 중앙 방역위원회를 만들어 반세균전 전체 업무를 통일 지도하게 했다. 3월 말에는 중국 전역에 방역위원회가 설립되었다.[122]

리지웨이 유엔군사령관은 즉각 세균전을 강력히 부인했다. 그는 이것이 공산군 측이 국제 여론을 조성하여 휴전회담에 이용하려는 저의라고 반박했다. 전염병을 예방 및 퇴치할 능력이 없는 공산군 측이 세균전이라는 선전 공세를 벌여 그 책임을 유엔군 측에게 전가시켜 적개심을 유발하려는 술수라는 것이다. 리지웨이는 공산군 측의 세균전 주장 동기를 세 가지로 분석했다. 첫째는 세계 여론에 영향을 미치기 위한 단순 선전 조작, 둘째 북한과 중국 내의 전염병을 통제할 수 없는 무능을 은폐하

120 『항미원조전쟁사』 3권, 302쪽.

121 『항미원조전쟁사』 3권, 301쪽.

122 『항미원조전쟁사』 3권, 327쪽.

려는 의도, 셋째 그들이 세균전 실시를 정당화할 가능성 등으로, 이 문제가 협상 테이블에서 제기되든 안 되든 세균전에 대해 대응하지 않을 계획이었다.[123]

공산군 측 선전이 강화되자 1952년 3월 6일 애치슨 국무장관이 세균전을 전면 부인하는 기자회견을 가졌다. 그는 공산주의자들의 비난은 전적으로 거짓이며, 세균전 선전은 북한에 만연한 전염병 탓으로 북한이 전염병을 통제할 수 없어 손쉬운 희생양으로 미국을 비난한다고 주장했다.[124] 합참은 공산군 측 선전이 북경 주재 외교관들과 다른 아시아 국가에도 영향을 미치고 있다고 판단하고, 3월 7일 세균전 문제가 판문점 회담장에서 제기될 경우 신속하고 적극적이며 명백하게 부인하라고 지시했다.[125] 당초의 무대응 전략에서 '적극적이며 명백한' 부인으로 전환한 것이었다.

공산군 측의 세균전 주장은 점점 더 구체적이고 공세적으로 진행되었다. 3월 8일 북경 라디오 방송은 2월 28일부터 3월 5일 사이에 400대 이상의 미국 항공기가 68회 비행하며 한만 국경선을 따라 만주 전역과 여순반도에 콜레라·장티푸스·페스트 등 전염병을 전파시키기 위해 곤충과 병·해충을 투하했다고 보도했다.[126] 미국을 더욱 긴장시킨 것은, 이

---

123 3월 4일 리지웨이가 미 합참에 보고한 내용. 『미국 합동참모본부사』, 227쪽.

124 『미국 합동참모본부사』, 226쪽.

125 합참에서 리지웨이에게 보낸 전문, 1952. 3. 7(『미국 합동참모본부사』, 227쪽 재인용). 이 책의 공동 저자인 슈나벨은 이 기간 중 도쿄에 머물고 있었는데, 전 도시에 나붙은 공산군 측의 포스터와 일본 신문의 일면에 실린 감염된 파리와 곤충 사진을 보았으며, 일본인들이 세균전에 대한 비난을 실제로 믿는 것 등을 목격했다고 한다(앞의 책, 548쪽).

126 World Peace Committee, *Exhibition on Bacteriological War Crimes Committed by the Govern-*

날 중국 수상 저우언라이의 미국에 대한 경고 방송이었다. 저우언라이는 중국을 침범하여 세균무기를 사용한 미국 조종사는 전범으로 처리될 것이라고 통고했다. 그는 미국이 중국 영토 침입, 세균전 이용, 무분별한 폭격과 기총소사에 의한 중국 인민의 살인에 대해 전적으로 책임을 져야한다고 주장했다.[127] 미 공군 조종사를 전범 재판하겠다는 저우언라이의 위협에 놀란 워싱턴은 리지웨이에게 포로의 공정한 처리에 책임을 져야 한다는 성명을 발표하라고 지시했지만, 리지웨이는 판문점보다는 유엔에서 하는 것이 좋겠다며 성명 발표를 거부했다.[128]

한창 세균전 의혹이 제기되던 1952년 3월부터 6월 사이에 판문점에서는 본회담이 열리고 있었다. 세균전 의혹은 포로 문제와도 결부되었다. 판문점에서 공산군 측은 거제도 포로수용소장 피랍 사건 이후 포로들에 대한 가혹행위와 송환 원칙 문제를 주로 비판했다. 세균전 의혹은 회담장 바깥에서 주로 중국과 소련, 북한 정부와 언론이 나서 각종 선전 활동을 벌여 세계 여론에 영향을 미치고 있었다. 공산군 측은 미국이 거제도의 공산군 포로에게도 세균전 무기를 시험했다고 주장했다. 미군이 세균전을 준비하는 단계에서 먼저 포로들을 이용해 세균 효과를 시험

---

ment of the United States of America, Peking, 1952, p.12(조성훈, 2001「한국전쟁의 세균전논쟁 비판」『한국전쟁과 중국』, 백산서당, 461쪽 재인용). 이 시기 북경과 평양방송에서 세균전에 대한 비난 기사 비중이 매우 높았다. 미군 조사에 따르면, 1952년 2월 21일부터 3월 4일까지 평양방송 337개 뉴스 중 9.8퍼센트, 같은 기간 베이징국제방송(Radio Peking International)도 21.7퍼센트를 차지했다(조성훈, 앞의 논문, 461쪽.)

127 『미국 합동참모본부사』, 226쪽; 이날 중국 민주당파는 연합으로 저우언라이의 성명을 지지하며 세균전에 항의하는 성명을 발표했다(「中國各民主黨派抗議美帝國主義進行細菌戰的聲明(미국 제국주의가 세균전을 진행하는 데 대한 중국 각 민주당파의 항의성명) 1952. 3. 8」『한국전쟁과 중국 I』, 218~220쪽).

128 『미국 합동참모본부사』, 229쪽.

했다는 것이다. 공산군 측은 미군이 거제도의 제64야전병원 내에 세균 실험소를 설치하고 세균에 감염되어 발병한 포로들을 이곳으로 옮겨 전문적으로 처리했다고 주장하며, 그 증거로 유엔군 측이 제시한 포로 사망자 명단을 제시했다. 포로 사망자 약 9000여 명 중 40퍼센트 이상인 3900명이 이질로 사망했고 나머지 역시 대부분 전염병으로 사망했다는 의혹 제기였다.

유엔군 측의 적극적인 부인에도 불구하고 일부 아시아 국가들이 동요하자 유엔군 측은 국제적십자사에 진상 조사를 의뢰하자고 제의했다. 공산군 측은 국제적십자사가 미국의 영향 아래 있다며 거부했다.[129] 미국은 유엔 조사단 또는 세계보건기구(WHO) 조사단 파견도 제의했지만, 이것마저 거부당했다. 워싱턴의 관리들은 이 제의가 공산군 측을 궁지에 몰아넣을 좋은 기회가 될 것으로 보았다. 만일 거절하면 그들이 불신당할 것이고 비난이 거짓임이 판명될 것이며, 만약 수락하면 유엔군 포로들에게 의료 지원을 제공할 수도 있을 것이었다. 미 국무부는 세계보건기구에 영향력을 행사하여 이들이 직접 북한 및 중국과 접촉하도록 시도했지만[130] 성과는 없었다.

이와 별도로 공산권에서는 북한과 중국의 요구로 세균전에 대한 조

---

129 3월 19일 중국의 『인민일보』는 "미국 침략자가 세균을 살포한 극악한 피의 수단을 단호히 절단하자"는 자극적인 제목의 사설을 싣고, 국제적십자위원회가 이미 미국이 임의로 조종할 수 있는 기구이며, 미국이 이 기구의 조사를 제안한 것은 이 조직이 미국을 위해 세균전 효과에 대한 정보를 수집할 수 있기 때문이라고 비난했다(「堅決斬斷美國侵略者散布細菌的罪惡血手, 1952. 3. 19」, 『한국전쟁과 중국 I』, 220~223쪽); 북한 역시 조사단 명목으로 미국이 북한의 후방에 대한 합법적 정탐을 요구하는 처사라고 반박했다("미제는 세균전 죄악을 어떠한 기만술책으로도 엄폐할 수 없다" 『로동신문』 1952. 3. 29 사설).

130 『미국 합동참모본부사』, 228쪽.

사를 위해 국제민주법률가협회 조사단과 국제과학조사단(The International Scientific Commission)이 구성되었다. 1952년 3월 5일부터 19일까지 오스트리아·이탈리아·영국·프랑스·중국·벨기에·브라질·폴란드 등 8개국 법학자로 구성된 국제민주법률가협회 조사단이 중국과 북한을 방문하여 세균전 현장 조사를 했으며, 조사보고서 전문이 4월 6일과 7일 중국 『인민일보』에 게재되었다. 국제과학조사단은 3월 29일 오슬로에서 열린 세계평화회의 집행위원회에서 구성한 조사단이었다. 이들은 스웨덴·프랑스·영국·이탈리아·브라질·소련·중국 등 7개국 과학자들로 구성되었으며, 1952년 6월 23일부터 8월 6일까지 40여 일 동안 중국과 북한에서 현장 조사를 실시했다. 국제과학조사단 조사보고서 역시 9월 17일 중국 『인민일보』에 실렸다. 두 조사단의 보고서는 미군이 한반도와 중국의 일부 지역에서 대규모로 세균 무기를 사용해 세균전을 진행했다고 확인했다. 국제과학조사단 보고서는 미군이 다양한 방법으로 세균 무기를 사용했고, 그중 한 방법은 일본군이 제2차 세계대전에서 사용하던 방법을 발전시킨 것이라고 결론지었다.[131]

1952년 5월 초 중국은 1952년 1월 격추당한 두 명의 미군 조종사로부터 세균 폭탄을 북한에 투하했다는 자백을 받아냈다고 발표했고, 큰 파장을 불러일으켰다. 애치슨 국무장관이 나서서 세균전 주장은 일종의 '범죄'라고 주장한 데 이어 결국 5월 28일에는 트루먼 대통령까지 나서서 세균전을 부인하기에 이르렀다. 같은 시점에 거제도 포로수용소장 피랍사건이 발생하면서 공산군 측 선전은 더 강화되었고, 상대적으로 유엔군

131 "國際科學委員會調查在朝鮮和中國的細菌戰事實報告書" 1952. 9. 16; 『인민일보』 1952. 9. 17(『항미원조전쟁사』 3권, 317~318쪽 재인용).

측 입지는 더 약화되었다. 공산군 측의 세균전 관련 캠페인은 1952년 후반과 1953년까지도 이어졌다. 합참은 세균전과 거제도 포로수용소 사건에 대처하기 위한 임시 대책을 수립했다. 이에 국무부·국방부·합참 3개 부의 심리전과 요원들로 구성된 부간(府間)감시위원회가 6월 13일 설치되어 6월 16일부터 활동을 개시했다. 이들은 매일 유엔사에 관련 정보와 조언을 제공했다.[132]

유엔에서는 미국과 소련이 세균전 문제로 충돌했다. 미국은 유엔을 통해 이 문제를 해결하고자 6월 18일 국제적십자사와 국제적 과학자들로 세균전 조사를 실시하는 결의안을 안보리에 상정했다. 소련은 7월 3일 이 안건에 거부권을 행사했고 부결되었다.[133] 같은 날 소련 대표 역시 '1925년 서명된 세균 무기의 사용 금지에 관한 제네바 의정서에 대한 각국의 참가와 비준을 호소하는 결의안'을 안보리에 제출했지만, 이 역시 미국 대표의 거부권 행사로 부결되었다.

공산군 측이 세균전 의혹을 제기하면서 미국 내에서도 이 문제에 대한 관심이 고조되었다. 유엔군사령부 정보책임자는 "공산군 측이 선전을 목적으로 허위 사실을 유포했으며, 중국군 휴전회담 대표가 세균전을 조작하여 중국 수상에게 보고했다"고 미 하원에 제출한 사건진상보고서에서 밝혔다.[134] 그러나 세균전 의혹은 휴전회담 대표단 차원에서 조작하거나 제기하는 수준을 넘어서 있었다. 공산 3국이 언론과 전시회, 성명 등을 통해 전면적으로 선전전을 벌였으며, 오히려 회담장에서는 공산군

---

132 『미국 합동참모본부사』, 231쪽.

133 Department of State Bulletin, 7 Jul 52, pp. 32~39(『미국 합동참모본부사』, 230쪽 재인용).

134 『한국전쟁 휴전사』, 204쪽.

측 대표가 세균전 문제를 제기하는 경우가 드물었다. 회담이 답보 상태였던 이 시기 공산군 측 대표는 포로 조사와 유엔군 측 포로수용소 가혹행위 등을 비난하는 데 초점을 맞췄다. 외부에서 세균전 의혹을 제기함에 따라 회담에 간접적으로 영향을 미쳤지만, 회담장에서는 세균전 문제가 쟁점으로 부각되지는 않았다.

당시에 그랬던 것처럼 세균전 논란은 명확하게 해소되지 못한 채 오늘날에도 이어진다. 북한이나 중국은 미군의 세균전 시행을 기정사실로 보지만 국내 연구는 세균전의 진위 여부에 대해 의혹을 제기하는 정도이며, 관련 연구도 소략한 편이다.[135] 세균전의 진실은 당시에는 물론 아직까지도 명확히 밝혀지지 않고 있지만, 휴전회담에 영향을 미친 것은 사실이었다. 공산군 측의 세균전 의혹 제기는 세계 여론상 미국에 불리하게 작용했으며, 휴전회담에서도 유엔군 측 대표단을 긴장시켰다. 유엔군 사령관은 세균전 의혹이 회담장에서 제기될 경우 철저하게 부인해야 한다는 특별 지시를 받았으며, 회담에서 쟁점이 되기를 원치 않았다. 유엔군 측 대표단에게는 다행스럽게도, 공산군 측은 회담장에서 이 문제를 전면적으로 제기하지 않는 대신, 포로 조사와 그 과정에서의 포로 학대

---

135 조성훈, 2001「한국전쟁의 세균전논쟁 비판」『한국전쟁과 중국』, 백산서당; 강정구, 1996「한국전쟁과 미국의 세균전」『분단과 전쟁의 한국 현대사』, 역사비평사; 김영호, 2000「한국전쟁 연구의 향후과제와 전망」『탈냉전시대 한국전쟁의 재조명』, 백산서당; 세균전을 구체적으로 다룬 연구로는 Stephen Endicott and Edward Hageman, 1998 *The United States and Biological Warfare*이 있으며, 국내에는 2003년 번역 소개되었다(스티브 앤디콧·에드워드 해거먼 지음 안치용·박성휴 옮김, 2003『한국전쟁과 미국의 세균전』, 중심); 그 외 William Lindsay White, 1957 *The Captives of Korea*, Greenwood Press를 번역한『한국전쟁 포로』(국방부전사편찬위원회 역, 1986)가 있으며,『중국 조선족 증언으로 본 한국전쟁』(정현수 외, 2006 선인)에도 세균전 관련 증언이 수록되어 있다.

를 주요 문제로 들고 나왔다.[136] 세균전 의혹은 회담장이 아닌 북한과 중국 언론, 고위층의 성명을 통해 제기되었으며, 소련도 이 문제를 유엔에서 적극적으로 제기했다.

거제도 포로수용소 사건과 세균전 논란은 이 시기 공산군 측에게 선전적 차원에서나 세계 여론을 주도하는 데 매우 유리했다. 반면 유엔군 측은 이러한 악재를 수세적으로 방어하기에 급급했으며, 회담은 답보 상태를 면치 못하고 있었다. 공산군 측은 거제도 포로수용소 사건을 포로 조사와 연관시켜 '무조건 전원 송환'을 요구하는 주요 근거로 활용했으며, 세균전 의혹 제기를 통해 유엔군 측을 위축시켰다. 회담의 진척이 없는 상황에서 양측의 물리적 충돌은 더욱 격화되었다.

2) 유엔군의 공중폭격과 공산군의 전술 반격 작전

휴전회담이 시작된 이래 협상은 전투 양상과 직결되었다. 회담이 쟁점으로 인해 교착되면 주도권을 잡기 위해 치열한 전투를 재개하고, 회담이 순조롭게 진행되면 회담 추이를 지켜보는 현상이 반복되었다. 포로 문제로 협상이 난항을 거듭하고 결국 무기 휴회로 가는 동안 양측은 군사작전을 재개했다. 유엔군은 주로 공중 폭격으로, 공산군은 지상 전선에

---

136 조성훈(2001, 앞의 논문, 469쪽)은 공산군 측이 이 시기 세균전 의혹을 제기한 것이 휴전협상에서 포로의 송환 원칙을 관철하기 위한 것으로 보기는 어려우며, 당시 중국과 북한에 만연한 전염병과 관련이 있는 것으로 보았다. 그러나 세균전과 포로 문제는 미묘하게 얽힌 문제로, 직간접적으로 판문점회담에 영향을 미쳤다고 볼 수 있다.

서 고지쟁탈전에 주력했다. 군사분계선을 휴전 조인 당시의 접촉선으로 확정한다고 합의했기 때문에, 조금 더 유리한 전략 전술적 위치에서 휴전하기 위한 고지쟁탈전이 지속적으로 치열하게 전개되었다.

1952년 2월부터 유엔군은 지상 작전을 계속 제한해 왔지만,[137] 1952년 5월 12일 유엔군사령관이 클라크(Mark W. Clark)로 교체되면서 휴전협상과 군사작전 측면에서 타개책을 모색하기 시작했다.[138] 클라크는 제2차 세계대전 당시 제5, 제15군 사령관을 역임하여 야전 경험이 풍부하고, 전후에는 주오스트리아 고등판무관으로 근무했고, 오스트리아 강화조약에 마셜(George C. Marshall) 미 국무장관 대리로 소련과 직접 협상한 경험이 있었다. 그가 유엔군사령관으로 임명된 것은 휴전협상을 고려한 결정이었다고 볼 수 있다.

1952년 4월 합참은 북한 내 전력 시설 폭격을 고려했으나 리지웨이는 이들 표적을 휴전협상이 결렬되거나 절망적인 정체 상태로 빠질 때까지는 공격해서는 안 된다고 건의했고, 합참은 이를 인정했다. 리지웨이는 그것이 군사 목적이라기보다는 북한 민간경제에 주로 이용되며, 발전소 폭격이 적으로 하여금 휴전을 수락하도록 유인하지는 못할 것이라고 판단했다.[139] 그러나 클라크는 전임자인 리지웨이 장군과 달랐다. 클라크

---

137 1952년 2월 밴플리트 미 제8군사령관은 개성을 탈환하고 시변리의 공산군 보급시설 탈취를 목표로 하는 제한된 진격작전을 계획했으나 리지웨이 유엔군사령관은 이를 승인하지 않았다. 리지웨이는 전선을 변경시킬 정도의 대규모 지상공격은 손실이 크며, 결정적 군사적 승리를 얻기 어렵고, 근본적이고 조직적인 전력 증강이 없는 한 성공 가능성이 희박하다고 보았다.

138 나토군사령관이었던 아이젠하워가 1952년 11월로 예정된 차기 미국 대통령 선거에 공화당 후보로 내정되어 퇴역하면서, 리지웨이 유엔군사령관이 그 후임으로 임명되었다. 그에 따라 미 본토 지상군사령관인 클라크 대장이 리지웨이에 이어 유엔군사령관으로 임명되었다(『한국전쟁 휴전사』, 236쪽).

139 『미국 합동참모본부사』, 257쪽.

는 포로 협상의 정체 상태를 타개하려면 더 큰 군사적 압력을 가해야 한다고 보았다. 클라크는 취임 후 워싱턴의 지시 내에서, 그리고 가용한 군사력 범위 내에서 취할 행동 계획을 작성했다. 수풍댐과 평양 폭격, 평양에서 개성까지의 주요보급로 차단 폭격 및 기타 작은 목표물 등에 대한 폭격 등이 포함되었다. 공중폭격은 사실상 새로운 전술이 아니었지만, 폭격의 목표가 확대되었다는 점에서 차이가 있었다.

1951년 8월 이후 미 공군은 교살 작전을 실시했지만 충분한 효과를 거두지 못했다. 중국군의 대공방어력과 공군력이 점진적이지만 뚜렷하게 개선되었으며, 공산군 측 후방 지원 체제가 정비되었고, 조중연합 철도사령부와 18만 명의 후방 지원 요원들이 효율적으로 병참을 해결했다. 미국은 폭격 대상을 인구 밀집 지역과 경제 자원으로까지 확대했다.[140] 휴전회담이 합의에 도달하지 못한 주원인이 충분한 군사적 압력을 가하지 못했기 때문이라고 판단한 클라크 유엔군사령관은 6월 17일 북한에 있는 모든 중요한 수력발전 시설을 공격하도록 극동해군사령관과 공군사령관에게 지시했다. 합참은 반대하지 않았을 뿐 아니라 공격을 압록강의 수풍발전소로까지 확대하기 위해 즉각 국방장관의 승인을 요청했다. 국방장관, 국무장관 및 대통령이 이를 승인했으며, 합참은 클라크 장군에게 다만 소련 영토 가까운 곳에 대한 공격 제한 사항은 준수하면서 압록강 상의 표적은 그의 재량으로 폭격할 수 있다고 승인했다.[141] 6월 23일

---

140 1953년 5월에는 수많은 하천을 통제하는 북한 관개 댐들도 폭격 대상이 되었다. 이는 독일군이 1945년 네덜란드의 둑을 폭격했을 때 연합군이 범죄행위로 비난한 것과 같은 행위였다(스티븐 앤디콧 외, 2003 앞의 책, 164쪽).

141 『미국 합동참모본부사』, 258쪽.

부터 3일간 수풍발전소를 포함한 북한 지역 수력발전 시설에 대한 강력한 폭격이 이어졌다.[142] 이 공격에 항공기가 1400회 이상 출격했으며, 수풍댐에 약 145만 톤의 폭탄을 쏟아 부었다. 북한 지역에서는 전력공급이 2주간이나 중단되었다.

이 폭격의 목적은 공산군 측 휴전회담 대표가 유엔군의 최종 제안을 받아들이게 하는 데 있었다. 그러나 북한의 발전시설, 특히 수풍발전소 폭격은 미국의 동맹국들 사이에 소요를 일으켰다. 미국이 사전에 영국에 통보하지 않았기 때문에 비난은 더욱 거셌다. 폭격의 군사적 효과와는 별도로, 수력발전소 폭격은 동맹국과 유엔의 중립국까지도 미국을 불신하게 했으며, 미국이 군사적으로 무책임한 정책을 추진하고 있다는 공개적 비난도 거셌다.[143] 국제사회의 비호의적 반응과 공산군 측의 격렬한 항의에도 불구하고 유엔군사령부는 공중폭격을 중단하지 않았다.

7월 11일과 8월 29일에는 북한의 수도인 평양 폭격이 단행되었다. 7월 11일 평양 폭격은 유엔군이 포로 재심사를 실시하여 송환 포로 총수를 확인한 상황에서 새로운 통계를 공산군 측에 제시하기 이틀 전에 이루어졌다. 1952년 7월 11일 미 공군기는 1254차 평양 지역에 출격했다. 공산군 측은 이 폭격으로 1500개의 건물이 파괴되고, 7000명의 사상자가 발생했다고 발표했다.[144] 평양 근교에 위치한 포로수용소 역시 폭격

---

142 수력발전소에 대한 폭격과 북한 측 반응에 대해서는, 김태우, 2013『폭격: 미 공군의 공중폭격 기록으로 읽는 한국전쟁』, 창비, 364~366쪽 참조. 북한은 미국이 휴전회담에 영향을 미치기 위해 수력발전소를 폭격했다고 인식했다.

143 외교통상부 외교안보연구원, 1998『임정에서 인도까지-임병직장관 회고록』, 253쪽.

144 로버크 프트렐 편저 강승기 역, 1982 앞의 책, 467쪽.

을 당해 유엔군 포로 110명이 사망하기도 했다.[145] 군사적 압력을 가해 공산군 측이 유엔군 측 송환 포로 숫자를 받아들이게 하려는 군사적 압박에도 공산군 측은 굴하지 않고 더 강경한 태도를 보였다. 평양 폭격으로 인한 사상자의 대부분은 민간인이었다. 국제적 비난 여론이 들끓었지만 유엔군의 폭격은 멈추지 않았다. 압록강 상의 표적은 물론 소련 국경에서 8마일 내에 있는 정유소도 1952년 여름과 가을 폭격 대상이 되었다.[146]

미 합참은 폭격의 범위를 더 확대했다. 협상에서 여지를 남겨두기 위해 휴전회담에서 상대를 압박하기 위한 것이라는 직접적인 언급은 피했지만,[147] 폭격과 협상의 상관관계는 분명해 보였다. 북한 지역의 모든 군사 목표물에 최대한의 폭격이 단행되었다. 8월 4일과 29일 평양 지역의 군사 목표물에 대규모 폭격이 단행되었다. 8월 29일 미 공군기는 하루 동안 무려 1403차 출격하여 평양 지역에 약 700톤의 폭탄을 쏟아부었다. 클라크의 요구로 한만 국경으로부터 4.6마일, 소련과의 국경으로부터 10.7마일 거리에 있는 한반도 북동부 지역까지 폭격이 허용되어 9월 1일 국경에서 가장 가까운 도시에도 최대 규모의 폭격이 실시되었다.[148] 군사적 압력과 병행하여 심리전의 차원에서는 북한 지역에 대한 상륙작전

145 『항미원조전쟁사』 3권, 376쪽.

146 『미국 합동참모본부사』, 260쪽.

147 1952년 8월 8일 합참은 클라크 장군에게 보낸 메시지에서 "현행 지침의 범위 내에서 북한의 모든 군사 목표에 대한 공중 공격을 계속하여 최대한 이용하라"고 지시했다. 그러나 적의 위신을 고려하여 휴전에 대한 압력 수단으로 공중공세를 말하는 것은 피하라고 했다(합참에서 클라크 사령관에게 보낸 전문, 1952. 8. 8, FRUS 1952-1954 Vol.XV, pp. 451~452).

148 로버크 프트렐 편저 강승기 역, 1982 앞의 책, 474~475쪽.

이 준비되고 있으며 핵무기를 사용하라는 미국 내의 압력이 커지고 있다는 루머도 유포했다. 공산군 측은 이러한 군사적 압박에도 불구하고 전혀 양보하려 하지 않았다.

유엔군 측 수석대표는 1952년 8월과 9월에 있었던 상황을 재검토하고 마지막 타결안을 준비했다. 공산군 측이 반대하면 회담을 무기 휴회시키든가 공산군 측과의 협상을 끝내든가 양자택일의 시점에 도달했다고 결론지었다. 이 시점에 워싱턴에서는 국무부와 국방부가 각기 다른 해결 방안을 모색했다. 국무부는 공산군 측 요구대로 즉각 휴전하고 남은 포로 문제를 차후의 협상으로 넘기는 방안을 모색했다. 그러나 국방부를 비롯한 합참은 협상장에서 최종안을 내놓고 거부될 경우 협상을 결렬시킬 계획이었다.

국무부는 즉각적인 휴전을 요구하는 대통령 성명 발표를 준비했다. 국무부 안은 포로는 8만 3000명 대 1만 2000명 선에서 교환하고 남은 포로 처리는 휴전 후에 추가로 협상한다는 조건으로, 그때까지 합의된 휴전협정 조항을 토대로 즉각 휴전한다는 것이었다. 합참은 9월 9일 초안을 클라크에게 보내 의견을 물었는데, 클라크는 군사작전을 더욱 강화해야 한다는 요지의 답변을 제출했다.

> 공산군을 현행 군사작전의 압력, 특히 해·공군 폭격으로부터 면제시키고, 동시에 주요 문제를 미해결 상태로 남겨두면서 휴전을 성취시키는 것은 군사적 견지에서 많은 불리점을 내포하게 된다. 우리 작전의 누적된 효과가 점차 적에게 통렬한 결과를 가져오고 있다는 징후가 증가하고 있다. 그 결과는 우리의 공격의 강도가 감소되지 않을 때, 배가될 수 있다. 나는 송환을 원치 않는 포로의 처리에 관한 결심을 차후 협상으

로 남겨두는 것은 결과적으로 우리에게 불리한 것으로 판명될 휴전을 가져올 것이라고 생각한다.[149] (밑줄 강조: 인용자)

군사적 압력을 계속해야 하며, 송환을 원치 않는 포로 처리를 차후의 협상 과제를 넘기는 것이 결과적으로 불리하다는 지적이었다. 국무부 안과는 달리 클라크는, 포로를 비무장지대로 이송하고 그곳에서 '심문, 면담 또는 심사 없이' 그들이 원하는 측으로 자유롭게 가도록 한다는 수정안을 제의한 후 만약 이 제안을 공산군 측이 거부한다면 일방적으로 무기 휴회를 선언하기를 원했다. 요컨대 클라크는 송환 거부 포로를 구체적으로 명시하지 않은 채 어떤 기구의 차후 결정에 맡겨두고 즉각 휴전을 하려는 국무부 방안에 반대했으며, 합참과 로베트 국방장관도 클라크와 같은 의견이었다.

그러나 국무부는 포로 처리 문제를 뒤로 미룬다는 기초 위에서 대통령이 휴전을 제의할 때라고 확신했다. 1952년 9월 15일 국무부 안을 보고받은 트루먼은 주요 군사자문위원회의를 소집했다. 휴전에 대한 전망을 토의한 회의에는 국방장관과 합참 관련자들, 판문점에서 갓 복귀한 리비 제독 등이 참석했고 국무부 관리들은 없었다. 회의 참석자들은 국무부 제안에 따른 대통령 성명 발표에 반대했다. 결국 이들의 강력한 주장을 수용하여 트루먼은 군사적 압력을 강화하는 쪽으로 선회했고, 클라크 장군의 무기 휴회 선언 권한 요청을 승인했다. 그러나 다음날 국무

149 클라크 사령관이 합참에 보낸 전문, 1952. 9. 15, FRUS 1952-1954 Vol.XV, pp. 506~509.

부와 논의 과정에서 국무부 대표는 이러한 방안에 동의하지 않았다.[150] 애치슨 국무장관은 다가오는 유엔 총회가 중요하다고 강조하면서, 미국이 다른 나라의 지원을 계속 확보하려면 휴전을 위한 모든 노력을 했다고 말할 수 있어야 한다고 주장했다. 국무부와 국방부 간의 이견이 좁혀지지 않자 대통령이 최종 결심을 내려야 했다. 9월 17일 로베트-애치슨 회의 후 일주일이 지난 1952년 9월 24일 민간인 및 군인 자문위원들이 전원 참석한 회의에서 트루먼 대통령은 국방부 안에 손을 들어주었다. 최종 결정 방안은 유엔군 측 수석대표인 해리슨이 적에게 상황을 요약 설명하고 다시 일괄 타결안을 협상에 내놓은 후 회담을 위해 10일간의 여유를 주며, 만일 제안이 거부된다면 미국은 무기한 휴회하고 즉각 추가적 압력을 강화한다는 것이었다.[151]

이 결정 이후 유엔군 측은 회담장에서 공세적 태도로 나왔다. 유엔군 측은 일괄 타결안을 제시한 지 만 5개월이 되는 1952년 9월 28일 제121차 본회담에서 새로운 선택적 타결안 세 가지를 제안했다.

① 포로 전원을 비무장지대로 이송하여 적십자사나 합동군사반 또는 이들이 합동으로 포로를 한 사람씩 확인 검사한다. 만일 포로가 이

150 *Memorandum of the Substance of Discussion at a Department of State-Joint Chiefs of Staff Meeting* 1952. 9. 16, FRUS 1952-1954 Vol.XV, pp.514~521.

151 『미국 합동참모본부사』, 304쪽; 한편 1952년 5월 이후 트루먼 행정부가 군사적 압력을 강화한 것은 한국전쟁을 선거의 최대 이슈로 삼는 미국 내 정치의 산물로서의 정책 결정이었으며, 1952년 여름부터 정책 결정 체제 내에서 애치슨 국무장관의 독보적 위치가 붕괴되고 국방부의 견해가 점차 유력하게 된 것도 군사적 압력 강화의 한 요인이 되었다는 견해도 있다(허출, 2004 「미국의 대한반도 군사 정책 결정 과정 분석」『한국정책학회보』 제13권 3호, 250쪽).

때 그들을 억류하고 있던 곳으로 가고 싶어 한다면 자유로운 행동을 보장한다. 이럴 경우 이들 포로는 민간인 신분으로서 처우되며 또다시 한국전쟁에 이용되어서는 안 된다.

② 송환을 희망하는 모든 포로는 신속히 교환되어야 할 것이며 모든 송환 거부 포로는 수 개의 집단을 구성, 비무장지대로 이송하여 군 통제로부터 석방시키고 한국전쟁에 참전하지 않은 국가의 대표가 이들을 면담한다. 공산군 측이 원한다면 국제적십자사나 합동적십자반, 혹은 합동군사반의 참관하에 군사 대표와 함께 또는 군사 대표 없이 실시할 수 있다.

③ 송환을 희망하는 포로는 가급적 속히 교환되어야 하며 모든 송환 거부 포로는 비무장지대로 이송하여 군사적인 통제하에서 석방시킨다. 그런 다음 심문, 조사나 면담을 하지 않고 석방된 포로는 그들이 선택하는 쪽으로 자유로이 가게 한다.[152] (밑줄 강조: 인용자)

세 안은 모두 포로에게 선택의 자유를 보장한다는 점에서 유엔군 측 자원 송환 원칙을 전제로 했다. 다만 ①안은 포로 전원에 대해 적십자사나 합동군사반이 의사를 확인하는 것이고, ②안은 한국전쟁에 참전하지 않은 국가의 대표가 송환 거부 포로들을 면담하는 것이며, ③안은 송환 거부 포로를 심문이나 면담을 거치지 않고 포로의 자유로운 선택에 따라 원하는 곳으로 가도록 허용한다는 것이었다.

10월 8일 재개된 회담에서 공산군 측은 이 제안이 유엔군 측의 자

152 121차 본회담(95차 판문점회담) 기록, 1952. 9. 28, 『휴전회담회의록』 2권, 739~745쪽.

원 송환 주장과 다를 바 없으며, 기만적 방안이라며 거부했다.[153] 미국이 미리 구상한 대로 이날 유엔군 측 수석대표 해리슨은 일방적으로 회담의 무기 휴회를 선언했다. 클라크와 애치슨 미 국무장관은 휴회 기한은 전적으로 공산군 측 태도에 달려 있으며, 선택적 제안은 세 가지 모두 자원 송환이란 인도적 원칙에 입각한 것이라는 요지의 성명을 발표했다. 다음 날 공산군 측은 북경방송을 통해 유엔군이 고의로 휴전회담을 결렬시켰다고 비난했다.

미국은 유엔을 통한 해결 방안을 모색하는 동시에 군사적 압력을 더 강화했다. 공산군 측 역시 이때 대규모 반격 작전을 구상했다. 10월 8일 휴전회담이 결렬되자, 유엔군은 공중 폭격으로 군사적 압력을 강화하였고, 공산군은 1952년 9월부터 11월 사이에 지상 전투에서 공세를 펼쳤다. 당시 공산군 측은 나름의 군사적 자신감을 갖고 있었다. 1952년 8월 20일 저우언라이가 스탈린과 한반도 정세를 논의하면서 중국군의 작전 능력에 대해 언급한 내용에서 이러한 자신감을 피력했다.

> 마오쩌둥이 세 가지 문제를 제기했다.
> 첫째, 우리가 적을 격퇴시킬 수 있는가 하는 것인데 우리는 할 수 있다고 굳게 믿는다.
> 둘째, 우리가 현재의 진지를 사수할 수 있는가 하는 것인데, 금년의 상황이 우리가 이들 진지를 충분히 지킬 수 있다고 증명해 주고 있다.

---

153 122차 본회담(96차 판문점회담) 기록, 1952. 10. 8, 『휴전회담회의록』 2권, 746~755쪽; 10월 7일 마오쩌둥은 리커눙에게 이 제안을 거절할 것을 지시했으며, 저우언라이는 공산군 측 대표가 회의에서 발언할 요지를 직접 작성해 보냈다(『항미원조전쟁사』 3권, 385쪽).

> 셋째, 우리가 진공을 개시하여 적을 공격할 수 있는가 하는 문제인데, 과거에 우리는 우리가 7일 이상의 공격 작전을 유지할 수 없다고 생각했다. 현재 우리는 더 긴 시간의 작전을 진행할 수 있으며, 폭격을 견딜 수 있고, 견고한 갱도 진지를 구축했다.[154] (밑줄 강조: 인용자)

마오쩌둥은 자신들이 적을 격퇴시킬 수 있으며, 진지를 지킬 수 있을 뿐 아니라 진공을 개시하여 공격도 할 수 있다고 판단했다. 그는 1952년 8월에 열린 정치협상회의 상임위원회 회의에서도 이러한 입장을 분명히 했다. 타격과 방어, 식량 문제를 언급하면서 "타격을 가할 수 있는가의 문제는 2~3개월 내에 해결될 것이고, 방어할 수 있는가의 문제는 지하 갱도를 파서 해결했으며, 식량 문제 역시 동굴 속에 보관하는 방법으로 3개월분의 식량을 비축하고 있다"고 자신감을 보였다.[155] 중국군은 한편으로는 이러한 군사적 자신감을 기초로, 다른 한편으로는 예상되는 유엔군의 공격을 막기 위한 전술적 반격 작전을 구상했다. 덩화의 건의에 따른 전술적 반격 작전이 제1단계로 9월 18일부터 10월 5일까지, 제2단계로 10월 6일부터 31일까지 전개되었다. 주로 중부 산악지대의 한국군 방어 정면을 목표로 한 공세 작전이었다.

중국 측의 전술적 반격 작전 결과보고에 따르면, 중국군은 1단계 작전에서 18일간의 전투로 모두 9000여 명(미군 약 2000여 명 포함)의 유엔군을 살상했고, 중국군 사상자는 모두 2000여 명이었으며, 6개 진지를 점

154 심지화 편저, 2003「史達林與周恩來的會談紀錄(스탈린과 저우언라이의 대담 기록) 1952. 8. 20」, 앞의 책, 1195~1204쪽.

155 『毛澤東軍事文集』 제6권, 316~317쪽(『항미원조전쟁사』 3권, 399쪽 재인용).

령했다.[156] 2단계 작전은 서쪽의 임진강 하구에서 동쪽의 북한강 동쪽 문등리까지 180킬로미터의 정면 전선에서 전면적인 공격을 진행했는데, 유엔군이 방어하는 23개 진지를 공격했다. 가장 전투가 치열했던 것은 백마고지 전투로, 백마고지는 동쪽은 철원평야이고 남쪽은 서울로 통하는 주요 보급선이 있는 철원의 주요 거점으로, 한국군 9사단이 방어하고 있었다. 중국군 제38군단의 5개 연대 병력을 동원하여 8박 9일간 공방전을 벌였는데, 중국 측은 유엔군 9300여 명을 살상하거나 사로잡았다고 전과를 기록했다.[157] 중국군 역시 5372명의 사상자(사망 1748명, 부상 3062명, 실종 562명)가 생겼으나, 이 전투 결과 백마고지 23개 진지 중 21개 진지가 공산군 측에 점령당했다. 원래 중국군이 계획했던 제2단계 전술 반격은 완료됐지만, 10월 14일 유엔군이 상감령 지역에 대해 '김화 공세'를 개시하자 공방전이 갈수록 치열해졌고, 중국군 전술 반격도 11월 말까지 연장되었다.

공산군이 지상 작전의 주도권을 잡게 되자 유엔군 측은 미군 손실을 줄이는 것을 최선의 방책으로 삼았다. 미 합참이나 도쿄의 유엔군사령부 모두 대규모 사상자를 발생시키면서 고지를 점령하는 것은 합리적이지 않으며, 설령 몇 개의 고지를 공격해 점령하더라도 이것이 회담에 결정적인 작용을 하지 않을 것으로 판단했다. 유엔군사령부는 제한적인 전쟁이 그들의 손발을 묶고 전장에서의 행동을 제한한다고 불만이었다. 유엔군 지상부대 지휘관과 미 제8군사령관 밴플리트는 정치적 필요

---

156 『항미원조전쟁사』 3권, 411~416쪽.

157 미군과 한국군 전사에서는 한국군 제9사단이 3500여 명의 사상자를 냈지만, 중국군은 1만여 명에 가까운 사상자를 냈다고 평가했다(『유엔군전사』, 218쪽; 국방군사연구소, 1997 『한국전쟁』 하, 394쪽).

와 함께 부대원들의 사기를 진작시키고 중국군의 전술 반격 작전에 보복을 가하기 위해 미 제9군단의 전방에서 제한된 목적의 공격을 진행하기 위한 쇼다운(Showdown) 작전을 건의했다. 제7차 유엔 총회가 10월 14일로 예정되어 있었고, 한반도 문제가 다시 논의될 예정이었기 때문에 워싱턴은 정치적으로 유리한 위치를 점하기 위해 군사작전을 병행할 결심을 했다.

유엔군 측이 10월 8일 회담 무기 휴회를 선언한 날, 클라크는 쇼다운 작전을 승인했다.[158] 쇼다운 작전의 공격 목표는 중국군이 상감령 지역에서 방어하는 597.9고지와 537.7고지 북산이었다. 상감령은 중국군의 중부 전선의 전략적 요충지인 오성산의 전초 진지로서, 평강평원의 방어와 연결되어 있어 쌍방이 반드시 쟁취하고자 했던 곳이었다. 미9군단의 제7사단과 한국군 제2사단이 김화 공세 임무를 맡았다. 일명 상감령 전투라 불리는 이 고지쟁탈전은 무려 43일간 계속되었다. 10월 4일부터 11월 25일까지 유엔군의 김화 공세에 맞서 공산군은 상감령 방어 작전을 진행했다. 교전쌍방은 3.7제곱킬로미터의 좁은 땅을 놓고 엄청난 병력과 병기를 투입했다. 유엔군은 3개 사단이 넘는 6만여 명의 병력과 300여 문의 화포, 약 200대의 탱크, 3000여 대의 항공기를 투입했고 포탄 190여만 발을 발사하고 폭탄 5000여 발을 투하했다. 공산군 역시 3개 사단이 넘는 4만여 명의 병력을 투입했고, 각종 산포·야포·유탄포 139문과 로켓포 24문, 고사포 47문, 박격포 292문을 동원했으며 모두 35만여 발의 포탄을 발사했다. 유엔군 측은 이 전투가 1951년 단장의 능선 전투에 이

158 『미국 합동참모본부사』, 327쪽.

은 최대의 공세라고 평가했다. 전투 시간의 장기화, 화력의 치열함, 밀집도, 전투의 긴장감이나 잔혹함으로도 세계전쟁사상 보기 드문 전투였다.

공산군 측은 이 전투 결과를 자신들의 승리로 평가했으며, 비록 공산군 측이 1만 1000여 명의 사상자가 발생했지만 유엔군은 그보다 많은 2만 5000여 명의 사상자가 났다고 집계했다.[159] 또한 이 전투에서 유엔군 측이 병력 6만여 명, 대포 300여 문, 고사포 47문을 투입했고 190여만 발의 포탄과 5000여 개의 폭탄을 투하했으며, 공산군 측은 40여만 발의 포탄을 발사했는데 이 역시 전례가 없던 것이라고 평가했다.[160] 1952년 10월 24일 중국 공산당 중앙위원회와 중앙군사위원회는 마오쩌둥이 기초한 축하 전문을 중국군에게 보내 치하했다.[161] 반면에 유엔군 측은 더 이상 이런 전투는 무익하다는 결론을 내렸다. 이 전투로 유엔군 측 진지가 약간 개선되었지만, 미군과 한국군 사상자가 9000명이나 되며, 공산군 측 사상자는 1만 9000명이라고 평가했다. 유엔군은 결국 얻은 것에 비해 인명 손실이 너무 컸다는 점에서 전선에서 압도적인 병력을 보유하지 않고 지상에서 적을 공격하는 행위는 무익하다고 결론 내렸다.[162]

회담이 중단된 기간 동안 중국은 미국에 마지막으로 남은 카드는

---

159 『항미원조전쟁사』 3권, 457쪽.

160 중국 해방군화보사 저 노동환 역, 2005 『그들이 본 한국전쟁 I -항미원조 중국인민지원군』, 눈빛, 146쪽.

161 「全國政協一屆三次會議致中國人民志願軍與金日成將軍的賀電(전국 정치협상회의 제1기 제3차 회의가 중국인민지원군과 김일성 장군에게 보내는 축하 전문), 1951. 10. 24」, 『한국전쟁과 중국 I 』, 186~187쪽.

162 『미국 합동참모본부사』, 327쪽. 한편 유엔사는 이 전투 과정에서 미군 사상자가 2000여 명에 달하자 미 제7사단은 전투에서 물러나게 하고, 상감령의 두 고지 점령 임무를 모두 한국군 제2사단에 넘겼다. 미군의 인명 손실을 피하기 위한 조치였다.

핵무기와 최후의 대규모 상륙작전이라고 예측했다. 핵무기는 쉽게 사용할 수 없다고 그 가능성을 낮게 보았다면, 가능성이 있는 것은 대규모 상륙작전을 통한 모험밖에 없다고 보았다. 유엔군의 전략적 상륙지점이 동해안의 원산과 함흥, 서해안의 진남포, 신안주 지역 및 철산반도가 될 것으로 예상한 중국군은 동서 해안 방어를 강화했다.[163] 1952년 12월 20일 중국 공산당 중앙위원회는 "모든 필요한 조건을 준비하고, 적의 상륙작전을 굳건히 분쇄하여 전장에서 더 큰 승리를 쟁취하라"고 중국군 당위원회에 지시했다. 1952년 12월 하순부터 1953년 4월까지 중국군은 전례 없는 규모로 상륙작전에 대비했다.[164] 그러나 공산군 측이 예상했던 대규모 상륙작전은 미국 내의 정책 조정에 따라 이루어지지 않았고, 1952년 겨울 이후 1953년 2월까지 전선은 소강상태가 계속되었다. 1953년 2월 11일 미 제8군사령관 밴플리트 대장이 퇴역하고 테일러(Maxwell D. Taylor) 중장이 그의 후임으로 임명되었다. 이후 테일러는 인명 손실을 줄이는 데 중점을 두었지만, 한국군은 더 치열한 전투를 반복함으로써 주로 한국군 인명 손실이 컸다.

전선에서 고지쟁탈전이 계속되는 상황에서 클라크 사령관은 군사작전을 더 강화하기 위한 새로운 작전계획을 수립했다. 1952년 10월 16일 합참에 제출한 평양-원산 선까지 진격하는 3단계 작전계획(op. 8-52)이었다. 클라크는 이 작전에 핵무기를 활용할 필요가 있다고 주장했

---

163 심지화 편, 2003「毛澤東關於朝鮮戰爭形勢等問題致史達林電(마오쩌둥이 한반도 전쟁 형세 등에 관한 문제로 스탈린에게 보낸 전문) 1952. 12. 17」, 앞의 책, 1251~1257쪽.

164 이에 대한 구체적인 내용은,『항미원조전쟁사』3권, 제22장 대상륙작전 준비, 532~586쪽 참조.

다.[165] 워싱턴에서 육군장관 페이스(Frank Pace)는 군사작전 확대는 예산과 인력 문제로 어렵다고 반대했지만, 11월 17일 국방장관 콜린스(Lawton J. Collins)는 합참이 3단계 작전계획을 연구 중이며, 핵무기에 관한 그의 견해도 검토할 예정이라고 클라크에게 알렸다. 아이젠하워가 새로 대통령으로 선출 된 지 3일째 되는 날로 어떠한 중요한 결정도 나오기 어려운 시점이었지만, 국방부를 비롯한 합참은 핵무기 사용을 허용하는 확전을 신중하게 검토하고 있었다.[166]

한국전쟁 종결을 선거공약으로 내걸고 대통령에 당선된 아이젠하워는 선거 도중 그가 공약한 대로 당선된 지 1개월도 안 되어 한국을 방문했다. 12월 2일부터 3일간 체류하면서 클라크, 밴플리트와 대담했고 전투지대와 후방 지역을 순시했으며, 이승만도 만났다. 아이젠하워는 전선의 지휘관들과 광범한 주제를 토의했고 한국군 증강을 위한 비용, 자유중국군의 한국에서 운용 가능성,[167] 유엔군 인원 및 탄약 부족 등에

---

165 『미국 합동참모본부사』, 332~333쪽.

166 1952년 2월 초 합참은 합동전략조사위원회에 협상이 무기한 연기되거나 아주 결렬될 경우 한국에서 채택할 방책을 검토하도록 지시했다. 검토 결과 1952년 8월 29일 합동전략기획위원회가 제출한 군사적 조치에 대한 건의안은, 핵무기 사용을 인가하는 것이 필요하다는 결론이었다. 합참은 이 연구를 다시 그 위원회로 돌려보냈고, 1952년 10월 7일, 합동군수기획위원회 및 합동정보위원회와 공동으로, 한국에 대한 상황 판단과 군사적 방책을 건의하도록 합동전략기획위원회에 지시하는 수정 지침을 하달했다. 이 새 연구의 결과는 몇 개월 후에 활용되었으며, 새로운 행정부에 의해 착수된 대한정책의 검토와 관련하여 가치 있는 것으로 입증되었다(『미국 합동참모본부사』, 328~329쪽, 333~334쪽).

167 자유중국군의 운용에 대해서는 군사적 견지에서는 효과적이지만, 고려해야 할 많은 정치적 요인이 있다는 의견이 지배적이었다. 아이젠하워를 만나러 온 대만의 군사지원단장 체이스(Chase) 장군은, 장제스가 군사력 파견을 재차 요청했다고 보고했다. 그러나 체이스 장군은 장제스의 견해를 잘못 표현했으며, 대만에 복귀하자마자 장제스가 이 문제에 거의 열중하지 않고 있음을 알게 되었다. 아이젠하워는 자유중국군의 한국에의 사용에 관한 생각을 포기했지만, 1950년 6월에 제7함대에

대해 보고받았다. 한국군 20개 사단 증강에도 의견을 모았지만, 여기서 클라크가 한국전쟁 승리를 목표로 구상하고 있던 3단계 작전계획은 논의되지 않았다.[168]

12월 5일 귀국한 아이젠하워는 한국전쟁 정책에 대한 기조 방침으로 '하나의 목적, 두 가지 수단'을 확정했다. 하나의 목적이란 명예로운 휴전을 모색하는 것이고, 두 가지 수단이란, 첫째 가용한 모든 수단을 동원해 공산군 측이 미국 정부가 군사적 수단을 확대하여 한반도 문제를 해결하려 한다는 사실을 알게 하여 심리적으로 상대방을 압도하고 그들을 굴복시켜 휴전회담을 통해 전쟁 종결 목표를 실현하는 것, 둘째 군사적 준비를 강화하여 회담으로 문제가 해결되지 않을 경우 무력을 동원하여 대규모 군사작전을 전개하고 이를 통해 교착 국면을 타파하고 미국이 원하는 조건으로 한반도 문제를 해결하는 목적을 달성하는 방안이었다. 첫 번째 수단은 실제로 군사작전을 수행하지 않되 상대방이 그렇게 믿도록 하여 굴복시킨다는 심리전에 치중한 것이고, 두 번째는 실제로 대규모 군사작전을 전개한다는 것이었다.

미국은 이 두 가지 수단을 병행하기로 결정했다. 한편으로는 대만해협 중립화 규정을 폐지하고 장제스가 중국 대륙에 대해서 견제성 공격을 하도록 격려하는 한편, 인도를 통해 중국이 계속 양보하지 않는다면 전쟁이 확대될 것이고 원자폭탄도 사용할 수 있다고 경고할 계획이었다. 그

내려진 트루먼 대통령의 명령, 중국 본토에 대한 자유중국군의 공세 작전 금지 명령을 취소했다(『미국 합동참모본부사』, 570~571쪽).

168 클라크는 아이젠하워가 군사적 승리보다는 명예로운 휴전을 추구하려는 것이 명백해 보였다고 회고했다(Clark, *From the Danube to the Yalu*, p.233(『미국 합동참모본부사』, 335쪽 재인용).

러나 실제로 대규모 군사작전을 감행하기에는 제약 요소가 많았다. 아이젠하워는 군사적 수단이 갖는 문제점을 다음과 같이 판단했다. 첫째 재래적인 방법으로 공격하여 군사적인 승리를 쟁취하는 것인데, 너무 커다란 대가를 치러야 한다는 점에서 가장 좋지 않다고 보았다. 둘째 재래적인 지상 공격 이외의 행동을 취하는 것으로 한 차례의 대규모 군사적 모험을 감행하는 것인데, 이 방법은 대규모 공세를 개시하여 전쟁을 한반도 외부로 확대하여 중국의 만주 지역 비행장을 타격하고 중국 해안을 봉쇄하며, 핵무기 사용도 고려하는 것이었다. 두 번째 안은 동맹국의 동의를 얻는 문제와 소련의 참전을 불러올 수 있다는 점에서 선택하기 어려웠다.[169]

1953년 2월 2일 아이젠하워는 취임 후 첫 연두교서에서 보다 더 강력하게 중국을 군사·외교적으로 압박하겠다는 의지가 담긴 신정부 대외정책을 발표했다. 그는 대만해협 중립화를 취소하고, 한반도 문제에서 새롭고 적극적인 외교정책을 채택할 것이며, 동시에 대만에 대해 중국 대륙 공격을 막아왔던 조치를 해제하겠다고 발표했다.[170] 다음날 유엔군으로 참전한 15개국 대표와 함께 대중국 경제봉쇄정책을 실시할 계획을 세웠지만, 영국과 이탈리아의 반대로 무산되었다.

한편 스탈린은 아이젠하워가 대통령에 당선되자 미국과 협력하여 한국전쟁을 끝낼 용의가 있다고 발언했다. 스탈린은 1952년 12월 21일 뉴욕타임즈 기자의 질문에 "소련은 한국전쟁의 종결을 희망한다. 이 문제

169 Dwight D. Eisenhower 신상초 역, 1965『아이젠하워回顧錄』(上), 綠文閣, 177~179쪽.

170 위의 책, 572쪽.

에서 아이젠하워와 협력할 용의가 있으며 정상회담의 거행을 환영한다"고 답변했다.[171] 그러나 미국은 이 제안을 무시했다. 소련이 포로 문제에서 공식적 입장 변화가 없었기 때문에, 이러한 발언에도 불구하고 스탈린이 종전을 원하는 것은 아니라고 판단했다.

회담이 중단된 기간 국무부와 국방부 정책은 상당히 대립적이었다. 미 국무부는 이미 확정된 한반도에 국한된 군사전략인 제한전쟁 연장을 주장했다. 그러나 미 국방부는 중국을 응징하는 확전을 주장했다. 애초에 휴전회담 자체를 회의적으로 보았던 국방부는 미군의 능력과 안전에 맞추어 최대한의 군사작전을 펴야 한다는 기조에 입각하여 한반도의 목 부분에 해당하는 청천강-함흥 선까지의 북진, 나진항과 압록강 유역의 댐 폭격, 만주 지역까지의 항공 추적, 일본자위대와 한국군의 군사력 강화, 대중국 해상봉쇄 등 강경책을 주장했다.

아이젠하워가 대통령에 취임했을 때 기존의 대한정책 지침이었던 NSC 118/2는 1951년 12월에 승인된 것으로 이미 일 년 이상 지난 낡은 것이었다. 정책 재검토가 필요했다. 불안한 휴전회담, 공산군 측의 군사력 증강, 미 군사력 중 일부의 효율성 상실과 한국군의 증강을 통한 이의 상쇄, 핵무기의 이용 가능성 및 파괴력의 증가, 미국의 여론과 동맹국의 태도 변화 등이 다각도로 검토되었다. 1952년 10월 7일 합동전략기획위원회가 합참에 제출한 연구 결과를 기초로 1953년 3월 27일 합참은 미국이 한국전쟁을 성공적으로 종결시키기 위해 추구해야 할 6가지 주요

171 『항미원조전쟁사』 3권, 571쪽.

방책을 결정했다.[172] 공세적인 작전을 계속하며 한국군을 중심으로 지상방어를 하고, 중국과 만주에 대하여 군사작전을 확대 강화하며, 한반도 허리 부분에 방어선을 설치하기 위한 주요 공세를 취한다는 내용이었다. 합동전략기획위원회는 합참의 연구 결과와 자신들의 보고서 '한반도에서 채택 가능한 행동방안 분석(NSC 147)'을 통합하여 1953년 4월 2일 관계기관에 회람시켰다.

합참이 구상한 구체적 행동 계획은 "① 확대된 군사행동, ② 중국과 만주에 대한 공중과 해상의 직접 공격 작전, ③ 한 차례의 연합 공격으로 한반도의 평양-원산 계선에 방어선 구축, ④ 원자폭탄 사용, ⑤ 중국에 대한 강도 높은 유격전 실시, ⑥ 압록강 이북의 공산당 공군기지와 기타 목표에 대한 공중 공격, ⑦ 공중전의 범위를 중국 동부 지역까지 확대, ⑧ 중국 해안 봉쇄, ⑨ 상륙작전과 공중 공습의 양동작전 및 습격 등을 포함한 위장전술 채택" 등이었다.[173] 합참의 군사방안은 미 국가안전보장회의 제139차 회의에서 통과되었지만 즉각 시행될 수 있는 방안은 아니었다. 일단 휴전회담이 다시 결렬되거나 혹은 무기한 연기 상태에 들어가면, 그때가 바로 한반도 문제에 대해서 더욱 강경한 조치를 취할 시기라는 것이 결론이었다. 따라서 1953년 4월 8일 미 국가안전보장회의에서 내린 정책 결정은 제한전의 기조를 유지하되 주로 폭격에 의존한 군사적 압력을 강화하는 것이었다. NSC 정책 결정의 주요 내용은 다음과 같다.

---

172 『미국 합동참모본부사』, 349~350쪽.

173 *Note by the Executive Secretary(Lay) to the National Security Council, April 2, 1953, NSC 147: Analysis of Possible Courses of Action in Korea*, FRUS 1952-1954 Vol. XV, pp. 838~857.

① 전면적인 위험에 봉착했을 때 현재의 동원력을 초과하는 추가 수단 결정

② 한국 내에서의 군사작전 강화는 유엔군의 비정상적인 손실 없이 능력 범위 내에서 전개

③ 중국 공군이 미 지상군을 위협할 때는 대통령의 승인을 받아 중국 공군의 기지 폭격 제한을 철회

④ 중국을 외교적으로 고립시키기 위하여 정치적·경제적 압력 강화. 이 방법으로 수출입 금지 요청과 해안 봉쇄의 2가지 대안 연구

⑤ 유엔 회원국들의 파병 요청과 이미 파병하고 있는 유엔 회원국들에게 증원 요청

⑥ 중국과 한반도 내 반공 게릴라에 대해 최대한 지원하고 공산군의 물자 수송과 통신을 차단 파괴하는 작전 감행[174] (밑줄 강조: 인용자)

이 결정의 핵심 사항은 기존 정책 결정을 거의 그대로 유지했다. 동맹국과의 관계를 고려하여 확전을 유발할 수 있는 조항을 유보한 채, 다만 북한 지역에 대한 폭격으로 한정시켰다. 그러나 북한 지역에 대한 미 공군의 폭격 대상은 이미 광범위하게 확대되어, 직접적인 군사 목표뿐 아니라 군사력과 직결되는 광산·수력발전소·보급창고·군사기지 등이 이미 모두 폭격 대상이었다. 여기에 관개용 댐과 북한의 대부분의 도시가 폭격 대상으로 확대되었다. 결국 북한 지역의 피해는 휴전이 지연될수록 커질 수밖에 없었다. 북한이 주도적으로 협상을 마무리할 수 없는 상황

174 *Memorandum of Discussion at the 139th Meeting of the National Security Council*, Wednesday, April 8, 1953, FRUS 1952-1954 Vol. XV, pp. 892~895.

에서 북한 지역만의 폭격은 회담의 흐름을 변화시키는 결정적 요인이 되기 어려웠다. 또 다른 해결책이 모색되어야만 했다. 미국은 협상 중에 무자비한 공중폭격과 핵 위협이 공산군을 압박하는 데 효험이 있었다고 평가하지만, 공중폭격은 오히려 그들을 휴전협상으로부터 멀어지게 했으며, 전쟁 장기화와 소모전, 전쟁의 비인도적 성격만 강화시켰다.[175] 당시로서는 핵 위협이 효과적으로 공산군을 압박했는지 여부는 가시적으로 드러나지 않았다.

3) 유엔에서의 휴전 논의

1952년 10월 14일, 제7차 유엔 총회가 뉴욕에서 개최되었다. 미국과 영국은 모종의 정치적 압력을 가하기 위해 유엔에서 한국 휴전 문제를 다루기로 합의했다. 공산군 측 역시 유엔 총회에서 한국 문제가 논의될 것을 예상하고 대책을 수립했다. 마오쩌둥과 스탈린 간에 유엔 총회를 대비한 구체적인 대응 방안이 논의되었다.

> 마오쩌둥이 스탈린에게(1952. 9. 16) : 다가오는 유엔 총회에서 한국 문제가 논의될 것이라는 정보가 있다. 전쟁 포로에 관한 문제는 멕시코가 제안을 제출할 것이며 이는 미국이 주도하는 것이고, 유엔 총회에서 한국 문제 토의 제안은 영국의 주도로 제기된 것으로 보인다. …… 우리는 그

175 Foot Rosemary, 1990, 앞의 책, pp. 176~183.

러한 안들에 대해 반대할 것이다.[176]

스탈린이 마오쩌둥에게(1952. 9 17): 멕시코의 제안이 미국의 입장을 반영하기 때문에 접수할 수 없다는 견해에 동의하며, …… 쌍방의 군사행동 즉각 중지, 국제법에 따른 모든 전쟁 포로 송환, 중국군을 포함한 모든 외국 군대의 2~3개월 내 철수 및 한국인들 자신이 직접적인 관계국들과 한국전쟁에 참전하지 않은 국가를 포함한 기타 국가들로 구성된 위원회의 감시하에 한국 통일 정신에 입각하여 한국 문제를 조정할 것을 요구할 것이다.[177] (밑줄 강조: 인용자)

마오쩌둥은 유엔에서의 한국 문제 논의가 미국의 의도에 따른 것으로 반대할 것이라고 했고, 소련은 이에 동의했다. 소련은 유엔 총회에 참석할 수 없었던 북한과 중국을 대신해 보다 강력하게 강제 송환 원칙을 밀고 나가기로 사전에 합의했다. 10월 17일 북한 외무상 박헌영은 유엔 사무총장 트리그브 리(Trygve Lie)에게, 북한 대표를 유엔 총회에 파견하여 한반도 문제 토론을 진행할 것을 요구하는 전문을 보냈다. 김일성과 펑더화이가 1952년 10월 16일 클라크에게 보낸 편지와 정전협정 초안 전문을 첨부하고, 이를 유엔 회원국 대표단에게 배부할 것도 요구했다. 소련 대표단 역시 북한 대표를 유엔 총회 제1위원회 회의에 참석시켜 한반도 문제를 토의할 것을 요구했지만, 미국과 영국 등의 반대로 기각되었

176 「저우언라이가 스탈린에게 1952. 9. 16」(9월 15일 마오쩌둥이 저우언라이에게 보낸 전문을 저우언라이가 스탈린에게 전달), 『한국전쟁 관련 소련 외교문서』.

177 「스탈린이 마오쩌둥에게 1952. 9. 17」, 『한국전쟁 관련 소련 외교문서』

다.[178] 반면 한국 대표를 회의에 출석시켜 현지 실제 정황을 듣자는 태국 대표의 안건은 통과되었다. 결국 북한과 중국 측 대표는 유엔 총회에 참석할 수 없었다. 1951년 초 유엔에서 휴전 논의가 진행될 때도 북한과 중국은 유엔 총회에 참석할 수 없었고, 공산군 측은 자신들이 불참한 유엔의 결정 사항을 수용할 수 없다고 주장했다. 이때 역시 전쟁의 직접 당사자인 북한과 중국이 참석할 수 없는 상황에서 논의가 진행되어 양측 입장을 조율하여 현실적인 해결책을 찾기는 어려운 상황이었다.

미국은 동맹국들의 지원을 받아 자원 송환 원칙을 관철시키기 위해 유엔이라는 외교 무대를 활용하고자 했다. 여기서 포로 송환에 대한 다양한 중재안은 어떤 방안이든 송환 원칙 문제로부터 자유로울 수 없었다. 특히 멕시코의 중재안은 미국과 미리 합의한 것으로, 유엔 주재 멕시코대사 네르보(Luis Padillo Nervo)는 유엔사무총장 리에게 멕시코의 포로 송환 방안을 제시했다. 멕시코의 방안은 송환을 원하는 포로는 지체 없이 송환하고, 기타 포로에 대해서는 본 제안을 승인하는 각 유엔 회원국이 직업을 얻을 수 있는 이민 신분을 부여하는 협정에서 합의를 보는 비율로 일정 수의 포로를 받아들일 것을 제안하는 내용이었다. 유엔 주재 미국대사 오스틴(Warren R. Austin)은, 이 제안이 송환되지 않는 포로, 특히 한국인이 아닌 송환 거부 포로들을 처리하는 데 좋은 계기를 제공할 수 있을 것이라며 찬성했다.[179] 이때 애치슨 미 국무장관은 유엔 정치위

---

178 소련은 이러한 제안과 함께, 유엔 총회 자격시사위원회에 대만 대표를 제명하는 것에 관한 문제를 제기할 것, 국민당 정부를 제명하고 중화인민공화국을 유엔 회원국으로 받아들이는 것 등 제안을 제안했다(『항미원조전쟁사』 3권, 493~494쪽).

179 『미국 합동참모본부사』, 317쪽. '한국인이 아닌 송환 거부 포로'는 중국군 포로를 지칭한 것으로, 당시 포로 협상의 최대 걸림돌은 중국군 포로의 처리 문제였다.

원회에서 공산군 측이 포로의 비강제 송환이라는 기본 원칙을 수락한다면 언제라도 기꺼이 판문점에서 회담을 재개할 용의가 있다고 전제하고, 영국을 위시한 20개국의 지지를 받아 공동결의문을 제출했다.

> ① 한국전쟁의 휴전을 위한 미국의 노력을 인정한다.
>
> ② 포로 송환 문제는 자원 송환 원칙을 견지하기로 총회에 요청한다.
>
> ③ 중국과 북한 정권에 대하여 무익한 유혈을 초래하는 군사행동을 자제하도록 권고한다.[180] (밑줄 강조: 인용자)

미국, 영국 등 서구 21개국 대표의 공동 결의로, 북한과 중국에 대해 자원 송환 원칙에 입각한 즉시 휴전을 요구한 것이었다. 소련은 이에 맞서 11월 23일 즉각 휴전과 정치 문제 해결을 위한 특별위원회 구성, 모든 포로 송환을 촉구하는 내용의 제안을 제출했다.

> 한반도의 교전 쌍방이 이미 동의한 정전협정 초안에 따라 즉각 정전하도록 건의한다. 즉 쌍방이 일체의 군사행동을 중지하고 전쟁 포로 문제는 소련의 제안에 규정된 한반도 문제 평화적 해결위원회로 넘겨 해결하도록 한다. …… 직접적인 관련이 있는 각 국과 기타 국가—그중에는 한국전쟁에 참여하지 않은 국가 포함—가 참여하는 한반도 문제 평화적 해결위원회를 설립한다. 이 위원회는 미국, 영국, 프랑스, 소련, 중공, 인도, 미얀마, 스위스, 체코슬로바키아, 북한, 남한으로 구성된다. ……

180 *Minutes of the Thirteenth Meeting of the United States Delegation at th United Nations General Assembly*, New York, November 17, 1952, FRUS 1952-1954 Vol. XV, pp. 653~657.

상술한 위원회가 책임지고 즉각적인 조치를 취해 한국인 스스로가 상술한 위원회의 감독하에 한반도를 통일한다는 정신에 입각해 한반도 문제를 평화적으로 해결하도록 한다. 이 조치에는 쌍방이 전체 전쟁 포로의 송환에 최대한 협조하게 하는 조치가 포함되어야 한다.[181] (밑줄 강조: 인용자)

한국전쟁에 참가하지 않은 나라를 포함한 11개국위원회를 구성하여 동 위원회의 관장하에 모든 문제를 해결하도록 하되, 포로의 송환은 동 위원회의 임무로 하며 강제 송환을 원칙으로 해야 한다는 주장이었다. 이 제안은 단순히 휴전회담에 국한시키는 것이 아니라 한반도의 통일을 지향하는 정치회담까지 제의하고 있다는 점이 미국이 주도한 제안과 차이를 보였다. 11월 28일 중국 외교부장 저우언라이와 북한 외무상 박헌영은 각각 소련 정부 대표단의 제안에 찬성하는 성명을 발표했다. 그러나 미국의 반대로 소련 제안은 11월 29일 유엔 총회 제1위원회에서 거부되었다.

미국과 소련의 제안을 두고 논쟁을 벌이게 되자 멕시코와 페루, 인도 대표단이 각각 절충 방안을 내놓았는데, 그중에서 특히 인도 제안이 주목을 받았다. 11월 17일 인도 정부 대표단 단장 메논이 제시한 '한반도의 전쟁 포로 문제 해결을 위한 방안'은 매우 구체적이고 체계적이었다.[182] 인도 제안에서 핵심은 포로의 송환을 방해하거나 송환에 영향을 미칠

181 『항미원조전쟁사』 3권, 497~498쪽.

182 『한국전쟁 휴전사』, 248~249쪽; 김경수, 2006 『인도와 한국전쟁』, 한국학술정보, 159~160쪽.

강제력을 사용해서는 안 되며, 포로는 전쟁에 참가하지 않은 4개국 중립국 송환위원회에서 정치 회의로 넘겨 처리한다는 내용이었다. 미국은 송환을 원치 않는 포로를 정치 회의에 넘겨 해결한다는 조항을 삭제하고자 했으나 여의치 않자 적어도 중립국 송환위원회나 정치 회의에 넘긴 포로 수용 시한을 제한하고자 했다.

인도는 미국의 요구를 받아들여 11월 26일 추가 제안을 발표했다. 만약 120일 후(전쟁 포로를 정치 회의에 넘긴 30일 이후)에도 송환위원회와 정치 회의가 여전히 송환을 거부하는 이들 전쟁 포로의 처리 문제에 대해 일치된 의견을 내놓지 못할 경우, 이들 전쟁 포로는 유엔에 인계해 책임지고 처리하게 한다는 것이었다.[183] 인도의 수정안은 양측의 상충되는 요구 사이의 합의점을 찾기 위해 중립 상태의 공평한 기관이 행하는 비강제적 본국 송환 방식이었다. 즉 원칙적인 측면에서는 미국 측이 요구하는 비강제 본국 송환 방식을 채택하였지만, 양측에서 추천한 4개국 대표로 구성된 중립국 송환위원회(NNRC)가 포로의 본국 송환을 담당하도록 하여 공산군 측 입장을 배려했다. 유엔에서는 인도 제안을 당시 양측이 팽팽히 맞서 있는 포로 문제의 현실적 타개책으로 받아들였다. 그러나 기본적으로 미국이 주장한 자원 송환 원칙을 따르고 있다는 점에서 공산군 측이 이 결의안을 수용할지 여부는 불투명했다.

미국은 이 방안이 미국의 송환 원칙에 부합된다며 찬성 의사를 밝혔다. 인도는 소련과 절충하고 중국의 진의를 타진한 후 이것을 결의안으로 제출했고, 12월 3일 유엔 총회 제399차 회의에서 통과되었다. 통과된

183 미국의 입장은, *Proposed United Redraft of Paragraph 17 of Indian Resolution on Korea*, Washington, November 24, 1952, FRUS 1952-1954 Vol. XV, p.676 참조.

유엔 총회 결의안의 주요 내용은 다음과 같다.

> 모든 포로의 본국 송환을 촉진하기 위하여 체코슬로바키아·폴란드·스위스·스웨덴의 4개국 대표로서 송환위원회를 설치하거나 또는 쌍방에서 지명하는 전쟁 불참국 각 2개국의 대표로써 구성하는 송환위원회를 설치할 것. 단 안전보장이사회의 상임이사국은 제외한다.……
> 모든 포로는 합의된 비무장지대 내 교환 지점에 이송되어 합의된 수에 따라 군사적 통제와 억류국의 수용으로부터 벗어나서 송환위원회에 이관한다. ……[184]

포로 교환은 체코슬로바키아·폴란드·스위스·스웨덴 등 4개국으로 포로 송환위원회를 구성하여 일임하되, 포로들이 본국 송환을 원한다면 허용하며, 포로 송환위원회 구성에서도 양측 합의에 따라 지명국을 변경할 수 있으나 유엔안전보장이사회 상임이사국과 한국전쟁에 참가한 국가는 제외한다는 내용이었다. 결의안이 채택된 후 피어슨 유엔 총회 의장은 북한과 중국에 이 결의안 수락을 요구하는 권고문을 발송했다.

그러나 소련은 이 결의안에 반대했고 중국도 소련의 입장을 지지한다고 밝혔다. 공산군 측은 이전의 주장을 되풀이했다. 첫 번째 반대 이유는 이 제안이 미국이 말하는 강압적이지 않은 송환, 즉 자원 송환 원칙을

---

184 외무부, 1976 *"Resolution 610(VII) Adopted by theh General Assembly on 3 December 1952"* 『유엔 한국 문제결의집』, 163~167쪽.

따른다는 것이었다. 소련은 한국에서 휴전을 성립시키는 유일한 방안은 포로 문제를 11개국위원회로 이관하여 강제 송환하는 길뿐이라는 입장을 고수했다. 중국은 12월 14일 외교부장 저우언라이가, 12월 17일에는 북한 외무상 박헌영이 각각 유엔 총회 의장 피어슨에게 반대 입장을 담은 전문을 보냈다. 중국과 북한은 유엔 총회 결의를 반대하고, 즉각 정전 실현과 포로의 전원 송환 문제를 소련이 제의한 한반도 문제 평화적 해결위원회로 넘길 것을 주장했다. 두 번째 반대 이유는, 미국이 조종하는 유엔은 교전 당사자이기 때문에 전쟁 포로를 유엔에 넘겨 처리하는 것은 잘못이라는 점이었다. 총회 결의안에서 최종적으로 남은 포로를 유엔에 넘긴다는 구절은 미국의 요구를 반영한 제안이었다. 세 번째로 든 이유는 중립국으로 구성된 송환위원회에서도 전체 전쟁 포로 송환 임무를 해결할 수 없다는 것이었다. 공산군 측 주장은 미국이 이승만과 장제스의 특무공작원을 대거 파견하여 공산군 포로로 위장해 포로들 사이에 침투시켜 포로가 이미 강압에 의해 송환을 거부하도록 협박했기 때문에 특무공작원들을 공산군 포로와 격리시키지 않는다면 어떠한 방문과 해명도 순조롭게 진행되지 못할 것이라는 주장이었다.[185]

유엔 총회에서 포로 송환에 관한 결의안이 통과되었지만, 공산군 측이 거부함에 따라 실질적 해결책이 되지는 못했다. 12월 22일 유엔 총회가 끝났고, 유엔으로 옮겨 국제 여론을 조성하여 포로 협상을 마무리 지으려던 미국의 시도는 불발로 끝났다. 송환 원칙에서 여전히 양측 입장이 팽팽히 맞서 휴전이 성사되지는 않았지만 나름의 성과는 있었다.

185 『항미원조전쟁사』 3권, 501~502쪽.

1953년 5월 협상이 급진전되자 양측은 이때 유엔 총회에서 통과된 인도 결의안의 노선을 대체로 수용하여 포로 협정을 체결했다. 1952년 12월의 유엔 결의안과 1953년 5월 최종 포로 문제 해결안 사이의 가장 큰 차이는 인도의 역할에 있었다. 이때 결의안을 제출하고 적극적으로 중재에 나섰던 인도는 포로 협정이 체결되는 시점에는 더 구체적인 역할을 부여받았다. 중립국 송환위원회는 4개국 대표로 구성되었는데, 체코슬로바키아와 폴란드는 공산군 측이, 스웨덴과 스위스는 유엔군 측이 추천한 나라였으며, 함께 취급된 중요 사안에 대한 이들의 투표는 교착 상태에 빠질 우려가 있었다. 인도는 중립국 송환위원회의 의장 겸 중재자로서 그리고 포로들을 통제할 보호군 공급자 기능을 수행했다. 따라서 인도의 결정이 이 위원회의 결정이 될 수밖에 없는 중요한 역할을 담당하게 되었다.[186]

한편 유엔에서 제3세계 국가들, 특히 인도와 같은 나라들이 중간에서 다소 독립적으로 휴전협상이 계속될 수 있도록 역할을 했던 점 역시 주목할 만한 변화였다. 이들의 존재는 미국이 안보리뿐 아니라 총회에서도 마음대로 협상 과정을 좌우할 수 없다는 것을 의미했으며,[187] 이후 냉전 체제 속에서 어느 한편에 치우치지 않고 독자적인 영역을 확보하려는 비동맹국가들의 출현을 예고하는 것이었다.

---

186 K. S. 티마야 씀 라윤도 옮김, 1993『판문점 일기-중립국 송환위원회 의장의 한국 현대사 증언』, 소나무.

187 오영달, 2004「유엔의 한국전 개입이 유엔체제에 미친 영향」『유엔과 한국전쟁』, 리북.

3. 휴전회담 재개와 포로 송환 협상 합의

1) 상병포로 교환과 휴전협상 재개

1953년이 되자 상황이 급변했다. 미국에서 아이젠하워 행정부가 출범하고(1953. 1), 소련에서 스탈린이 갑자기 사망하자(1953. 3. 5), 휴전회담은 급진전하기 시작했다. 한국전쟁이 끝나기를 바라는 여론에 힘입어 대통령에 당선된 아이젠하워가 선택할 수 있는 길은 제한적이었다.[188] 1952년 12월 제네바에서 개최된 적십자연맹집행위원회 회의 결의안은 포로 협상에서 중대한 진전을 가져왔다. 이 결의안은 한국전쟁 양측에게 전쟁을 종결할 것과 최초의 '선의 표시(goodwill gesture)'로 제네바 협정에 명시된 대로 상병포로의 즉각적인 송환을 요구했다. 소련과 중국 대표의 반대에도 불구하고 15대 2로 결의안이 가결되었지만, 당시에는 별로 주목받지 못했다.[189] 적십자사 결의안 소식을 접한 클라크 유엔군사령관은

---

188 1950년 한국전쟁이 발발한 직후 미국이 한국전쟁에 신속히 개입했을 때 미국민들은 트루먼 행정부를 적극 지지했다. 그러나 중국군이 개입하고 미군의 사망자가 늘어나며 전쟁이 지루한 장기전으로 바뀌자 미국인들의 여론도 바뀌었다. 제한전쟁(limited war)을 처음 경험하는 미국인들은 승리도 패배도 아닌 한국전쟁을 수행하고 있는 트루먼 행정부로부터 등을 돌리고 있었다. 통계적으로 보면 1950년 가을에는 미국인의 81퍼센트가 한국전쟁 개입을 지지했으나 1952년 봄에는 50퍼센트로 하락했으며, 1952년 내내 한국전쟁에 대한 여론은 50퍼센트대의 낮은 상태로 남아 있었다. 1952년 미국 대통령 선거전이 한창이던 1952년 가을 한국 전선에서 미군은 어느 때보다 어려운 전투를 치르며 막대한 인명 피해를 내고 있었고, 미국 내 반전 여론은 더욱 확대되었다. 이러한 분위기에서 아이젠하워는 10월 24일 디트로이트 연설에서 당선되면 최우선 과제로 한국전쟁을 종식시킬 것을 약속했고, 그것을 위해 한국 전선을 방문할 것이라고 약속했다. 한국전쟁 종결 약속이 결정적으로 영향을 미쳐 대통령에 당선된 아이젠하워로서는 달리 선택의 여지가 없었다(김남균, 2004「1952년 미국 대통령 선거와 한국전쟁」『미국사연구』 제20집, 157쪽).

189 『미국 합동참모본부사』, 357쪽.

워싱턴에 상병포로 교환을 제의할 것을 요구했지만, 거의 2개월 동안 아무런 조치도 없었다.

미국은 1953년 2월 개막될 유엔 총회에서 이 적십자사 결의가 상정될지도 모른다고 판단하여 우선 상병포로부터 교환하는 정책을 수립했다.[190] 유엔군 측은 1953년 2월 22일 판문점 연락장교단을 통해 "제네바 협약 제109조에 의거하여 이송할 수 있는 중병 혹은 중상포로를 즉시 송환할 의사가 있다"는 서한을 전달했다.[191] 공산군 측은 3월까지도 아무런 답변도 하지 않았지만, 유엔군 측의 상병포로 교환 제안을 아주 중요한 신호이자 미국이 회담을 재개할 용의가 있는 것으로 판단했다. 그러나 김일성과 펑더화이가 먼저 회담 재개를 제안하면 조급해 보일 수 있어 오히려 불리해질 수도 있다고 보았다. 따라서 가만히 있는 것이 움직이는 것보다 더 낫다고 결론 내리고, 미국이 타협을 원하는 구체적인 행동을 취할 때까지 현 상태를 유지하고자 했다.[192] 마오쩌둥은 2월 24일 열릴 유엔 총회를 염두에 두고, 미국 측이 여전히 유엔 총회에 대해 미련을 갖고 있는지, 혹은 상병포로 교환 제의에 미국의 진심이 담겨 있는지에 대

---

190 1953년 2월 유엔 총회 개막일이 다가오면서 합참은 국무부로부터 적십자사 결의가 총회에 상정될지도 모른다는 것을 알게 되었다. 그때서야 합참은 클라크에게 상병포로의 즉각적인 교환을 제의하는 서한을 발송하도록 지시했다(『미국 합동참모본부사』, 357쪽).

191 제네바 협약 제109조는, 충돌 당사국은 중상 및 중병의 포로를 그 수와 계급의 여하를 불문하고 그들이 여행에 적합할 때까지 치료한 후 본국으로 송환하여야 한다는 내용을 담고 있다.

192 『항미원조전쟁사』 3권, 573쪽. 1953년 2월 19일 북경으로 돌아온 챠오관화(喬冠華)가 회담의 전망에 대해 연구 분석하고 내린 결론이었고, 이것은 마오쩌둥과 저우언라이의 동의를 얻었다; 챠오관화, "조선전쟁과 정전회담에 관하여(關于朝鮮戰爭與停戰談判)", 『中共黨史資料』 編輯部 編, 『親歷重大歷史事件實錄』 第四卷, 北京: 黨建讀物出版社, 中國文聯出版社, 2000, 357~364쪽, 『한국전쟁과 중국 I』, 227~233쪽 참조.

해서도 의구심을 가졌다.[193]

공산군 측이 아무런 답변을 하지 않고 관망하는 상황에서 3월 5일 소련 수상 스탈린이 갑자기 사망했다. 스탈린의 사망은 휴전회담이 급진전되는 계기가 되었다. 중국 정부는 3월 7일 저우언라이를 단장으로 하는 조문단을 파견했다. 저우언라이는 3월 11일부터 21일까지 소련 지도부인 말렌코프(Georgy M.Malenkov), 몰로토프(Vyacheslav M. Molotov), 후루시초프(Nikita S. Khrushchev) 등과 한반도 문제에 관해 토론했고, 필요에 따라 북한 측의 의견을 구했다. 소련은 내부 문제를 해결해야 했기 때문에 한국전쟁이 계속되기를 원치 않았고, 북한 역시 휴전을 원했다.

새로운 소련 지도부는 스탈린 장례식 직후인 3월 19일 긴급 각료회의를 개최했다. 그들은 한국전쟁에 관해 당시 상황과 과거에 발생했던 모든 사건의 과정을 고려하여 전면적으로 검토했다. 결론은 그때까지 취해온 노선을 당시의 정치적 상황에 맞춰 바꾸지 않고 유지하는 것은 합당하지 못하다는 것으로, 회담을 종결한다는 전략을 채택했다. 그에 따라 구체적인 정전협상안, 세부 지침, 이후 대응 방안 등의 지침이 마련되었다.

- 2월 22일자 유엔군사령관 클라크 장군의 상병포로 교환 제의에 대해 김일성과 펑더화이가 긍정적인 회신을 보내는 것이 필요하다.
- 회신 발표 직후, 북경에서 중국 정부의 중요 지도자 중 1인(저우언라이가 좋을 것으로 봄)이 상병포로 교환 제의에 대한 긍정적 입장을 강조하고, 포로 교환 전반에 관한 문제, 한국전쟁의 종료 및 정전협정

193 『항미원조전쟁사』 3권, 574쪽.

체결 문제를 긍정적으로 해결해야 하는 시기가 도래했음을 언급하는 성명을 발표한다.

- 중국 측 성명에 대해 평양에서는 김일성이 중국 측 성명의 정당성을 전적으로 지지하는 정치적 성명을 발표한다.
- 북경과 평양에서의 성명 발표 후, 소련 외무성이 모스크바에서 이를 지지하는 성명을 발표한다.
- 클라크 장군의 제의에 대한 회신: 상병포로 귀환을 돕기 위해 폴란드·체코슬로바키아·스웨덴·스위스 대표로 구성된 위원회 설치 제의 / 귀환을 원하는 모든 포로들은 즉시 송환되어야 하며 여타 포로들은 중립국에 보내져야 한다고 제의 / 포로 분류는 국적과 거주지에 따라 이루어져야 한다(이는 인도가 제시한 안과도 부합됨). 포로 분류가 끝나는 즉시 포로들은 자국으로 귀환할 권리를 부여받아야 한다.
- 북경의 성명에 관하여: 정전을 위해서는,
  ① 군사분계선 설치(정전협정안 제1조)
  ② 군사정전위원회 구성 및 활동: 포로 송환위원회 업무를 포함하여 정전협정 준수 여부 감시, 정전협정 위반 사항 발생하는 경우 협상을 통해 이를 해결함(24조와 25조)
  ③ 중립국 감시위원회 구성: 유엔군 측이 제시한 스웨덴과 스위스, 조선인민군 및 중국인민지원군 측이 지명한 폴란드와 체코슬로바키아 4개국으로 구성(36조 및 37조), 정전협정 준수 감시 및 감독 기능, 북한의 신의주·청진·흥남·만포·신안주, 남한의 인천·대구·부산·군산·광주에 배치
  ④ 기타 양측은 정전협정이 서명되고 효력이 발생한 3개월 내에 한

국에서의 모든 외국군 철수 문제와 한국 문제의 평화적 해결 방안 협의를 위해 고위급 정치회담을 소집할 것을 양측 관계 제국 정부에 권고하기로 합의해야 함(60조)

- 평양의 성명에 관하여: 김일성이 상기 중국 정부의 성명이 북한 정부와 공동으로 작성된 것임을 언급하고 전적으로 지지를 표명한다.
- 모스크바 성명에 관하여: 취지는 한국 문제에 관한 소련, 중국, 북한 간의 완벽한 연대와 공동보조를 전세계에 강조하는 것이다.
- 유엔 총회 소련 대표단에 관하여: 폴란드가 제출한 '새로운 세계대전 발발 위협의 방지'에 관한 결의안이 유엔 총회에서 논의되어야 한다.
- 추가적 소견: 현 상황에서 소련, 중국 및 북한 정부에 제시된 모든 조치들의 결과를 예견할 수 없을 것이다. 그러나 공동정책을 수행키로 완전히 합의한다면 여타 문제에 합의를 이룰 것으로 기대한다.[194] (밑줄 강조: 인용자)

우선 유엔군 측 상병포로 교환 제의에 대해 김일성과 펑더화이 명의로 긍정적인 답신을 보내며, 중국 정부가 이를 지지하는 성명을 발표하고, 북한과 소련 순으로 지지성명을 발표하며, 답신과 각각의 성명 내용

194 「소연방각료회의 외무성 안건」 1953. 3. 19, 러시아연방대통령문서보관소 문서군 3, 목록 65, 문서철 830, 60~71쪽(원본), 국사편찬위원회 해외사료총서 11, 2006『한국전쟁, 문서와 자료, 1950~53년』, 760~766쪽. 이 회의에서 소련 정부가 마오쩌둥과 김일성에게 보낼 서한 문안과 유엔 총회의 소련 대표단에 송부할 지침안을 승인했으며, 소연방 각료회의 의장 말렌코프와 소연방 각료회의 사무국장 포마즈네프가 서명했다. 이 회의에서 결정된 사항들에 따라 중국과 북한, 소련 정부의 공식 입장이 속속 발표되기 시작했다.

까지 제시한 구체적인 방침이었다. 특히 마지막 쟁점으로 남아 있는 송환 거부 포로는 중립국으로 보내는 방안이었다. 이 지침에는 비록 결과를 예견할 수는 없지만 공동으로 대처한다면 여타 문제에 대한 합의가 가능할 것이라는 기대감이 담겨 있었다.

이전부터 전쟁을 끝내기를 원했던 김일성은 이 같은 소련 정부의 제의에 전적으로 동의를 표하며 환영했다. 북한은 더 적극적으로 전쟁을 하든가, 아니면 전쟁을 중지해야 한다는 입장이었다. 김일성은 북한이 전선에서 매일 300~400명의 심각한 인명 손실을 입고 있는데 말썽 많은 전쟁 포로 송환 규모를 두고 미국과 논란을 계속하는 것은 합당하지 않다는 입장이었고, 이러한 김일성의 의견은 곧바로 새로운 소련 지도부에 보고되었다.[195]

소련 새지도부의 회담 종결 전략에 따라 속속 공산군 측의 조치가 나오기 시작했다. 공산군 측은 3월 28일 상병포로 송환에 동의하는 회신을 보냈다. 스탈린 사망 후 3주가 지난 시점이었다. 공산군 측은 여기서 휴전회담의 재개를 제안했다. 김일성과 펑더화이 공동 명의로 보낸 이 서신에서 공산군 측은 상병포로 교환 제의를 수락하며, 이 조치가 전체 포로 문제 해결과 함께 세계 인민들이 갈망하고 있는 휴전으로 선도해 나가야 한다고 덧붙였다.[196] 3월 30일에는 중국 수상 저우언라이가 성명을

---

195 「북한에서 쿠즈네쵸프, 페도렌코가 말렌코프에게」 1953. 3. 29. 『한국전쟁 관련 소련 외교문서』. 3월 28일 김일성과의 두 차례 회담 내용을 보고한 것이다. 이들은 협상이 재개되면 대표는 이전과 같이 남일을 내세우기로 합의했다. 이에 따라 남일을 외무장관에 임명하는 최고인민회의 간부회의령의 발표는 연기될 것이며, 북한 외무장관 직책은 임시로 이돈견이 수행하게 되었다(「6·25내막/모스크바 새증언29」 『서울신문』, 1995. 8. 4).

196 연락장교회의, 1953. 3. 28, Enclosure (1): Letter, dated 28 March 1953, to General Mark W.

발표했다. 저우언라이는 포로 문제를 해결하려는 적극적 의지를 표명하면서, 몇 개월 전 유엔 총회에서 승인된 바 있는 인도 결의안과 유사한 포로 송환 문제 해결책을 제시했다. 송환을 희망하는 모든 포로를 교환한 후, 나머지 포로들은 중립 국가로 인도한다는 제안이었다.[197]

다음날 북한이 지지 성명을 발표했고, 소련 외상 몰로토프도 중국의 성명을 뒷받침하는 모스크바 방송 연설에서 이러한 노력에 협력하겠다고 발표했다. 이 연설에서 몰로토프는 중국과 북한의 유엔 가입을 재차 요구했다. 그는 중국과 북한이 유엔에서 합법적인 대표를 축출당한 사실이 유엔의 권위를 훼손시키며, 그 결과 국제안전보장과 총체적 평화 증진에 공조할 가능성을 상실했다고 주장했다.[198] 공산군 측의 일련의 의사표시는 상병포로 교환뿐 아니라 포로 문제 전반을 해결하기 위해 휴전회담을 재개하자는 분명한 신호였다. 자원 송환 원칙을 수용한다는 명확한 언급은 하지 않았지만, 송환 거부 포로를 중립국에 넘기는 방식을 제안한 것은 이미 자원 송환 원칙을 수용한 분명한 양보였다.

그러나 유엔군 측은 처음에 신중하게 대처했다. 3월 31일 클라크는 공산군 측 제안에 보낸 답신에서, 상병포로 교환을 위한 세부 협정 작성을 위해 연락단 회의를 제의했지만, 교환의 선결 조건으로서 휴전협상의

Clark, Commander in Chief, United Nations Command from Kim Il Sung, Supreme Commander of the Korean People's Army, Peng Teh-Huai, Commander of the Chinese People's Volunteers, 『휴전회담회의록』 10권, 311~312쪽.

197 "周恩來外長關于朝鮮停戰談判問題的聲明(저우언라이 외교부장의 조선 정전회담 문제에 관한 성명)" 1953. 3. 30, 『한국전쟁과 중국 I』, 290~293쪽.

198 "한국 문제에 대한 외무장관 몰로토프 성명서" 「외무장관 몰포토프가 말렌코프에게(소연방각료회의 간부회의에 제출) 1951. 3. 31」, 국사편찬위원회 해외자료총서 11, 2006, 앞의 책, 769~772쪽.

재개와 같은 조건을 수락하는 것은 아니라고 못 박았다. 만일 휴전회담이 재개된다면 자원 송환 원칙을 기꺼이 충족시키려는 의도가 포함되어야 한다는 입장을 분명히 했다.[199] 미국은 저우언라이의 성명에 주목했다. 합참은 4월 1일 클라크에게 판문점에서 이 제안에 관해 탐색할 것을 조언했고, 클라크는 공산군 측 제안이 의심스러웠지만, 합참의 지시에 따라 4월 5일 휴전협상 재개를 위한 토의를 제의했다.[200]

몇 차례의 서신 교환 후 4월 6일 쌍방 연락장교들이 상병포로 교환을 위한 첫 회의를 가졌다. 상병포로 교환협정문 작성에는 불과 5일밖에 걸리지 않았다.[201] 유엔군 측은 국적별 인원수에 따른 교환을 제의한 반면, 공산군 측은 단지 국적별 교환을 주장했고, 공산군 측 제안대로 결정되었다. 4월 8일 회의에서 공산군 측은 송환될 상병포로 수는 약 600명이며, 그중 450명은 한국인이고, 약 150명은 비한국인 상병포로라고 통고했다. 유엔군 측은 700명의 중국인과 5100명의 한국인 상병포로를 송환할 것이라고 통고했다. 송환될 상병포로 숫자는 거의 10배 차이가 났지만 유엔군 측은 개의치 않고 회담을 진행시켰다.[202]

---

199 연락장교회의, 1953. 3. 31, Enclosure (1): Letter, dated 31 March 1953, to General Kim Il Sung, Supreme Commander of the Korean People's Army, General Peng Teh-Huai, Commander of the Chinese People's Volunteers from Mark W. Clark, General, United States Army, Commander in Chief, United Nations Command, 『휴전회담회의록』 10권, 313~314쪽.

200 연락장교회의, 1953. 4. 5, Enclosure (1): Letter, dated 5 April 1953, to Marshal Kim Il Sung, Commander of the Korean People's Army, General Peng Teh-Huai, Commander of the Chinese People's Volunteers from Mark W. Clark, General, United States Army, Commander in Chief, United Nations Command, 『휴전회담회의록』 10권, 327~328쪽.

201 Liaison Group Meetings on Exchange of Sick and Wounded, Pan Mun Jom 6 April - 2 May 1953, 『휴전회담회의록』 10권, 471~508쪽.

202 클라크 장군은 그 수가 적절한 것으로 보인다고 합참에 통보하면서 "우리 측으로서는 심한 상

4월 11일 상병포로 송환 협정이 조인되었다.[203] 협정에 따라 양측은 포로를 인계·인수하는 준비에 착수했고,[204] 상병포로 송환은 4월 20일 판문점에서 시작되어 5월 3일 실질적으로 완료되었다. 최종 교환된 인원은 최초 제시한 숫자보다 조금 많았다. 유엔군이 넘겨준 상병포로는 총 6670명이었고, 공산군 측으로부터 인수한 상병포로는 684명이었다. 송환인원 내역은 위의 표와 같다.[205]

상병포로 교환에 합의하고 휴전협상 재개를 위한 토의가 시작되자 휴전회담은 급진전되었다. 송환을 원치 않는 포로를 중립국으로 넘겨 처리하자는 저우언라이의 제안은 이미 유엔군 측 자원 송환 원칙을 수용한다는 전제를 내포하고 있었다. 1952년 10월 8일 회담이 무기 휴회한 이래 휴전회담에서 남은 쟁점은 송환을 원치 않는 포로들의 처리 문제뿐이었다.

상병포로 교환이 진행되는 한편에서 양측은 본회의를 재개하기 위한 접촉을 시작했다. 합참은 클라크에게 본회의 재개를 준비하고 공산군 측 지도자와의 회담을 제의하라고 지시했다. 유엔군 측은 3월 30일 저우언라이 성명 내용 중 송환 거부 포로를 중립국으로 보내는 문제, 포로

병포로가 더 이상 없어 다행"이라고 했다(『미국 합동참모본부사』, 576쪽).

203 연락장교단 6차 회의, 1953. 4. 11, Enclosure (1): Agreement for the Repatriation of Sick and Injured Captured Personnel, 『휴전회담회의록』 10권, 502~508쪽.

204 유엔군에서 마련한 두 개의 계획은 하나는 '리틀스위치 작전(Operation Little Switch)'으로 한국군 및 유엔군 귀환자를 인수하기 위한 것이고, 다른 하나는 '리틀스워프 작전(Operation Little Swap)'으로 유엔군이 보유하고 있는 공산군 포로와 민간인 억류자들 중 환자나 부상자를 공산군 측에 돌려보내는 것이었다(국방군사연구소, 1996 『한국전쟁의 포로』, 186쪽).

205 『한국전쟁의 포로』, 192쪽.

표 9 상병포로 송환 내역(1953. 4. 20 ~ 5. 3)

유엔군 측 포로	인원(명)	공산군 측 포로	인원(명)
북한군	5,194	한국군	471
중국군	1,030	미국군	149
민간인 억류자	446	기타 유엔군	64
계	6,670	계	684

설득 기간이 6개월이나 된다는 점, 6개월 후 남은 포로를 정치회담으로 넘기는 것을 문제 삼았다. 4월 17일 해리슨 유엔군 측 수석대표는 회담을 재개하는 데 있어 유엔군 측의 기본 입장을 전달하면서 대안을 제시했다. 유엔군 측 대안은 송환 거부 포로를 중립국으로 보내는 대신 한국 내에서 중립국이 수용하도록 인도하며, 포로 설득 기간은 60일 이내로 하고, 그 후의 결정은 중립국이 준비하도록 여지를 남겨둔다는 안이었다.[206] 연락장교들이 며칠간 토의한 후 4월 26일 양측은 본회의 재개에 합의했다. 그러나 공산군 측은 해리슨의 수정안에 대해서는 아무런 응답도 하지 않았다.

회담이 재개되기 전 합참은 클라크에게 새 정책 지침을 내렸다. 클라크에게 광범한 재량권을 부여하고 필요한 정치 자문은 극동군사령부 정치 고문 머피(Robert D. Murphy)가 담당할 예정이었다.[207] 새 정책 지침

206 『미국 합동참모본부사』, 362~364쪽. 그러나 후에 본회의가 재개될 즈음에 내린 훈령에서 포로 설득 기간은 60일로 제안하지만, 90일에도 동의할 수 있다고 완화했다.

207 『미국 합동참모본부사』, 363쪽.

의 핵심은 미국이 수락할 수 있는 휴전을 이룩하는 것이 미국의 국익이 된다는 것과 결코 강제 송환에 관해 타협하지 않는다는 두 가지였다.

1953년 4월 2일 아이젠하워 대통령이 성명을 발표한 후 미국은 협상을 진전시키기 위해 새로 중요한 원칙을 추가했다. 공산군 측 제안을 '그것이 모순이라고 판명될 때까지' 액면 그대로 수용하며, 시간제한을 설정하지는 않지만 워싱턴의 승인 없이 일방적으로 휴회를 해서는 안 된다는 것으로, 미국은 이 시점에 회담을 마무리하려는 의지가 확고했다. 미국이 협상을 재개한 데는 군사적 판단도 작용했다. 미국은 중국군 전력이 강화되어 더 이상 양보를 기대하기 어렵다고 판단했다.[208] 더 이상 군사적 해법을 모색할 수 없다는 상황 인식을 갖고 협상을 재개한 만큼 전망도 밝았다. 한편 유엔 정치위원회는 한국 휴전 문제를 총회에 상정할 필요 없이 판문점에서 매듭짓도록 결정했다. 이러한 내용의 브라질 대표 발의가 통과되어 총회 결의안으로 채택됨으로써,[209] 휴전을 마무리하는 절차 문제는 교전 당사자에게 일임되었다. 이제 판문점에서 휴전회담의 마지막 타결 과정만이 남아 있었다. 스탈린의 갑작스러운 사망이 휴전회담의 극적인 타결 기회를 제공한 것은 분명했다. 소련 정부의 결정은 중국과 북한의 입장을 수용한 것으로, 협상이 마무리될 가능성은 그 어느 때보다 높았다.

---

208 미 국가정보평가와 국가안전보장회의 기획국 보고서에서는 한국 및 만주에 있는 중국군 병력이 지상과 공중 양쪽에서 상당히 강력해서 협상 테이블에서 공산군 측의 양보를 얻어낼 수 없을 것이라고 강조했다(윌리엄 스툭, 앞의 책, 613쪽). 결국 협상을 재개하고 일정한 양보를 할 수밖에 없다는 결론이었다.

209 외무부, 1976 *"Resolution 705(VII) adopted by the General Assembly on 18 April 1953"* 『유엔 한국문제결의집(1947~1976)』, 171~172쪽.

2) 포로 송환 협상 타결

1953년 4월 26일 제123차 본회담이 재개되었다. 1952년 10월 8일 회담이 중단된 후 6개월여 만이었다. 그 사이 미국은 아이젠하워 행정부로 바뀌었고, 스탈린 사망 후 소련은 보다 융통성 있는 모습을 보여 주었다. 양측 모두 협상을 진전시킬 준비가 되어 있었다. 회담 재개 첫날, 공산군 측 수석대표는 3월 30일자 저우언라이의 성명을 토대로 6개항을 제안했다.[210] 4월 17일 유엔군 측이 제시한 조건들은 전혀 반영되어 있지 않았다. 2개월 이내 모든 포로 송환, 그 후 1개월 이내 잔류 포로를 중립국으로 이관, 설득 완료 후 1개월 이내 본국 송환, 남은 포로는 정치회담에 위임, 중립국 이송 후 6개월간 설득회, 남은 포로는 정치회담에 이관한다는 내용이었다. 논의 과정에서 공산군 측은 스위스가 이미 유엔군 측에 의해 중립국 감시위원으로 지명되었다는 이유로 포로 관리 중립국 지명을 거부했고, 그렇다고 자신들이 지명한 중립국을 명확하게 밝히지도 않았다. 유엔군 측은 포로를 한반도 외부로 이송하는 것은 바람직하지 않고, 6개월은 너무 길다고 반박했다. 중립 국가는 한반도 내의 적당한 지역에서 보호 활동을 할 수 있을 것이고, 60일간의 설득 기간이 합리적이고 충분하다는 의견이었다. 그로부터 2주 동안 중립국 선정을 놓고 논쟁이 벌어졌다. 공산군 측은 다른 문제들이 결정될 때까지 특정한 중립국

210 123차 본회담(97차 판문점회담) 기록, 1953. 4. 26, 『휴전회담회의록』 2권, 756~765쪽. 이때 유엔군 측 대표단 인원이 교체되었다. 한국군 대표가 최덕신으로 바뀌었으며, 모리스(Joseph T. Morris) 준장과 메코넬(Frank C. McConnell) 준장 대신 글렌(Edgar E. Glenn) 미 공군 준장, 오스본(Ralph M. Osborne) 미 육군 준장이 새로 대표단에 합류했다.

을 지명하는 것은 적절하지 않다고 선언하면서, 인도·버마(현 미얀마)·인도네시아·파키스탄을 가능성 있는 국가로 언급했다.[211] 5월 4일 해리슨은 파키스탄을 지명했으나, 공산군 측은 그 지명을 무시하고 송환 거부 포로의 실질적인 처리에 관해서만 언급했다. 이 시기 쟁점은 송환 거부 포로의 중립국 이관, 중립국 선정, 수용소의 위치, 보호 기간 및 설득 기간, 중립국의 보호 기간이 끝난 뒤 송환 거부 포로 처리 문제 등이었다.[212]

팽팽히 맞서던 협상에 중요한 전환점이 된 것은 5월 7일 제133차 본회담이었다. 공산군 측은 몇 가지 양보를 담은 8개항의 제안을 내놓았다.

① 휴전협정 이후 2개월 안에 송환을 원하는 포로를 집단적으로 송환
② 폴란드·체코슬로바키아·스위스·스웨덴의 4개국과 인도 등 5개국 중립국 송환위원회 설치에 합의
③ 송환되지 않은 포로들은 중립국 송환위원회로 이관
④ 4개월 이내의 설득 기간
⑤ 설득 기간 내 송환을 원하는 포로는 즉각 송환 추진
⑥ 4개월 이후 남은 포로는 휴전협정(초안) 제4조 제60항에 규정된 정

211 129차 본회담(103차 판문점회담) 기록, 1953. 5. 2, 『휴전회담회의록』 2권, 803~809쪽; 이때 공산군 측은 아시아에서 한국 포로 감독이라는 달갑지 않은 일을 맡을 중립국을 찾지 못했고, 그래서 협상이 지연되었던 것으로 보인다. 소련은 인도네시아에 접근했지만 인도네시아 정부가 정국 불안정을 이유로 이러한 책임을 맡고 싶어하지 않자 인도 쪽으로 눈을 돌렸고, 미국 측은 인도를 별로 탐탁치 않아 했지만, 거부하면 뉴델리의 자존심을 상하게 할 위험성이 있었다(윌리엄 스툭, 앞의 책, 620쪽).

212 미 합참은 중립국으로 포로를 이송시키는 일은 고려할 수 없으며, 설득 기간은 4개월까지 양보할 수 있다고 보았다(『미국 합동참모본부사』, 367쪽; 『한국전쟁 휴전사』, 265쪽).

치회담에 일임

⑦ 중립국 송환위원회 관리기한 내 본국 송환에 필요한 경비를 포함한 포로에 대한 모든 경비는 그들이 속하고 있는 국가에 의해 지출

⑧ 본 제안의 각 조항과 이에 따른 협정은 모든 포로들에게 주지시켜야 함[213] (밑줄 강조: 인용자)

공산군 측 기존 입장이 상당히 완화된 제안이었다. 송환을 원치 않는 포로는 한국 밖으로 이송하려는 기존 제안을 포기하고, 접촉 기간도 6개월에서 4개월로 축소하며, 단일 중립국에 대한 입장에서 물러서 인도 결의안과 유사한 중립국 송환위원회 설치를 제안했다. 그러나 4개월의 시한이 끝난 후 남은 포로는 정치회담에서 처리한다는 조건은 그대로 유지했다. 유엔군 측은 공산군 측의 변화에 주목했다. 협상 재개 후 최초의 중요한 양보라고 판단한 미국은 공산군 측 제안을 기초로 협상을 진행하기로 결정했다.[214] 그러나 정치회담이 실패할 경우 송환 거부를 처리하는 문제는 명확한 결론을 내리지 못했다. 5월 7일 회담에서 유엔군 측은, 정치회담에서 논의한 후에도 남는 송환 거부 포로 처리와 중립국 송환위원회 운영 방식에 대해 물었다. 공산군 측은 중립국 송환위원회는 모든 일을 다수결로 처리해야 한다고만 답변했다.[215]

유엔군 측이 신중하게 검토한 후 마련한 대안은 두 가지였다. 첫 번

213 133차 본회담(107차 판문점회담) 기록, 1953. 5. 7, 『휴전회담회의록』 2권, 827~831쪽.

214 『미국 합동참모본부사』, 369쪽. 워싱턴으로부터 5월 7일자 공산군 측 제안에 대해 유엔군 측이 취해야 할 대응에 대한 완전한 지시가 내려진 것은 5월 10일이었다.

215 134차 본회담(108차 판문점회담) 기록, 1953. 5. 9, 『휴전회담회의록』 2권, 832~ 842쪽.

째는 한국 측 입장을 반영한 수정안이었다. 회담이 재개된 후 한국 내에서는 휴전 반대 시위가 격화되고 있었고, 이승만의 입장은 단호했다. 클라크 유엔군사령관이 5월 12일 한국으로 날아와 이승만과 회담했다. 이승만은 송환을 원치 않는 포로의 인도 이송에 반대하며, 인도를 중립국으로 생각하지 않았고, 인도군의 남한 입국도 받아들이지 않았다. 클라크는 이러한 한국 측 입장을 반영한 수정안에서 "모든 한국인 포로는 휴전이 발효되자마자 곧 석방될 것"이라는 문구를 포함했다.[216] 그러나 공산군 측과의 협상을 진전시키기 위해서는 다소 온건한 타협안이 필요했다. 두 번째 대안은 첫 번째 안이 거부될 경우를 대비하여 준비된 것으로 "포로 처리 기간을 90일간으로 하고, 그 후에 남는 포로는 정치회담으로 넘기되 30일간의 기간 제한을 둔다"는 제안이었다.[217] 공산군 측 주장을 수용하여 최종 포로 처리를 정치회담에 맡기되, 기간을 제한하고자 한 것으로, 첫 번째 안보다 타결 가능성이 높았다.

5월 13일 제138차 본회담에서 유엔군 측은 첫 번째 대안을 제시했다. 정치 협상에 관한 언급 없이 포로에 대한 해설은 중립국 송환위원회가 실시하며 60일 이내에 완료하되 남는 포로는 석방한다는 제안이었다.[218] 모든 한국인 포로를 휴전이 발효되자마자 곧 석방시킬 것을 요구한 한국 측 입장을 반영했다.[219] 그러나 이 제안은 미 국무부 방침과도

---

216 클라크 사령관이 합참에 보낸 전문, 1953. 5. 12. FRUS 1952-1954 Vol.XV, pp. 1008~1010.

217 『미국 합동참모본부사』, 370~371쪽.

218 138차 본회담(112차 판문점회담) 기록, 1953. 5. 13, 『휴전회담회의록』 2권, 861~875쪽.

219 한국 측 휴전회담 대표인 최덕신은 자신의 회고록에서, 유엔군 측 제안에 이승만의 요구가 반영된 것을 보고 "세계적 두뇌를 짜서 작성한 유엔군 측 제안을 불과 한 시간의 회담에서 뒤집어 놓았다"고 이승만의 협상력을 높이 평가했다(최덕신, 1956『내가 겪은 판문점』, 현문출판사, 59쪽). 그러나 이러

맞지 않았고, 영국 등 동맹국의 지지도 받지 못했다.[220] 예상대로 공산군 측 역시 이 대안이 일보 후퇴한 것이라며 거부했다. 비생산적인 논쟁이 이어지자 회담은 5월 25일까지 휴회했다.

유엔군 측은 미리 준비한 두 번째 대안을 쉽게 내놓지 않고 더 비타협적인 태도를 보였다. 협상력을 높이는 한편 군사적 압력을 강화하여 상대를 압박함으로써 협상 주도권을 장악하려는 계산된 수순이 이어졌다. 5월 14일 클라크는 개성 주변에 대한 공중작전을 전개하며, 최대한의 군사적 압력을 가할 것을 합참에 요구했다.[221] 군사적 압력에는 관개용수 댐 폭격과 적의 민간인과 군인들에 대한 식량 보급을 차단하기 위한 제안이 포함되었다. 민감한 사안이었지만 극동공군 기획관들은 이미 그러한 구상을 진행시켜 왔다. 클라크는 합참의 승인 없이 5월 13일 평양 북쪽 보통강 상류의 독산댐을 폭격한 데 이어 열흘 동안 2개의 댐을 더 폭격했다.[222] 인도주의를 앞세운 자원 송환 원칙을 관철시키기 위해 이러한 비인도적 수단을 사용한 것은 분명 정당성을 상실한 행위였다. 그러나 미국이 이러한 최후의 수단을 써야 할 만큼 군사작전에서 공산군을 효율적으로 압박하지 못한 데서 기인한 피치 못할 결과이기도 했다. 이

한 평가는 유엔군 측 내부의 두 가지 대안을 전혀 알 수 없었던 한국 측의 입장에서 그것을 평가한 것이었을 뿐, 사실상 협상 과정에서 공산군 측의 반응에 따라 두 번째 최종안을 제시하고 그 정도 선에서 타협할 가능성이 더 높았다.

220 당시 처칠은 공산군 측이 양보를 했는데도 미국이 너무 강경하고 융통성이 없다는 입장을 나타냈다(조성훈, 2000「미국 자료를 통해 본 휴전협상의 지연 요인 연구: 포로 문제를 중심으로」『정신문화연구』 제23권 제2호(통권 79호), 69쪽).

221 클라크 사령관이 합참에 보낸 전문, 1953. 5. 14, FRUS 1952-1954 Vol.XV, pp. 1022~1024.

222 R. 프트렐 편저, 1982 앞의 책, 601~606쪽; 클라크 장군은 이러한 공격에 대해 워싱턴의 허락을 받지 않았지만, 합참은 아무런 반대도 제기하지 않았다(『미국 합동참모본부사』, 374쪽).

때 클라크는 송환 거부 포로 3만 5000명을 일방적으로 석방할 것도 합참에 요구했다. 3만 5000명의 송환 거부 포로는 이승만이 6월 18일 단행한 '반공포로석방'으로 탈출한 포로들이었다. 클라크와 합참이 송환 거부 포로의 일방적 석방을 고려했다는 사실은, 이승만의 반공포로석방 자체는 한·미 간에 크게 문제될 것이 없는 사안이라는 점을 보여 준다.

5월 25일 142차 본회담에서 마침내 유엔군 측은 원래 구상하고 있던 최종안을 내놓았고, 이날 회의는 비공개로 진행되었다.

- 5개국으로 구성되는 포로 송환위원회 수락
- 송환 거부 포로를 포로 송환위원회로 이관
- 동 위원회는 다수결의 원칙 기초하에 운영
- 설득 기간은 90일로 제한
- 송환되지 않고 남은 포로의 처리는 포로 송환위원회에서 정치회담으로 이관되는 기간인 120일 이내에 처리. 그 후에는 유엔 총회로 이관[223]

송환 거부 포로를 휴전일에 석방한다는 기존 제안을 철회하며, 포로 설득 기간을 60일에서 90일로 늘리고, 송환 거부 포로 문제를 휴전 후 정치회담에 제출하며, 90일 동안의 설득 후 석방하거나 유엔에 넘기며, 정치회담에서 다루는 기간을 30일로 한정한다는 것이 주 내용이었

223 142차 본회담(116차 판문점회담) 기록, 1953. 5. 25, 『휴전회담회의록』 2권, 909~924쪽; 이 제안은 5월 22일 합참이 클라크에게 보낸 '최종 계획'이었다(합참이 클라크 사령관에게 보낸 전문, 1952. 5. 22, FRUS 1952-1954 Vol.XV, pp. 1082~1086).

다. 송환 거부 포로 문제를 정치회담에 넘기는 것과 포로 송환위원회의 다수결 원칙을 수용하는 데서 상당한 양보를 한 제안이었다. 이 제안은 1952년 11월 유엔 총회에서 통과된 인도 결의안을 거의 그대로 수용한 것이었다. 당시 동맹국들은 미국에 압력을 행사하여 그 원칙을 수용하도록 했고, 미국은 최소한 자원 송환 원칙을 확보하는 조건에서 그 결의안을 수용하고자 했다.[224] 유엔군 측은 공산군 측의 대응에 따라 일방적으로 1주일간 휴회하고, 만일 공산군 측이 그 제안을 거부하고 아무런 대안도 내놓지 않으면 즉각 협상을 끝내고 군사작전을 재개하며, 모든 송환 거부 포로를 일방적으로 석방할 계획이었다.[225]

한국은 유엔군이 이러한 제안을 내놓은 것에 강하게 반발했다. 휴전회담 한국 대표 최덕신은 회담 참석을 거부하고, 동맹국인 한국과 충분한 협의하에 새로운 제안을 작성할 것을 요구했다.[226] 이승만은 중국군과 유엔군의 동시 철군을 요구하는 한국의 단독 휴전안을 제출하겠다고 선언했다. 이승만은 송환 거부 포로를 곧 석방할 것이기 때문에 그 문제는 별로 중요한 이슈가 아니라고 주장했다.[227] 일방적인 '반공포로석방'을 염두에 둔 발언이었지만 크게 주목받지는 못했다.

공산군 측은 유엔군 측 최종 제안을 즉각 거부하지 않았고 6월 4일까지 회담은 휴회했다. 클라크는 5월 28일 김일성과 펑더화이에게 따로

---

224 『미국 합동참모본부사』, 374쪽.

225 합참이 클라크 사령관에게 보낸 전문, 1952. 5. 22, FRUS 1952~1954 Vol.XV, pp. 1082~1086.

226 최덕신, 1956 앞의 책, 88~93쪽.

227 주한 미대사 브릭스(Briggs)가 국무부에 보낸 전문, 1953. 5. 26, FRUS 1952~1954 Vol.XV, pp. 1102~1103.

서한을 보내 이 제안의 수락을 요구했다.[228] 김일성과 펑더화이는 6월 3일 이 제안이 협상 진전에 도움이 된다는 긍정적인 답신을 보냈다.[229] 주소 미국대사 볼렌은 소련 외상 몰로토프를 만나 유엔군 측 제안을 설명하고, 협상 진전을 희망한다는 의사를 전달했다.[230]

6월 4일 재개된 회담에서 공산군 측은 5월 25일자 유엔군 측 제안을 거의 수용하는 수정안을 내놓았다.[231] 최종 단계에서 송환 거부 포로를 유엔 총회로 넘기는 것에는 반대하며, 정치회담에서도 처리되지 못한 송환 거부 포로는 단순히 석방하도록 제안했다. 워싱턴에서는 몇 가지 해명을 듣는 조건하에 공산군 측이 제시한 초안을 휴전의 기초로 승인했다. 이로써 회담 결렬의 불씨였던 송환 거부 포로 처리 문제가 중립국 송환위원회에서 처리한다는 선에서 타결되었다. 마침내 6월 8일 제146차 본회담에서 "중립국 송환위원회 관련 협정"이 체결되었고, 최종 포로 송환 협정이 조인되었다. 합의된 내용은 다음과 같다.

---

228 Memorandum for the Record: Letter, dated May 1953, to Marshal Kim Il Sung, Commander of the Korean People's Army, General Peng Teh-Huai, Commander of the Chinese People's Volunteers from Mark W. Clark, General, United States Army, Commander in Chief, United Nations Command, 『휴전회담회의록』 10권, 347~348쪽.

229 연락장교회의, 1953. 6. 3, Enclosure (1): Letter, dated 2 June 1953, to General Mark W. Clark, Commander-in-Chief, United Nations Command from Kim Il Sung, Supreme Commander of the Korean People's Army, Peng Teh-Huai, Commander of the Chinese People's Volunteer, 『휴전회담회의록』 10권, 350~353쪽.

230 「몰로토프 일지에서(볼렌 미국대사 면담) 1953 5. 28」『한국전쟁 관련 소련 외교문서』.

231 143차 본회담(117차 판문점회담) 기록, 1953. 6. 4, Enclosure (1): Communist Proposed Draft Agreement on the Question of Repatriation of Prisoners War dated 4 June 1953, 『휴전회담회의록』 2권, 926~936쪽.

- 송환을 원하는 모든 포로는 60일 내에 송환한다.
- 송환에 영향을 미치거나 또는 송환을 막기 위하여 힘에 의한 위협을 사용하지 않는다.
- 60일 후에도 송환을 선택하지 못한 이들은 중립국 송환위원회에 인도한다.
- 그 후 90일 동안 포로의 소속 국가가 대표를 파견하여 포로들의 고국으로 복귀할 권리에 대한 '해설'을 하게 한다. 해설은 중립국 송환위원회의 각 회원국 대표와 억류 측에서 나온 대표 앞에서 실시한다.
- 90일간의 기한이 마감되면 나머지 송환 거부 포로는 정치회담으로 넘기며, 그 회담에서는 30일간의 기한 내에 포로 처리 결정을 한다. 그 기간 후에도 남는 포로는 민간인 신분으로 석방하고, 그들이 원할 경우 중립국으로 가도록 중립국 송환위원회가 지원한다.[232] (밑줄 강조: 인용자)

포로 송환 문제가 6월 8일 합의된 후 남은 가장 큰 문제는 군사분계선을 수정하는 것으로, 작업은 6월 9일 참모장교들에게 위임되었다. 이때 공산군 측은 마지막으로 방어선을 개선하기 위해 새로운 공세를 전개했고, 그 때문에 문제는 더 복잡해졌다.[233] 그럼에도 참모장교들은 새로운

---

232 146차 본회담(120차 판문점회담) 기록, 1953. 6. 8, Enclosure (1): Terms of Reference for Neutral Nations Repatriation Commission, 『휴전회담회의록』 2권, 952~963쪽.

233 마오쩌둥은 전선에서 승리를 거두면 거둘수록 담판 테이블에서 주도권을 잡을 수 있다고 보고, 휴전회담에 압력을 가하기 위해, 원래 6월에 개시하려던 하계 반격 작전을 5월 11일로 앞당겼으며, 반격 작전은 5월 25일에도 이어졌다. 이는 유엔군 측이 포로 송환 최종안을 제시한 시기에 맞춘

분계선에 합의했으며,[234] 6월 17일 본회담 대표단은 이를 승인했다.[235] 지상의 군사분계선은 양측이 점령한 진지를 일일이 확인하여 확정했으며, 이 선으로부터 각기 2킬로미터씩 후퇴하여 비무장지대를 설정하여 각각 북방경계선 및 남방경계선으로 확정했다(휴전 협정문 제1조 제1~3항).

4. 휴전회담을 둘러싼 한·미 갈등과 휴전협정 체결

1) 이승만의 '6·18 반공포로석방'과 한·미 갈등

휴전회담 재개와 한·미 갈등

한국은 회담 시작 전부터 강하게 휴전을 반대했다. 1953년 4월 휴전회담이 재개되자 한국의 휴전 반대 움직임이 점차 거세졌다. 상병포로 교환에 합의하고 휴전회담 재개를 논의하던 시기에 한국 국방장관 신태영은 '이승만의 평화 수립 전제 조건'이라는 성명을 발표했다. 그 내용은 "①북한군 무장 해제, ②중공군 즉각 철수, ③유엔 관리하에 북한에서

것이었다. 공산군 측은 자신들의 반격 작전의 성공으로 6월 8일 포로 송환 문제에 대한 합의에 이르게 되었다고 평가했다(홍학지 지음 홍인표 옮김, 1991 앞의 책, 360쪽).

234 Staff Officers' Meetings on Revisions to the Draft Armistice Agreement(9 June - 21 July 1953, 6월 9일 ~ 6월 17일까지의 휴전 협정문 참모장교회의 1~9차 회의 기록. 『휴전회담회의록』 8권, 95~199쪽.

235 149차 본회담(123차 판문점회담) 기록, 1953. 6. 17, 『휴전회담회의록』 2권, 974~976쪽. 이날 협상대표단은 번역자들에 의한 표현을 최종적으로 점검한다는 조건하에 완전한 협정 중 2개항을 제외한 모든 것에 합의했다.

총선거 실시, ④외국 침략에 대해 국제적 보증 확보, ⑤포로 송환을 다루는 국제회의에 한국 대표 참가" 등으로, 그때까지의 협상 의제와는 동떨어져 있었다. 회담에서 아무런 결정권이나 영향력을 행사하지 못하고 배제되었던 한국 측 입장에서는 마지막 조항 정도가 현실적 요구 사항을 담고 있었다.

한국 국회는 미국에게 한국의 완전한 통일을 보증하지 않는 어떠한 정책도 시행하지 말라고 요청하는 결의안을 채택했다. 이승만은 군사적 승리와 압록강까지의 진격을 주장했다.[236] 서울에서는 연일 휴전 반대 군중대회가 열렸다. 대부분의 경우 관제동원이었지만, 휴전 반대 시위는 미국의 일방적인 휴전 추진에 반발하는 분위기까지 가세하여 점차 '반미'의 조짐까지 보이고 있었다.

1953년 4월 21일 국회는 이승만의 북진 통일을 지지하는 결의안을 통과시켰다. 며칠 뒤 이승만은 아이젠하워 미 대통령에게, 중국군이 압록강 남쪽에 그대로 남아 있게 된다면 한국군 작전 지휘권을 위임한 것을 철회하여 필요하다면 단독으로라도 싸울 것이라고 통보했다.[237] 휴전회담 한국군 대표 최덕신은 휴전 조인 전 중국군 철수가 완료되어야 한다는 내용의 서한을 해리슨 수석대표에게 보냈다.[238]

---

236 대한민국 국방부정훈부, 1954「李承晩, 휴전 반대 단독 북진 언명(1953. 4. 11), 로이터 통신기자의 서면질문에 대한 회답」『韓國戰亂三年誌』, B159쪽.

237 클라크는 이것이 "이승만이 허세를 부리는 것이지만, 그는 그 허세를 분명히 극단적 조치로까지 몰고갈 것"이라고 판단하여 이승만을 방문할 것을 허락해 달라고 합참에 요청했고, 합참은 이를 허락했다(클라크 사령관이 합참에 보낸 전문, 1953. 4. 26, FRUS 1952-1954 Vol.XV, pp. 940~943; 『미국 합동참모본부사』, 379쪽).

238 최덕신, 1956 앞의 책, 88~93쪽.

일련의 휴전 반대 움직임을 잠재우고 한국을 달래기 위해 워싱턴의 사전 승인을 얻은 후 클라크가 4월 27일 이승만을 방문했다. 이승만은 "유엔군과 중공군의 동시 철군, 상호방위조약 체결과 소련이 침략할 경우 미국의 원조 보장, 평화가 확보될 때까지 해군의 봉쇄와 공중방어 계속, 한국군 증강" 등을 요구했다. 그러면서도 이승만은 한국군을 최후의 수단인 경우가 아니라면 충분한 논의 없이 유엔군사령부로부터 철수하지는 않겠다고 약속했다.[239] 이승만은 미국이 우려하는 바가 무엇인지를 명확히 알고 있었다.

한국은 5월 7일 공산군 측이 포로를 한국 외로 이동해야 한다는 주장을 포기한 후에도 협상의 진행에 대해 반대하는 입장을 굽히지 않았다. 한국이 반대하는 초점은 공산국가와 인도군의 주둔이었다. 휴전회담 한국군 대표 최덕신은 스위스가 송환위원회 의장직을 가지고 모든 포로관리부대를 제공하되 이들을 제주도에 국한시킨다는 자체 제안을 내놓았다.[240] 그러나 협상의 중심에서 동떨어져 있는 이러한 한국 측 주장은 받아들여지기 어려웠다.

유엔군 측이 두 가지 대안 중 첫 번째 제안을 내놓기 전날인 5월 12일 클라크는 이승만을 또다시 면담했다. 여기서 이승만은 한국군 증강과 안전보장조약에 관한 미국의 공약을 요구했다. 클라크는 20개 사단으

---

239 클라크 사령관이 콜린스(Collins) 합참의장에게 보낸 전문, 1953. 4. 28, FRUS 1952-1954 Vol. XV, pp. 947~950.

240 클라크 사령관이 합참에 보낸 전문, 1953. 5. 12, FRUS 1952-1954 Vol.XV, pp. 1007~1008; 『미국 합동참모본부사』, 380쪽; 최덕신은 "친공산국가의 군대와 무기가 들어오는 것은 도저히 받아들일 수 없는 '주권 침해'이며, 송환불원포로를 강제 송환케하는 제안"이라고 반대했다(최덕신 저, 1956, 앞의 책, 55쪽).

로의 증강을 충분히 지원할 것이며, 조약 문제는 정부 급에서 논의될 사안이라고 대답했다. 클라크는 이승만이 "안전보장조약을 얻어내고, 더 많은 경제원조를 획득하며, 한국민들로 하여금 자신이 휴전협상에서 목소리를 내고 있다고 느끼게 만들기 위해 흥정을 하고 있다"고 합참에 보고했다.[241] 이승만이 휴전을 반대하는 목적이 대미 원조와 안보 공약을 확보하는 동시에 다분히 한국민을 상대로 한 선전의 성격을 띠고 있다고 보았던 것이다. 미국은 한국 측 요구 조건을 수용하여 "송환 거부 포로는 휴전 후 즉각 석방한다"는 조항을 담은 첫 번째 대안을 작성했지만, 협상 타결을 위해 두 번째 대안도 마련해 두고 있었다.

미국은 공산군 측과 마지막 협상을 벌이는 상황에서 한국 측의 노골적인 반대가 협상에 영향을 미칠까봐 한국을 더 철저하게 따돌렸다. 유엔군사령관은 해리슨 수석대표에게 휴전회담과 관련된 정보가 한국 측 휴전회담 대표에게 흘러들어가지 않도록 하라고 지시했다.[242] 유엔군 측 휴전회담 대표단에서 한국 대표가 할 수 있는 일은 매일 아침 열리는 대표단 내부 참모회의에 참석하는 것이었다. 수석대표 주재하에 열리는 참모회의에서 한국군 대표는 다른 대표들과 마찬가지로 '참모'였으나, 의견을 말할 수 있는 기회인 참모회의에서도 미군 대표와는 다른 대우를 받았다. 미군 대표들은 참모회의가 열리기 전에 상부로부터 특별한 회의자료를 제공받았지만, 한국군 대표에게는 회의록과 그날 공산군 측에 제시할 문건 외에는 아무런 자료도 제공되지 않았다. 새로 한국군 대표로

---

241 클라크 사령관이 합참에 보낸 전문, 1953. 5. 13, FRUS 1952-1954 Vol.XV, pp. 1010~1012.

242 『미국 합동참모본부사』, 383쪽.

교체된 최덕신은 '보안규정 준수' 약속을 거부하고, 유엔군 측 제안 정보를 미리 이승만에게 알리기도 했다.[243]

포로 협상에서 유엔군 측이 최종 제안을 내놓은 것은 5월 25일이었다. 미국은 한국과 사전 협의 없이 두 번째 대안을 내놓았고, 이 제안을 제시하는 회담이 열리기 한 시간 전에야 클라크 유엔군사령관과 브릭스 주한 미대사가 이승만을 방문하여 이것을 설명하고 협조를 구했다. 클라크와 브릭스는 이승만에게, 첫째 미국이 군사·경제·정치적 지원을 보장하는 대신 이승만은 휴전 반대를 중단하고, 둘째 휴전협정 이행에 협력하며, 셋째 한미 양국 정부가 한국군이 유엔의 작전 통제하에 남는 것이 더 이상 필요하지 않다고 합의할 때까지 한국군을 유엔군의 작전 통제하에 두겠다는 확고한 보장을 요구했다. 이승만은 협력할 수 없다고 버텼다. 이승만은 유엔군 측 최종 제안을 수락할 수 없으며, 인도군이 한국의 후방에 주둔하는 것도 결코 허락하지 않을 것이고, 중국군은 모두 철수해야 한다고 주장했다.[244]

미국은 휴전 성립과 함께 한국군 작전 지휘권 문제를 매우 중요하게 판단했다. 1952년 2월 이승만의 휴전 반대 행동이 문제가 되었을 때 유엔군사령관 리지웨이는 만일 이승만과 대한민국 정부의 일방적인 행동이 계속된다면, 휴전 달성에 '중대한 위험'이 되거나 차후에 있을 정치 협상에 장애가 될지도 모른다고 경고했다. 그는 한국군을 최초 유엔군사령관

---

243 최덕신 저, 1956, 앞의 책, 52~59쪽. 최덕신은 5월 13일 회담 전에 이승만을 찾아가 유엔군 측의 새로운 제안 내용을 미리 알렸으며 그 때문에 이승만이 바로 직후 클라크와의 회담에서 요구 사항을 분명하게 밝히고 그것을 반영시키는 데 성공했다고 주장했다.

244 주한 미대사 브릭스(Briggs)가 국무부에 보낸 전문, 1953. 5. 25, FRUS 1952-1954 Vol.XV, pp. 1100~1102.

의 작전 통제하에 둔 것은 현재 상태의 적대 행위가 계속되는 기간에 한정하도록 되어 있기 때문에, 휴전이 발효되는 기간에도 한국군의 작전 통제를 보증할 확고한 협정을 대한민국과 체결해야 한다고 주장했다.[245]

미국 정부 당국과 유엔군사령부는 한국군의 작전 지휘권을 철회하는 돌발 사태에 대비하여, 미 제8군에서 세 가지 우발적인 상황을 가상하여 마련한 상비 계획(Everready Plan)을 재검토했다.

> 첫째, 한국군이 유엔군사령부의 작전명령에 따르지 않을 때: 미군 철수 시작, 전방 지역에 대한 보급 감소, 한국 정부와 육군에 대한 정보활동 범위 증가.
> 둘째, 한국군이 독자적인 작전을 전개할 때: 한국군 보안부대들은 무장해제 및 해체시키며, 긴요하지 않은 시설 폐쇄, 모든 긴요 시설과 통신센터의 경비 강화.
> 셋째, 한국군과 군중들이 공공연히 유엔군에게 적대 행위를 할 때: 유엔군과 유엔군에 협조하는 한국군은 방어지대로 철수.[246]

이상 세 가지 상황의 어느 경우에서나 유엔군의 이름으로 계엄령을 선포하고, 의견을 달리하는 군사 및 민간 지도자를 체포하고, 군정을 선언하는 등의 엄중한 조치가 포함되었다. 요컨대 유엔군 작전 지휘권이 위

---

245 리지웨이가 합참에 보낸 전문, 1952. 2. 25, FRUS 1952-1954, Vol.XV, pp. 59~60.

246 클라크 사령관이 이러한 계획을 워싱턴에 제출한 것은 1953년 5월 22일이었다. 합참은 그것을 합동전략기획위원회에 회부했는데, 이 위원회는 이미 4월 27일 클라크 장군과 이승만의 회담 직후 이에 대한 연구를 시작했다.

협받는 비상 상황 시 이승만을 축출하려는 계획이었다. 클라크 사령관은 구성군사령관에게 상비 계획의 이행 준비를 지시했다. 클라크는 우발 상황을 미리 예하 지휘관들과 토의했으며, 만일의 사태를 대비해 모든 정보원을 이용하고, 무력 사용 가능성을 검토하는 한편, 포로 교육을 통해 어떠한 경우에도 강제로 북한으로 송환되지 않을 것이라는 점을 강조하라고 지시했다.[247] 그러나 이 계획에는 포로의 탈출을 예방하기 위한 구체적인 조치는 들어 있지 않았다.

이승만과의 회담을 마친 후 클라크는 이승만이 송환 거부 한국인 포로를 예고 없이 석방할 수 있으며, 포로 경비부대의 대부분이 한국군이기 때문에 이를 예방할 수 없다는 우려를 담은 보고서를 합참에 보냈다.[248] 3만 5000명을 조금 넘는 송환 거부 포로들은 한국 본토 수용소에 수용되어 있었다. 1952년 6~7월 포로 재심사 결과 3만 4373명의 북한인 포로가 송환을 거부하는 것으로 나타났다.[249] 각 포로수용소에는 1명의 미군 지휘관이 약간의 미군 행정 및 기술 참모들을 대동하고 있었지만, 경비대의 압도적인 다수는 한국 육군이었다. 이승만의 일방적 포로 석방이 공산군 측의 비난을 초래할 것과 미국 동맹국들에 미칠 파급력을 고려하여, 클라크는 예하 지휘관들에게 모든 예방 조치를 취하도록 명령했다. 한국 육군경비대를 미군으로 교체시킬 것도 고려했지만, 민감

---

247 『미국 합동참모본부사』, 397쪽.

248 클라크 사령관이 합참에 보낸 전문, 1953. 5. 25, FRUS 1952-1954 Vol.XV, pp. 1098~1100; 『미국 합동참모본부사』, 382쪽에서는 클라크의 이 주장이 '예언'이 되어 버렸다고 했다.

249 1953년 6월 17~18일 포로 탈출 시에 이 숫자는 3만 5472명으로 증가되었으며, 이들은 육지에 있는 8개 수용소에 분산 수용되어 있었다.

한 상황을 자극할까봐 실행하지 않았다.[250]

클라크는 이승만이 협상을 파탄시키기 위해 할 수 있는 조치를 다음과 같이 예상했다. 휴전 조인 전에는 ①한국의 독자적인 안을 공산군 측에 제의, ②한국 대표 철수, ③휴전이 조인되더라도 어떤 규정도 준수하지 않을 것임을 선언, ④한국군을 유엔군사령부의 통제로부터 철수, ⑤폭동이나 데모를 조장할 수 있다. 휴전 조인 후에는 ①비무장지대로부터 철수 거부, ②한국군을 유엔군사령부로부터 철수, ③한국군으로 공산군 진지 공격, ④게릴라 공격 실시, ⑤외국군 특히 공산군이 휴전조약 이행을 위하여 한국으로 입국 불허 등의 조치를 취할 수 있을 것으로 예상했다.[251] 클라크의 예상 가운데 한국 대표의 철수와 외국군(인도군)의 입국을 불허하는 상황은 후에 실제로 일어났다.

미국은 포로 심사 과정에서 민간인으로 분류한 포로들을 일방적으로 석방한 선례가 있었다. 유엔군은 1952년 6월 말에서 8월 말까지 2만 7504명을 석방한 데 이어, 10월에 다시 남한 출신 1만 6000명의 포로 가운데 민간인 억류자로 재분류한 1만 1407명 등 3만 9464명을 석방했다. 송환을 거부하는 포로들의 일방적 석방은 휴전협상 초기부터 미국이 정책적으로 고려한 사항들 가운데 하나였다.[252] 미국 입장에서 '일방적 석방'은 포로 협상 초기부터 고려했던 하나의 대안이었고, 반공포로석방

---

250 『미국 합동참모본부사』, 382쪽; 클라크 사령관이 합참에 보낸 전문, 1953. 7. 20, FRUS 1952-1954 Vol.XV, pp. 1223~1224.

251 클라크 사령관이 합참에 보낸 전문, 1953. 5. 29, FRUS 1952-1954 Vol.XV, pp. 1112~1114.

252 1951년 10월 25일 리지웨이 유엔군사령관은 원래의 거주지가 38도선 이남이고 신분 확인 등의 적절한 처리가 완료된 포로들은 한국 정부로부터 안전에 대한 보장을 받는 즉시 석방할 것을 고려하도록 미8군사령관에게 지시한 바 있다.

그 자체는 미국의 입장에 반하는 조치는 아니었다. 다만 회담과 관련하여 시기와 방법상의 문제는 있었다. 미국이 이승만의 일방적 포로 석방을 예상하지 못한 것은 아니었지만, 포로 경비부대에 대한 단속이나 후속 조치를 실제로 취하지는 않았다. 그보다 워싱턴에서는 대한정책 전반을 재검토했다.

1953년 5월 30일 대한정책 수립을 위해 미 국무·국방부 연석회의가 개최되어 에버레디 계획과 상호방위조약체결 문제를 동시에 검토했다. 채찍과 당근 중에 어느 것이 더 유용한가 저울질한 결과 최종 선택은 당근이었다. 그러나 상호방위조약을 체결하더라도 필리핀과 엔저스(ANZUS: 오스트레일리아-뉴질랜드) 국가와의 조약과 같은 수준으로 하며, 한국 측으로부터 두 가지 사항에 대한 동의를 확보한다는 조건이 따랐다. 그 조건은 첫째 한국이 유엔군사령부가 제의하는 방향의 휴전을 수락하고 그 이행에 협력하며, 둘째 한국군을 유엔군사령부 휘하에 두는데 동의한다는 두 가지였다. 다음날 아이젠하워 미 대통령은 이를 승인했다.[253] 그러나 이러한 내용을 통고받은 클라크 사령관과 주한 미대사 브릭스는 이승만을 면담하여 이러한 조건을 협상하는 것은 상황이 분명하게 될 때까지 기다려야 한다고 판단했고, 이 문제는 당분간 그대로 두기로 했다.[254]

이승만은 더 적극적으로 움직였다. 그는 6월 2일 미 대통령에게 서한을 보내, 공개적으로 휴전을 수락한다는 것을 보장할 수 없다는 입장

---

253 *Memorandum of the Substance of Discussion at a Department of State-Joint Chiefs of Staff Meeting*, Washigton, May 29, 1953, FRUS 1952-1954 Vol.XV, pp. 1114~1119.

254 『미국 합동참모본부사』, 386쪽.

을 밝혔다. 그는 새로운 제안으로 한미상호방위조약이 선행되는 조건하에 한국에서 공산군과 유엔군의 동시 철군을 요구했다. 한미상호방위조약에는 미국의 군사원조 지속, 공산군 측이 침략을 재개할 경우 즉각적인 군사개입, 미국의 해·공군이 새로운 공격에 대한 억지력으로서 현재 주둔하고 있는 곳에 계속 잔류해야 한다는 점을 명시할 것을 요구했다.[255]

6월 4일 판문점에서 공산군 측이 유엔군 측 제안을 수락하자, 워싱턴은 계획대로 6월 5일 클라크와 주한 미대사 브릭스로 하여금 이승만을 방문하도록 했다. 이들은 이승만에게 휴전에 협조해 줄 것을 요구했지만 이승만은 대답을 회피했다. 다음날 이승만은 공개적으로 5월 25일자 유엔군사령부 제안을 수락할 수 없다고 선언했다. 그는 한미상호방위조약 체결을 전제로 유엔군과 공산군의 상호 철군을 요구하는 이 성명에서 "이 제안이 수락되지 않는다면 우리에게 전투를 계속하도록 허용해야 한다", "반쪽 휴전이나 평화보다는 전투를 택한다"고 강경한 입장을 천명했다.[256]

6월 6일 아이젠하워 대통령은 클라크를 통해 이승만에게 답신을 전달했다. 아이젠하워는 한국이 휴전을 수락하는 대가로, 첫째 한국의 통일을 정치적인 수단으로 계속 추구하며, 둘째 휴전 결정과 수락 직후 필리핀과 앤저스와의 조약과 같은 상호방위조약을 협상하며, 셋째 전후 경

---

255 이승만 대통령이 아이젠하워 대통령에게 보낸 서한, 1953. 5. 30, FRUS 1952-1954 Vol.XV, pp. 1124~1126. 원래 5월 30일 작성한 것인데, 워싱턴으로 발송된 것은 6월 2일이었다.

256 공보처, 1956「이승만 담화문, 1953. 6. 6」『대통령이승만박사담화집』I, 이것은 이전에 최덕신이 유엔군 수석대표에게 제안한 것과 동일한 내용이었다.

제원조를 계속한다는 것을 보장한다고 약속했다.[257] 그러나 이승만은 여전히 완고한 태도를 고수했다. 그는 "미국이 유화 전술을 채택함으로써 대실수를 범하고 있다"고 주장했다. 나아가 인도군의 한국 입국을 허용하지 않을 것이고, 한국인 포로를 공산군 설득자들의 '교화'에 내맡기지 않을 것임을 분명히 했다.[258] 한국 정부는 미국에 있는 모든 한국군 장교에게 긴급 소환령을 내리고 비상조치를 취하는 한편, 유엔군 측 휴전 대표단에서 한국 대표를 철수시켰다. 바로 이때 이승만은 원용덕 헌병사령관을 불러 반공포로석방 계획을 수립하라고 지시했고, 다음날인 6월 7일 이승만은 단독 북진도 불사한다는 성명을 발표했다.[259]

한국의 완강한 반대에도 불구하고 6월 8일 판문점에서는 포로 송환 협정이 체결되었고, 회담의 타결은 돌이킬 수 없는 기정사실로 굳어지는 분위기였다. 이날 한국 국회는 유엔 총회의장, 미국 대통령, 미국 상하 양원 및 영국 정부에 보내는 휴전 반대 결의문을 발표하고, 송환 거부 포로의 즉시 석방을 요구했다. 전례 없던 반미 감정의 징후들이 남한 전역에 걸쳐 나타나기 시작했고, 휴전 반대 시위가 급증했다. 이승만과 다른 정부 관리들은 위협적이거나 미국을 비난하는 발언을 계속했다.[260]

---

257 『미국 합동참모본부사』, 392쪽.

258 클라크 사령관이 합참에 보낸 전문, 1953. 6. 7, FRUS 1952-1954 Vol.XV, pp. 1149~1151. 클라크는 이승만이 "아주 비이성적이며 막무가내였고, 마지막까지 배짱을 부릴 것으로 보인다"고 합참에 보고했다.

259 대한민국국방부정훈부, 1954『韓國戰亂三年誌』, B193쪽.

260 이러한 한국의 상황에 주목한 미국 관리들은 한국 육군을 16개 사단에서 20개 사단으로 계획된 대로 계속 증강하는 문제를 재검토했다. 그러나 합참은 한국군 20개 사단 증강 계획을 취소하지 않는 대신, 클라크에게 새로운 사단 창설을 결정한다면, 이승만에게 앞으로 협력할 것이라는 기대하에 그 조치가 취해지고 있다는 점을 강조해야 한다고 지시했다(『미국 합동참모본부사』, 394~395쪽).

미국은 이승만을 회유하기 위해 더 적극적으로 나섰다. 덜레스 미 국무장관은 이승만 대통령에게 서한을 보내 미국 대통령과의 회담을 주선했다. 외관상 정치회담에 대비한 협조 목적으로 아이젠하워 대통령과 회담하도록 이승만 대통령을 워싱턴으로 초청하는 형식이었다.[261] 이승만은 이 초청을 받아들이는 대신 오히려 미 국무장관을 초청했다. 결론은 미국이 국무장관 대신 로버트슨(Walter S. Rovertson) 국무차관보를 파견하겠다는 약속으로 마무리되었다.[262]

이승만의 '6·18 반공포로석방' 단행

이승만은 1953년 6월 18일 일방적으로 반공포로석방을 단행했다. 이승만이 헌병총사령관 원용덕 소장을 불러들여 반공포로석방 계획을 세우도록 지시한 것은 6월 6일로, 6월 8일 포로 협상이 타결되기 직전이었다. 당시 포로수용소는 미군 병참관구사령부가 관할하고 있었고, 한국군은 경비부대와 헌병을 파견하여 미군 지휘하에 수용소 경비를 맡고 있었다. 이승만은 그로부터 3개월 전인 3월 24일 대통령령 제153호로 국방부 관할하에 헌병총사령부를 설치하여 다른 어떤 기관으로부터도 통제를 받지 않는 대통령 직속부대로 체제를 개편했다.[263] 이승만이 반공포

---

261 국무장관이 이승만 대통령에게 보낸 서한, 1953. 6. 11, FRUS 1952-1954 Vol.XV, pp. 1165~1166. 외관상으로는 정치회담에 대비한 협조 목적으로 아이젠하워 대통령과 회담을 가지도록 워싱턴으로 초청하는 형식을 띠었다.

262 국무장관이 이승만 대통령에게 보낸 서한, 1953. 6. 16, FRUS 1952-1954 Vol.XV, p. 1188.

263 당시 육·해·공군에 각각 헌병사령부가 있었으나, 이승만의 직접 지시로 대통령 직속부대로 헌병사령부가 설치되면서 원용덕 장군이 헌병총사령부의 초대 사령관으로 임명되었다. 이 사령부가 설치된 공식적인 목적은 '합리적인 헌병 병과의 운영을 기하고, 각 군 헌병의 유기적인 협조를 요청한다'는 것이었다(육군본부, 2002 『한국전쟁과 반공 포로』, 229쪽).

로석방 명령서를 원용덕 사령관에게 내린 것은 판문점에서 포로 교환협정이 체결된 6월 8일이었다. 이날 이승만은 각 포로수용소 경비를 담당하고 있는 육군헌병을 헌병총사령관 지휘하에 두도록 조치했다.

6월 18일 자정을 기해 각 포로수용소에서 포로들의 탈출이 감행되기 시작했다. 헌병총사령관 원용덕은 오전 6시 정각 서울 정동 중앙방송국에서 '반공포로석방에 대한 담화문'을 방송했다.[264]

> 본직은 단기 4286년 6월 18일 0시를 기해 관하 지휘관에게 한인 애국포로수용소 접수를 명하였다. 본직은 신성한 조국 주권의 존엄성의 유지를 위해 이를 명령하였으며, 이는 국제공법인 제네바 협약 총칙 제12조(전쟁 포로는 그를 관리하는 국가의 주권에 속한다)에 의거하는 것이다. …… (중략) …… 이제 애국 동포에 고하노니, 포로수용소 인근에 소재하는 부대, 경찰관, 애국청년단 및 일반 주민들은 본직이 지휘하는 헌병의 본 임무 수행에 절대적인 협조가 있기를 요망하며, …… (밑줄 강조: 인용자)

자신이 반공포로석방을 감행했으며, 포로수용소 인근에 소재하는 군과 경찰, 애국청년단 및 주민들의 협조를 요청하는 내용이었다. 각 지구별로 단행된 반공포로석방 현황은 〈표 10〉과 같다.

육지의 7개 수용소에 나뉘어 분산 수용된 3만 5698명의 송환 거부 포로 가운데 76.7퍼센트에 달하는 2만 7389명의 포로가 탈출에 성공했

264 육군본부, 2002 앞의 책, 245~246쪽.

표 10 6·18 반공포로석방 현황

수용소 \ 현황	총수용인원	석방포로(퍼센트)	미탈출자	탈출후체포	부상	사망
부산지구수용소	7,092	4,322 (61)	2,653	116		1
광주지구수용소	10,610	10,432 (98.5)	165		8	5
논산지구수용소	11,038	8,024 (72.8)	2,674	336	2	2
마산지구수용소	3,825	2,936 (76.7)	731	144	8	6
영천지구수용소	1,171	904 (77.1)	731	116	2	1
부평지구수용소	1,486	538 (36.2)	802	39	60	47
대구지구수용소	476	233 (48.9)	61	180		2
계	35,698	27,389 (76.7)	7,236	931	80	64

■ 출처 국방부전사편찬위원회 편, 1989『한국전쟁 휴전사』; 육군본부 편, 2002『한국전쟁과 반공포로』

다. 한국군 경비병의 묵인과 협조하에 이루어진 일이었다. 탈출 과정에서 부상자가 80명, 사망자도 64명이나 되었다. 대부분의 부상자와 사망자는 부평지구수용소 탈출 과정에서 발생했는데, 부평지구 제10포로수용소는 부평지구 미군기지 내에 위치하고 있었다. 이곳 미군 수용소장은 포로 탈출을 막기 위해 한국군 경비 병력을 철수시키고 대신 미 해병대의 지원을 받아 이중의 경계 배치를 했다. 그럼에도 한국 헌병대가 수용소 내 전선을 끊어 포로들의 탈출을 유도했고, 이를 저지하려는 미군이 포로들에게 기관총과 소총 사격을 가함으로써 그 과정에서 다수의 피해자가 발생했다. 미군 수용소장은 즉각 한국 참모총장 백선엽 장군에게 통고했고, 백선엽은 한국군 부대에 포로를 검거하라고 명령했다. 그러나 그의 명령은 이승만의 지시로 곧장 취소되었다. 그 후에도 포로들의 소규모 탈출은 며칠간 계속되었다. 포로수용소장은 미군부대에 한국군 경비대를 교대하고 가능한 많은 포로를 검거하라고 명령했고, 탈출 후 체포된 인원도 931명이나 되었다.[265] 그러나 대다수의 탈출 포로들은 한국 당국의 도움으로 현지 주민들 사이로 간단히 흡수되었다. 반공포로석방 다음날인 6월 19일 이승만은 자신의 책임하에 반공포로석방을 단행했다는 성명을 발표했다.

> 나는 나 자신의 책임하에 1953년 6월 18일 한국인 반공포로석방을 명령하였다. 내가 유엔군사령부 및 관계 당국과 충분한 협의를 하지 않고 이렇게 한 이유는 너무도 분명하여 설명을 요하지 않는다. 각도의 지사나 경찰관서에 최선을 다하여 이 석방 포로들을 돌보도록 지시하였다. 우리는 우리 국민과 친구들이 이 조치에 협력할 것이며, 어디에서나 불필요한 오해가 없을 것이라고 믿는다. …… 제네바 협약과 인권 정신에 의하여 반공 한인 포로는 벌써 다 석방되었어야 할 것인데, …… 국제관계로 해서 불공평하게 그 사람들을 너무 오래 구속했었다.[266] (밑줄 강조: 인용자)

유엔군사령부와 협의 없이 자신이 일방적으로 포로를 석방했으며, 이는 너무도 당연한 일이라는 내용이었다. 한국 정부는 미국에 있는 모

265 『미국 합동참모본부사』, 398쪽.

266 이승만 담화문, 「반공포로석방에 대하여」 1953. 6. 18; 이승만은 이날, 언론에 공표한 담화문을 첨부하여 클라크에게 포로 석방에 대한 자신의 입장을 밝힌 서한을 발송했다(이승만 대통령이 클라크 사령관에게 보낸 서한, 1953. 6. 18, Enclosure: *Press Release of the Office of Public Information, Republic of Korea*, FRUS 1952-1954 Vol. XV, pp. 1197~1199).

든 한국군 장교의 긴급 소환령을 내리고 비상조치를 취하는 한편, 유엔군 측 휴전회담 대표단에서 한국 대표를 소환했다.

6월 19일 클라크 유엔군사령관은 포로 석방에 미국은 책임이 없다는 성명을 발표했다. 그는 한국 정부가 공모했으며 수용소 내 미군들이 탈출을 막기 위해 애썼지만 허사였다고 주장했다. 그러나 일방적인 포로 석방 자체를 문제 삼지 않았다. 그가 이승만에게 물은 책임은 한국군을 유엔군사령관 지휘하에 둔다는 공약을 위반한 문제였다. 그는 포로 탈출을 방치한 한국육군경비대의 행동은 유엔군사령관 권한에 대한 '명백한 위반'이며 한국군을 유엔군사령관 지휘하에 둔다는 이 대통령 자신의 공약에 대한 '일방적인' 취소라고 비난했다.[267]

미국은 예정된 로버트슨 차관보의 방문을 연기할 것이라고 이승만에게 통보하며 한국 정부의 무책임한 행동에 대해 심각한 우려를 표했다. 이승만은 "그러한 방책이 자살이 될지라도 그것은 우리의 특권"이라고 대응했다. 그는 "휴전협정의 조인은 유엔군사령부로부터 한국군의 자동적인 철수를 의미한다"고 아이젠하워에게 통보했다.[268] 이승만은 미국이 우려하는 바를 정확히 읽고 있었다. 결국 미국은 예정했던 로버트슨 방한을 그대로 추진하기로 결정했다. 이승만으로부터 휴전에 대한 동의를 받아내고, 한국군을 유엔군사령관 휘하에 둔다는 분명한 약속을 확보할 필요가 있었다.

반공포로석방 후에도 휴전 반대 운동은 계속되었다. 반대 운동의

---

267 『미국 합동참모본부사』, 398~399쪽.

268 주한 미대사 브릭스(Briggs)가 국무부에 보낸 전문, 1953. 6. 19, FRUS 1952-1954 Vol.XV, pp. 1221~1223.

정점에는 이승만이 있었고, 그는 휴전 반대 운동을 한미 교섭의 수단이나 대내적으로 자신의 존재를 부각시키는 유용한 수단으로 활용했다. 1953년 6월 25일, 한국전쟁 3주년 기념식에서 이승만은 통일에 대한 한국 국민의 결의를 재천명했다.[269] 이승만의 북진 통일 주장은 다분히 선전적이었지만, 협상의 조속한 해결을 원했던 미국의 입장에서는 이승만과의 분명한 합의가 필요했다.

한미 교섭 : 이승만-로버트슨 회담

미국은 예정대로 대통령 특사를 한국에 파견했다. 한국전쟁 발발 만 3년이 되는 날인 1953년 6월 25일 미 국무부 차관보 로버트슨(Walter Robertson)이 서울에 도착했다. 하루 전 도쿄에 도착한 로버트슨은 클라크 유엔군사령관, 브릭스 주한 미대사, 머피(Robert D. Murphy) 주일 미대사와 회동했다. 이들은 가능한 빨리 휴전에 도달하는 것이 '가장 바람직하다'는 데 의견 일치를 보고, 이승만이 계속 비타협적으로 나오면 유엔군이 한국에서 철수할 것이라고 말해야 한다고 합의했다. 한국과 무관하게 공산군 측과 휴전협정을 체결할 만반의 준비가 되어 있었다.[270] 로버트슨은 공항에서 자신의 방한 목적이 휴전협정 및 포로 교환과 장차의 정치회담에 연관된 제반 문제에 대해 한국 정부와 협의하는 것이라고 밝혔다. 그는 아이젠하워 대통령과 덜레스 미 국무장관의 친서를 가지고 있

---

269 이승만 연설 담화문, 「6·25사변 제3주년 기념사」 1953. 6. 25.

270 워싱턴에서는 이 합의에 동의하며, 클라크 장군에게 휴전협상 진행과 한국에 대해 힘을 사용하는 것에서 광범한 권한을 부여했다(합참에서 클라크 사령관에게 보낸 전문, 1953. 6. 25, FRUS 1952~1954, Vol.XV, pp. 1271~1272).

다고 함으로써 협상에 무게를 실었다. 회담은 2주간 진행될 예정이었다.

다음날 첫 번째 회담에서 이승만은 휴전협정을 수락하려면 필요한 네 가지 전제 조건을 제시했다. 첫째 나머지 반공 포로들을 중립국 포로송환위원회에 인도하며, 둘째 정치회담은 90일 시한을 두고 개최하고, 셋째 한국에 대한 경제원조와 한국군 20개 사단 증강 원조를 계속하며, 넷째 상호방위조약 체결을 즉시 보장하라는 주장이었다.[271] 그는 휴전체결 후 송환 거부 포로를 즉각 석방한다는 기존의 주장에서 한발 물러서는 대신, 정치회담에 90일 시한을 두며, 경제 및 군사원조, 상호방위조약을 즉시 체결할 것을 요구했다. 다음날인 6월 27일 로버트슨과 클라크는 이승만을 다시 만나 아이젠하워의 회신을 전달했다. 이승만이 요구한 네 가지 전제 조건 중 앞의 세 가지에 동의하며, 네 번째 요구 사항인 상호방위조약은 필리핀의 경우와 유사한 상호방위조약 체결 '협상'에 기꺼이 응할 수 있지만 미 상원의 동의가 필요하기 때문에 상호방위조약 체결을 보장할 수는 없다는 내용이었다. 아이젠하워는 이승만의 요구 조건을 수용하는 대신 세 가지 전제 조건을 제시했다. 첫째 전쟁 수행과 종전에 대한 유엔군사령부의 권능을 인정할 것, 둘째 유엔군사령부와 공산군 측이 합의하는 휴전협정을 준수할 것, 셋째 상호 동의에 의해 협정이 체결될 때까지 한국군은 유엔군사령관의 작전 지휘권 아래 두어야 한다는 세 가지 조건이었다.[272] 미국이 이승만과의 협상에서 관철시키고자 한 핵심이

---

271 한국군을 20개 사단으로 증강하는 문제는 1953년 5월 13일 이미 대통령의 인가를 받은 사항이었다. 아이젠하워는 이때 유엔군사령관에게 나머지 사단들을 창설할 권한을 인가였다(『미국 합동참모본부사』, 345~346쪽).

272 국무부극동담당차관보 로버트슨(Robertson)이 국무부에 보낸 전문, 1953. 6. 27, FRUS 1952-1954 Vol.XV, pp. 1278~1279.

모두 이 전제 조건에 담겨 있었다.

이승만은 처음에 미국이 제시한 협상안을 받아들일 것처럼 보였다. 그는 아이젠하워 대통령의 제의를 비망록 형태로 작성해 줄 것을 요구했고, 자신이 제시한 전제 조건도 여기에 포함시켰다. 그러나 그날 저녁 이승만은 태도를 바꿔 새로운 요구 사항이 담긴 비망록을 제시했다.[273] 상호방위조약을 휴전협정 체결 이전에 매듭짓고, 정치회담이 결렬될 경우 특히 중국군이 북한에서 철군하지 않을 때 전투를 재개하며, 유엔군사령부가 전쟁의 승리를 추구할 때 한국군을 유엔군의 지휘 아래 둔다는 내용이었다. 이승만의 새로운 제안은 자신이 첫 번째 회담에서 제기한 앞선 세 가지 조건이 수용된다는 전제하에 상호방위조약을 휴전협정 체결 이전에 확실하게 보장받는 한편, 미국이 전제 조건으로 제시한 한국군 작전 지휘권 문제를 북진 통일과 결부시켜 역제의한 것이었다. 이승만이 처음 제기한 조건과는 기본적인 전제가 달랐다.

미국은 이러한 이승만의 요구 조건을 수용할 의사가 없었다. 로버트슨은 이승만의 새로운 주장은 이전까지의 협상의 기초를 부정하는 것이며, 이승만이 이전에 논의되지 않은 '엉뚱한 문제'를 끌어들여 협상을 지연시키려 한다고 판단했다. 이승만의 일방적인 반공포로석방으로 휴전협상은 이미 2주 이상 지연되고 있었다. 그 사이 유엔군사령부의 전투손실은 약 1만 7000명에 달했으며, 그중 3333명이 전사했다. 클라크와 로버트슨은 이승만의 동의와 상관없이 일방적으로 휴전을 추진하기로 결

273 *Aide-Memorie From the President of the Republic of Korea(Rhee) to the Assistant Secretary of State for Far Eastern Affairs(Roberston)*, Seoul, June 28, 1953, FRUS 1952-1954 Vol.XV, pp.1282~1284.

정했다.[274] 클라크는 6월 29일 공산군 측에 휴전 발효 일자 설정을 위한 본회의 재개를 요청하는 서한을 발송하는 한편,[275] 이승만을 만나 그의 요구 사항을 거절하고, 휴전을 추진할 계획이라고 통고했다.[276] 이때 공산군 측 역시 이승만을 고립시키고 미국과 관점을 같이하여 휴전협정 체결을 진행해야 한다는 결론을 내리고 있었다. 중국군은 한국과 이승만을 압박하기 위해 주공격 목표를 한국군에 두었고, 미국에게 휴전 이후 남한 정부와 군을 확실히 통제한다는 보장을 요구했다.[277]

워싱턴에서는 이승만을 압박하기 위해 미군 철수 카드를 은밀하게 활용하고자 했다. 이승만이 '허세를 부리고 기회주의적 태도를 취함으로써' 추가적인 양보를 얻어낼 수 있다고 생각하는 한 계속 그렇게 할 것이기 때문에, 이승만을 압박하기 위해 미국이 한국으로부터 철수할 것이라는 인상을 '조용히 그리고 교묘히' 드러내려고 했다. 그러나 미군을 실제로 철수할 의도는 전혀 없었기 때문에 공개적으로 드러나지 않도록 조심

---

274 클라크와 로버트슨은 유엔군사령부가 한국에서 철수하겠다고 위협할 준비가 되어 있지 않아, 이것이 유일한 방법이라고 판단했다(『미국 합동참모본부사』, 411쪽).

275 연락장교회의, 1953. 6. 29, Enclosure (1) : Letter, dated 29 June 1953, to Marshall Kim Il Sung, Commander of the Korean People's Army, General Peng Teh-Huai, Commander of the Chinese People's Volunteers from Mark W. Clark, General, United States Army, Commander in Chief, United Nations Command, 『휴전회담회의록』 10권, 374~375쪽.

276 클라크 사령관이 국무부에 보낸 전문, 1953. 6. 29, FRUS 1952-1954 Vol.XV, pp. 1285~1286.

277 저우언라이는 7월 3일 중국 외무성차관 우슈치앙으로 하여금 북경의 소련대사관을 방문하여, 클라크의 6월 29일자 서한, 이승만의 반공포로석방, 향후 대응책 등을 논의하도록 했다. 이때의 결정은 중국 측의 상황 판단과 평가를 토대로 했다. 소련은 중국 정부의 조치를 인정하고 동의하면서도, 이승만의 최근 도발적 행위가 워싱턴의 일정한 과제를 수행하는 것이라는 의구심을 가졌다. 소련 외무성 제17286호 암호전보 (1953. 7. 3), 폰드 3, 목록 65, 문서 830, 리스트 136-147; 소련 외무성 제13464호 암호전보 (1953. 7. 4), 폰드 3, 목록 65, 문서 830, 리스트 148-150(A.V.토르쿠노프 편 구종서 역, 2003 『한국전쟁의 진실과 수수께끼』, 에디터, 431~442쪽에서 재인용).

했다.[278] 그로부터 며칠간 이승만은 "정치회담이 실패할 경우 전투를 재개한다"는 조건을 계속 고집했다. 아이젠하워는 7월 3일 이승만에게 전투를 재개한다는 약속을 할 수는 없지만 만일의 사태가 벌어진다면 기꺼이 회담을 결렬시키고 한국과 의논할 것이라는 정도로 재확인하는 서한을 보냈다. 이승만은 상호방위조약이 서명되고 비준될 때까지 휴전협정 체결을 연기해줄 것을 제안했지만, 로버트슨은 고려할 수 없다고 거절했다.[279]

결국 이승만은 휴전과 한국군 지휘권 문제에 대한 미국의 요구 조건을 수용하는 대신 더 유리한 조건의 상호방위조약을 요구하는 쪽으로 협상 방향을 선회했다. 7월 9일 이승만-로버트슨 협상은 두 사람만의 비공개회의로 진행되었다. 여기서 이승만은 보다 현실적인 모습을 보였다. 그는 휴전을 거부하지 않으며, 대한민국에 이익이 되는 한 한국군을 유엔군사령부 휘하에 두는 것에 동의했다. 중국군의 철수 요구와 휴전협정 조인 전에 한국이 통일되어야 한다는 요구를 철회하고, 송환 거부 포로 처리를 위한 3개월의 활동 기간도 수락하며, 이들 포로를 비무장지대로 수송하는 데 협력하기로 약속했다. 그러나 대신에 어떠한 외국군 부대(인도군)도 남한 땅에 발을 들여놓지 않으며, 3개월간의 설득회 후 비무장지

---

278 그러나 당시 아이젠하워가 그의 자문들과 한국 문제를 논의한 결과, 국방차관 케스(Roger M. Kyes)는 6월 30일 클라크에게 보낸 지시 사항에서 "한국으로부터 철수할 의도는 없다"는 점을 분명히 했다(국방차관 케스(Kyes)가 클라크 사령관에게 보낸 전문, 1953. 6. 29, FRUS 1952-1954 Vol.XV, pp. 1287~1288). 클라크는 이 조치들의 전제에 동감했지만, 로버트슨은 이승만이 "시기심이 많고 지나치게 흥분하고 비이성적이어서 우리들에게 도전할 수도 있다"고 위험성을 경고했다(『미국 합동참모본부사』, 413~415쪽).

279 국무부극동담당차관보 로버트슨(Robertson)이 국무부에 보낸 전문(1953. 7. 6, FRUS 1952-1954 Vol.XV, pp. 1336~1337).

대 남쪽에서 석방되기를 원하는 모든 한국인 포로는 석방하고, 송환을 거부하는 모든 중국인 포로는 대만으로 보낸다는 조건을 제시했다. 그는 휴전협정에 서명할 수는 없지만, 휴전을 방해하지 않겠다고 약속했다. 그리고 이러한 약속을 보장하는 대가로 다음과 같은 내용의 상호방위조약 초안을 제시했다.

> ① 한국의 법적 관할권은 두만강 및 압록강 이남의 지역, 즉 전통적인 한국 영토에까지 확대된다는 것을 양국 정부는 인정한다.
> ② 동 조약의 목적을 달성하기 위한 상호원조를 계속하여 바람직하다고 판단되면 한반도와 근해에 미군의 육·해·공군 기지를 설치한다.
> ③ 일방이 무력 침략을 받을 경우 다른 일방은 즉각 자동적으로 개입하며, 침략의 적용 범위는 일방의 본토뿐 아니라 섬, 군대, 선박, 비행기까지 포함한다.[280] (밑줄 강조: 인용자)

이승만은 이 기회에 한국의 법적 관할권을 38도선 이북 지역까지 확대하고, 한반도와 근해를 미군기지로 제공하면서 한반도 유사시 미국의 자동개입 약속을 얻고자 했다. 그러나 로버트슨은 이승만의 이 제안이 군사력을 유엔군사령관 휘하에 두는 데 대해 명확한 언급이 없으며, 방위조약에 관한 초안에서 '법적 권한을 압록강까지로' 하고, 미국이 모델로 제

---

280 이승만 대통령이 로버트슨에게 보낸 서한, 1953. 7. 9, FRUS 1952-1954 Vol.XV, pp. 1357~1359; *Republic of Korea Draft of Mutual Defense Treaty Between the United States and the Republic of Korea* 1953. 7. 9, FRUS 1952-1954 Vol.XV, pp.1359~1361.

시한 미국-필리핀 상호방위조약이 아니라 북대서양조약에서 따온 용어를 사용한 점을 문제로 지적하는 보고서를 본국에 보냈다. 다음날 덜레스는 상호방위조약에 대한 구체적인 토의를 미루라고 지시했다.[281]

이승만과 로버트슨의 대담은 여기까지였다. 미국은 이승만의 휴전 동의와 한국군 지휘권에 대한 약속을 이미 확보했기 때문에, 더 이상 구체적인 협상을 진행할 필요가 없다고 판단했다. 클라크는 이승만이 휴전을 수락하며 시한을 명시하지 않고 한국군을 유엔군사령관 휘하에 두기로 약속한 것은 "백만 달러의 가치가 있을 것"이라고 워싱턴에 보고했다.[282] 미국이 확보하고자 했던 핵심 요구를 이승만이 수용한 이상 그의 협상력은 더 이상 힘을 발휘하기 어려웠다.

7월 11일 이승만-로버트슨 최종 회담이 열렸다. 로버트슨은 "양국이 신뢰를 가지고 좀 더 명확하게 할 필요가 있는 몇 가지 남은 문제에 관하여 만족할 만한 해결을 전망할 수 있다"는 다소 원칙적이고 포괄적인 내용의 서한을 전달하고 일정을 끝맺었다. 다음날 로버트슨은 서울을 떠났으며, 서울과 워싱턴에서 동시에 이승만과 로버트슨 공동성명이 발표되었다. 두 나라가 한국의 휴전, 포로의 처리 및 장차의 제휴를 위한 문제의 해결에 있어 합의에 도달했다는 내용이었다. 같은 시간 국무부는 별도 성명에서 이승만이 한국 휴전에 동의했다고 발표했다.[283]

---

281 『미국 합동참모본부사』, 422쪽.

282 로버트슨이 국무부에 보낸 전문, 1953. 7. 9, FRUS 1952-1954 Vol.XV, pp. 1355~1356.

283 7월 11일 이승만은 아이젠하워에게 "휴전협정의 시행을 방해하지 않기로 결정했다"고 서한을 보내, 자신의 보증을 다시 한 번 확인해주었다(이승만 대통령이 아이젠하워 대통령에게 보낸 서한, 1953. 7. 11, FRUS 1952-1954 Vol.XV, pp. 1368~1369).

공산군 측은 1953년 7월 10일 재개된 본회담에서 미국이 한국을 효과적으로 통제한다는 확실한 보장을 요구하며, 한국 정부와 육군이 휴전을 준수할 것인가, 휴전을 위반할 경우 유엔군사령부는 어떻게 대처할 것인가를 질문했다. 유엔군 수석대표 해리슨은 휴전을 위반하는 어떠한 공격적인 행동도 지원하지 않을 것이라는 정도로만 답변했다.[284] 다음날까지 논쟁이 이어지자 해리슨은 합참이 미리 승인한 대로 "유엔군사령부는 한국 육군부대가 어떤 공세적인 작전을 하여 휴전을 위반하는 동안에는 그 부대를 지원하지 않을 것"이라고 약속했다.[285] 마침 이승만-로버트슨 협정이 발표되자 유엔군 측 수석대표 해리슨은 이것을 공산군 측에게 더욱 확신을 주는 기회로 삼았다.

그러나 이승만은 상호방위조약 체결 시기와 내용에서 미국으로부터 아무런 확답도 받지 못했다. 이 때문에 이승만이 로버트슨과의 협상에서 너무 많은 양보를 했다는 비난 여론이 일어났다.[286] 이승만은 지나치게 양보했다는 국내 비난 여론을 잠재우고, 휴전협정 체결 이전에 미국으로부터 명확한 답변을 확보하기 위해 적극적으로 성명을 발표하기 시작했다. 7월 10일 이승만은 공개적으로 휴전 비난 성명을 발표했다. 그는 자신의 유일한 양보 사항은 90일 동안 휴전을 방해하지 않겠다는 약속뿐이라고 주장했다. 이 성명은 1953년 7월 11일 워싱턴의 신문에도 보도

---

284 해리슨은 합참에 공산군 측에게 "한국 육군에 대한 지원을 철회할 것"이라는 보다 명확한 답변을 해 줄 수 있도록 권한을 요구했지만, 합참은 그것이 이롭지 못하다는 이유로 승인하지 않았다(『미국 합동참모본부사』, 427쪽).

285 154차 본회담(128차 판문점회담) 기록, 1953. 7. 13, 『휴전회담회의록』 2권, 1001~1006쪽.

286 『미국 합동참모본부사』, 438쪽.

되었고, 판문점에서 공산군 측은 이를 기회로 더욱 확실한 보장을 요구했다. 이번에는 변영태 외무장관이 나섰다. 그는 한국이 휴전을 준수할 것이라고 해리슨 장군이 공산군 측에 재확인해 준 것에 대해 강력하게 반대하며, 한국 측이 "자제하는 입장을 재고하고 있다"고 공개적으로 발표했다. 그럼에도 휴전협상은 예정대로 협정 체결을 향해 가고 있었다.

이승만은 휴전협정 잠정 서명일이었던 7월 24일, 또다시 미 국무장관 덜레스에게 서한을 보냈다. 아직 한국 정부가 진로를 결정하지 않았다며, 두 가지 긴급한 문제에 대한 답을 요구했다. 첫째 계획된 상호방위조약에서 한국이 침략당할 경우 미국의 즉각적·자동적 군사 지원 규정이 포함되는지, 둘째 정치회담이 90일 내에 실패했을 때 미국이 함께 군사행동을 재개할 것인지의 문제였다.[287] 덜레스는 명확한 약속을 거부했고, 휴전에 관한 한국 정부의 태도는 이미 결정되었다고 믿으며 또한 그렇게 믿을 자격이 있다고 보았다. 덜레스는 이승만에게 보내는 답신에서 "미국은 그 모든 역사에 있어 어떤 다른 나라에게도 당신에게 준 것만큼 많은 것을 준 적이 없다"고 말했다.[288] 덜레스의 태도는 조심스럽게 예의를 갖춘 것이 아니었다. 미국은 이승만으로부터 이미 필요한 대답을 확보했다고 판단했으며, 휴전협정 체결은 형식적 절차만 남겨두고 있었다.

이승만의 반공포로석방에 대한 국내의 평가는 대체로 긍정적이다. 반공 포로를 송환시킬 수 없다는 이념적 측면의 정당성을 높이 평가하

---

287 이승만 대통령이 국무장관에게 보낸 서한, 1953. 7. 24, FRUS 1952-1954 Vol.XV, pp. 1428~1429.

288 국무장관이 이승만 대통령에게 보낸 서한, 1953. 7. 24, FRUS 1952-1954 Vol.XV, pp. 1430~1432.

며, 미국과의 관계에서 외교적 주도권을 장악하게 되었고, 한국민의 반공 통일 의지를 표출한 것이며, 휴전협상에 전쟁 당사국인 한국의 주장이 전혀 참작되지 않고 있는 것에 대한 국민적 분노를 대변했다고 보는 평가들이 주류를 이룬다. 특히 대미 외교 협상력을 제고시켰다는 점을 높게 평가했다.[289] 그러나 실제로 이승만의 반공포로석방은 대미 외교보다는 국내에서 더 효과가 컸다. 한국 정부와 이승만은 전쟁과 휴전회담에서 배제되어 주도권을 상실하고 보조적 위치에서 아무런 영향력을 발휘하지 못했다. 이승만의 반공포로석방이라는 '돌출 행동'은 이러한 상황에 대한 한국민들의 실망감과 좌절감을 보상해 주었으며, 이로 인해 이승만의 대중적 인기는 급상승했다. 국내에서는 누구도 이승만의 무모한 행동을 비난할 수 있는 분위기가 아니었다.[290]

그러나 반공포로석방을 통해 이승만이 미국과의 관계에서 외교적 주도권을 장악했다고 보기는 어렵다. 미국이 로버트슨 대통령특사 파견을 결정한 것은 이승만의 반공포로석방 전이었다. 오히려 이 사건을 계기로 미국은 특사 파견을 잠시 보류했다가 결국 예정대로 추진한 것은 미국이 한미 교섭을 통해 확보하고자 하는 분명한 목표가 있었기 때문이었다. 반공포로석방 그 자체는 한·미 간에 입장 차이가 있는 문제가 아니었

---

289 『한국전쟁 휴전사』; 김용식은 "역사적으로 일대 영단"이라고까지 높게 평가했다(김용식, 1993 『김용식 외교 33년 새벽의 약속』, 김영사, 187쪽); 양대현은 이승만이 6·18 반공포로석방이라는 과감한 행동을 통해 미국을 응징함으로써 동맹 위기를 초래케 했고, 그때부터 한미 동맹 내에서 이승만이 강자의 입장에서 한국의 입장을 관철시키려고 했다고 분석했다(양대현, 1991 「한국전쟁과 한미 동맹 관계-동맹이론을 중심으로」 한남대학교, 422쪽).

290 당시 야당당수였던 조병옥은 이를 비난했다가 한밤중에 테러를 당하고 군인형무소에 수감되는 고난을 당했다(박실, 1979 『한국외교비사』, 기린원, 238쪽).

다. 이승만은 그 사실을 잘 알고 있었기 때문에 반공포로석방을 단행할 수 있었고, 공산군 측이 유엔군과 한국군의 공모를 의심했던 것도 이 같은 이유였을 것이다.

송환 거부 포로의 일방적 석방은 휴전협상 초기부터 미국의 정책적 고려 사항 가운데 하나였다. 미국이 우려한 것은 포로의 일방적 석방 그 자체가 아니라 상대방의 비난과 그것이 회담에 미칠 영향, 동맹국과의 마찰 등과 함께 한국군에 대한 통제권 문제였다. 특히 미국은 포로 탈출을 방치한 한국육군경비대의 행동은 유엔군사령관 권한에 대한 명백한 위반이라고 보았다. 미국은 이승만으로부터 휴전에 대한 동의 확보는 물론이고 한국군 작전 지휘권 이양 문제를 분명하게 약속받고자 했다. 그 대답을 확보하자 바로 미국은 일방적으로 휴전협정 체결을 위한 일정을 진행시켰고 한국의 의견이나 반대는 무시되었다. 이승만-로버트슨의 한미교섭에서 미국의 이해관계와 대한정책 목표는 모두 충족되었다.

일찍이 1952년 2월 이승만의 휴전 반대 행동이 문제가 되었을 때 리지웨이는 만일 이승만과 대한민국 정부의 일방적인 행동이 계속된다면, 휴전 달성에 중대한 위험이 되거나 차후에 있을 정치 협상에 장애가 될지도 모른다고 경고했다. 그는 한국군을 전쟁 초기에 유엔군사령관 작전 통제하에 둔 것은 현 상태의 적대 행위가 계속되는 기간에 한하도록 되어 있다는 점을 지적하고, 휴전이 발효되는 기간에도 한국군 작전 통제를 보증할 확고한 협정을 대한민국과 체결해야 한다고 주장했다.[291] 이는 휴전 이후 한미상호방위조약과 한미합의의사록을 체결하면서 그대

291 리지웨이가 합참에 보낸 전문, 1952. 2. 25, FRUS 1952~1954 Vol.XV, pp. 59~60.

로 관철되었다. 1953년 8월 8일 한미상호방위조약이 가조인된 후 10월 1일 정식 조인된 데 이어 그 부속협정으로 1954년 11월 '경제 및 군사원조에 관한 한미합의의사록'이 서명되었다. 이 의사록에서 한국 정부는 유엔군사령부가 대한민국의 방위를 책임지는 한에서 한국군에 대한 작전 통제권이 유엔군사령관에게 있음을 인정했다.[292]

결국 이승만이 원했던 상호방위조약 체결 요구는 휴전 전에 구체적인 약속도, 휴전의 전제 조건으로도 관철되지 못했다. 이승만의 협상력은 미국이 미리 상정하고 있던 제안 범위 내에서만 효과가 있었고, 이승만은 결국 미국의 요구를 그대로 수용했다. 이승만의 휴전 반대와 북진통일론은 회담에서 배제된 이승만이 불리한 내정의 위치를 만회하기 위한 '일련의 정치적 조작'이었다.[293] 미국의 도움 없이 단독으로 전쟁을 수행할 수 없다는 것을 이승만은 너무도 잘 알고 있었다. 그럼에도 이승만이 이러한 주장을 내세운 것은 대내외적으로 존재감을 드러낼 수 있는 유일한 방법이었기 때문이었다. 특히 대중을 선동하는 데는 상당한 효과가 있었다. 이승만은 부산정치파동을 통해 재집권에 성공하고, 반공포로석방이라는 무리수를 둠으로써 회담과 전쟁에서 배제되고 불확실했던 자신의 입지를 강화하는 데 이용했다. 김일성 역시 중조연합사 성립으로 지휘권을 상실했지만 국내 정치에 눈을 돌릴 여유를 가졌으며, 당내 숙청을 통해 정치적 경쟁자들을 물리치고 국내 정치적 기반을 강화했다.[294] 전쟁 중 보조적 지위로 전락했던 남과 북의 지도자는 공히 이러한

---

292 외무부, 1990 『한국외교 40년 1948~1988』.

293 최기창 · 신복룡 엮음, 2007 『애국지사 최익환Ⅱ-한국전쟁 휴전 교섭 밀사 기록』, 선인, 141쪽.

294 이종석, 2001 「중조연합사령부의 성립과 그 영향」 『한국전쟁 중 중국의 참전전략과 포로 문

제한적 지위 덕분에 전쟁을 주도할 부담감 없이 국내 정쟁을 자신에게 유리하게 이끄는 데 전력할 수 있었다는 점에서 공통적이었다. 그것은 한편으로는 휴전과 그 결과로서의 정전체제에서도 남북한이 온전한 주체가 될 수 없는 상황을 기반으로 한 것이기도 했다.

2) 휴전협정 체결

포로 송환 협상 타결 후 참모장교들은 새로운 군사분계선에 합의했고, 6월 17일 본회담 대표단은 이를 정식 승인했다. 그런데 바로 다음날인 6월 18일, 이승만은 일방적으로 송환 거부 포로, 즉 반공 포로를 석방했다. 당시 판문점에서는 참모장교들이 회의를 열고, 휴전협정 문서작업을 마무리하고 있었다. 유엔군 측 대표 해리슨은 솔직하게 공산군 측 연락장교들에게 포로 탈출을 설명하고, 한국 정부와 한국군경비대가 연루되었다는 서한을 전달했다.[295] 다음날 공산군 측은 통역관 회의와 비무장지대의 세부 작업을 책임진 다른 참모장교 회의도 취소하고, 6월 20일 본회의 개최를 요구했다.

6월 20일 본회의에서 공산군 측은 김일성과 펑더화이의 서한을 내놓았다. 그 서한에서는 유엔군 측이 포로 석방을 한국 정부와 "교묘하게

제』, 국방부군사편찬연구소·한국전쟁연구회 주최 한중 국제학술세미나 발표문.

295 연락장교회의, 1953. 6. 18, Enclosure (1): Letter, dated 18 June 1953, to General Nam Il, Senior Delegate, Delegation of the Korean People's Army and the Chinese People's Volunteers from William K. Harrison, Jr., Lieutenant General, USA, Senior Delegate, United Nations Command Delegation, 『휴전회담회의록』 10권, 371~372쪽.

공모했다"고 비난하면서, 유엔군사령부가 한국 정부와 한국군을 통제할 수 있는가 의문을 제기했다. 공산군 측은 한국의 휴전협정 이행을 위한 보장을 요구하면서, 모든 탈출포로 재수용, 유사한 사건이 재발되지 않는다는 보장을 요구했다.[296] 공산군 측은 이승만의 반공포로석방을 이유로 회담을 결렬시키지 않았지만, 유엔군 측의 확실한 보장을 확보하고자 했다. 이 기간에 격렬해진 공산군 측의 군사작전은 마지막으로 군사분계선을 확정하기 전에 유리한 고지를 확보하려는 목적도 있었지만, 휴전을 반대하는 한국을 압박하려는 의도도 있었다.

공산군 측은 이미 6월 8일 포로 송환 협정에 서명한 후 이미 군사작전을 더 강화했다. 공산군 측 주공격 방향은 한국군이 방어하는 금성 돌출부에 집중되었다. 군사분계선 확정 이전에 방어에 유리한 지역을 장악하고, 한국의 휴전 반대 운동에 영향을 주며, 남한 최대 산업 원동력이 될 화천저수지와 발전소 점령이 목적이었다. 특히 중국군은 유엔군의 내분을 꾀하고 한국 정부를 압박하기 위해, 서부 전선 미군을 주공격 대상으로 삼으려던 계획을 변경했다. 중국군은 동부 전선 한국군을 주요 목표로 작전을 전개했으며, 미군은 중대 이하 소규모 병력을 공격해 상대적으로 공격 강도를 낮추는 한편 그 외 다른 국가 군대는 아예 공격하지 않았다.[297]

---

296 150차 본회담(124차 판문점회담) 기록, 1953. 6. 20, Enclosure (1): Letter dated June 19, 1953 from Marshall Ki. Il Sung, and General Peng Teh-huai to General Clark, 『휴전회담회의록』 2권, 978~981쪽; 클라크는 포로 석방 건이 협상의 걸림돌이 된다면, 판문점에서 김일성과 펑더화이를 만나 솔직한 의견 교환을 통해 휴전을 성사시킬 계획을 합참에 건의했으나, 이때 합참은 이를 반대했으며 즉각적인 아무런 대응도 보이지 않았다(『미국 합동참모본부사』, 404~405쪽).

297 한국전략문제연구소 역 1991 『중공군의 한국전쟁사』, 세경사(軍事科學院軍事歷史研究所 編著,

6월 15일 판문점에서 양측이 군사분계선을 합의하자 북경의 펑더화이는 주도적인 공격을 하지 말라고 지시했다. 펑더화이는 6월 15일 군사분계선 협정이 체결됨으로써 그날 자정을 기준으로 분계선이 확정되는 것으로 보았다.[298] 그러나 6월 18일 이승만이 일방적으로 반공 포로를 석방함으로써 협정 체결이 불투명해지자 전투가 재개되었다. 마지막 고비를 넘어 최종 군사분계선은 7월 24일에야 확정되었다. 군사분계선에 대한 첫 합의는 1951년 11월 27일의 잠정군사분계선 설정이었다. 합의문에는 한 달 내 다른 의제가 합의될 경우 유효하다는 전제가 달렸다. 이후 양측이 다른 의제 합의에 실패하여 회담이 지연되자 효력을 상실했다. 1953년 6월 17일 그간의 전투로 변화된 전선을 확인하여 다시 군사분계선을 수정하여 양측이 합의했지만, 이승만의 반공포로석방으로 그 후에도 전투는 계속되었고 결국 1953년 7월 24일에야 최종적으로 군사분계선이 확정되었다. 군사분계선 합의 시점을 기준으로 본다면, 결과적으로 공산군 측에게 더 유리했다. 중국군은 최초 합의한 군사분계선보다 1953년 6월 15일 2차합의 때 140제곱킬로미터 남진했으며, 7월 24일 최종 합의에서는 그보다 192.6제곱킬로미터를 더 확보했다.

공산군은 6월 24일 동부와 중부 지역에서, 다시 금성 지역에 대한 새로운 공격을 시작했고, 공세는 7월 10일 이후 절정에 달했다. 중국군의 소위 '7.13공세'는 이승만의 반공포로석방에 대응하여 한국을 압박하는데 목적이 있었다. 6월 23일 마오쩌둥은 펑더화이에게 전문을 보내 정전

1988『中國人民志願軍 抗美援朝戰史』, 軍事科學出版社: 북경), 283쪽.

298 홍학지 저 홍인표 옮김, 1991 앞의 책, 360쪽.

협정 체결을 미루고, 한국군을 공격하라고 지시했다.

> 정전협정의 체결은 반드시 미루라.
> 언제까지 미룰 것인가는 상황의 변화에 따라 결정하도록 하라.
> 한국군 1만여 명을 다시 섬멸하는 것은 아주 필요하다.[299]

공산군 측은 마지막 공세를 통해 금성 돌출부 지역 반 이상을 확보했다. 상황이 심각하자 클라크 장군은 6월 24일 공세가 시작된 직후, 제24보병사단과 제187공정연대전투단을 일본에서 한국으로 이동시켰으며, 24사단이 포로수용소 경계 임무를 인수하고, 그 임무를 수행 중이던 제8군부대들을 전선으로 복귀시켰다. 공산군 측 마지막 공세로 한국군 수도사단과 제3사단 대부분이 파괴되었다.[300] 공산군 측은 공세를 성공적으로 마무리했다고 평가했지만, 이 과정에서 양측 다 막대한 인명 피해를 입었다. 유엔군 측은 6월과 7월 전투에서 유엔군 사상자가 5만 3000여 명 발생한 데 비해 공산군 측 사상자는 그보다 두 배나 많은 10만 8000명에 이른다고 평가했다.[301] 1953년 7월 25일 중국 공산당 중앙위원회와 중앙군사위원회는 중국군 총사령부에 전문을 보내 하계작

---

299 「마오쩌둥이 펑더화이에게 보낸 전문: 정전협상의 서명을 반드시 지연시킬 것」(1953. 6. 21) 『毛澤東軍事文集』 제6권, 1993 군사과학출판사 · 중앙문헌출판사, 350쪽(『한국전쟁과 중국Ⅱ』, 183쪽).

300 7월 14일 클라크 장군은 합동참모본부로 중공군 5개 군의 예하분대 총 6개 사단이 한국군 수도사단과 제3사단의 대부분을 실제로 파괴했다고 보고했다(『유엔군전사』, 331쪽; 『미국 합동참모본부사』, 434쪽); 이승만은 만일 유엔군사령부가 전면 공격을 가하여 공산군을 오래전에 파괴했더라면 그 공격은 일어나지도 않았을 것이라고 불평했다(『미국 합동참모본부사』, 435쪽).

301 『미국 합동참모본부사』, 435쪽.

전 승리를 축하했다. 이들은 5월 13일부터 7월 18일까지의 2개월 동안의 공세로 유엔군 측 인명 손실이 9만여 명에 이른다고 평가했다.[302] 양측 평가에는 큰 차이가 있지만, 공히 엄청난 인명 피해를 입은 것만은 분명했다.

이승만의 반공포로석방 이후 판문점 협상은 7월 초까지 거의 휴회 상태였다. 이때 미국은 대통령특사로 로버트슨을 파견하여 이승만과 협상 중이었다. 클라크와 로버트슨은 당시 진행 중이던 한미 교섭과 상관없이 일방적으로 휴전을 추진하기로 결정했다. 공산군 측의 총공세로 인한 인명 손실이 너무 컸기 때문이었다. 클라크는 6월 29일 공산군 측에 휴전 발효 일자 설정을 위한 본회의 재개를 요청하는 서한을 발송했다. 그리고 이승만에게도 이러한 사실을 통고했다.

저우언라이는 7월 3일 중국 외무성차관 우슈치앙으로 하여금 북경의 소련대사관을 방문하여, 클라크의 6월 29일자 서한, 이승만의 반공포로석방, 향후 대응책 등을 논의하도록 했다. 6월 29일자 회담 재개를 요청하는 클라크 서한과 7월 5일 발송 예정인 클라크에게 보낼 답신, 그에 대한 김일성과 펑더화이의 답신, 클라크 서신에 적힌 휴전협상의 현 상태에 대한 중국 정부의 평가가 들어 있는 메모 등을 전달했고, 논의 과정과 결정 사항도 상세하게 보고했다.

> 협상 상황: 미국은 현재 이승만에게 압력을 가하려 하고 있다. …… 이러한 상황에서 클라크가 갑자기 6월 29일 김일성과 펑더화이에게 서한

302 『항미원조전쟁사』 3권, 675쪽.

을 보낸 목적은, 첫째 이승만이 휴전에 동의하도록 하기 위해, 둘째 이승만과의 협상에서 입지 강화를 위해, 셋째 미국이 전쟁 중단을 원한다는 것을 세계에 보여 주기 위해서 …… 이승만은 미국의 약점을 잘 이해하고 있기 때문에 양보하지 않은 것이다. 그러나 한국전쟁에서 주요한 역할을 하는 것은 미국이며, 필요한 순간에 이승만에 대한 압력을 강화할 수 있다. 비록 이승만과 미국이 휴전에 관해 입장 차이가 크지만 한국에서 휴전은 달성될 수 있을 것이고, 이승만은 휴전 체결 후 작은 도발 행위를 계속할 것이다. ……

대책: 대한정책에서 복잡한 국내적·대외적 불일치로 인하여 동요하고 있는 미국의 처지를 고려하여, 휴전을 달성하는 데 우선권을 지키면서 미국과 관점을 같이하여 미국으로 하여금 휴전협정 문제에서 이승만을 고립시키고 압력을 가하도록 한다. 또한 미국 내의 내외적 불일치를 심화시켜야 한다.

이 노선에 따라 취할 조치들:

- 7월 5일 김일성과 펑더화이의 답신을 클라크에게 발송
- 전선을 남쪽으로 밀어내기 위해 협정 서명 전까지 이승만 군대에 타격을 가해야 한다. 군사분계선 수정을 제안하고, 만약 양보하지 않을 경우 1953년 6월 17일 합의한 분계선을 받아들일 수 있다.
- 회담 재개 후: 포로 석방의 책임을 미국에 전가시키고 미국이 이를 거부할 경우 이 문제를 정치회담에 상정시킬 권한을 갖는다.
- 휴전협정 서명은 7월 15일로 예상하고 있다.

클라크에게 보낼 답신: 이승만의 반공포로석방에 대한 책임에서 유엔군이 완전히 벗어날 수 없다. 남한 정부와 군대가 포로 석방을 사전 준비했고, 당신 측이 알고 있으면서도 이를 예방하기 위한 아무런 조치

도 취하지 않았다. …… 남한 정부와 군이 휴전협정을 준수하도록 효과적 조치를 취해야 한다. …… 본회의 재개에 동의한다.[303] (밑줄 강조: 인용자)

미국이 이승만에게 압력을 가하려 하고 있으며, 비록 미국과 한국이 입장 차이가 크지만 휴전은 달성될 수 있을 것으로 보았다. 따라서 그 대책으로 이승만과 미국의 입장 차이를 고려하여, 이승만을 고립시키고 미국과 관점을 같이하여 휴전협정 체결을 진행해야 한다고 보았다. 중국군 주공격 목표를 한국군에게 둔다는 것과 휴전 이후 미국이 한국 정부와 군을 확실히 통제한다는 보장을 요구할 것 등이 결정되었다. 이 결정은 중국 측 상황 판단과 평가를 토대로 한 것으로, 소련은 중국 정부의 조치를 인정하고 동의했지만, 다른 한편 이승만의 최근 도발적 행위가 워싱턴의 일정한 과제를 수행하는 것은 아닌지 의심했다.[304]

공산군 측이 7월 7일 협상을 재개하기로 결정한 후 1953년 7월 10일 제151차 본회담이 재개되었다. 공산군 측은 한국 정부와 육군의 휴전 준수 전망과 휴전을 위반할 경우 유엔군사령부의 의도에 관해 질문했다. 미국이 한국을 효과적으로 통제한다는 확실한 보장을 받으려는 것이었지만, 해리슨은 다만 휴전을 위반하는 어떠한 공격적인 행동도 지원하지 않을 것이라는 정도로만 답변했다.[305]

---

303 「평양에서 암호전문 No.19286」『한국전쟁 관련 소련 외교문서』

304 「평양에서 암호전문 No.19286」『한국전쟁 관련 소련 외교문서』.

305 151차 본회담(125차 판문점회담) 기록, 1953. 7. 10, 『휴전회담회의록』 2권, 982~987쪽; 해리슨은 공산군 측에게 '한국 육군에 대한 지원을 철회할 것'이라는 보다 더 명확한 답변을 해 줄 수 있도

이때 이승만-로버트슨 협정이 발표되었다. 유엔군 측 수석대표 해리슨은 이것을 공산군 측에게 더욱 확신을 주는 기회로 삼았고, 논쟁이 이어지기는 했지만 휴전을 위한 준비는 지속되었다. 7월 19일 제158차 본회담에서 공산군 측은 휴전협정의 조인에 앞서 여러 가지 준비 사항을 즉각 토의할 준비가 되어 있다고 알려 왔다. 이에 따라 휴전을 위한 마지막 준비 논의가 시작되었다. 공산군 측은 먼저 휴전협정 조인은 공산군이 이룬 최근의 진전 상황을 반영하여 군사분계선과 비무장지대를 수정한 후까지 기다려야 한다고 주장했다. 유엔군 측 대표 해리슨은 휴전 조인 일자는 군사분계선의 수정을 기다리지 말고 즉각 결정해야 한다고 주장하며, 휴전은 조인 후 12시간이 지나면 유효하다는 것과 조인 일자를 24일로 하자고 제의했다.[306] 공산군 측이 이 일자를 수용하면서, 세부 작업은 연락장교들에게 위임되었다.

7월 20일, 판문점에서 휴전협정 조인 준비를 위한 연락장교회의가 열렸다.[307] 공산군 측은 반공포로석방 이후 중단됐던 휴전 조인식장의 건축 공사를 한 달 만에 다시 시작했다. 이제 남은 문제는 군사분계선 및 비무장지대 수정, 송환 거부 포로들의 인도 지역 선정, 휴전협정에 의거해서 설치되는 각종 위원회의 활동 개시에 관한 사항, 휴전협정의 실제적인 조인을 위한 준비 사항 등이었다. 7월 22일 참모장교들은 최근 전투가

록 권한을 요구했지만, 합참은 그것이 이롭지 못하다는 이유로 승인하지 않았다(『미국 합동참모본부사』, 427쪽).

306 158차 본회담(132차 판문점회담) 기록, 1953. 7. 19, 『휴전회담회의록』 2권, 1021~1039쪽.

307 연락장교회의, 1953. 7. 20, Enclosure (1): Proposed Amendment Handed to the Communists on 20 July 1953, 『휴전회담회의록』 10권, 392~403쪽.

벌어진 지역 군사분계선의 정확한 선에 관해 격렬히 논쟁을 벌인 후에야 최종 군사분계선 협정에 도달했다.[308] 1951년 11월 27일의 잠정군사분계선과 비교하면, 금성 지역의 돌출 부분을 공산군 측이 밀고 내려와 직선화하면서 약간의 영토를 더 확보했을 뿐 거의 변화가 없었다. 최종 합의된 군사분계선과 비무장지대는 〈그림 6〉과 같다.[309]

포로가 중립국 송환위원회에 인도되어 해설 기간 동안 관리될 장소도 결정해야 했다. 공산군 측은 비무장지대를 사용하려는 유엔군 측 제안을 반대하지 않았으며, 유엔군 측도 이 문제를 군사정전위원회에 그 결정을 위임하는 것보다는 휴전 전에 해결해야 한다는 공산군 측 견해에 동의했다. 그리고 양측은 7월 25일 비무장지대 내에 포로수용시설을 설치하도록 하는 보조협정에 합의했다.[310]

최초에 목표한 휴전 조인일은 세칙 및 실제적인 제반 준비를 위해 5일간 여유를 둔 7월 24일로 예정되었다. 그러나 조인식장 설치 및 조인 절차 문제로 또다시 며칠이 지연되었다. 공산군 측은 한국의 정세가 불안정하므로 군사지휘관들이 조인식 전에 먼저 서명을 하고 그 다음에 쌍방 수석대표들이 판문점에서 부서하자고 제의했다.[311] 이러한 생각은 소련에서 나온 것이었다. 소련은 김일성에 대해 방해 행위를 기도하려는 이

---

308 군사분계선과 비무장지대 재설정에 관한 10차 참모장교회의 기록, 1953. 7. 22, 『휴전회담회의록』 8권, 394~416쪽.

309 국방부 군사편찬연구소 2013 『6·25전쟁사 11권-고지쟁탈전과 정전협정 체결』, 714쪽. 〈상황도 8-2〉

310 연락장교회의, 1953. 7. 25, Enclosure (1): Temporary(Communist's) Agreement Supplementary to the Armistice Agreement, 『휴전회담회의록』 10권, 427~432쪽.

311 연락장교회의, 1953. 7. 20, 『휴전회담회의록』 10권, 392~402쪽.

그림 6 군사분계선 및 비무장지대(1953년 7월 27일)

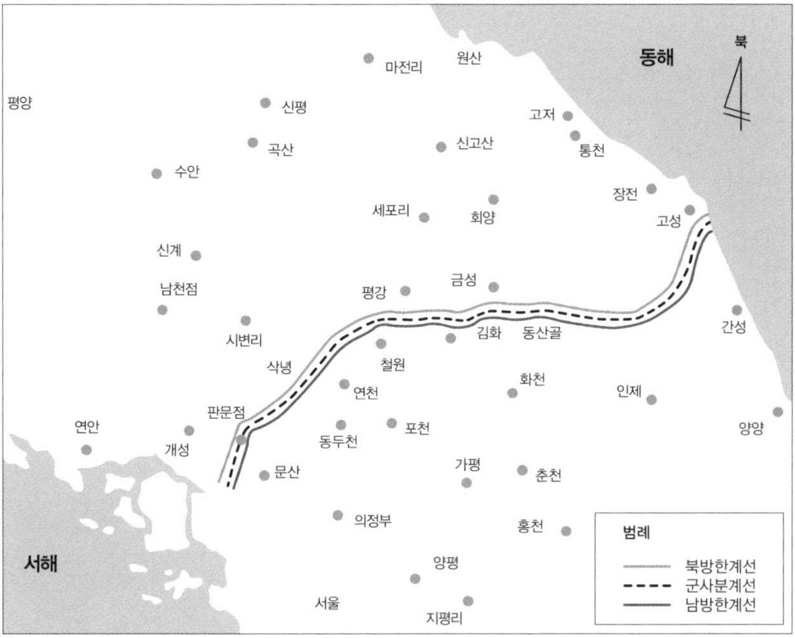

승만 정권의 행동을 고려하여, 김일성이 판문점에 가는 것이 상당한 위험이 있다고 보고 굳이 김일성이 판문점에서 휴전협정에 서명하지 않아도 된다고 판단했다. 그러나 김일성이 판문점에 가지 않는 것이 시위적 성격으로 보여서는 안 되며, 펑더화이가 판문점에서 북한 부수상과 함께 서명하도록 지시했다.[312]

반면 유엔군 측은 쌍방 군사지휘관들이 직접 휴전 협정문에 서명하

---

312 소련 중앙위원회 간부회의 의사록 1953. 7. 24, 『한국전쟁 관련 소련 외교문서』. 이것이 소련이 김일성을 배려하는 차원이었는지, 더 깊은 뜻이 있는지는 알 수 없으나, 소련의 이 제안 때문에 휴전협정 서명은 이중으로 처리되었다.

여 신의를 보여줌으로써 휴전협정의 권위를 높인다는 차원에서 수정을 요구했다.[313] 7월 24일 공산군 측 제3의 대안은 한국과 자유중국 대표들을 입회시키지 않고, 조인에 입회하는 인원수를 쌍방 공히 100명으로 제한하며, 신문기자도 입장시키지 않는다면 군사지휘관들이 직접 조인에 참여하는 일을 재고해 보고, 가능하면 그렇게 하겠다는 것이었다.[314] 그러나 클라크 장군은 이 대안을 거부했고 결국 이 제안은 폐기되었다. 며칠간의 논란 끝에 결국 조인식은 휴전회담 수석대표들 간에 거행하고 쌍방의 군사지휘관들은 그 후에 서명하기로 결정되었다. 조인 시각은 7월 27일 오전 10시 정각이며, 휴전협정 조인 후 12시간이 경과한 후 휴전이 발효되는 것으로 합의되었다.

마침내 1953년 7월 27일 오전 10시 제159차 본회담이 열렸다. 판문점에 설치된 '평화의 전당'이라 명명된 휴전협정 조인식장에서 쌍방 대표가 휴전 협정문서에 서명했다. 그날 오후 10시를 기해 전 전선에서 포성이 멎었다. 한국전쟁 발발 후 3년 1개월 3일째, 휴전회담을 시작한 지 2년 18일째 되는 날이었다. 한국전쟁은 국제전이었으나 휴전협정은 전쟁이란 용어를 사용하지 않고, 다만 '한국 충돌을 정지시키기 위하여(in the interest of stopping the Korean Conflict)'라고 언급된 전문과 5개조 63개항으로 구성되었다. 휴전협정 주요 골격은 다음과 같다.

- 평화적으로 해결될 때까지 무력 충돌의 정지

---

313 연락장교회의, 1953. 7. 23, 『휴전회담회의록』 10권, 407~411쪽.

314 연락장교회의, 1953. 7. 24, 『휴전회담회의록』 10권, 412~416쪽.

- 군사분계선 및 비무장지대의 설정
- 국경 밖으로부터 모든 군사력의 도입 금지, 단 1대 1의 교체는 허용
- 휴전협정의 실시와 감독을 위한 군사정전위원회 및 중립국 감시위원회 설립
- 휴전협정 발효 후 60일 이내에 송환 희망 포로의 송환
- 휴전협정 발효 후 3개월 내에 정치회담 개최 건의[315]

휴전협정 조인 당사자는 유엔군사령관을 일방으로, 북한 인민군 최고사령관 및 중국인민지원군사령관을 다른 일방으로 했다. 한국은 빠져 있었다. 이 조인식에 한국군 휴전회담 대표 최덕신 소장은 물로 한국군 장교나 한국 정부를 대표한 인사들은 한 명도 참가하지 않았다. 심지어 조인식장까지 이르는 남쪽 통로 연변에 한국전쟁 참전 유엔군의 각국 의장대가 도열하고 있었으나 오직 한국군 의장대는 없었다. 휴전에 반대하는 한국 정부의 태도 때문이기도 했지만, 이것은 형식적 측면 이상의 의미를 내포하고 있었다. 이때 협정 조인 당사자가 되지 못한 한국의 지위는 휴전 이후 정전체제 이행의 당사자이면서도 실질적인 주체가 되지 못하는 구조 속에서 정전체제의 불안정성으로 이어졌다. 이날 오후 1시 유엔군사령관이 문산의 유엔군 전방사령부에서 한국군 대표를 비롯한 참전 16개국 대표들이 함께한 자리에서 휴전 협정문에 서명했다. 북한의 김일성이 이날 오후 10시 평양에서 서명하고 중국군 펑더화이가 다음날인 28일 오전 9시 30분 개성에서 서명함으로써 공산군 측 휴전 조인 절차

315 『한국전쟁 휴전사』 부록, 휴전 협정문 전문 참조.

도 마무리되었다. 그러나 휴전 조인 후 그것이 발효되는 1953년 7월 27일 밤 10시까지 사격과 유엔군의 해·공군 작전은 계속되었다.[316]

휴전 다음날 미국에서 아이젠하워 대통령과 덜레스 국무장관은 "침략을 성공적으로 구축했으며 포로의 자원 송환 원칙을 지켰다"는 요지의 연설을 했다. 미국은 협상기간 중 견지해 온 전쟁 포로의 자원 송환 원칙에 대한 인정이 미국과 비공산 세계의 전반적인 승리라고 평가했다.[317] 그러나 미국이 중국과 북한을 상대로 협상을 벌인 것은 두 나라를 사실상 외교적으로 승인한 셈이어서, 이러한 원칙을 지킨 것을 상쇄시킬만한 손실이기도 했다. 이승만도 7월 27일 성명을 발표했다. 그는 이 성명에서 제한된 기간 내에 중국군을 한국에서 철수시키는 것을 지켜보기로 결심했지만, 만일 이 시도가 실패한다면 유엔이 국가의 통일 과업에 우리와 함께 할 것이라고 국민들에게 약속했다.[318] 휴전 이후 1950년대 내내 대내적으로 표방된 북진 통일론에 다름 아니었다.

휴전협정에 따라 포로 교환이 이루어졌다. 송환 희망 포로 교환은 이른바 '대교환 작전(Operation Big Switch)'이라는 이름으로 판문점에서 중립국 송환위원회 감독하에 1953년 8월 5일 시작되어 1953년 9월 6일 완료되었다. 유엔군 측은 7만 5823명의 포로를 송환했으며, 그중에 7만 183명은 한국인, 5640명은 중국인이었다. 공산군 측은 1만 2733명을 인

---

316 클라크 장군은 유엔군 부대에 "27일 10시에 유효로 하여 그 후 12시간 동안은" 군의 작전을 해군과 공군의 계획된 작전을 제외하고는 진지의 유지와 부대의 보존상태를 확인하는 데 국한시키도록 명령했다(『미국 합동참모본부사』, 442쪽.).

317 『미국 합동참모본부사』, 452쪽.

318 이승만 담화문 1953. 7. 27.

도했으며, 그중 미국인이 3597명, 한국인이 7862명, 그 외 다른 나라 사람들이었다.

송환을 반대한 포로 처리는 시간이 더 걸렸고 문제도 많았다. 휴전 조항에는 그들을 중립국 송환위원회 관리하에 두고 각 측 대표가 송환 이점을 '해설'하게 되어 있었다. 유엔군 측에는 송환 거부 포로가 2만 2604명이 있었으며, 그중 1만 4704명은 중국인이었고, 7900명은 한국인이었다. 원래 유엔군 측이 억류하고 있던 포로의 총수는 17만 명 이상이었으나 3만 7000명을 민간인으로 분류하여 명부에서 제외했으며, 1951년 12월 최초 명부 교환 때 13만 2474명의 명단을 제출했다. 유엔사는 1952년 10월부터 11월 사이에 따로 분류했던 3만 8000명을 일방적으로 석방했다. 포로 심사를 통해 송환 거부 포로를 재분류했으며, 이승만의 6·18 반공포로석방으로 다시 2만 7000명이 일방적으로 석방됨으로써 송환 거부 포로 중 남은 숫자는 2만 2604명이었다. 포로의 숫자는 계속 변해서 사실 정확한 숫자를 파악하기는 어렵다.

이들은 9월 23일 비무장지대에서 중립국 송환위원회에 인도되었다. 다음날 공산군 측도 359명의 유엔군 송환 거부 포로(대부분 남한인)를 인도했다. 1953년 10월 15일 설득 작업이 시작되었지만, 숫자상의 차이와 반공 포로들의 집단행동 등으로 설득 작업은 원활하게 진행되지 못했다. 결국 해설을 위한 90일간의 시한이 마감된 12월 23일, 2만 2604명의 공산군 송환 거부 포로 가운데 다만 3190명만이 면담을 마쳤다. 이들 가운데 137명(중국인 90명과 한국인 47명)이 마음을 바꾸어 송환을 결정했다.

설득회가 끝난 후에도 남은 중국인과 한국인 포로들의 처리가 문제였다. 휴전협정에는 90일의 해설 기간 후에도 남는 미송환자의 운명은 전후 정치회담에 의거 결정하도록 했다. 이 회담에는 30일의 기한 제한을 두었고, 그 후 포로들은 민간인 신분으로 전환될 것이었다. 그러나 정치회담의 전망은 불투명했고, 중립국 송환위원회 내에서도 이견이 있었지만 포로들은 다시 원래의 수용 지휘부로 돌려보냈다. 이후 유엔군사령부는 공산군 측의 강력한 항의에도 불구하고 이들 남은 포로들을 일방적으로 석방했다. 중국인 포로들은 대만으로 갔으며 한국인 포로는 대한민국에 인도되었다. 이 과업이 완료됨에 따라 중립국 송환위원회는 1954년 2월 1일 해산했다.[319] 중립국 송환위원회를 거쳐 처리된 포로 송환 결과는 〈표 11〉과 같다.

포로 문제는 휴전협상의 최대 난제였다. 유엔군 측이 자원 송환 원칙을 제기하면서 포로 문제는 전쟁을 심리전·이념전으로 전환시켰으며, 포로 협상의 난항은 전쟁을 소모전이자 장기전으로 이끈 주요인이었다. 포로 협상 결과 자원 송환 원칙에 따라 포로가 송환 여부를 선택했고, 그에 따라 송환 희망 포로만 상호 교환되었다.[320]

포로 협상 과정에서 표면적 쟁점은 자원 송환 원칙이었지만, 사실상 이 원칙을 적용했을 때 실제 송환될 포로 숫자와 포로 비율은 드러나지 않은 쟁점이었다. 유엔군 측 송환 여부 심사는 공산군 측의 암묵적 동의하에 진행되었다. 따라서 자원 송환 원칙 자체가 장기적 대립의 유일한

---

319 K.S. 티마야 씀 라윤도 옮김, 1993『판문점 일기-중립국 송환위원회 의장의 한국 현대사 증언』, 소나무.

320 미국은 전쟁 포로의 자원 송환 원칙을 관철시킨 것을 미국과 비공산 세계의 전반적인 승리이며, 송환 거부 포로들의 존재는 공산군 측의 체면을 손상시켰다고 평가했다(『미국 합동참모본부사』, 452쪽); 그러나 휴전협상 수석대표였던 조이 제독은 그의 회고록에서 "휴전회담은 선전의 승리를 추구하는 장소가 아니며, 한국전쟁 정전은 중국의 승리"라고 회의적 시각을 드러냈다(터너 조이 저 김홍열 역, 2003『공산주의자는 어떻게 협상하는가』, 해양전략연구소, 221쪽).

표 11 송환 거부 포로 처리 결과(1954년 2월19일 현재)

공산군 포로			
구분	북한군	중국군	계
공산군 측으로 귀환	188	440	628
탈출 및 행방불명	11	2	13
인도군의 관리 중 사망	23	15	38
인도로 이송	74	12	86
유엔군 측으로 전향	7,604	14,235	21,839
총계	7,900	14,704	22,604

한국군 및 유엔군 포로				
구분	한국군	미군	영국군	계
유엔군 측으로 귀환	8	2		10
인도로 이송	2			2
공산군 측으로 전향	325	21	1	347
총계	335	23	1	359

■ 출처 국방부전사편찬위원회 역, 1991 『미국 합동참모본부사: 한국전쟁』 하(*James F. Schnabel, Rovert J. Watson, 1979 The Joint Chiefs of Staff and National Policy* Vol.Ⅲ The Korean War Part Ⅱ), 497쪽; 국방부전사편찬위원회, 1989 『한국전쟁 휴전사』, 331쪽; 육군본부 역, 1968 『유엔군전사: 휴전천막과 싸우는 전선』 (Hermes W.G., 1966 *Truce Tent and Fighting Front*, US Army, Washington, D.C.), 347~349쪽; 국사편찬위원회, 1994 『남북한관계사료집』 7~10권.

원인이라고 보기는 어렵다. 포로 협상이 시작되자 포로 숫자의 현저한 차이가 드러났고 그것은 상당 부분 북한이 포로를 자의적으로 처리한 데서 기인했다.[321] 북한은 협상 이전에 이미 포로를 임의로 석방, 전향, 후방 잔류 등으로 처리하고 명부를 작성한 데 비해 유엔군 측은 제대로 분류조차 되지 않은 모든 포로들을 그대로 국제적십자사에 보고했다.

유엔군 포로 처리는 '석방'과 '송환', 두 가지 방식으로 진행되었다. 1·2차 민간인억류자 석방과 이승만의 6·18 반공포로석방, 그리고 중립국 송환위원회 설득회 이후 최종 석방 과정은 '석방'으로, 상병포로 및 송환 희망 포로 교환은 양측이 합의한 '송환'의 방식이었다. 양측이 포로를 처리하는 방식은 출발점은 달랐지만 결과적으로는 같았다고 볼 수 있다. 북한이 먼저, 그리고 후에는 유엔군이 포로를 일방적으로 처리한 방식이 '석방'이었고, 양측 합의하에 이루어진 것이 '송환'이었다. 휴전협정은 양측 타협의 산물이었기 때문에 절충하고 타협하여 휴전을 이루는 과정에서 행해진 방식이 '송환'이라면, '석방'은 협상을 위태롭게 할 수도 있는 것이어서 조심스럽게 처리되었다.[322]

포로 협상에서 양측은 유엔군 측이 자원 송환 원칙을 제기하며 내세운 인도주의와 심리전, 이념전적 요소를 두고 대립했고, 그 과정에서

---

321 전쟁 초기 북한군의 포로 처리 방침은 북한군에 재징집하여 전장에 투입하거나 긴급복구 등 강제 노역에 동원하는 것이었다. 최근 귀환한 국군 포로들의 증언에 따르면, 이들은 휴전 이후에도 1956년까지 북한군 부대에 편성되어 강제 노역에 투입되었고, 1956년 6월 소위 '해방전사'로서 석방되어 북한 공민으로 일단 편입되었다(국방부, 2007『조국은 당신들을 잊지 않습니다-국군 포로 문제의 실상과 대책』, 17쪽; 단국대학교 정책과학연구소, 1994「북한억류 한국군 포로들의 실태보고서」『정책과학연구』, 189쪽).

322 김보영, 2013「유엔군의 포로정책: '석방'과 '송환'을 중심으로」『이화사학연구』 제46집 참조.

자유로운 선택과 강요에 대한 논란이 끊이지 않았다. 그러나 송환 여부를 둘러싼 협상의 본질은 원칙 문제라기보다는 숫자와 명분, 체면 문제였다. 포로의 송환 여부 심사 결과 유엔군 측이 보유한 포로 중 송환 희망 포로 숫자가 애초 예상대로 10만 명을 넘어서는 정도였거나 중국군 포로의 송환 희망자 비율이 높았다면 포로 협상 양상은 달랐을지도 모른다. 포로 송환심사 이후 양측은 표면적으로는 원칙의 문제, 이면에서는 송환될 포로의 숫자와 비율, 특히 중국군 포로의 전원 송환 문제로 대립했다. 포로 협상이 결렬되고 유엔과 인도 및 중립국의 중재안, 소련과의 비밀 협상 등이 진행된 1952년 후반 이후 정전협정 체결까지의 시점에서 난제는 특히 중국군 포로의 송환 비율 문제였다. 중국군 포로 송환 거부 비율이 지나치게 높았기 때문에 중국은 이를 문제 삼았고, 협상의 결렬로 이어졌다.

한편 한국전쟁의 대표적 유산 가운데 하나인 미귀환 국군 포로 문제는 일차적으로 북한이 포로를 일방적으로 처리한 데서 기인했다. 그러나 포로 협상에서 유엔군은 이 문제를 쟁점화하기보다는 유엔군의 일방적 포로 석방을 정당화하는 근거로 삼았다. 이러한 조치를 통해 송환 포로 숫자가 줄어드는 효과는 있었지만 북한의 일방적 포로 처리에 면죄부를 주는 결과를 초래했고, 미귀환 국군 포로 문제는 전후에도 해결되지 못한 채 남북 간 쟁점으로 남게 되었다.

3) 제네바 정치회담과 전후 체제

최종적으로 유엔군사령부는 휴전회담의 경위와 전망에 대한 특별 보고서를 유엔 총회에 제출했다. 그리고 1953년 8월 17일 유엔 임시총회는 한국휴전협정을 승인했다. 8월 28일에는 정치회담의 조속한 개최와 희망할 경우 소련의 참가를 권고하는 결의안이 가결되었다.

휴전회담 제5의제는 휴전 협정문 제60항에 명문화되었다. 관련각국에 대한 건의로서 휴전협정 체결 이후 3개월 이내에 정치회담을 개최하도록 했던 것이다. 이에 따라 휴전협정이 체결되자 정치회담 개최 문제를 토의하기 위해 유엔 특별 총회가 열렸지만, 회담의 구성국과 형식 문제를 놓고 유엔군 측과 공산군 측의 대립으로 결렬되었다.

1953년 10월 26일부터 판문점에서 정치회담을 위한 예비회담이 개최되었다. 그러나 본회담 참가국과 장소 문제에 대한 쌍방의 주장이 대립하여 결국 예비회담은 12월 12일 무기 휴회되었다. 회담 결렬의 가장 중요한 요인은 공산군 측이 소련을 중립국으로 참가시키고 인도를 포함한 여타 중립국이 참여하는 원탁회의 형식을 주장한 데 반하여, 미국을 위시한 유엔군 측이 이러한 주장에 반대하면서 교전 양측의 대좌 회의를 고집한 데 있었다.

그 후 독일과 오스트리아 문제를 토의하기 위한 미·영·불·소 4개국 외상 회의가 1954년 1월 25일 베를린에서 소집되었는데, 여기서 한국 문제 해결을 위한 제네바 정치회담의 개최가 결정되었다. 이에 따라 1954년 4월 27일부터 6월 15일까지 제네바 정치회담에서 한국 문제가 토의되었다. 참가국은 교전 당사국인 남한과 북한, 유엔 참전 15개국(남

아공 제외)과 중국·소련 등 19개국이 참가하여 진행되었다.[323]

제네바 회담에서는 한반도 통일 방안이 핵심 주제로 다루어졌지만, 그 과정에서 가장 쟁점이 된 부분은 유엔의 권위 인정 여부와 외국군 철군 문제였다. 구체적인 통일 방안은 한국과 유엔군 측이 유엔 감시하 남북한 총선거를 주장한 데 비해 공산군 측이 외부의 간섭 없는 전 한국 선거 혹은 중립국 감시위원단에 의한 남북한 총선거를 주장해서 대립했다.

특히 유엔의 권위 인정 문제가 첨예한 쟁점으로 부각되었다. 중국 대표 저우언라이는 5월 22일 중립국 감시위원단에 의한 남북한 총선거 감시를 제의하면서 한반도에서 유엔의 역할은 불법적인 것이라 주장했다. 북한 대표 남일도 유엔은 완전히 미국의 지배하에 있으며 유엔은 한국의 교전국의 일방이기 때문에 한반도 문제에 있어서 유엔이 공정한 역할을 수행하기는 불가능하다고 주장했다.

미국은 유엔의 권위 문제가 본격적으로 제기되자, 5월 31일 대표단에게 제네바 회담에서 한국 문제 토의를 조속히 종결하라고 지시했다. 미국 대표 덜레스는 공산군 측의 공격이 유엔에 집중되면 미 국민들에게 한국전 희생자들의 죽음을 합리화시킬 수 없는 상황이 올지도 모른다고 우려했다. 결국 한국과 유엔 참전국들은 한국 문제를 유엔 총회로 이관한다는 내용의 공동선언문을 발표함으로써 회담을 마무리 지었고, 6월

323 정부기록보조소 소장 마이크로 필름 목록 CA 0002168: 「壽府會議 韓國問題 經過抄-韓國問題討議에 關한 日誌」(1954년 5월 22일); 「壽府會議에서의 卞英泰外務長官 開會演說全文」(1954년 4월 27일); 「壽府會議本會議에서의 卞英泰 外務部長官 演說全文(Ⅰ)」(1954년 5월 11일); 「壽府會議本會議에서의 卞英泰 首席代表 演說 全文(Ⅱ)」(1954년 5월 22일); 「제네바 政治會談에서 提出한 卞英泰 外務長官의 統一方案」(1954년 5월 22일); 「제네바 회의에 關한 유엔 16개국 共同聲明書」 참조. 선행연구로는 김보영, 1991 「제네바 정치회담과 남북한의 통일정책 및 통일운동」 『한국 현대사』 2, 풀빛; 류상영, 1990 「휴전협정의 성립 과정과 성격」 『한국전쟁의 이해』, 역사비평사 등을 참조했다.

15일 정치회담은 성과 없이 끝났다. 이로써 전후 한국 문제의 평화적 해결은 무산되었다. 휴전협정 체결 이후 정치 협상을 통한 한국 문제의 평화적 해결이 실패한 것은 예견된 결과였다. 휴전협상 과정에서 관련 각국에 대한 '건의 사항'에 대한 합의는 휴전협정 체결 이후 3개월 이내에 정치 회의를 열도록 건의했다. 반드시 열어야 한다는 규정이 아니라 단지 건의가 된 것은 앞서 살펴보았듯이 유엔군 측의 요구에 따른 것이었다. 그것은 곧 정치회담의 전망이 불투명하다는 것을 의미했다.

결론적으로 볼 때 전쟁의 양대 주체였던 중국과 미국의 입장에서 한국전쟁은 자국의 이익과 한반도의 전후 구상까지 고려하면, 나름대로 성공적이었다. 기존 연구에서는 스탈린이 한국전쟁에서 공산군 측의 최종 결정권을 가졌기 때문에 전쟁 장기화에 일차적 책임이 있다고 보았다. 그리고 한반도에서의 장기전을 통해 미국의 전선 확대를 막고자 했으며, 그 때문에 포로 문제에서 완고한 입장을 고수하여 휴전협상의 타결을 어렵게 만들었다고 보았다.[324]

스탈린이 살아 있는 동안 전쟁에서 최종 결정권을 행사했다는 점은 분명했지만, 휴전회담에서 강경한 태도를 보인 것은 중국이었다. 1952년 7월 시점에서 유엔군 측이 최종 송환 포로 숫자를 통보했을 때가 회담에서는 중요한 기로에 선 순간이었다. 유엔군 측이 더 이상 내놓을 방안이 없다며 최종 입장을 제시했지만, 마오쩌둥은 유엔군 측이 제시한 송환

324 기광서는 스탈린이 이러한 역할을 할 수 있었던 요인은, 소련이 두 국가의 안보에 든든한 버팀목이었다는 점, 전쟁 수행에 필수적인 군수물자를 비롯한 각종 군사적 지원 제공, 1930년대 이후 사회주의 모국의 수령으로서 정신적·도덕적 권위 유지 등의 요인들이 뒷받침되었기 때문이라고 분석했다(기광서, 2007, 앞의 논문, 109쪽).

포로 숫자를 절대로 받아들일 수 없다는 결정으로 강경책을 선택했다. 중국이 주도하여 스탈린과 김일성의 동의를 얻고 강경책을 밀고 나감으로써, 그로부터 전쟁은 1년 이상 지속되었다.

중국 입장에서 본다면, 한국전쟁은 미국의 침략에 반대하는 전쟁이었다. 지형과 교통, 물자 지원, 인력 지원, 정치 동원, 소련의 간접 지원 등을 고려할 때 중국이 미국과 힘겨루기를 할 최적의 장소는 한국이었다. 전후 저우언라이는 한국전쟁은 중국에게 최대로 유익했으며, 최대한의 가치가 있었고, 최대의 덕과 이익을 보았다고 평가했다.[325] 중국은 직접 참전으로 상당한 희생을 감수해야 했지만, 한편으로는 세계 최강인 미국과의 교전을 통해 자국의 위신을 극적으로 제고하였고, 전쟁 이후 영향력을 극대화시켰다. 게다가 2년여의 휴전회담 기간 동안 미국이 그 실체를 인정하고 싶어 하지 않았던 중국과 북한을 상대로 힘겨운 협상을 해야만 했다는 상황 자체가 그들에게는 충분히 의미가 있었다.

미국 역시 한국전쟁 종전 전략과 휴전협상의 결과를 놓고 볼 때 성공한 전쟁은 아니었지만, 그렇다고 결과가 비관적인 것만은 아니었다. 미국은 한국전쟁에서 한반도 통일이라는 새로운 목표를 달성하지 못했고, 협상에서 내세웠던 최저 조건을 관철시키기 위해 3년 동안 엄청난 인명과 자금을 투입했지만, 전쟁 승리가 아니라 무승부인 휴전으로 전쟁을

325 저우언라이의 중국인민지원군 간부대회 연설. 1954. 2. 17(姚旭, 「抗美援朝的英明決策」(『중소연구』 8권 4호, 1984년 겨울, 한양대중소연구소). 요욱은 마오쩌둥과 중국 당중앙은 중국 인민과 미 제국주의가 한 번 힘으로 대결하는 것을 피할 수 없다고 예견하고, 단지 문제는 어느 곳에서 서로 힘을 겨루어 볼 것인가하는 점이라고 지적했다. 즉 3개의 지역에서 그것이 가능하다고 계산했는데, 월남과 대만해협, 그리고 조선이 그것인데, 조선이 가장 유리했다고 평가했다.

끝냈다.[326] 그러나 남한의 포기까지도 고려했던 1950년 말~1951년 초 상황을 고려한다면, 38선 부근에 휴전선을 남기고 남쪽 지역을 확보했으며, 남한의 군사력을 60만 대군으로 증강시켰고, 한반도에 남한이라는 강력한 반공 보루를 확보했다는 점에서 성공적이었다.

그러나 전쟁 당사자이자 전장이 되었던 남과 북의 입장에서 한국전쟁은 엄청난 인적·물적 피해는 물론이고 현재까지 이어지는 정전체제를 남겼으며, 남북 간의 대립과 적대감을 확대 재생산하는 구조로 분단을 고착화하였다. 게다가 전쟁과 협상 과정에서의 남과 북의 제한적 지위가 현 정전체제에서도 이어지고 있다는 점이야 말로 전쟁이 남긴 가장 심각한 유산이라고 할 수 있다.

326 한국전쟁 참전 미군은 연 178만 9000명에 달했다. 그중 실종 3737명, 포로 4439명, 부상 9만 2134명 등 총 13만 7250명의 인명 피해를 보았다(국가보훈처, 2005 『6·25전쟁 미군참전사』, 155쪽).

맺음말

휴전회담은 어느 한편의 일방적 승리가 불가능하다는 것을 인정한 데서 출발했다. 어떤 방식으로든 합의가 되어야 회담을 마무리하고 전투를 중단할 수 있었다. 휴전회담 초기 단계에서는 전투를 먼저 중단하고 회담을 계속하자는 제안이 공산군 측으로부터 있었지만, 미국은 협상과 전투를 병행하기를 강력하게 원했고, 북한의 반대를 무릅쓰고 중국도 그에 동의했다. 한국전쟁은 남북한 및 중·소, 유엔군 등이 참전한 국제전이었다. 내전에서 출발하여 국제전으로 변모했고, 체제 간 대립이자 이념전이었던 한국전쟁에서 남과 북은 조연으로 전락했다. 한미관계와 북중관계, 전쟁의 주도권, 휴전협상의 주체, 협정 체결의 주체 등의 문제를 고려해 볼 때, 남한은 온전한 주체가 아니었으며, 북한 역시 공산 3국의 역관계 속에서 상당한 제약을 받았다.

휴전회담은 전쟁을 군사적으로 종결하는 과정일 뿐 아니라 전후 체제를 준비하는 과정이기도 했다. 휴전회담의 구조와 성격, 협상 전략과 협상 주체, 의제 선정과 쟁점 등은 한국전쟁과 전후 정전체제를 이해하는 단서를 제공한다. 특히 남과 북이 회담과 협정 체결 과정에서 처했던 지위와 역할은 전후 정전체제로 이어진다는 점에서 중요한 의미를 갖는다. 한국은 협정 체결의 주체가 되지 못했다. 공산군 측에서 북한과 중국이 대등하게 협정문에 서명한 것과 대조적이어서, 전후 '당사자' 문제가 제기되는 한 원인이 되었다.[1]

휴전에 반대하는 한국 정부의 의도 때문이라거나, 한국을 포함한 유엔 참전국을 지휘했던 유엔군총사령관이 대표로 서명한 것일 뿐이라는 주장도 있으나, 이것은 형식 논리에 지나지 않는다. 실제로 휴전회담 대표단 구성이나 협상 지휘 체계 수립 과정에서 미국은 한국을 철저하게 배제했기 때문에, 한국은 애초에 협정의 일 주체로 나설 수 없는 위치였다. 공산군 측에서 중국은 실질적으로 회담을 주도했지만, 협상대표단 구성에서 북한을 전면에 내세웠다. 수석대표를 북한이 맡고 본회담 대표 숫자도 북한이 한 명 더 많았다. 반면에 미국은 한국은 물론 나머지 유엔 참전 15개국도 철저히 배제하고 배타적이고 독점적으로 회담을 주도했다. 유엔군 측 본회담 대표단에 한국군 대표를 참석시켰지만, 공식적인 한국 대표가 아니라 유엔군사령관이 임명한 '옵서버' 수준이었다.

전쟁 수행은 물론이고 휴전회담 과정에서 한국은 결정권이 거의 없었다. 결정권이 없다는 것은 책임 있는 주체가 될 수 없다는 걸 의미한다. 휴전회담이 시작된 이래 이승만과 한국 정부는 공공연히 휴전을 반대했고, 휴전 반대 시위를 주도했다. 만약 휴전회담 시작 전에 한·미 간에 휴전 개시와 협상 전략에 대한 최소한의 합의가 전제되고, 형식적으로라도

1 김명기, 1979『휴전회담실무대표회의록분석(Ⅱ)-남북 간 법적당사자에 관한 연구』, 국토통일원 정책기획실; 이상면, 2007「한국전쟁과 휴전의 당사자 문제」『국제법학회논총』52-2(통권 제108호).

한국을 회담의 일 주체로 내세웠다면, 회담 과정에서는 물론이고 전후 정전체제 이행 상황도 달랐을 것이다. 적어도 전쟁 시기에는 협상장 밖에서 그토록 격렬하게 휴전 반대 시위를 하지 않았을 것이고, 반공포로석방과 같은 돌출행위도 쉽지 않았을 것이며, 전후에는 북한이 남한을 배제하고 북미 협상을 주장하는 일도 일어나지 않았을 것이다.

현재의 관점에서 전쟁과 휴전이 의미를 갖는 것은 그것이 남긴 유산 때문이다. 정전체제는 전쟁이 남긴 최대의 유산이다. 전쟁이 끝난 후 무려 60년간 유지되고 있으며 한반도에 사는 남과 북 주민의 사활적 명운이 걸려 있지만, 우리에게는 선택의 여지가 없었다. 해방 후 한반도를 분할 점령한 미군과 소련군이 남과 북에 분단 정부를 수립하고 철군하면서 38선을 남겨두고 떠난 것처럼,[2] 전쟁과 회담을 주도한 미국과 중국은 우리에게 군사분계선을 넘겨주고 그 이행의 책임을 지웠다. 특히 한국은 협상 과정에서 철저히 소외되었기 때문에, 협상 전략 수립은 물론이고 실제 협상장에서 다루어진 세부적인 문제에 대해서도 제대로 알 수 없었다. 협상의 국외자였던 한국이 이후 정전체제에서 협정 이행의 온전한 담당자가 되기 어려운 것은 어쩌면 당연한 결과였다. 남북 간에 군사적 충돌의 원인이 되고 있는 서해 해상분계선 및 NLL 문제, 미귀환 국군 포로 및 전시 납치 문제, 피난민과 실향민, 이산가족 문제 등은 '그들이' 논쟁을 회피하거나 제대로 다루지 않음으로써 전후로 넘겨진 전쟁의 직접적 유산들이자 '우리가' 해결해야 할 과제로 남아 있는 것들이다.

휴전회담은 몇 개의 수준이 다른 협상 계통으로 이루어졌다. 본

---

2 정병준, 2004「1945~1948년 미·소의 38선정책과 남북 갈등의 기원」『중소연구』 27-4, 한양대 중소연구소.

회담(Conference on Armistice Proposal), 분과위원회 회의(Sub-Delegation Meeting), 연락장교회의(Liaison Officers Meeting), 참모장교회의(Staff Officers Meeting)가 그것이다. 휴전회담의 기본은 본회담으로, 쌍방 5명의 대표들이 참석했으며, 의제 합의와 최종 결정, 이를 공식화하는 대표회의였다. 1951년 7월 10일부터 8월 16일까지는 개성에서 본회담이 열렸으며, 1951년 10월 25일부터 1953년 7월 19일까지는 판문점에서 열렸다. 본회담은 총 159회 열렸으며, 회의 의제 채택을 위한 제1의제 10회, 제2의제(군사분계선 협상) 17회, 제3의제(휴전 감시 방법과 기구 협상) 8회, 제4의제(포로 송환 협상) 79회, 제5의제(관계 제국 정부에 대한 건의 사항 협상) 8회, 기타(1953. 4. 26~7. 27) 37회 개최되었다.

본회담 대표 중 2명씩 분과위원회 회의에 참석했는데, 각 의제별 분과위원회는 본회담보다는 자유로운 분위기에서 여러 의제를 동시에 다루고 신속 가능한 의견 교환과 합의를 끌어내기 위한 회의였다. 제2의제(군사분계선 협상) 37회, 제3의제(휴전 감시 방법과 기구 협상) 71회, 제4의제(포로 송환 협상) 71회 열렸다. 제5의제는 따로 분과위원회를 구성하지 않고 본회담에서 다루었으며 8차례 회담을 가졌다. 그 외 참모장교회의는 문안 등을 실무적으로 조정하고, 연락장교회의는 일반 행정 사무를 취급했다.

협상대표단 구성은 유엔군 측은 수석대표가 미군 해군 제독이었고, 나머지 3명의 대표는 미국의 육·해·공군 소장으로 안배했고, 유엔군사령관이 임명한 한국군 대표를 한 명 포함시켰다. 그러나 한국군 대표는 단지 '한국군'이었을 뿐 대표성도, 발언권도, 결정권도 없었던 '옵서버' 수준이었다. 한국군 대표는 어떠한 분과위원회 회의에도 참석하지 못했으며, 참모장교회의도 전원 미군 대령과 중령으로 구성되었다. 단지 한국군 이수영 육군 중령이 연락장교회의에 참석했을 뿐이었다. 협상 과정과 결과에 대해 한국 정부나 언론이 가진 정보는 미국의 통보에 전적으로 의존했기 때문에 불확실한 경우가 많았다. 특히 한국인들이 관심을 가졌던 포로 문제나 실향사민 관련 내용은 미국의 통제로 인해 더 부정확했다.

반면에 공산군 측 대표단은 북한군 대장을 수석대표로 내세우고 중국군 대표가 두 명 포함되어 있었다. 모든 분과위원회 회의에는 중국군 대표와 함께 북한군 이상조 소장이 참석했으며, 참모장교회의나 연락장교회의도 북한군이 중국군보다 수적으로는 더 많았다. 그러나 공산군 측 협상 지휘 계통은 중국이 주도했으며, 협상대표단과 막후의 전방지휘부의 이원적 구조로 하고 그 위에 최고결정부를 두었다. 스탈린-마오쩌둥-리커눙(전방 막후지휘부)-협상대표단으로 이어지는 구조였다. 실질적으로 회담을 총지휘한 것은 마오쩌둥이었으며 소련은 배후에서 영향력을 행사했다. 북한의 역할은 제한적이었다. 협상의 후반부에는 중국이 실질적인 회담의 주도자였다. 비록 실질적으로는 공산군 측 회담을 중국군 대표가 주도했지만, 회담장 내에서 북한은 발언권을 가졌을 뿐 아니라 분과위원회나 각급 회의에 직접 참가했고 협상 과정을 직접 경험했다는 점에서 한국과 달랐다. 이러한 구조는 전후 군사정전위원회까지도 이어진다. 전쟁과 휴전회담에서 결정권이 없었다는 점에서는 남과 북이 비슷한 처지였지만, 대표성이라는 측면에서 분명한 차이가 있었고, 이는 협상 과정에서의 쟁점과 타협점을 비롯한 논의 과정에 대한 이해 차이로 이어졌을 것이다. 협상의 주체가 되지 못하면, 협상의 결과물인 협정을 이행함에 있어서도 형식적·내용적으로 온전한 주체가 되기 어려울 것이다.

회담 의제 가운데 군사분계선과 비무장지대 설정, 정전 감시기구(군사정전위원회와 중립국 감시위원회) 관련 논의의 초점은 전쟁 재발을 막는 것에 있었다. 정치회담 관련 항목 역시 항구적으로 한반도 문제 해결을 지향한다는 점에서 취지는 같지만 지향점은 다르다고 볼 수 있다. 앞의 두 의제는 '앞으로 언제까지 지속될지 알 수 없는 정전체제를 유지하고 지키는 것'에 주안점이 두어졌다면, 정치회담 관련 조항은 불완전한 '군사정전협정'을 보완해서 한반도 문제의 완전한 해결, 즉 통일을 지향했다는 점에서 분명한 차이가 있었다.

협상 시작 전에 양측은 회담을 '순수하게 군사적 문제에 국한'하는 데 합의하고 회담을 개시했지만, 어디까지가 군사적 문제인가에 대한 판단이 달랐다. 회담이 시작된 후 의제 선정 과정에서 양측이 충돌한 문제는 38도선을 군사분계선으로 하는 것과 외국군 철군 문제였다. 공산군 측은 외국군 철군 문제는 휴전을 보장하는 필요조건이자 군사 문제라고 주장했고, 미국은 이것은 정치 문제라고 판단했다. 회담이 시작되고 17일 만에 양측이 합의한 의제는 군사분계선 및 비무장지대 설정, 정전 및 휴전 감시기구 및 권한, 포로 송환, 정치회담 건의 등 네 개 항목이었다.

첫 번째로 다루어진 군사분계선 협상은 휴전회담에서 가장 핵심적 사안이었다. 공산군 측은 38도선을, 유엔군 측은 우월한 해·공군력을 반영한 보상을 요구했고, 점차 이것을 포기하는 대신 전선의 조정을 통한 지역 흥정을 통해 개성 지역을 확보하고자 하다가, 최종적으로 실제 지상접촉선을 군사분계선으로 할 것에 동의했다. 1951년 7월 휴전회담이 시작된 후 양측의 군사적 목표는 서로가 유리한 조건에서 휴전을 성사시키려는 것이었다. 유엔군은 회담을 유리하게 이끌기 위해 항공 작전을 강화했으며, 공산군 측은 병력과 장비를 증강하면서 방어진지를 구축했다. 군사적 압력은 더 큰 군사적 반격을 불러왔으며, 1951년 11월 잠정군사분계선 설정에 합의했음에도 불구하고 한 달 내에 나머지 의제 합의가 되지 못하면서 회담과 전쟁은 장기전으로 들어갔다.

두 번째 의제인 휴전 감시기구와 권한 문제에서 핵심 사안은 유엔군 측이 제기한 군사력 증강 금지와 감시 권한 문제였다. 공산군 측은 이를 외국군 철군 문제와 결부시켰다. 모든 외국군 철수가 실현되면 군사력 증강 문제는 자연적으로 해결될 것이며, 따라서 감시 문제는 논의할 필요조차 없다는 주장이었다. 제공권을 장악한 유엔군 측이 북한 지역의 비행장 건설 또는 복구를 제한하려고 했고, 이에 맞서 공산군 측은 소련을 중립국으로 내세우면서, 쟁점은 북한 지역의 비행장 복구 금지 문제와 중립국 감독위원회 구성에 소련을 포함시키는 것으로 비화되었다. 결국 유엔군 측이 비행장 복구 금지 주장을 철회하고, 공산군 측이 중립국 감독위원회에서 소련을 빼는 것으로 합의되었다. 군사정전위원회와 중립국감독위원회 구성, 외부로부터의 병력 및 무기 도입 금지, 군사분계선 이북 도서(서해 5도 제외)에서 철군하는 문제 등이 합의되었다.

군사분계선 협상 시 '개성 지역 흥정'이나 군사분계선 이북 도서 철군 문제에서 서해 5도 예외 규정 합의는 철저한 힘의 논리에 근거하고 있다. 개성 지역을 확보하기 위해 유엔군은 협상을 시도했지만, 물리력으로 그 지역을 확보하지 않는 한 단 한 뼘의 땅도 확보할 수 없었다. NLL분쟁의 근원이 되는 서해 5도 예외 규정도 마찬가지였다. 군사분계선 협상에서 해상분계선은 논의되지 않았고, 지상분계선이 확정된 다음 휴전 감시기구 토의 과정에서 처음 제기되었다. 그러나 쟁점은 해상분계선이 아니라 영해 문제였으며, 상대방 지역으로부터 철군하는 문제였다. 논란이 되자 미국은 영해와 해상분계선을 명시하지 않고 제외시키는 한편, 서해 5개 도서(백령도·대청도·소청도·연평도·우도)는 전후에도 계속 확보하고자 시도했다. 이른바 서해5도 예외 규정으로, 이들 섬은 전쟁 전부터 남쪽에 속해 있었고, 전시에는 유엔군 유격대의 활동 근거지이자 정보활동 거점이었다. 결국 공산군 측이 이 조항에 합의한 것은 유엔군을 힘으로 밀어내지 못했기 때문이다. 협정문에 해상분계선을 명시하지 않고 영해도 확정하지 않은 것, 서해 5도를 전후에도 유엔군이 확보하는 데 양측이 합의한 것 등은 모두 당시 군사력을 반영한 결과였다. 협상 결과는 타협의 산물이자 양측 물리력의 접점이었던 셈이다.

세 번째 포로 송환 문제는 쉽게 처리될 수 있는 문제로 여겨졌으나, 실제로 휴전협상을 파행으로 이끈 주요인이 되었다. 양측 포로 숫자의 엄청난 차이와 포로 성분의 복잡성이 문제의 발단이었지만, 표면적으로는 미국이 내세운 자원 송환 원칙을 두고 대립했다. 미국은 인도주의를 내세워 포로에게 송환 여부를 선택하도록 해야 한다고 주장했지만, 선택의 자발성과 강제성 문제는 논란의 여지가 있었다. 미국이 내세운 포로의 인도주의적 선택 보장과 무차별 폭격의 비인도적 성격은 전쟁의 양면성이자 미국의 두 얼굴이었다. 공산군 측이 협상 전에 이미 포로를 자의적으로 처리하거나 일방적으로 억류시켜 놓고도 모든 포로의 본국 송환을 요구한 것도 이율배반적이었다.

그러나 포로 협상에서 양측의 주요 관심사는 위신이 손상되지 않는 적절한 선에서의 '송환 포로 숫자'를 맞추는 것이었다. 중국은 중국군 포로가 전원 송환된다면 북한군 포로에 대해서는 자원 송환을 적용해도 무방하다는 입장이었다. 그러나 중국군 포로의 송환 선택 비율이 상대적으로 낮았기 때문에 중국은 이를 문제 삼아 강경책을 선택했으며, 이로 인해 전쟁은 1년 이상 더 지속되었다. 폭격 피해가 컸던 북한은 휴전을 원했지만 결정권이 없었고 중국의 결정에 따라야만 했다. 남한은 포로 협상에서 납북자 송환 문제가 다뤄지기를 원했지만, 미국은 포로 협상이 더 복잡해질 것을 우려해서 이 문제를 제외시켰다. 정전협정 제59항의 실향사민 조항은 납치 문제에 대한 논란을 피해 양측이 교묘하게 타협한 결과였고, 실질적 해결책이 아니었다.[3] 정전협정 조인 직전 이승만 대통령의 일방적인 반공포로석방으로 회담이 일시적으로 중단되기도 했지만, 그것이 협정 체결을 막지는 못했다. 이때 한·미 교섭을 통해 미국은 전후 한국군에 대한 통제권을 확보하였고, 한국은 한미상호방위조약을 통해 안보를 보장받았다.

마지막 의제인 정치회담 문제는 회담의 군사적 성격을 넘어서 한반도 문제의 정치적 해결을 위한 방안이었다. 양측은 "한국 문제의 평화적 해결을 보장하기 위하여 쌍방 군사령관은 쌍방의 관계 각국 정부에 휴전협정이 조인되고 효력을 발생한 후 3개월 내에 각기 대표를 파견하여 쌍방의 고위급 정치회담을 소집하고 한국으로부터의 모든 외국 군대의 철수 및 한국 문제의 평화적 해결 등의 문제를 협의하도록 건의할 것"에 합의했다. 양측이 이 조항에 쉽게 합의했던 이유는 그것이 구속력이 약한, 단지 '건의한다'는 정도로 마무리되었기 때문이었다. 이 문제를 다루기 위해 1954년 제네바 정치회담이 열렸지만, 회담은 성과 없이 끝나고 한반도 문제에 대한 논의는 이후 유엔 총회로 넘어갔다. 이러한 실패는 예견된 결과였다. 정치회담의 목적은 한반도 문제의 평화적 해결, 궁극적으로 통일 문제를 다루는 것인데, 이것이야말로 양측의 의지에 달려 있는 것이다.

3 김보영, 2013 「휴전협정 제59조 '실향사민(失鄉私民, displaced civilians)' 조항을 통해 본 전시 민간인 납치 문제의 쟁점과 귀결」『역사와 현실』 87집.

휴전회담 전 과정을 볼 때, 협상 지연 요인은 복합적이었다. 회담 과정에서 중요한 기로에 섰던 때가 두 번 있었다. 첫 번째는 1951년 11월 27일 군사분계선 협상이 타결된 시점이었다. 이때 한 달 내로 다른 의제 합의가 이루어지면 휴전협상은 끝나는 것이었다. 양측은 다른 의제 합의가 쉽게 될 것이라고 예측했다. 그러나 제3의제 비행장 문제와 소련 중립국안이 쟁점이 되며 한 달 기한이 넘어 버렸고, 포로 문제 역시 간단하지는 않았다. 결론적으로 볼 때 유엔군 측이 비행장 문제를 제기한 것은 형평성에도 어긋나며, 공산군 측이 받아들일 수 있는 사안도 아니었다. 공산군 측이 소련을 중립국으로 선정하는 제안을 내놓은 것도 역시 그것이 받아들여질 것을 기대했다기보다는 협상의 도구로 활용한 측면이 강했다. 자신들의 주장을 상대방에게 강요하며 그 수단으로 적절한 군사적 압력을 병행한 것은, 협상의 타결을 위해 양보하기보다 차라리 협상의 결렬을 선택한 것으로 볼 수 있다. 그러나 먼저 협상 결렬 책임을 지고 싶어하지는 않았기 때문에 소득 없이 협상만 길어진 것이었다.

두 번째 협상 타결의 가능성이 높았던 시점은 1952년 7월 13일 유엔군 측이 8만 3000명의 송환 포로 총수를 제시했을 때였다. 공산군 측이 이 제안을 수용했다면, 전쟁은 1년 이상 빨리 끝날 수 있었다. 그럼에도 이때 중국은 북한과 소련의 동의를 얻어 강경책을 선택했다. 결국 1년 후 공산군 측이 자원 송환 원칙을 수용하고 송환 포로 총수도 거의 변동이 없었다는 점에서, 이러한 선택은 협상의 쟁점이었던 자원 송환 원칙만의 문제는 아니었다. 중국이 강경책을 선택한 주요인은 중국군 전력이 강화되어 1년 이상 충분히 버틸 수 있을 뿐 아니라 주도적으로 공세 작전을 펼칠 수 있다는 자신감에서 비롯되었다. 북한은 폭격으로 인해 인적 물적 피해가 막대했기 때문에 회담이 시작되는 시점부터 조기 휴전을 원했지만, 회담과 전쟁을 주도했던 마오쩌둥과 스탈린은 북한의 요구를 묵살했다. 결국 전쟁을 끝내기 위해 회담을 시작했지만, 그 회담의 쟁점을 빌미로 전쟁을 장기화한 것은 미국과 중국의 선택이었다. 또한 회담 초기 '전투 계속의 원칙'에 합의한 것도 미국과 중국이었다. 군사적 압력이 협상의 유용한 수단이 될 것이라는 점에 모두가 암묵적으로 동의한 것이었다.

탈냉전기 세계 질서는 급격히 변화해 왔다. 그러나 한반도는 아직도 구시대의 대결 상태에서 벗어나지 못한 채 냉전적 대립을 계속하고 있다. 분단이 장기 지속되고 남북 간 적대적 대립 구도가 여전히 위력을 발휘하고 있는 이유는, 한반도에 대한 강대국의 이해관계가 복잡하게 얽혀 있을 뿐 아니라 남북한 정치 세력들이 분단과 냉전적 대결 구도를 국내 정치적으로 이용하려는 경향을 보여 왔기 때문이다. 전후 남북한은 상호 불신 속에서 극심한 체제 대립 및 경쟁을 벌였다. 군사적 경쟁이 가속화되어 첨예한 군비경쟁에 몰입하였고 수많은 휴전협정 위반 사례들로 드러나듯이 군사적 충돌도 끊이지 않았다.

여전히 남북관계는 강온을 넘나들고 미래 전망도 불투명하다. 북한 체제의 위기가 부각되거나 서해교전과 같은 남북한 군사 충돌이 발생할 때마다 '전쟁'이냐 '평화'냐를 선택의 문제로 여기는 분위기도 보인다. 그러나 1950년 발발하고 1953년 전투가 중단되었지만, 여전히 준전시 상태인 정전체제 속에 살고 있는 우리가 이 전쟁에서 배워야 할 유일한 진실은 절대로 전쟁이 재발해서는 안 된다는 점이다. 한국전쟁 때 미국의 핵 위협은 실제 상황이었고, 현재 북한 핵 문제로 인해 위험성은 더 커졌다. 전쟁은 공멸일 뿐이다.

상대방에 대한 비난과 압박을 통해 문제를 해결하려는 것은, 결국 상대방을 힘으로 굴복시키겠다는 의지의 표현일 뿐이다. 상대를 비난할 수는 있지만 그것이 해법이 되지는 못한다. 정전협정은 양측 협상의 결과물이자 '합의' 사항이라는 점을 상기할 필요가 있다. 비록 정전협상과 협정 체결 과정에서 남과 북은 온전한 주체가 되지 못했지만, 전후 정전체제 이행과 준수의 당사자인 남북이 정전체제를 평화체제로 전환시키는 데 있어서는 명실상부한 주체가 되어야 한다. 오늘날 우리의 국제적 위상이 60년 전 정전협정 체결 당시와는 달라졌다고 주장하고 싶다면 그에 걸맞은 성숙된 자세를 갖춰야 한다. 적어도 60년 전보다는 남과 북이 당당한 주체로 자리매김할 수 있어야만 한반도 평화체제 구축에 주도적 역할을 수행할 수 있을 것이다.

후기

1953년 7월 27일 한국전쟁 휴전협정이 체결되고, 전쟁은 중단되었다. 휴전(休戰)은 말 그대로 전쟁의 중단일 뿐, 전쟁의 종결을 의미하는 종전(終戰)이 아니다. 휴전협정은 또다시 분단을 남겼다. 승자도 패자도 없는 휴전의 결과물이 곧 전후 분단 구조이자 정전체제이다. 휴전협정에서 양측이 합의한 바는 크게 두 가지이다. 하나는 전후 전쟁 재발을 막는 것, 또 하나는 궁극적으로 한반도 문제의 평화적 해결을 위해 전후에도 논의한다는 것이 협정의 주요 골격이다. 이 때문에 정전체제는 전후 남북 분단 구조의 규범이자 평화체제로 가기 위한 과도적 체제로 인식된다.

그러나 불안정한 휴전을 감시하고 전쟁 재발을 막기 위해 양측이 합의한 정전협정의 주요 항목들은 거의 사문화되었다. 전후 60여 년이 지나도록 전쟁이 재발하지 않은 것은, 정전협정을 잘 지켜서가 아니라 첨예한 힘의 대치가 아슬아슬하게 균형을 유지하고 있기 때문이다. 북핵 문제로 불거진 한반도 위기는 이 구조를 더욱 위태롭게 만들지만, 전쟁 당시 미국의 핵 위협을 떠올려 보면 새삼스러운 것도 아니다. 오늘 한반도의 상황은 한국전쟁과 그 결과인 휴전에서 비롯된다. 전쟁 재발의 가능성이 상존하는 분단 구조, 그것이 바로 전후 한국 현대사의 기본 틀이다.

한국전쟁은 우리 현대사에서 가장 주목할 만한 사건임에 분명하다. 한국전쟁은 발발과 전개 과정, 성격과 영향 등 다양한 측면에서, 그리고 국내는 물론 국외에서도 수많은 연구가 진행되었다. 한국전쟁은 한반도에서 벌어진 전쟁이지만, 교전 당사국은 남·북한만이 아니다. 유엔군이 공식 참전하고 이후 중국인민지원군이 참전한 이후, 외형상 전쟁은 유엔군 대 공산군의 대립이었다. 유엔군과 공산군, 이들이 전쟁의 주체였다. 그리고 휴전을 모색하는 과정에서 교전 양측은 유엔군(미국을 비롯한 유엔 참전 16개국과 남한)과 공산군(중국인민지원군과 북한)의 이름으로 판문점에서 휴전회담을 개최했다. 이들은 전쟁의 주체이자 곧 휴전의 주체이다. 남과 북은 전쟁과 휴전에서 유엔군과 공산군의 한 부분이었다.

그렇다면 전후 체제를 유지하거나 변화시키는 주체는 누구일까? 탈냉전이라는 세계 질서의 변화 속에서도 한반도는 여전히 냉전적 대립이 힘을 잃지 않고 있다. 그 이유는 무엇일까? 왜 이토록 오랜 기간 분단이 지속되고 있는가? 우리 스스로 분단을 선택하고 유지하고 있는가? 필자의 문제의식은 이러한 질문에서 시작되었다. 그리고 휴전회담을 통해 그 질문에 대한 답을 찾고자 했다. 휴전회담은 전쟁을 군사적으로 마무리하는 과정이자 전후를 준비하는 과정이었다. 휴전회담의 구조와 성격, 협상 전략과 협상 주체, 회담 의제 선정과 쟁점 등은 회담 자체는 물론이고 전쟁과 전후 체제를 이해하는 데도 중요한 단서를 제공한다. 휴전회담은 특히 주체의 문제, 선택권과 결정권을 들여다보는 데 매우 유용하다.

이 책은 필자의 2008년 박사학위논문인 「한국전쟁 휴전회담 연구」를 수정·보완한 것이다. 박사논문 제출 이후 관련 연구를 계속해 왔다.

박사논문은 휴전회담회의록을 중심으로 전쟁 시기에 초점을 맞추었다면, 후속 연구는 시기와 분야, 주제를 심화 확대하고, 현재 제기되는 요구를 반영하고자 했다. 연구 주제는 해상분계선과 서해 북방한계선(NLL), 유엔군의 해상봉쇄·도서점령과 NLL의 관련성, 휴전협정 실향사민 조항을 통해 본 전시 민간인 납치 문제와 포로협상, 유엔군의 포로정책, 정치회담과 외국군 철수 의제 등으로, 박사논문과 직접적 연관이 있는 부분은 반영하여 수정·보완했다. 그러나 이 책은 박사논문의 기본 틀과 문제의식은 그대로 유지했다. 이 책이 분단 현실을 극복하는 데 조금이라도 보탬이 되기를 바라는 마음 간절하다.

1989년 대학원에 들어와 연구자로서의 길을 걷기 시작한 이래 어느새 30년 가까운 세월이 흘렀다. 여러모로 부족한 점이 많은 필자가 중도에 포기하지 않고 학업을 계속할 수 있었던 것은 오로지 지도교수님을 비롯한 선후배, 동학들의 가르침과 격려 덕분이다. 한국역사연구회에서의 활동은 한 사람의 연구자로 살아가는 데 있어 무엇보다도 값진 경험이었다. 학회 활동을 통해 역사와 사람을 배울 수 있었다. 소중한 공간, 함께 했던 시간과 함께 했던 모든 분들께 감사드린다. 잘 커 준 딸과 아들, 건강하게 곁을 지켜주시는 아흔을 바라보는 나의 어머니, 가족들에게도 너무나 감사한 마음이다. 지도교수이신 박찬승 선생님의 배려와 독려가 없었다면, 이 책은 영영 나오지 못했을지도 모른다. 늘 감사하고 죄송할 따름이다. 한양대학교 출판부에서 한양학술총서로 이 책을 발간하게 되어 감사하고 기쁘다. 출판부 관계자 분들께 감사의 마음을 전하고 싶다.

2016년 7월

김보영

참고문헌

1. 자료

Foreign Relations of the United States(FRUS) 1950~1953

Record Group 319, Assistant Chief of Staff, G-2, Intelligence, Administrative Division, Intelligence Library ("P") File, 1946-51, Library Project Files World -Wide Reactions to the Korean Armistice Negotiations, 1951.7-1951.9 (국사편찬위원회 수집번호 000644)

Record Group 319, Records of The Army Staff, 1951~1958 (한국군사정전회담문서)

Record Group 59, Department of State, Decimal File, 1950-54, Relating to Korea(Excerpt), Box No.1395(국사편찬위원회 수집번호: 03011926)

Record Group 59, Intelligence Report(국사편찬위원회, 2002 『미 국무부정보조사국(OIR) 한국 관련보고서 3』)

Record Group 59, Office of the Assistant Secretary of State for Far Eastern Affairs(John Moore Allison), 1950-52, Lot 55D282, Entry 1203(국사편찬위원회 수집번호 002032)

Record Group 59, Records of Policy Planning Staff, 1947~1953(국사편찬위원회 1995 『미 국무부 정책수립처 한국관계문서(1947~1953)』)

Record Group 59, Records of the Policy Planning Staff Relating to State Dept. Participation in the National Security Council, 1935-1962, Box 19, Lot file 61D167 (국사편찬위원회 수집번호 02010561)

Record Group 59, Records of the Policy Planning Staff Relating to State Dept. Participation in the National Security Council, 1935-1962, Box 21, Lot file 61D167 (국사편찬위원회 수집번호 02011195, 02010562)

United Nations Command, Korean Armistice Negotiations 1951-1953 (국사편찬위원회 1994『남북한관계사료집』1~10권): 휴전회담회의록

제1권 1~26차 개성본회의 기록 1951.7.10~8.16

제2권 27~158차 판문점본회의 기록 1951.10.25~1953.9.19

제3권 제2의제 관련 1~37차 분과위원회 기록 1951.8.17~11.27

제4권 제3의제 관련 1~71차 분과위원회 기록 1951.12.4~1952.4.19

제5권 제4의제 관련 1~171차 분과위원회 기록 1951.12.4~1952.4.19

제6권 제2의제(1951.11.30~12.10)와 제3의제(1951.12.20~1952.4.7) 참모장교회의 기록

제7권 제4의제 참모장교회의 기록 1952.1.23~5.10

제8권 휴전 협정문 작성을 위한 참모장교회의 기록 1952.7.26~1953.7.22

제9권 연락장교회의 기록 Ⅰ 1951.7.8~1952.9.29

제10권 연락장교회의 기록 Ⅱ 1952.10.1~1953.7.29

//제10권 부록 연락단(Liasion Group) 회의 1953.4.6~5.2, 통제장교(Comtrol Officers) 회의 1953.4.19~5.2

국무회의 관계문서(1951~1953), 정부기록보존소 소장 마이크로필름(BA 0135090)

국방군사연구소 (한국전쟁자료총서2) 1996『Documents of the National Security Council, 미 국가안전보장회의문서, Korea Ⅱ(1951-1954)』

국방부 군사편찬연구소 (한국전쟁자료총서 제39~67권) 2000~2002『The US Department of State Relating to the Internal Affaires of Korea: 미 국무부 한국 국내 상황 관련 문서』

국방부 군사편찬연구소 (한국전쟁자료총서 제68~72권) 2003『The US Department of State Relating to the Internal Affaires of Korea: 미 국무부 한국 국내 상황 관련 문서(1952.7.8~1953.6.19)』

국방부정훈국전사편찬회『韓國戰亂 一年誌』~『韓國戰亂 五年誌』

국회사무처 2000『국회 50년 연표』

서동구 편역 1977『한반도 긴장과 미국-25년전과 오늘-미 국무성 외교문서가 벗긴 6·25 秘錄』대한공론사

이병주·이병기 편 1979『휴전회담 실무대표 회의록』국토통일원

외무부 1976『유엔 韓國問題決議集(1947~1976)』

외무부 1990『한국외교 40년 1948-1988』

외교통상부 1999『한국외교 50년: 1948~1998』

유엔군사령부 공보국, Ninety Third Supplement to The Korean Armistice Conference held at Panmunjom, Korea 53.6.21~53.7.4(MF 0001163)

공보처 1956『대통령이승만박사담화집』

정무국 1953『한국전쟁 휴전일지』(외무부 보존문서: CA 0002072)

제네바 정치회담 관련문서 1954(정부기록보존소 보존문서: CA 0002168)

휴전협정원문(경무대) 1953(정부기록보존소 보존문서: CA 0005972)

국사편찬위원회 한국사데이터베이스 http://db.history.go.kr

국사편찬위원회 해외사료총서 11, 2006『한국전쟁, 문서와 자료, 1950~53년』

(1) 구 소련 문서

Documents of Ministry of Foreign Affairs, U.S.S.R.(구 소련 외무성 북한 관련 문서) 中 한국전쟁 관련 문서(만수로프), 1953-1960년 북한 주재 소련대사관 문서

Russian Archives Materials on the Korean War(한국전쟁 관련 러시아 문서): 러시아 현대역사문서보존 및 연구센터, 국방성중앙문서보관소, 러시아 대외정책문서보관소, 국방성중앙문서보관소, 라주바예프문서.

구 소련 공산당 중앙위원회정치국문서(현대통령궁문서보관소문서): 1992~1997년 관련보도(볼코고노프를 중심으로)

구 소련 공산당 중앙위원회정치국문서(현대통령궁문서보관소문서): 조선일보·외무부보도자료·세계일보·Cold War International History Project Bulletin

외무부,『한국전쟁(1950. 6. 25) 관련 러시아 문서: 기본문헌, 1949~53』;『한국전쟁(1950. 6. 25) 관련 리시아 문서:보충문헌, 1949~53』

沈志華 編 2003『朝鮮戰爭: 我國檔案館的解密文件』(상·중·하), 대만: 中央研究院近代史研究所史料叢刊(48)

(2) 중국 자료

오수권, 1983「在外交部八年的經歷(1950.1~1958.10)」『世界知識』제16호~20호(「오수권의 외교회고록(1950.1~1958.10)」한양대중소연구소 1984『중소연구』8권 1호·2호(이홍영

역)
姚旭,「抗美援朝的英明決策」(한양대중소연구소 1984『중소연구』 8권 4호, 이홍영 번역글)
중국 군사과학원 군사역사연구부 저, 국방부 군사편찬연구소 역, 2005『중국군의 한국전쟁사』 1~3권, 국방부 군사편찬연구소
행정자치부 정부기록보존소, 2002『한국전쟁과 중국』 Ⅰ·Ⅱ (한국전쟁 관련 중국 자료선집): 중국의 한국전쟁 참전 과정, 중국 지도부의 내부 문서, 전투수행 관련 각종 전보, 중국군 지휘관들의 회고록 등 수록.

(3) 북한 자료

『해방후 10년 일지 1945-1955』 조선중앙통신사
강석희,「조국의 독립과 민족의 자주권을 수호한 위대한 조국해방전쟁」『력사과학』 1983년 제3호
과학원역사연구소, 1958『조선통사(하)』 (오월;1988)
기석복,「조선인민군의 력사적 승리와 정전협정 2주년」『력사과학』 1955년 제7호
김일성, 1953『김일성선집3』 조선로동당출판사
김재훈,「조선전쟁시기 미제의 조선침략도구로 조작된 〈유엔군〉」『력사과학』 1982
리몽호,「조선 인민의 조국해방전쟁(1950.6~1953.7) 승리의 국제적 의의」『력사과학』 1964년 제4호
박동진,「조선정전담판에서 미제의 침략적인 군사외교의 파탄」『력사과학』 1983년 제3호
박태호,「위대한 수령 김일성 동지께서 제시하신 조국해방전쟁시기 나라의 모든 사업을 전시체제로 개편할 데 대한 방침과 그 빛나는 실현」『력사과학』 1981년 제3호
사회과학원 역사연구소, 1979『조선전사 25~27권』 과학백과사전출판사
______, 1983『현대조선역사』 (일송정;1988)
전도영,「조국해방전쟁시기 미제의 세균전만행을 폭로 분쇄하기 위한 우리 인민의 투쟁」『력사과학』 1983년 제2호
전영률,「일본 군국주의자들이 조선전쟁에서 감행한 세균전만행의 죄악」『력사과학』 1984년 제4호
______,「제2차세계대전시기 일제가 감행한 세균전만행의 죄악」『력사과학』 1984년 제3호
허종호,「미제는 조선전쟁의 도발자」『력사과학』 1980년 제2호

2. 저서

A.V. 토르쿠노프 지음, 구종서 옮김, 2003『한국전쟁의 진실과 수수께끼』 에디터

Allen S. Whiting, China Crosses The Yalu, 국방부전사편찬위원회 역, 1989『중공군 압록강을 건너다-중공군 한국전쟁 참전결정』

Donald Stone MacDonald, 1992 U.S.-Korean Relations from Liberation to Self-Reliance(한국역사연구회1950년대반 옮김 2001『한미관계20년사(1945~1965)-해방에서 자립까지』 한울아카데미)

Hermes W.G., 1966 Truce Tent and Fighting Front, US Army, Washington, D.C.(육군본부 역 1968『유엔군전사: 휴전천막과 싸우는 전선』)

I.F Stone, 백외경 옮김, 1988『秘史 한국전쟁』 신학문사

James F. Schnabel, Rovert J. Watson, The Joint Chiefs of Staff and National Policy Vol.Ⅲ The Korean War Part Ⅱ, 1979 (국방부전사편찬위원회 역 1991『미국 합동참모본부사: 한국전쟁』 하)

Rosemary Foot, 1985 The Wrong War: American Policy and Dimensions of the Korean Conflict, 1950-1953 1985, Cornell Univ. Press

______, 1990 A Substitute for Victory: The Politics of Peacemaking at the Korean Armistice Talks, Cornell Univ. Press

Rovert Frank Futrell 저, 강승기 역 1982『한국전에서의 미 공군 전략』 행림출판

Rovert Leckie 1962 Conflict: The History of the Korean War, 1950-1953(Robert Leckie 저 윤억섭 역 2000『충돌: 한국전쟁 이야기 1950-1953』 삼우사)

Stephen Endicott & Edward Hageman, 1998 The United Steates and Biological Warfare(안치용·박성휴 옮김 2003『한국전쟁과 미국의 세균전』 중심)

The Most MNysterious War of 20th Century: Korean Conflict, 1950-1953 Based on Soviet Archives: 예프게니 바자노프/나딸리아 바자노프(김광린 역)『소련의 자료로 본 한국전쟁의 전말』(도서출판 열림, 1998)

Vatcher, William H., 1958 Panmunjom: The Story of Korean Military Armistice Negotiations N.Y. NJ.: Frederick A. Preager

William Steuck, 1995 The Korean War: An International History, Princeton Univ. Press(김형인 외 공역 2000『한국전쟁의 국제사』 푸른역사

______, 2002 Rethinking The Korean War-A New Diplomatic and Strategic History, Prince-

ton Univ. Press(서은경 역 2004『한국전쟁과 미국 외교정책』 나남출판)
William Lindsay White, 1957 The Captives of Korea(국방부전사편찬위원회 역 1986『한국전쟁 포로』)
강성학 편, 2004『유엔과 한국전쟁』 리북
국방부 전사편찬위원회, 1989『한국전쟁 휴전사』
국방부 군사편찬연구소, 1997『한국전쟁』(하)-전선교착과 휴전협상』
국방부 군사편찬연구소 편, 1996『한국전쟁의 포로』
국방부정훈국 전사편찬회, 1951~1956『한국전란지』 1~5
국방부, 2007『조국은 당신들을 잊지 않습니다 -국군 포로 문제의 실상과 대책』
김경수, 2006『인도와 한국전쟁-인도 비동맹외교의 기원』 한국학술정보(주)
김계동, 2000『한반도의 분단과 전쟁-민족분열과 국제개입 · 갈등』 서울대학교출판부
김영호, 2006『한국전쟁의 기원과 전개 과정』 성신여자대학교출판부
김주환 엮음, 1989『미국의 세계전략과 한국전쟁』 청사
김철범, 1990『한국전쟁과 미국』 평민사
김철범 엮음, 1989『한국전쟁: 강대국 정치와 남북한 갈등』 평민사
김태우, 2013『폭격: 미 공군의 공중폭격 기록으로 읽는 한국전쟁』 창비
김학준, 1989『한국전쟁-원인 · 과정 · 휴전 · 영향』 박영사
라종일, 1994『끝나지 않은 전쟁-한반도와 강대국 정치(1950~1954)』 전예원
브루스 커밍스 지음, 김동노 · 이교선 · 이진준 · 한기욱 옮김, 2001『한국 현대사』 창작과비평사
______, 김주환 옮김, 1986『한국전쟁의 기원』 상 · 하 청사
브루스 커밍스 · 존 할리데이 지음, 차성수 · 양동주 옮김, 1989『한국전쟁의 전개 과정』 태암
서용선, 1999『한반도 휴전체제 연구』 국방군사연구소
서중석 외, 2011『전쟁 속의 또다른 전쟁』 선인
柴成文 · 趙勇田 著, 윤영무 옮김, 1991『중국인이 본 한국전쟁: 板門店談判』 한백사
양대현, 1993『역사의 증언 -휴전회담비사』 형설출판사
양영조, 2007『한국전쟁과 동북아 국가정책』 선인
예프게니 바자노프/나딸리아 바자노프(김광린 역), 1998『소련의 자료로 본 한국전쟁의 전말』 열림
와다 하루키 지음, 서동만 옮김 1999『한국전쟁』 창작과 비평사
외교통상부, 1999『한국외교 50년;1948~1998』
육군본부, 1959『6 · 25사변사』
______, 2002『한국전쟁과 반공 포로』

육군본부 정보참모부, 1972『판문점』상 · 하권
육군사관학교, 1981『한국전쟁사』
윤영관 황병무 외, 1996『국제기구와 한국외교』민음사
이병주-이병기 편, 1979『휴전회담 실무대표 회의록』국토통일원
이종석, 2000『북한-중국 관계 1945~2000』중심
정병준, 2006『한국전쟁』돌베개
조성훈, 2010『한국전쟁과 포로』선인
______, 2011『군사분계선과 남북한 갈등』국방부 군사편찬연구소
佐佐木春隆 저, 姜昶求 편역, 1977『韓國戰秘史-反擊과 休戰』하권 병학사
중국 군사과학원 군사역사연구소 편저, 1988『中國人民志願軍 抗美援朝戰史』(한국전략문제연구소 역 1991『中國軍의 韓國戰爭史-抗美援朝戰史』세경사)
최장집 편, 1990『한국전쟁연구』태암
한국역사연구회 현대사분과 편, 2010『역사학의 시선으로 읽는 한국전쟁』휴머니스트
한국전쟁학회 편, 2007『한국 현대사의 재조명』명인문화사
한국정치연구회 정치사분과 지음, 1990『한국전쟁의 이해』역사비평사
한국정치외교사학회 편, 1998『한국전쟁과 휴전체제』집문당
홍석률, 2012『분단의 히스테리』창비

3. 논문

Andrew Scobell, 2003「China from Start to Finish : Beijing's Decision to Enter the Korean War and Its Deliberations to Terminate the Conflict(중국의 한국전 개입과 정전 전략)」『한국전쟁시 한 · 미 군사적 역할과 주변국의 대응』국방부 군사편찬연구소 · 주한미군사령부 군사연구실 주최 한 · 미 국제학술세미나
______, 2003「중국의 한국전 개입과 정전 전략」『한국전쟁시 한 · 미 군사적 역할과 주변국의 대응』국방부 군사편찬연구소/주한미군사령부 군사연구실 공동주최 한 · 미 국제학술세미나 2003. 6. 26.
William Stueck, 2000「1950년 6월 미국의 한국전 개입 및 전쟁기간 중 유엔의 역할」, 황병무 · 이필중 편『6 · 25전쟁과 한반도 평화』국방대학교 안보문제연구소 주최 6 · 25전쟁 50주년 국제학술회의.
강성현, 2008「한국전쟁기 유엔군의 피난민 인식과 정책」『사림』33

김보영, 2012「분단과 전쟁의 유산, 남북 이산(분단 디아스포라)의 역사」『역사학보』 212
경남대학교 극동문제연구소 편, 1991『한국전쟁과 남북한사회의 구조적 변화』 경남대학교출판부
국방부 군사편찬연구소, 2001『한국전쟁사의 새로운 연구』 1
______, 2002『한국전쟁사의 새로운 연구』 2
국방부 군사편찬연구소·주한 미군사령부 군사연구실 주최 한·미 국제학술세미나, 2003『한국전쟁시 한』미 군사적 역할과 주변국의 대응』
국방부 군사편찬연구소·한국전쟁연구회 주최 한·중 국제학술세미나, 2001『한국전쟁 중 중국의 참전전략과 포로 문제』
奇光舒, 2007「한국전 개입에 나타난 스탈린의 역할 실상」『軍史』 제63호 국방부 군사편찬연구소
김계동,「한반도 분단·전쟁에 대한 주변국의 정책: 세력균형이론을 중심으로」『한국정치학회보』 35집 1호
______, 1995「韓國戰爭 初期印·英의 平和的 終戰 摸索」『軍史』 제30호 국방군사연구소
______, 2001「미국의 한국전쟁 종전 전략과 휴전협상」(한·중 국제학술세미나,『한국전쟁 중 중국의 참전전략과 포로 문제』, 2001.10.25. 군사편찬연구소, 한국전쟁연구회 주최)
______, 2001「중국의 한국전 개입에 대한 영국의 정책」 한국전쟁연구회 편『한국전쟁과 중국』 백산서당
김남균,「미국 역사가들과 한국전쟁」『미국사연구』 제12집
김명기,「휴전회담실무대표회의록분석(Ⅱ)-남북 간 법적당자사에 관한 연구」 국토통일원 정책기획실
김명섭, 2000「냉전의 종식과 연구의 열전」 한국전쟁연구회 편『탈냉전시대 한국전쟁의 재조명』 백산서당
______, 2000「한국전쟁 연구를 위한 다국 사료 교차 분석법과 그 국내적 기반」『정신문화연구』 제23권 제2호(통권 79호)
김보영, 2003「정전회담 쟁점과 정전협정」『역사비평』 통권 63호 역사비평사
김영호, 2000「한국전쟁 연구의 향후 과제와 전망」 한국전쟁연구회 편『탈냉전시대 한국전쟁의 재조명』 백산서당
김원권, 1990「한국전쟁 휴전회담과 그 의미」『군사』 20호 국방부전사편찬위원회
김진경, 2004「한국전쟁 관련 공산 측 신사료의 해석과 문제점」『대구사학』 제74집
김행복, 1997「한국전쟁시 포로장악을 위한 공산군 및 친공 포로의 조직과 연결체제」『軍史』 34집 국방부 군사편찬연구소

도진순, 2004「한국전쟁의 기본 개념으로서 제한전(limited war)의 성립과 분화-한반도에 대한 전략적 가치 평가와 관련하여-」『한국사연구』 125집
류상영, 1990「북한의 한국전쟁인식과 성격규정」, 최장집 편『한국전쟁연구』 태암
______, 1990「휴전협정의 성립과 성격」『한국전쟁의 이해』 역사비평사
민경길, 1997「한국전쟁과 포로 송환 문제-관련 국제법규의 검토」『軍史』 35집 국방부 군사편찬연구소
박현석, 2001「한국정전협정 대체문제」『민주법학』 제20호
백진현, 2000「정전체제의 평화체제 전환문제」『서울대학교법학』 제41권 2호
서주석, 1997「미국의 대북한 포로 및 유해송환 정책」『軍史』 35집 국방부 군사편찬연구소
신복룡, 1987「한국전쟁 휴전 협정의 비밀 협상에 관한 연구 -미국의 역할을 중심으로-」『한국정치학회보』 제21집집 제2호.
沈志華, 2000「소련과 한국전쟁: 러시아 비밀해제 당안 속의 역사 진상」『현대북한연구』 3권 1호 경남대학교 북한대학원
양대현, 1992「한국전쟁과 한미 동맹 관계-동맹이론을 중심으로」『한국정치학회보』 제26집 1호
______, 1992「한국휴전협정과 한미관계」『한국정치학회보』 제22집 제1호
양영조, 2002「중공군 신정공세와 미국의 38도선 유지 전략」『戰史』 제4호 국방부 군사편찬연구소
______, 2003「1951년 단장의 능선 전투와 군사분계선 협상」『전사』 제5호 국방부 군사편찬연구소
양진삼, 2002「전쟁기 중국 지도부와 북한지도부 사이의 모순과 갈등」, 국방부 군사편찬연구소『한국전쟁사의 새로운 연구』 2
양쿠이숭(楊奎松), 2001「중국군의 정전협상 전략」『한국전쟁사의 새로운 연구』 1 국방부 군사편찬연구소
이병주,「휴전회담실무대표회의록분석(Ⅰ)-공산군 측의 협상 전략과 전술을 중심으로」 국토통일원 정책기획실
______, 2003「共産軍側과 韓國戰爭 停戰會談-스탈린, 모택동의 協商指導와 目標의 차이점」『戰史』 제5호 국방부군사편찬연구소
이서항, 2004「유엔과 한국전쟁의 휴전 과정」, 강성학 편『유엔과 한국전쟁』 리북
이임하, 2008「한국전쟁기 유엔민간원조사령부의 인구조사와 통계」『사림』 33
이완범, 2001「중국의 한국전쟁 참전: 한국의 연구 성과, 자료와 논점」 한중 국제학술세미나『한국전쟁 중 중국의 참전전략과 포로 문제』 군사편찬연구소·한국전쟁연구회

이충진, 1985「한국전쟁에 있어서 휴전협정과 군사작전과의 연관성 분석」『육사논문집』 제29집
정병준,「미국 내 한국 현대사 관련 자료의 현황과 이용법-NARA를 중심으로」『역사와 현실』 제14호
정용욱, 2004「6·25전쟁기 미군의 삐라 심리전과 냉전 이데올로기」『역사와 현실』 제51호 한국역사연구회
정해구, 1989「휴전회담 교착과 미국의 전략」『역사비평』 역사비평사
정현수, 2003「중국 자료로 본 한국전쟁-중국의 입장과 역할을 중심으로-」『시민정치학회보』 제6권
제임스 메트레이, 2000「한국전쟁 휴전협상: 원심작용적 협상 전략」, 국방대학교 안보문제연구소 주최『6·25전쟁과 한반도 평화』(6·25전쟁 50주년 국제학술회의)
조성훈, 1998『한국전쟁 중 유엔군의 포로정책 연구』 한국정신문화연구원 한국학대학원 박사논문
______, 2000「미국 자료를 통해 본 휴전협상의 지연 요인 연구: 포로 문제를 중심으로」『정신문화연구』 제23권 제2호(통권 79호)
______, 2001「미귀환 국군 포로 연구」 한중 국제학술세미나『한국전쟁 중 중국의 참전전략과 포로 문제』 군사편찬연구소·한국전쟁연구회
______, 2011「6·25전쟁 휴전협상 중 남한 출신 의용군 문제 누락 배경과 해결 방안」『통일 문제연구』 55
지안 첸(Jian Chen), 2000「중국의 한국전 개입과 공산블럭의 협력」『6·25전쟁과 한반도 평화』 국방대학교안보문제연구소
阪田恭代, 2000「美國の朝鮮戰爭關する 基本方針 形成」『군사사학』 통권141호(허진녕·이진성 역), 2007「美國의 韓國戰爭 休戰에 관한 基本方針의 形成-中國參戰과 UN軍 總退却을 中心으로」『軍史』 제63호 국방부 군사편찬연구소
하재평, 2003「정전협정체제와 유엔사의 역할」『戰史』 국방부군사편찬연구소
한국전쟁연구회 편, 2000『탈냉전시대 한국전쟁의 재조명』 백산서당
______, 2001『한국전쟁과 중국』 백산서당
허만호, 2000「휴전협정의 평화체제화」 한국전쟁연구회 편『탈냉전시대 한국전쟁의 재조명』 백산서당
허출,「미국의 대한반도 군사 정책 결정 과정 분석」『한국정책학회보』 제13권 3호

4. 회고록 및 증언

Dwight D. Eisenhower, The White House Mandate for Change, 신상초 역, 1965『아이젠하워 회고록』綠文閣

K.S. 티마야 씀, 라윤도 옮김, 1993『판문점 일기-중립국 송환위원회 의장의 한국 현대사 증언』소나무

Ridgway M.B., 1967 The Korean War, N.Y. Doubleday(매튜 B. 리지웨이, 김재관역 1981『한국전쟁』정우사)

「6·25내막/모스크바 새증언」『서울신문』1995년 4월~8월

「러시아 정부가 공개한 한국전쟁 비밀문서」『조선일보』1994년 7월 21~27일.

김석영 저, 1972『판문점-불안한 안전판·민족의 痛史』신문화사

김영수 외, 1966『판문점 13년』대한공론사

김용식, 1993『새벽의 약속-알려지지 않은 초기 외교사』김영사

김철범 엮음, 1990『진실과 증언-40년 만에 밝혀진 한국전쟁의 진상』을유문화사

대한공론사편, 1966『판문점 13년』

리핑 지음, 허유영 옮김, 2005『저우언라이(周恩來) 평전』한얼미디어

박실, 1980『한국외교비사』기린원

박진홍 지음, 2001『돌아온 패자-6·25 국군 포로 체험기』역사비평사

백선엽, 1999『길고 긴 여름날 1950년 6월 25일』지구촌

서울신문특별취재팀, 1984『한국외교비사』서울신문사

송효순, 1976『대석방』신현실사

紫成文 저, 조용전·윤영무 옮김, 1991『중국인이 본 한국전쟁: 판문점 담판』한백사

예위멍 지음, 김택 옮김, 1996『아, 압록강』어명출판사

오세희 저, 2000『65 포로수용소』만인사

외교통상부 외교안보연구원, 1998『임정에서 인도까지-임병직장관 회고록』

유재흥, 1994『격동의 세월』을유문화사

이원복, 1989『판문점 700일』대림기획

이형근, 1993『군번1번의 외길인생』중앙일보사

張澤石, 2009『중국군 포로의 6·25전쟁 참전기』국방부 군사편찬연구소

정성관, 1953『판문점의 비사』평문사

정일권, 1985『6·25비록- 전쟁과 휴전』동아일보사

주영복 지음, 1990『내가 겪은 조선전쟁』 고려원
중앙일보사 편, 1983『민족의 증언』 전 8권
최덕신, 1956『내가 격근 판문점』 현문출판사
헤롤드 노블 저, 박실 옮김, 1980『李承晩과 美國大使館』 井湖出版社
洪學智, 1991『抗美援朝戰爭回憶』 해방군문예출판사(홍인표 옮김 1992『중국이 본 한국전쟁』 고려원
『한국전쟁과 포로』 MBC 스페셜 "이제는 말할 수 있다" 특집 3부작 2004년 84, 85, 86회

찾아보기

ㄴ

ㄷ

ㄹ

ㅅ

ㅇ

ㅈ

ㅊ

ㅋ

1

A

부록

1 • 휴전협정 원문(ARMISTICE AGREEMENT)•

ARMISTICE AGREEMENT

VOLUME I

Text of Agreement

62

1543

• 이 휴전협정 원문은 경무대에서 소장하고 있던 것으로, 정부기록보존소 마이크로필름 사본이다(「휴전협정 원문」(경무대) 1953, 정부기록보존소 보존문서 CA 0005972).

AGREEMENT BETWEEN THE COMMANDER-IN-CHIEF, UNITED NATIONS COMMAND, ON THE ONE HAND, AND THE SUPREME COMMANDER OF THE KOREAN PEOPLE'S ARMY AND THE COMMANDER OF THE CHINESE PEOPLE'S VOLUNTEERS, ON THE OTHER HAND, CONCERNING A MILITARY ARMISTICE IN KOREA

PREAMBLE

The undersigned, the Commander-in-Chief, United Nations Command, on the one hand, and the Supreme Commander of the Korean People's Army and the Commander of the Chinese People's Volunteers, on the other hand, in the interest of stopping the Korean conflict, with its great toll of suffering and bloodshed on both sides, and with the objective of establishing an armistice which will insure a complete cessation of hostilities and of all acts of armed force in Korea until a final peaceful settlement is achieved, do individually, collectively, and mutually agree to accept and to be bound and governed by the conditions and terms of armistice set forth in the following Articles and Paragraphs, which said conditions and terms are intended to be purely military in character and to pertain solely to the belligerents in Korea.

-1-

ARTICLE I

MILITARY DEMARCATION LINE AND DEMILITARIZED ZONE

1. A Military Demarcation Line shall be fixed and both sides shall withdraw two (2) kilometers from this line so as to establish a Demilitarized Zone between the opposing forces. A Demilitarized Zone shall be established as a buffer zone to prevent the occurrence of incidents which might lead to a resumption of hostilities.

2. The Military Demarcation Line is located as indicated on the attached map (Map 1).

3. The Demilitarized Zone is defined by a northern and a southern boundary as indicated on the attached map (Map 1).

4. The Military Demarcation Line shall be plainly marked as directed by the Military Armistice Commission hereinafter established. The Commanders of the opposing sides shall have suitable markers erected along the boundary between the Demilitarized Zone and their respective areas. The Military Armistice Commission shall supervise the erection of all markers placed along the Military Demarcation Line and along the boundaries of the Demilitarized Zone.

5. The waters of the Han River Estuary shall be open to civil shipping of both sides wherever one bank is controlled by one side and the other bank is controlled by the other side. The Military Armistice Commission shall prescribe rules for the shipping in that part of the Han River Estuary indicated on the attached map (Map 2). Civil shipping of each side shall have unrestricted access to the land under the military control of that side.

6. Neither side shall execute any hostile act within, from, or against the Demilitarized Zone.

7. No person, military or civilian, shall be permitted to cross the Military Demarcation Line unless specifically authorized to do so by the Military Armistice Commission.

-2-

8. No person, military or civilian, in the Demilitarized Zone shall be permitted to enter the territory under the military control of either side unless specifically authorized to do so by the Commander into whose territory entry is sought.

9. No person, military or civilian, shall be permitted to enter the Demilitarized Zone except persons concerned with the conduct of civil administration and relief and persons specifically authorized to enter by the Military Armistice Commission.

10. Civil administration and relief in that part of the Demilitarized Zone which is south of the Military Demarcation Line shall be the responsibility of the Commander-in-Chief, United Nations Command; and civil administration and relief in that part of the Demilitarized Zone which is north of the Military Demarcation Line shall be the joint responsibility of the Supreme Commander of the Korean People's Army and the Commander of the Chinese People's Volunteers. The number of persons, military or civilian, from each side who are permitted to enter the Demilitarized Zone for the conduct of civil administration and relief shall be as determined by the respective Commanders, but in no case shall the total number authorized by either side exceed one thousand (1,000) persons at any one time. The number of civil police and the arms to be carried by them shall be as prescribed by the Military Armistice Commission. Other personnel shall not carry arms unless specifically authorized to do so by the Military Armistice Commission.

11. Nothing contained in this Article shall be construed to prevent the complete freedom of movement to, from, and within the Demilitarized Zone by the Military Armistice Commission, its assistants, its Joint Observer Teams with their assistants, the Neutral Nations Supervisory Commission hereinafter established, its assistants, its Neutral Nations Inspection Teams with their assistants, and of any other persons, materials, and equipment specifically authorized to enter the Demilitarized Zone by the Military Armistice Commission. Convenience of movement shall be permitted through the territory under the military control of

-3-

either side over any route necessary to move between points within the Demilitarized Zone where such points are not connected by roads lying completely within the Demilitarized Zone.

ARTICLE II

CONCRETE ARRANGEMENTS FOR CEASE-FIRE AND ARMISTICE

A. GENERAL

12. The Commanders of the opposing sides shall order and enforce a complete cessation of all hostilities in Korea by all armed forces under their control, including all units and personnel of the ground, naval, and air forces, effective twelve (12) hours after this Armistice Agreement is signed. (See Paragraph 63 hereof for effective date and hour of the remaining provisions of this Armistice Agreement.)

13. In order to insure the stability of the Military Armistice so as to facilitate the attainment of a peaceful settlement through the holding by both sides of a political conference of a higher level, the Commanders of the opposing sides shall:

a. Within seventy-two (72) hours after this Armistice Agreement becomes effective, withdraw all of their military forces, supplies, and equipment from the Demilitarized Zone except as otherwise provided herein. All demolitions, minefields, wire entanglements, and other hazards to the safe movement of personnel of the Military Armistice Commission or its Joint Observer Teams, known to exist within the Demilitarized Zone after the withdrawal of military forces therefrom, together with lanes known to be free of all such hazards, shall be reported to the Military Armistice Commission by the Commander of the side whose forces emplaced such hazards. Subsequently, additional safe lanes shall be cleared; and eventually, within forty-five (45) days after the termination of the seventy-two (72) hour period, all such hazards shall be removed from the Demilitarized Zone as directed by and under the supervision of the Military Armistice Commission. At the termination of the seventy-two (72) hour period, except for unarmed troops authorized a forty-five (45) day period to complete salvage operations under Military Armistice Commission supervision, such units of a police nature as may be specifically requested by the Military Armistice Commission and agreed to by the Commanders of the opposing sides, and personnel authorized under Paragraphs 10 and 11 hereof, no personnel of either side shall be permitted to enter the Demilitarized Zone.

b. Within ten (10) days after this Armistice Agreement becomes effective, withdraw all of their military forces, supplies, and equipment from the rear and the coastal islands and waters of Korea of the other side. If such military forces are not withdrawn within the stated time limit, and there is no mutually agreed and valid reason for the delay, the other side shall have the right to take any action which it deems necessary for the maintenance of security and order. The term "coastal islands", as used above, refers to those islands which, though occupied by one side at the time when this Armistice Agreement becomes effective, were controlled by the other side on 24 June 1950; provided, however, that all the islands lying to the north and west of the provincial boundary line between HWANGHAE-DO and KYONGGI-DO shall be under the military control of the Supreme Commander of the Korean People's Army and the Commander of the Chinese People's Volunteers, except the island groups of PAENGYONG-DO (37°58'N, 124°40'E), TAECHONG-DO (37°50'N, 124°42'E), SOCHONG-DO (37°46'N, 124°46'E), YONPYONG-DO (37°38'N, 125°40'E), and U-DO (37°36'N, 125°58'E), which shall remain under the military control of the Commander-in-Chief, United Nations Command. All the islands on the west coast of Korea lying south of the above-mentioned boundary line shall remain under the military control of the Commander-in-Chief, United Nations Command. (See Map 3.)

c. Cease the introduction into Korea of reinforcing military personnel; provided, however, that the rotation of units and personnel, the arrival in Korea of personnel on a temporary

-5-

duty basis, and the return to Korea of personnel after short periods of leave or temporary duty outside of Korea shall be permitted within the scope prescribed below. "Rotation" is defined as the replacement of units or personnel by other units or personnel who are commencing a tour of duty in Korea. Rotation personnel shall be introduced into and evacuated from Korea only through the ports of entry enumerated in Paragraph 43 hereof. Rotation shall be conducted on a man-for-man basis; provided, however, that no more than thirty-five thousand (35,000) persons in the military service shall be admitted into Korea by either side in any calendar month under the rotation policy. No military personnel of either side shall be introduced into Korea if the introduction of such personnel will cause the aggregate of the military personnel of that side admitted into Korea since the effective date of this Armistice Agreement to exceed the cumulative total of the military personnel of that side who have departed from Korea since that date. Reports concerning arrivals in and departures from Korea of military personnel shall be made daily to the Military Armistice Commission and the Neutral Nations Supervisory Commission; such reports shall include places of arrival and departure and the number of persons arriving at or departing from each such place. The Neutral Nations Supervisory Commission, through its Neutral Nations Inspection Teams, shall conduct supervision and inspection of the rotation of units and personnel authorized above, at the ports of entry enumerated in Paragraph 43 hereof.

d. Cease the introduction into Korea of reinforcing combat aircraft, armored vehicles, weapons, and ammunition; provided, however, that combat aircraft, armored vehicles, weapons, and ammunition which are destroyed, damaged, worn out, or used up during the period of the armistice may be replaced on the basis of piece-for-piece of the same effectiveness and the same type. Such combat aircraft, armored vehicles, weapons, and ammunition shall be introduced into Korea only through the ports of entry enumerated in Paragraph 43 hereof. In order to justify the requirement for combat aircraft, armored vehicles, weapons, and ammunition to be introduced into Korea for replacement purposes, reports concerning every incoming shipment of these items shall be made to the Military Armistice Commission and the Neutral Nations Supervisory Commission; such reports shall include statements regarding the disposition of the items being replaced. Items to be replaced which are removed from Korea shall be removed only through the ports of entry enumerated in Paragraph 43 hereof. The Neutral Nations Supervisory Commission, through its Neutral Nations Inspection Teams, shall conduct supervision and inspection of the replacement of combat aircraft, armored vehicles, weapons, and ammunition authorized above, at the ports of entry enumerated in Paragraph 43 hereof.

e. Insure that personnel of their respective commands who violate any of the provisions of this Armistice Agreement are adequately punished.

f. In those cases where places of burial are a matter of record and graves are actually found to exist, permit graves registration personnel of the other side to enter, within a definite time limit after this Armistice Agreement becomes effective, the territory of Korea under their military control, for the purpose of proceeding to such graves to recover and evacuate the bodies of the deceased military personnel of that side, including deceased prisoners of war. The specific procedures and the time limit for the performance of the above task shall be determined by the Military Armistice Commission. The Commanders of the opposing sides shall furnish to the other side all available information pertaining to the places of burial of the deceased military personnel of the other side.

g. Afford full protection and all possible assistance and cooperation to the Military Armistice Commission, its Joint Observer Teams, the Neutral Nations Supervisory Commission, and its Neutral Nations Inspection Teams, in the carrying out of their functions and responsibilities hereinafter assigned; and accord to the Neutral Nations Supervisory Commission, and to its Neutral Nations Inspection Teams, full convenience of movement between the headquarters of the Neutral Nations Supervisory Commission and the ports of

-7-

entry enumerated in Paragraph 43 hereof over main lines of communication agreed upon by both sides (See Map 4), and between the headquarters of the Neutral Nations Supervisory Commission and the places where violations of this Armistice Agreement have been reported to have occurred. In order to prevent unnecessary delays, the use of alternate routes and means of transportation will be permitted whenever the main lines of communication are closed or impassable.

h. Provide such logistic support, including communications and transportation facilities, as may be required by the Military Armistice Commission and the Neutral Nations Supervisory Commission and their Teams.

i. Each construct, operate, and maintain a suitable airfield in their respective parts of the Demilitarized Zone in the vicinity of the headquarters of the Military Armistice Commission, for such uses as the Commission may determine.

j. Insure that all members and other personnel of the Neutral Nations Supervisory Commission and of the Neutral Nations Repatriation Commission hereinafter established shall enjoy the freedom and facilities necessary for the proper exercise of their functions, including privileges, treatment, and immunities equivalent to those ordinarily enjoyed by accredited diplomatic personnel under international usage.

14. This Armistice Agreement shall apply to all opposing ground forces under the military control of either side, which ground forces shall respect the Demilitarized Zone and the area of Korea under the military control of the opposing side.

15. This Armistice Agreement shall apply to all opposing naval forces, which naval forces shall respect the waters contiguous to the Demilitarized Zone and to the land area of Korea under the military control of the opposing side, and shall not engage in blockade of any kind of Korea.

16. This Armistice Agreement shall apply to all opposing air forces, which air forces shall respect the air space over the Demilitarized Zone and over the area of Korea under the military control of the opposing side, and over the waters contiguous to both.

59-1-2

17. Responsibility for compliance with and enforcement of the terms and provisions of this Armistice Agreement is that of the signatories hereto and their successors in command. The Commanders of the opposing sides shall establish within their respective commands all measures and procedures necessary to insure complete compliance with all of the provisions hereof by all elements of their commands. They shall actively cooperate with one another and with the Military Armistice Commission and the Neutral Nations Supervisory Commission in requiring observance of both the letter and the spirit of all of the provisions of this Armistice Agreement.

18. The costs of the operations of the Military Armistice Commission and of the Neutral Nations Supervisory Commission and of their Teams shall be shared equally by the two opposing sides.

B. MILITARY ARMISTICE COMMISSION

1. COMPOSITION

19. A Military Armistice Commission is hereby established.

20. The Military Armistice Commission shall be composed of ten (10) senior officers, five (5) of whom shall be appointed by the Commander-in-Chief, United Nations Command, and five (5) of whom shall be appointed jointly by the Supreme Commander of the Korean People's Army and the Commander of the Chinese People's Volunteers. Of the ten members, three (3) from each side shall be of general or flag rank. The two (2) remaining members on each side may be major generals, brigadier generals, colonels, or their equivalents.

21. Members of the Military Armistice Commission shall be permitted to use staff assistants as required.

22. The Military Armistice Commission shall be provided with the necessary administrative personnel to establish a Secretariat charged with assisting the Commission by performing record-keeping, secretarial, interpreting, and such other functions as the Commission may assign to it. Each side

-9-

shall appoint to the Secretariat a Secretary and an Assistant Secretary and such clerical and specialized personnel as required by the Secretariat. Records shall be kept in English, Korean, and Chinese, all of which shall be equally authentic.

23. a. The Military Armistice Commission shall be initially provided with and assisted by ten (10) Joint Observer Teams, which number may be reduced by agreement of the senior members of both sides on the Military Armistice Commission.

b. Each Joint Observer Team shall be composed of not less than four (4) nor more than six (6) officers of field grade, half of whom shall be appointed by the Commander-in-Chief, United Nations Command, and half of whom shall be appointed jointly by the Supreme Commander of the Korean People's Army and the Commander of the Chinese People's Volunteers. Additional personnel such as drivers, clerks, and interpreters shall be furnished by each side as required for the functioning of the Joint Observer Teams.

2. FUNCTIONS AND AUTHORITY

24. The general mission of the Military Armistice Commission shall be to supervise the implementation of this Armistice Agreement and to settle through negotiations any violations of this Armistice Agreement.

25. The Military Armistice Commission shall:

a. Locate its headquarters in the vicinity of PANMUNJOM (37°57'29"N, 126°40'00"E). The Military Armistice Commission may re-locate its headquarters at another point within the Demilitarized Zone by agreement of the senior members of both sides on the Commission.

b. Operate as a joint organization without a chairman.

c. Adopt such rules of procedure as it may, from time to time, deem necessary.

d. Supervise the carrying out of the provisions of this Armistice Agreement pertaining to the Demilitarized Zone and to the Han River Estuary.

e. Direct the operations of the Joint Observer Teams.

f. Settle through negotiations any violations of this Armistice Agreement.

g. Transmit immediately to the Commanders of the opposing sides all reports of investigations of violations of this Armistice Agreement and all other reports and records of proceedings received from the Neutral Nations Supervisory Commission.

h. Give general supervision and direction to the activities of the Committee for Repatriation of Prisoners of War and the Committee for Assisting the Return of Displaced Civilians, hereinafter established.

i. Act as an intermediary in transmitting communications between the Commanders of the opposing sides; provided, however, that the foregoing shall not be construed to preclude the Commanders of both sides from communicating with each other by any other means which they may desire to employ.

j. Provide credentials and distinctive insignia for its staff and its Joint Observer Teams, and a distinctive marking for all vehicles, aircraft, and vessels, used in the performance of its mission.

26. The mission of the Joint Observer Teams shall be to assist the Military Armistice Commission in supervising the carrying out of the provisions of this Armistice Agreement pertaining to the Demilitarized Zone and to the Han River Estuary.

27. The Military Armistice Commission, or the senior member of either side thereof, is authorized to dispatch Joint Observer Teams to investigate violations of this Armistice Agreement reported to have occurred in the Demilitarized Zone or in the Han River Estuary; provided, however, that not more than one half of the Joint Observer Teams which have not been dispatched by the Military Armistice Commission may be dispatched at any one time by the senior member of either side on the Commission.

-11-

6

28. The Military Armistice Commission, or the senior member of either side thereof, is authorized to request the Neutral Nations Supervisory Commission to conduct special observations and inspections at places outside the Demilitarized Zone where violations of this Armistice Agreement have been reported to have occurred.

29. When the Military Armistice Commission determines that a violation of this Armistice Agreement has occurred, it shall immediately report such violation to the Commanders of the opposing sides.

30. When the Military Armistice Commission determines that a violation of this Armistice Agreement has been corrected to its satisfaction, it shall so report to the Commanders of the opposing sides.

3. GENERAL

31. The Military Armistice Commission shall meet daily. Recesses of not to exceed seven (7) days may be agreed upon by the senior members of both sides; provided, that such recesses may be terminated on twenty-four (24) hour notice by the senior member of either side.

32. Copies of the record of the proceedings of all meetings of the Military Armistice Commission shall be forwarded to the Commanders of the opposing sides as soon as possible after each meeting.

33. The Joint Observer Teams shall make periodic reports to the Military Armistice Commission as required by the Commission and, in addition, shall make such special reports as may be deemed necessary by them, or as may be required by the Commission.

34. The Military Armistice Commission shall maintain duplicate files of the reports and records of proceedings required by this Armistice Agreement. The Commission is authorized to maintain duplicate files of such other reports, records, etc., as

-12-

may be necessary in the conduct of its business. Upon eventual dissolution of the Commission, one set of the above files shall be turned over to each side.

35. The Military Armistice Commission may make recommendations to the Commanders of the opposing sides with respect to amendments or additions to this Armistice Agreement. Such recommended changes should generally be those designed to insure a more effective armistice.

C. NEUTRAL NATIONS SUPERVISORY COMMISSION

1. COMPOSITION

36. A Neutral Nations Supervisory Commission is hereby established.

37. The Neutral Nations Supervisory Commission shall be composed of four (4) senior officers, two (2) of whom shall be appointed by neutral nations nominated by the Commander-in-Chief, United Nations Command, namely, SWEDEN and SWITZERLAND, and two (2) of whom shall be appointed by neutral nations nominated jointly by the Supreme Commander of the Korean People's Army and the Commander of the Chinese People's Volunteers, namely, POLAND and CZECHOSLOVAKIA. The term "neutral nations" as herein used is defined as those nations whose combatant forces have not participated in the hostilities in Korea. Members appointed to the Commission may be from the armed forces of the appointing nations. Each member shall designate an alternate member to attend those meetings which for any reason the principal member is unable to attend. Such alternate members shall be of the same nationality as their principals. The Neutral Nations Supervisory Commission may take action whenever the number of members present from the neutral nations nominated by one side is equal to the number of members present from the neutral nations nominated by the other side.

38. Members of the Neutral Nations Supervisory Commission shall be permitted to use staff assistants furnished by the neutral nations as required. These staff assistants may be appointed as alternate members of the Commission.

-13-

39. The neutral nations shall be requested to furnish the Neutral Nations Supervisory Commission with the necessary administrative personnel to establish a Secretariat charged with assisting the Commission by performing necessary record-keeping, secretarial, interpreting, and such other functions as the Commission may assign to it.

40. a. The Neutral Nations Supervisory Commission shall be initially provided with, and assisted by, twenty (20) Neutral Nations Inspection Teams, which number may be reduced by agreement of the senior members of both sides on the Military Armistice Commission. The Neutral Nations Inspection Teams shall be responsible to, shall report to, and shall be subject to the direction of, the Neutral Nations Supervisory Commission only.

b. Each Neutral Nations Inspection Team shall be composed of not less than four (4) officers, preferably of field grade, half of whom shall be from the neutral nations nominated by the Commander-in-Chief, United Nations Command, and half of whom shall be from the neutral nations nominated jointly by the Supreme Commander of the Korean People's Army and the Commander of the Chinese People's Volunteers. Members appointed to the Neutral Nations Inspection Teams may be from the armed forces of the appointing nations. In order to facilitate the functioning of the Teams, sub-teams composed of not less than two (2) members, one of whom shall be from a neutral nation nominated by the Commander-in-Chief, United Nations Command, and one of whom shall be from a neutral nation nominated jointly by the Supreme Commander of the Korean People's Army and the Commander of the Chinese People's Volunteers, may be formed as circumstances require. Additional personnel such as drivers, clerks, interpreters, and communications personnel, and such equipment as may be required by the Teams to perform their missions, shall be furnished by the Commander of each side, as required, in the Demilitarized Zone and in the territory under his military control. The Neutral Nations Supervisory Commission may provide itself and the Neutral Nations Inspection Teams with such of the above personnel and equipment of its own as it may desire; provided, however, that such personnel shall be personnel of the same neutral nations of which the Neutral Nations Supervisory Commission is composed.

2. FUNCTIONS AND AUTHORITY

41. The mission of the Neutral Nations Supervisory Commission shall be to carry out the functions of supervision, observation, inspection, and investigation, as stipulated in Sub-paragraphs 13c and 13d and Paragraph 28 hereof, and to report the results of such supervision, observation, inspection, and investigation to the Military Armistice Commission.

42. The Neutral Nations Supervisory Commission shall:

a. Locate its headquarters in proximity to the headquarters of the Military Armistice Commission.

b. Adopt such rules of procedure as it may, from time to time, deem necessary.

c. Conduct, through its members and its Neutral Nations Inspection Teams, the supervision and inspection provided for in Sub-paragraphs 13c and 13d of this Armistice Agreement at the ports of entry enumerated in Paragraph 43 hereof, and the special observations and inspections provided for in Paragraph 28 hereof at those places where violations of this Armistice Agreement have been reported to have occurred. The inspection of combat aircraft, armored vehicles, weapons, and ammunition by the Neutral Nations Inspection Teams shall be such as to enable them to properly insure that reinforcing combat aircraft, armored vehicles, weapons, and ammunition are not being introduced into Korea; but this shall not be construed as authorizing inspections or examinations of any secret designs or characteristics of any combat aircraft, armored vehicle, weapon, or ammunition.

d. Direct and supervise the operations of the Neutral Nations Inspection Teams.

e. Station five (5) Neutral Nations Inspection Teams at the ports of entry enumerated in Paragraph 43

-15-

hereof located in the territory under the military control of the Commander-in-Chief, United Nations Command; and five (5) Neutral Nations Inspection Teams at the ports of entry enumerated in Paragraph 43 hereof located in the territory under the military control of the Supreme Commander of the Korean People's Army and the Commander of the Chinese People's Volunteers; and establish initially ten (10) mobile Neutral Nations Inspection Teams in reserve, stationed in the general vicinity of the headquarters of the Neutral Nations Supervisory Commission, which number may be reduced by agreement of the senior members of both sides on the Military Armistice Commission. Not more than half of the mobile Neutral Nations Inspection Teams shall be dispatched at any one time in accordance with requests of the senior member of either side on the Military Armistice Commission.

f. Subject to the provisions of the preceding Sub-paragraph, conduct without delay investigations of reported violations of this Armistice Agreement, including such investigations of reported violations of this Armistice Agreement as may be requested by the Military Armistice Commission or by the senior member of either side on the Commission.

g. Provide credentials and distinctive insignia for its staff and its Neutral Nations Inspection Teams, and a distinctive marking for all vehicles, aircraft, and vessels, used in the performance of its mission.

43. Neutral Nations Inspection Teams shall be stationed at the following ports of entry:

Territory under the military control of the United Nations Command		Territory under the military control of the Korean People's Army and the Chinese People's Volunteers	
INCHON	(37°28'N, 126°38'E)	SINUIJU	(40°06'N, 124°24'E)
TAEGU	(35°52'N, 128°36'E)	CHONGJIN	(41°46'N, 129°49'E)
PUSAN	(35°06'N, 129°02'E)	HUNGNAM	(39°50'N, 127°37'E)
KANGNUNG	(37°45'N, 128°54'E)	MANPO	(41°09'N, 126°18'E)
KUNSAN	(35°59'N, 126°43'E)	SINANJU	(39°36'N, 125°36'E)

These Neutral Nations Inspection Teams shall be accorded full convenience of movement within the areas and over the routes of communication set forth on the attached map (Map 5).

3. GENERAL

44. The Neutral Nations Supervisory Commission shall meet daily. Recesses of not to exceed seven (7) days may be agreed upon by the members of the Neutral Nations Supervisory Commission; provided, that such recesses may be terminated on twenty-four (24) hour notice by any member.

45. Copies of the record of the proceedings of all meetings of the Neutral Nations Supervisory Commission shall be forwarded to the Military Armistice Commission as soon as possible after each meeting. Records shall be kept in English, Korean, and Chinese.

46. The Neutral Nations Inspection Teams shall make periodic reports concerning the results of their supervision, observations, inspections, and investigations to the Neutral Nations Supervisory Commission as required by the Commission and, in addition, shall make such special reports as may be deemed necessary by them, or as may be required by the Commission. Reports shall be submitted by a Team as a whole, but may also be submitted by one or more individual members thereof; provided, that the reports submitted by one or more individual members thereof shall be considered as informational only.

47. Copies of the reports made by the Neutral Nations Inspection Teams shall be forwarded to the Military Armistice Commission by the Neutral Nations Supervisory Commission without delay and in the language in which received. They shall not be delayed by the process of translation or evaluation. The Neutral Nations Supervisory Commission shall evaluate such reports at the earliest practicable time and shall forward their findings to the Military Armistice Commission as a matter of priority. The Military Armistice Commission shall not take final action with regard to any such report until the evaluation thereof has been received from the Neutral Nations Supervisory Commission. Members of the Neutral Nations Supervisory Commission and of its Teams shall be subject to appearance before the Military Armistice Commission, at the request of the senior member of either side on the Military Armistice Commission, for clarification of any report submitted.

-17-

48. The Neutral Nations Supervisory Commission shall maintain duplicate files of the reports and records of proceedings required by this Armistice Agreement. The Commission is authorized to maintain duplicate files of such other reports, records, etc., as may be necessary in the conduct of its business. Upon eventual dissolution of the Commission, one set of the above files shall be turned over to each side.

49. The Neutral Nations Supervisory Commission may make recommendations to the Military Armistice Commission with respect to amendments or additions to this Armistice Agreement. Such recommended changes should generally be those designed to insure a more effective armistice.

50. The Neutral Nations Supervisory Commission, or any member thereof, shall be authorized to communicate with any member of the Military Armistice Commission.

ARTICLE III

ARRANGEMENTS RELATING TO PRISONERS OF WAR

51. The release and repatriation of all prisoners of war held in the custody of each side at the time this Armistice Agreement becomes effective shall be effected in conformity with the following provisions agreed upon by both sides prior to the signing of this Armistice Agreement.

a. Within sixty (60) days after this Armistice Agreement becomes effective, each side shall, without offering any hindrance, directly repatriate and hand over in groups all those prisoners of war in its custody who insist on repatriation to the side to which they belonged at the time of capture. Repatriation shall be accomplished in accordance with the related provisions of this Article. In order to expedite the repatriation process of such personnel, each side shall, prior to the signing of the Armistice Agreement, exchange the total numbers, by nationalities, of personnel to be directly repatriated. Each group of prisoners of war delivered to the other side shall be accompanied by rosters, prepared by nationality, to include name, rank (if any) and internment or military serial number.

-18-

b. Each side shall release all those remaining prisoners of war, who are not directly repatriated, from its military control and from its custody and hand them over to the Neutral Nations Repatriation Commission for disposition in accordance with the provisions in the Annex hereto: "Terms of Reference for Neutral Nations Repatriation Commission."

c. So that there may be no misunderstanding owing to the equal use of three languages, the act of delivery of a prisoner of war by one side to the other side shall, for the purposes of this Armistice Agreement, be called "repatriation" in English, "송환" (SONG HWAN) in Korean, and "遣返" (CH'IEN FAN) in Chinese, notwithstanding the nationality or place of residence of such prisoner of war.

52. Each side insures that it will not employ in acts of war in the Korean conflict any prisoner of war released and repatriated incident to the coming into effect of this Armistice Agreement.

53. All the sick and injured prisoners of war who insist upon repatriation shall be repatriated with priority. Insofar as possible, there shall be captured medical personnel repatriated concurrently with the sick and injured prisoners of war, so as to provide medical care and attendance en route.

54. The repatriation of all of the prisoners of war required by Sub-paragraph 51a hereof shall be completed within a time limit of sixty (60) days after this Armistice Agreement becomes effective. Within this time limit each side undertakes to complete the repatriation of the above-mentioned prisoners of war in its custody at the earliest practicable time.

55. PANMUNJOM is designated as the place where prisoners of war will be delivered and received by both sides. Additional place(s) of delivery and reception of prisoners of war in the Demilitarized Zone may be designated, if necessary, by the Committee for Repatriation of Prisoners of War.

56. a. A Committee for Repatriation of Prisoners of War is hereby established. It shall be composed of six (6) officers of field grade, three (3) of whom shall be appointed by the

Commander-in-Chief, United Nations Command, and three (3) of whom shall be appointed jointly by the Supreme Commander of the Korean People's Army and the Commander of the Chinese People's Volunteers. This Committee shall, under the general supervision and direction of the Military Armistice Commission, be responsible for coordinating the specific plans of both sides for the repatriation of prisoners of war and for supervising the execution by both sides of all of the provisions of this Armistice Agreement relating to the repatriation of prisoners of war. It shall be the duty of this Committee to coordinate the timing of the arrival of prisoners of war at the place(s) of delivery and reception of prisoners of war from the prisoner of war camps of both sides; to make, when necessary, such special arrangements as may be required with regard to the transportation and welfare of sick and injured prisoners of war; to coordinate the work of the joint Red Cross teams, established in Paragraph 57 hereof, in assisting in the repatriation of prisoners of war; to supervise the implementation of the arrangements for the actual repatriation of prisoners of war stipulated in Paragraphs 53 and 54 hereof; to select, when necessary, additional place(s) of delivery and reception of prisoners of war; to arrange for security at the place(s) of delivery and reception of prisoners of war; and to carry out such other related functions as are required for the repatriation of prisoners of war.

b. When unable to reach agreement on any matter relating to its responsibilities, the Committee for Repatriation of Prisoners of War shall immediately refer such matter to the Military Armistice Commission for decision. The Committee for Repatriation of Prisoners of War shall maintain its headquarters in proximity to the headquarters of the Military Armistice Commission.

c. The Committee for Repatriation of Prisoners of War shall be dissolved by the Military Armistice Commission upon completion of the program of repatriation of prisoners of war.

57. a. Immediately after this Armistice Agreement becomes effective, joint Red Cross teams composed of representatives of the national Red Cross Societies of the countries contributing forces to the United Nations Command on the one hand, and representatives of the Red Cross Society of the Democratic People's Republic of Korea and representatives

of the Red Cross Society of the People's Republic of China on the other hand, shall be established. The joint Red Cross teams shall assist in the execution by both sides of those provisions of this Armistice Agreement relating to the repatriation of all the prisoners of war specified in Sub-paragraph 51a hereof, who insist upon repatriation, by the performance of such humanitarian services as are necessary and desirable for the welfare of the prisoners of war. To accomplish this task, the joint Red Cross teams shall provide assistance in the delivering and receiving of prisoners of war by both sides at the place(s) of delivery and reception of prisoners of war, and shall visit the prisoner of war camps of both sides to comfort the prisoners of war and to bring in and distribute gift articles for the comfort and welfare of the prisoners of war. The joint Red Cross teams may provide services to prisoners of war while en route from prisoner of war camps to the place(s) of delivery and reception of prisoners of war.

b. The joint Red Cross teams shall be organized as set forth below:

(1) One team shall be composed of twenty (20) members, namely, ten (10) representatives from the national Red Cross Societies of each side, to assist in the delivering and receiving of prisoners of war by both sides at the place(s) of delivery and reception of prisoners of war. The chairmanship of this team shall alternate daily between representatives from the Red Cross Societies of the two sides. The work and services of this team shall be coordinated by the Committee for Repatriation of Prisoners of War.

(2) One team shall be composed of sixty (60) members, namely, thirty (30) representatives from the national Red Cross Societies of each side, to visit the prisoner of war camps under the administration of the Korean People's Army and the Chinese People's Volunteers. This team may provide services to prisoners of war while en route from the prisoner of war camps to the place(s) of delivery and reception of prisoners of war. A representative of the Red Cross Society of the Democratic People's Republic of Korea or of the Red Cross Society of the People's Republic of China shall serve as chairman of this team.

-21-

(3) One team shall be composed of sixty (60) members, namely, thirty (30) representatives from the national Red Cross Societies of each side, to visit the prisoner of war camps under the administration of the United Nations Command. This team may provide services to prisoners of war while en route from the prisoner of war camps to the place(s) of delivery and reception of prisoners of war. A representative of a Red Cross Society of a nation contributing forces to the United Nations Command shall serve as chairman of this team.

(4) In order to facilitate the functioning of each joint Red Cross team, sub-teams composed of not less than two (2) members from the team, with an equal number of representatives from each side, may be formed as circumstances require.

(5) Additional personnel such as drivers, clerks, and interpreters, and such equipment as may be required by the joint Red Cross teams to perform their missions, shall be furnished by the Commander of each side to the team operating in the territory under his military control.

(6) Whenever jointly agreed upon by the representatives of both sides on any joint Red Cross team, the size of such team may be increased or decreased, subject to confirmation by the Committee for Repatriation of Prisoners of War.

c. The Commander of each side shall cooperate fully with the joint Red Cross teams in the performance of their functions, and undertakes to insure the security of the personnel of the joint Red Cross team in the area under his military control. The Commander of each side shall provide such logistic, administrative, and communications facilities as may be required by the team operating in the territory under his military control.

d. The joint Red Cross teams shall be dissolved upon completion of the program of repatriation of all the prisoners of war specified in Sub-paragraph 51a hereof, who insist upon repatriation.

58. a. The Commander of each side shall furnish to the Commander of the other side as soon as practicable, but not later than ten (10) days after this Armistice Agreement becomes

-22-

effective, the following information concerning prisoners of war:

(1) Complete data pertaining to the prisoners of war who escaped since the effective date of the data last exchanged.

(2) Insofar as practicable, information regarding name, nationality, rank, and other identification data, date and cause of death, and place of burial, of those prisoners of war who died while in his custody.

b. If any prisoners of war escape or die after the effective date of the supplementary information specified above, the detaining side shall furnish to the other side, through the Committee for Repatriation of Prisoners of War, the data pertaining thereto in accordance with the provisions of Sub-paragraph 58a hereof. Such data shall be furnished at ten-day intervals until the completion of the program of delivery and reception of prisoners of war.

c. Any escaped prisoner of war who returns to the custody of the detaining side after the completion of the program of delivery and reception of prisoners of war shall be delivered to the Military Armistice Commission for disposition.

59. a. All civilians who, at the time this Armistice Agreement becomes effective, are in territory under the military control of the Commander-in-Chief, United Nations Command, and who, on 24 June 1950, resided north of the Military Demarcation Line established in this Armistice Agreement shall, if they desire to return home, be permitted and assisted by the Commander-in-Chief, United Nations Command, to return to the area north of the Military Demarcation Line; and all civilians who, at the time this Armistice Agreement becomes effective, are in territory under the military control of the Supreme Commander of the Korean People's Army and the Commander of the Chinese People's Volunteers, and who, on 24 June 1950, resided south of the Military Demarcation Line established in this Armistice Agreement shall, if they desire to return home, be permitted and assisted by the Supreme Commander of the Korean People's Army and the Commander of the Chinese People's Volunteers to return to the area south

-23-

of the Military Demarcation Line. The Commander of each side shall be responsible for publicizing widely throughout territory under his military control the contents of the provisions of this Sub-paragraph, and for calling upon the appropriate civil authorities to give necessary guidance and assistance to all such civilians who desire to return home.

b. All civilians of foreign nationality who, at the time this Armistice Agreement becomes effective, are in territory under the military control of the Supreme Commander of the Korean People's Army and the Commander of the Chinese People's Volunteers shall, if they desire to proceed to territory under the military control of the Commander-in-Chief, United Nations Command, be permitted and assisted to do so; all civilians of foreign nationality who, at the time this Armistice Agreement becomes effective, are in territory under the military control of the Commander-in-Chief, United Nations Command, shall, if they desire to proceed to territory under the military control of the Supreme Commander of the Korean People's Army and the Commander of the Chinese People's Volunteers, be permitted and assisted to do so. The Commander of each side shall be responsible for publicizing widely throughout the territory under his military control the contents of the provisions of this Sub-paragraph, and for calling upon the appropriate civil authorities to give necessary guidance and assistance to all such civilians of foreign nationality who desire to proceed to territory under the military control of the Commander of the other side.

c. Measures to assist in the return of civilians provided for in Sub-paragraph 59a hereof and the movement of civilians provided for in Sub-paragraph 59b hereof shall be commenced by both sides as soon as possible after this Armistice Agreement becomes effective.

d. (1) A Committee for Assisting the Return of Displaced Civilians is hereby established. It shall be composed of four (4) officers of field grade, two (2) of whom shall be appointed by the Commander-in-Chief, United Nations Command, and two (2) of whom shall be appointed jointly by the Supreme Commander of the Korean People's Army and the Commander of the Chinese People's Volunteers. This

Committee shall, under the general supervision and direction of the Military Armistice Commission, be responsible for coordinating the specific plans of both sides for assistance to the return of the above-mentioned civilians, and for supervising the execution by both sides of all of the provisions of this Armistice Agreement relating to the return of the above-mentioned civilians. It shall be the duty of this Committee to make necessary arrangements, including those of transportation, for expediting and coordinating the movement of the above-mentioned civilians; to select the crossing point(s) through which the above-mentioned civilians will cross the Military Demarcation Line; to arrange for security at the crossing point(s); and to carry out such other functions as are required to accomplish the return of the above-mentioned civilians.

(2) When unable to reach agreement on any matter relating to its responsibilities, the Committee for Assisting the Return of Displaced Civilians shall immediately refer such matter to the Military Armistice Commission for decision. The Committee for Assisting the Return of Displaced Civilians shall maintain its headquarters in proximity to the headquarters of the Military Armistice Commission.

(3) The Committee for Assisting the Return of Displaced Civilians shall be dissolved by the Military Armistice Commission upon fulfillment of its mission.

ARTICLE IV

RECOMMENDATION TO THE GOVERNMENTS CONCERNED ON BOTH SIDES

60. In order to insure the peaceful settlement of the Korean question, the military Commanders of both sides hereby recommend to the governments of the countries concerned on both sides that, within three (3) months after the Armistice Agreement is signed and becomes effective, a political conference of a higher level of both sides be held by representatives appointed respectively to settle through negotiation the questions of the withdrawal of all foreign forces from Korea, the peaceful settlement of the Korean question, etc.

ARTICLE V

MISCELLANEOUS

61. Amendments and additions to this Armistice Agreement must be mutually agreed to by the Commanders of the opposing sides.

62. The Articles and Paragraphs of this Armistice Agreement shall remain in effect until expressly superseded either by mutually acceptable amendments and additions or by provision in an appropriate agreement for a peaceful settlement at a political level between both sides.

63. All of the provisions of this Armistice Agreement, other than Paragraph 12, shall become effective at 2200 hours on 27 JULY 1953.

Done at Panmunjom, Korea, at 1000 hours on the 27th day of JULY, 1953, in English, Korean, and Chinese, all texts being equally authentic.

KIM IL SUNG Marshal, Democratic People's Republic of Korea Supreme Commander, Korean People's Army	**PENG TEH-HUAI** Commander, Chinese People's Volunteers	**MARK W. CLARK** General, United States Army Commander-in-Chief, United Nations Command

PRESENT

NAM IL General, Korean People's Army Senior Delegate, Delegation of the Korean People's Army and the Chinese People's Volunteers	**WILLIAM K. HARRISON, JR.** Lieutenant General, United States Army Senior Delegate, United Nations Command Delegation

ANNEX

TERMS OF REFERENCE
FOR
NEUTRAL NATIONS REPATRIATION COMMISSION
(See Sub-paragraph 51b)

I

GENERAL

1. In order to ensure that all prisoners of war have the opportunity to exercise their right to be repatriated following an armistice, Sweden, Switzerland, Poland, Czechoslovakia and India shall each be requested by both sides to appoint a member to a Neutral Nations Repatriation Commission which shall be established to take custody in Korea of those prisoners of war who, while in the custody of the detaining powers, have not exercised their right to be repatriated. The Neutral Nations Repatriation Commission shall establish its headquarters within the Demilitarized Zone in the vicinity of Panmunjom, and shall station subordinate bodies of the same composition as the Neutral Nations Repatriation Commission at those locations at which the Repatriation Commission assumes custody of prisoners of war. Representatives of both sides shall be permitted to observe the operations of the Repatriation Commission and its subordinate bodies to include explanations and interviews.

2. Sufficient armed forces and any other operating personnel required to assist the Neutral Nations Repatriation Commission in carrying out its functions and responsibilities shall be provided exclusively by India, whose representative shall be the umpire in accordance with the provisions of Article 132 of the Geneva Convention, and shall also be chairman and executive agent of the Neutral Nations Repatriation Commission. Representatives from each of the other four powers shall be allowed staff assistants in equal number not to exceed fifty (50) each. When any of the representatives of the neutral nations is absent for some reason, that representative shall designate an alternate representative of his own nationality to exercise his functions and authority. The arms of all personnel provided for in this Paragraph shall be limited to military police type small arms.

A-1

25

3. No force or threat of force shall be used against the prisoners of war specified in Paragraph 1 above to prevent or effect their repatriation, and no violence to their persons or affront to their dignity or self-respect shall be permitted in any manner for any purpose whatsoever (but see Paragraph 7 below). This duty is enjoined on and entrusted to the Neutral Nations Repatriation Commission. This Commission shall ensure that prisoners of war shall at all times be treated humanely in accordance with the specific provisions of the Geneva Convention, and with the general spirit of that Convention.

II

CUSTODY OF PRISONERS OF WAR

4. All prisoners of war who have not exercised their right of repatriation following the effective date of the Armistice Agreement shall be released from the military control and from the custody of the detaining side as soon as practicable, and, in all cases, within sixty (60) days subsequent to the effective date of the Armistice Agreement to the Neutral Nations Repatriation Commission at locations in Korea to be designated by the detaining side.

5. At the time the Neutral Nations Repatriation Commission assumes control of the prisoner of war installations, the military forces of the detaining side shall be withdrawn therefrom, so that the locations specified in the preceding Paragraph shall be taken over completely by the armed forces of India.

6. Notwithstanding the provisions of Paragraph 5 above, the detaining side shall have the responsibility for maintaining and ensuring security and order in the areas around the locations where the prisoners of war are in custody and for preventing and restraining any armed forces (including irregular armed forces) in the area under its control from any acts of disturbance and intrusion against the locations where the prisoners of war are in custody.

7. Notwithstanding the provisions of Paragraph 3 above, nothing in this agreement shall be construed as derogating from the authority of the Neutral Nations Repatriation Commission to exercise its legitimate functions and responsibilities for the control of the prisoners of war under its temporary jurisdiction.

III

EXPLANATION

8. The Neutral Nations Repatriation Commission, after having received and taken into custody all those prisoners of war who have not exercised their right to be repatriated, shall immediately make arrangements so that within ninety (90) days after the Neutral Nations Repatriation Commission takes over the custody, the nations to which the prisoners of war belong shall have freedom and facilities to send representatives to the locations where such prisoners of war are in custody to explain to all the prisoners of war depending upon these nations their rights and to inform them of any matters relating to their return to their homelands, particularly of their full freedom to return home to lead a peaceful life, under the following provisions:

a. The number of such explaining representatives shall not exceed seven (7) per thousand prisoners of war held in custody by the Neutral Nations Repatriation Commission; and the minimum authorized shall not be less than a total of five (5);

b. The hours during which the explaining representatives shall have access to the prisoners shall be as determined by the Neutral Nations Repatriation Commission, and generally in accord with Article 53 of the Geneva Convention Relative to the Treatment of Prisoners of War;

c. All explanations and interviews shall be conducted in the presence of a representative of each member nation of the Neutral Nations Repatriation Commission and a representative from the detaining side;

d. Additional provisions governing the explanation work shall be prescribed by the Neutral Nations Repatriation

Commission, and will be designed to employ the principles enumerated in Paragraph 3 above and in this Paragraph;

e. The explaining representatives, while engaging in their work, shall be allowed to bring with them necessary facilities and personnel for wireless communications. The number of communications personnel shall be limited to one team per location at which explaining representatives are in residence, except in the event all prisoners of war are concentrated in one location, in which case, two (2) teams shall be permitted. Each team shall consist of not more than six (6) communications personnel.

9. Prisoners of war in its custody shall have freedom and facilities to make representations and communications to the Neutral Nations Repatriation Commission and to representatives and subordinate bodies of the Neutral Nations Repatriation Commission and to inform them of their desires on any matter concerning the prisoners of war themselves, in accordance with arrangements made for the purpose by the Neutral Nations Repatriation Commission.

IV

DISPOSITION OF PRISONERS OF WAR

10. Any prisoner of war who, while in the custody of the Neutral Nations Repatriation Commission, decides to exercise the right of repatriation, shall make an application requesting repatriation to a body consisting of a representative of each member nation of the Neutral Nations Repatriation Commission. Once such an application is made, it shall be considered immediately by the Neutral Nations Repatriation Commission or one of its subordinate bodies so as to determine immediately by majority vote the validity of such application. Once such an application is made to and validated by the Commission or one of its subordinate bodies, the prisoner of war concerned shall immediately be transferred to and accommodated in the tents set up for those who are ready to be repatriated. Thereafter, he shall, while still in the custody of the Neutral Nations

Repatriation Commission, be delivered forthwith to the prisoner of war exchange point at Panmunjom for repatriation under the procedure prescribed in the Armistice Agreement.

11. At the expiration of ninety (90) days after the transfer of custody of the prisoners of war to the Neutral Nations Repatriation Commission, access of representatives to captured personnel as provided for in Paragraph 8 above, shall terminate, and the question of disposition of the prisoners of war who have not exercised their right to be repatriated shall be submitted to the Political Conference recommended to be convened in Paragraph 60, Draft Armistice Agreement, which shall endeavor to settle this question within thirty (30) days, during which period the Neutral Nations Repatriation Commission shall continue to retain custody of those prisoners of war. The Neutral Nations Repatriation Commission shall declare the relief from the prisoner of war status to civilian status of any prisoners of war who have not exercised their right to be repatriated and for whom no other disposition has been agreed to by the Political Conference within one hundred and twenty (120) days after the Neutral Nations Repatriation Commission has assumed their custody. Thereafter, according to the application of each individual, those who choose to go to neutral nations shall be assisted by the Neutral Nations Repatriation Commission and the Red Cross Society of India. This operation shall be completed within thirty (30) days, and upon its completion, the Neutral Nations Repatriation Commission shall immediately cease its functions and declare its dissolution. After the dissolution of the Neutral Nations Repatriation Commission, whenever and wherever any of those above-mentioned civilians who have been relieved from the prisoner of war status desire to return to their fatherlands, the authorities of the localities where they are shall be responsible for assisting them in returning to their fatherlands.

V

RED CROSS VISITATION

12. Essential Red Cross service for prisoners of war in custody of the Neutral Nations Repatriation Commission shall be provided by India in accordance with regulations issued by the Neutral Nations Repatriation Commission.

A-5

VI

PRESS COVERAGE

13. The Neutral Nations Repatriation Commission shall insure freedom of the press and other news media in observing the entire operation as enumerated herein, in accordance with procedures to be established by the Neutral Nations Repatriation Commission.

VII

LOGISTICAL SUPPORT FOR PRISONERS OF WAR

14. Each side shall provide logistical support for the prisoners of war in the area under its military control, delivering required support to the Neutral Nations Repatriation Commission at an agreed delivery point in the vicinity of each prisoner of war installation.

15. The cost of repatriating prisoners of war to the exchange point at Panmunjom shall be borne by the detaining side and the cost from the exchange point by the side on which said prisoners depend, in accordance with Article 118 of the Geneva Convention.

16. The Red Cross Society of India shall be responsible for providing such general service personnel in the prisoner of war installations as required by the Neutral Nations Repatriation Commission.

17. The Neutral Nations Repatriation Commission shall provide medical support for the prisoners of war as may be practicable. The detaining side shall provide medical support as practicable upon the request of the Neutral Nations Repatriation Commission and specifically for those cases requiring extensive treatment or hospitalization. The Neutral Nations Repatriation Commission shall maintain custody of prisoners of war during such hospitalization. The detaining side shall facilitate such custody. Upon completion of treatment, prisoners of war shall be returned to a prisoner of war installation as specified in Paragraph 4 above.

A-6

18. The Neutral Nations Repatriation Commission is entitled to obtain from both sides such legitimate assistance as it may require in carrying out its duties and tasks, but both sides shall not under any name and in any form interfere or exert influence.

VIII

LOGISTICAL SUPPORT FOR THE NEUTRAL NATIONS REPATRIATION COMMISSION

19. Each side shall be responsible for providing logistical support for the personnel of the Neutral Nations Repatriation Commission stationed in the area under its military control, and both sides shall contribute on an equal basis to such support within the Demilitarized Zone. The precise arrangements shall be subject to determination between the Neutral Nations Repatriation Commission and the detaining side in each case.

20. Each of the detaining sides shall be responsible for protecting the explaining representatives from the other side while in transit over lines of communication within its area, as set forth in Paragraph 23 for the Neutral Nations Repatriation Commission, to a place of residence and while in residence in the vicinity of but not within each of the locations where the prisoners of war are in custody. The Neutral Nations Repatriation Commission shall be responsible for the security of such representatives within the actual limits of the locations where the prisoners of war are in custody.

21. Each of the detaining sides shall provide transportation, housing, communication, and other agreed logistical support to the explaining representatives of the other side while they are in the area under its military control. Such services shall be provided on a reimbursable basis.

IX

PUBLICATION

22. After the Armistice Agreement becomes effective, the terms of this agreement shall be made known to all prisoners of war who, while in the custody of the detaining side, have not exercised their right to be repatriated.

A-7

X

MOVEMENT

23. The movement of the personnel of the Neutral Nations Repatriation Commission and repatriated prisoners of war shall be over lines of communication as determined by the command(s) of the opposing side and the Neutral Nations Repatriation Commission. A map showing these lines of communication shall be furnished the command of the opposing side and the Neutral Nations Repatriation Commission. Movement of such personnel, except within locations as designated in Paragraph 4 above, shall be under the control of, and escorted by, personnel of the side in whose area the travel is being undertaken; however, such movement shall not be subject to any obstruction and coercion.

XI

PROCEDURAL MATTERS

24. The interpretation of this agreement shall rest with the Neutral Nations Repatriation Commission. The Neutral Nations Repatriation Commission, and/or any subordinate bodies to which functions are delegated or assigned by the Neutral Nations Repatriation Commission, shall operate on the basis of majority vote.

25. The Neutral Nations Repatriation Commission shall submit a weekly report to the opposing Commanders on the status of prisoners of war in its custody, indicating the numbers repatriated and remaining at the end of each week.

26. When this agreement has been acceded to by both sides and by the five powers named herein, it shall become effective upon the date the Armistice becomes effective.

Done at Panmunjom, Korea, at 1400 hours on the 8th day of June 1953, in English, Korean, and Chinese, all texts being equally authentic.

NAM IL	WILLIAM K. HARRISON, JR.
General, Korean People's Army Senior Delegate, Delegation of the Korean People's Army and the Chinese People's Volunteers	Lieutenant General, United States Army Senior Delegate, United Nations Command Delegation

A-8

TEMPORARY AGREEMENT SUPPLEMENTARY TO THE

ARMISTICE AGREEMENT

0066

In order to meet the requirements of the disposition of the prisoners of war not for direct repatriation in accordance with the provisions of the Terms of Reference for Neutral Nations Repatriation Commission, the Commander-in-Chief, United Nations Command, on the one hand, and the Supreme Commander of the Korean People's Army and the Commander of the Chinese People's Volunteers, on the other hand, in pursuance of the provisions in Paragraph 61, Article V of the Agreement concerning a military armistice in Korea, agree to conclude the following Temporary Agreement supplementary to the Armistice Agreement:

1. Under the provisions of Paragraphs 4 and 5, Article II of the Terms of Reference for Neutral Nations Repatriation Commission, the United Nations Command has the right to designate the area between the Military Demarcation Line and the eastern and southern boundaries of the Demilitarized Zone between the Imjin River on the south and the road leading south from Okum-ni on the northeast (the main road leading southeast from Panmunjom not included), as the area within which the United Nations Command will turn over the prisoners of war, who are not directly repatriated and whom the United Nations Command has the responsibility for keeping under its custody, to the Neutral Nations Repatriation Commission and the armed forces of India for custody. The United Nations Command shall, prior to the signing of the Armistice Agreement, inform the side of the Korean People's Army and the Chinese People's Volunteers of the approximate figures by nationality of such prisoners of war held in its custody.

2. If there are prisoners of war under their custody who request not to be directly repatriated, the Korean People's Army and the Chinese People's Volunteers have the right to designate the area in the vicinity of Panmunjom between the Military Demarcation Line and the western and northern boundaries

84

(1)

1538

0067

of the Demilitarized Zone, as the area within which such prisoners of war will be turned over to the Neutral Nations Repatriation Commission and the armed forces of India for custody. After knowing that there are prisoners of war under their custody who request not to be directly repatriated, the Korean People's Army and the Chinese People's Volunteers shall inform the United Nations Command side of the approximate figures by nationality of such prisoners of war.

3. In accordance with Paragraphs 8, 9 and 10, Article I of the Armistice Agreement, the following paragraphs are hereby provided:

a. After the cease-fire comes into effect, unarmed personnel of each side shall be specifically authorized by the Military Armistice Commission to enter the above-mentioned area designated by their own side to perform necessary construction operations. None of such personnel shall remain in the above-mentioned areas upon the completion of the construction operations.

b. A definite number of prisoners of war as decided upon by both sides, who are in the respective custody of both sides and who are not directly repatriated, shall be specifically authorized by the Military Armistice Commission to be escorted respectively by a certain number of armed forces of the detaining sides to the above-mentioned areas of custody designated respectively by both sides to be turned over to the Neutral Nations Repatriation Commission and the armed forces of India for custody. After the prisoners of war have been taken over, the armed forces of the detaining sides shall be withdrawn immediately from the areas of custody to the area under the control of their own side.

c. The personnel of the Neutral Nations Repatriation Commission and its subordinate bodies, the armed forces of India, the Red Cross Society of India, the explaining representatives and observation representatives of both sides,

3 • 한국군사정전에 관한 협정

국제연합군 총사령관을 一方으로 하고 조선인민군 최고사령관 및 중국인민지원군사령관을 다른 一方으로 하는 下記의 서명자들은 쌍방에 막대한 고통과 유혈을 초래한 한국 충돌을 정지시키기 위하여서 최후적인 평화적 해결이 달성될 때까지 한국에서의 적대 행위와 일체 무장 행동의 완전한 정지를 보장하는 정전을 확립할 목적으로 下記조항에 기재된 정전 조건과 규정을 접수하며 또 그 제약과 통제를 받는데 각자 공동 상호 동의한다. 이 조건과 규정들의 의도는 순전히 군사적 성질에 속하는 것이며, 이는 오직 한국에서의 交戰雙方에만 적용한다.

제1조 군사분계선과 비무장지대

1. 한 개의 군사분계선을 확정하고 쌍방이 이 線으로부터 각기 2km씩 후퇴함으로써 敵對 군대 간에 한 개의 비무장지대를 설정한다. 한 개의 비무장지대를 설정하여 이를 완충지대로 함으로써 적대 행위의 재발을 초래할 수 있는 사건의 발생을 방지한다.

2. 군사분계선의 위치는 첨부한 지도에 표시한 바와 같다.

3. 비무장지대는 첨부한 지면에 표시한 북방 경계선 및 남방 경계선으로써 이를 확정한다.

4. 군사분계선은 下記와 같이 설정한 군사정전위원회의 지시에 따라 이를 명백히 標識한다. 적대 쌍방 사령관들은 비무장지대와 각자의 지역 간의 경계선에 따라 적당한 標識物을 세운다. 군사정전위원회는 군사분계선과 비무장지대의 양 경계선에 따라 설치한 일체 標識物의 建立을 감독한다.

5. 漢江 河口의 水域으로서 그 한쪽 江岸이 일방의 통제하에 있고 그 다른 한쪽 江岸이 다른 일방의 통제하에 있는 곳은 쌍방의 民用선박의 航行에 이를 개방한다. 첨부한 지도에 표시한 부분의 한강河口의 航行규칙은 군사정전위원회가 이를 규정한다. 각방 民用선박이 航行함에 있어서 자기 측의 군사통제하에 있는 유지에 배를 대는 것은 제한받지 않는다.

6. 쌍방은 모두 비무장지대 내에서 또는 비무장지대로부터 비무장지대에 향하여 어떠한 적대 행위도 감행하지 못한다.

7. 군사정전위원회의 특정한 허가 없이는 어떠한 군인이나 민간인이나 군사분계선을 통과함을 허가하지 않는다.

8. 비무장지대 내의 어떠한 군인이나 민간인이나 그가 들어가려고 요구하는 지역사령관의 특정한 허가 없이는 어느 일방의 군사통제하에 있는 지역에도 들어감을 허가하지 않는다.

9. 民事行政 및 救濟事業의 집행에 관계되는 인원과 군사정전위원회의 특정한 허가를 얻고 들어가는 인원을 제외하고는 어떠한 군인이나 민간인이나 비무장지대에 들어감을 허가하지 않는다.

10. 비무장지대 내의 군사분계선 以南의 부분에 있어서의 민사 행정 및 구제 사업은 국제연합군 총사령관이 책임진다. 비무장지대 내의 군사분계선 이북의 부분에 있어서의 민사 행정 및 구제 사업은 조선인민군 최고사령관과 중국인민지원군사령관이 공동으로 책임진다. 민사 행정 및 구제 사업을 집행하기 위하여 비무장지대에 들어갈 것을 허가받는 군인 또는 민간인의 인원수는 각방 사령관이 각각 이를 결정한다. 단, 어느 일방이 허가한 인원의 총수는 언제나 일천명을 초과하지 못한다. 민사 행정, 경찰의 인원수 및 그가 휴대하는 무기는 군사정전위원회가 이를 규정한다. 기타 인원은 군사정전위원회의 특정한 허가없이는 무기를 휴대하지 못한다.

11. 本條의 어떠한 규정이든지 모든 군사정전위원회, 그의 보조인원, 그의 共同監視小組 및 소조의 보조인원, 그리고 下記와 같이 설립한 중립국 감독위원회, 그의 보조인원, 그의 중립국시찰소조 및 소조의 보조인원과 군사정전위원회로부터 비무장지대 출입과 비무

장지대 내에서의 두 지점이 비무장지대 내에 전부 들어 있는 도로로써 연락되지 않는 경우에 이 두 지점 간에 반드시 경과하여야 할 통로를 왕래하기 위하여 어느 일방의 군사통제하에 있는 지역을 통과하는 이동의 편리를 許與한다.

제2조 停火 및 停戰의 구체적 조치

가. 총칙

12. 적대 쌍방 사령관들은 육해공군의 모든 부대와 인원을 포함한 그들의 통제하에 있는 모든 武裝力量이 한국에 있어서의 일체 적대 행위를 완전히 정지할 것을 명령하고 또 이를 보장한다. 본 항의 적대 행위의 완전 정지는 본 정전협정이 조인된지 12시간 후부터 효력을 발생한다.(본 정전협정의 기타 각항의 규정이 효력을 발생하는 일자와 시간에 대하여서는 본 정전협정 제63항 참조)

13. 군사정전의 확고성을 보장함으로써 쌍방의 한級 높은 정치회담을 진행하여 평화적 해결을 달성하는 것을 이롭게 하기 위하여 적대 쌍방 사령관들은

ㄱ. 본 정전협정 중에 따로 규정한 것을 제외하고 본 정전협정이 효력을 발생한 후 72시간 내에 그들의 일체 군사 역량,

보급 및 장비를 비무장지대로부터 철거한 후 비무장지대 내에 존재한다고 알려져 있는 모든 폭발물, 地雷源, 철조망 및 기타 군사정전위원회 또는 그의 공동감시소조인원의 통행안전에 위험이 미치는 위험물들은 이러한 위험물이 없다고 알려져 있는 모든 통로와 함께 이러한 위험물을 설치한 군대의 사령관이 반드시 군사정전위원회에 이를 보고한다. 그 다음에 더 많은 통로를 청소하여 안전하게 만들며, 결국에 가서는 72시간의 기간이 끝난 후 45일 내에 모든 이러한 위험물은 반드시 군사정전위원회 지시에 따라, 또 그 감독하에 비무장지대 내로부터 이를 제거한다. 72시간의 기간이 끝난 후 군사정전위 원회의 감독하에서 45일의 기간 내에 제거작업을 완수할 권한을 가진 비무장부대와 군사정전위원회가 특히 요청하였으며 또 적대 쌍방 사령관들이 동의한 경찰의 성질을 가진 부대 및 본 정전협정 제10항과 제11항에서 허가한 인원 이외에는 쌍방의 어떠한 인원이든지 비무장지대에 들어가는 것을 허락하지 않는다.

ㄴ. 본 정전협정이 효력을 발생한 후 10일 이내에 상대방은 한국에 있어서의 후방과 沿海島嶼 및 海面으로부터 그들의 모든 군사 역량 보급물자 및 장비를 철거한다. 만일 철거를 연기할 쌍방이 동의한 이유 없이 또 철거를 연기할 유효한 이유이 기한이 넘어도 이러한 군사 역량을 철거하지 않을

때는 상대방은 치안을 유지하기 위하여 그가 필요하다고 인정하는 어떠한 행동이라도 취할 권리를 가진다. 上記한 沿海島嶼라는 용어는 본 정전협정이 효력을 발생할 때에 비록 일방이 점령하고 있더라도 1950년 6월 24일에 상대방이 통제하고 있던 島嶼 중에서 白翎島(북위 37도 58분, 동경 124도 40분), 大靑島(북위 37도 50분, 동경 124도 42분), 小靑島(북위 37도 46분, 동경 124도 46분), 延坪島(북위 37도 38분, 동경 125도 40분) 및 隅島(북위 37도 36분, 동경 125도 58분)의 島嶼群들을 국제연합군 총사령관의 군사통제하에 남겨두는 것을 제외한 기타 모든 도서는 조선인민군 최고사령관과 중국인민지원군사령관의 군사통제하에 둔다. 한국 서해안에 있어서 상기 경계선 이남에 있는 모든 도서는 국제연합군 총사령관의 군사통제하에 남겨 둔다.

ㄷ. 한국 境外로부터 증원하는 군사 인원을 들여오는 것을 중지한다. 단 아래에 규정한 범위 내의 부대와 인원의 輪還臨時任務를 담당한 인원이 한국에의 도착 및 한국境外에서 단기휴가를 하였거나 혹은 임시 임무를 담당하였던 인원의 한국에의 귀환은 이를 허가한다. '輪還'의 정의는 부대 혹은 인원이 한국에서 복무를 개시하는 다른 부대 혹은 인원과 교체하는 것을 말하는 것이다. 輪還인원은 오직 본 정전협정 제43항에 열거한 출입항을 경유하여서만 한국으로 들어오며 또 한국으로부터 내어갈 수 있다. 輪還은

一人 對 一人의 교환기초 위에서 진행한다. 단 어느 일방이든지 一曆月內에 輪還정책하에서 한국境外로부터 삼만오천 명 이상의 군사 인원을 들여오지 못한다. 만일 일방의 군사 인원을 들여오는 것이 該當側이 본 정전협정 효력발생일로부터 한국으로 들여온 군사 인원의 총수로 하여 금 같은 날짜로부터 한국을 떠난 해당측 군사 인원의 累計總數를 초과하게 할 때는 해당측의 어떠한 군사 인원도 한국으로 들여올 수 없다. 군사 인원의 한국에의 도착 및 한국으로부터의 離去에 관하여 매일 군사정전위원회와 중립국감시위원회에 보고한다. 이 보고는 入境과 出境의 지점 및 每個 지점에서 入境하는 인원과 出境 하는 인원의 숫자를 포함한다. 중립국감시위원회는 그의 중립국시 찰소조를 통하여 본 정전협정 제43항에 열거한 출입항에서 上記의 허가된 부대 및 인원의 輪還을 감독하며 정찰한다.

ㄹ. 한국 경외로부터 증원하는 작전비행기, 장갑차량, 무기 및 탄약을 들여오는 것을 정지한다. 단 정전기간에 파괴, 파손, 損耗 또는 소모된 작전비행기, 장갑차량, 무기 및 탄약은 같은 성능과 같은 유형의 물건을 일대일로 교환하는 기초 위에서 교체할 수 있다. 이러한 작전비행기, 장갑차량, 무기 및 탄약은 오직 본 정전협정 제43항에 열거한 출입항을 경유하여서만 한국으로 들어올 수 있다. 교체의 목적으로 작전비행기, 장갑차량, 무기 및 탄약을 한국으로 반

입할 필요를 확인하기 위하여 이러한 물건의 每次 반입에 관하여 군사 정전위원회와 중립국감독위원회에 보고한다. 이 보고 중에서 교체 되는 處理情況을 설명한다. 교체되어 한국으로부터 내어가는 물건은 오직 본 정전협정 제43항에 열거한 출입항을 경유하여서만 내어갈 수 있다. 중립국감독위원회는 그의 중립국시찰소조를 통하여 본 정전협정 제43항에 열거한 출입항에서 上記의 허가된 작전비행기, 장갑차량, 무기 및 탄약의 교체를 감독하며 감시한다.

ㅁ. 본 정전협정중의 어떠한 규정이든지 위반하는 각자의 지휘하에 있는 인원을 적당히 처벌할 것을 보장한다.

ㅂ. 埋葬지점이 기록에 있고 墳墓가 확실히 존재하고 있다는 것이 판명된 경우에는 본 정전협정이 효력을 발생한 후, 일정한 기한에 그 의 군사통제하에 있는 한국 지역에 상대방의 분묘등록인원이 들어오는 것을 허가하여 이러한 분묘소재지에 가서 해당 측의 이미 죽은 전쟁포로를 포함한 죽은 군사 인원의 시체를 발굴하고 또 반출하여 가도록 한다. 上記 사업을 진행하는 구체적 방법과 기한은 군사정전위원회가 이를 결정한다. 적대 쌍방 사령관들은 상대방의 죽은 군사 인원의 매장 지점에 관계되는 얻을 수 있는 일체 재료를 상대방에 제공한다.

ㅅ. 군사정전위원회와 그의 공동감시소조가 下記와 같이 지정한 그들의 직책과 임무를 집행할 때에 충분한 보호 및

일체의 가능한 幇助와 협력을 한다. 중립국감독위원회 및 그의 중립국시찰소조의 쌍방이 합의한 주요 교통선을 경유하여 중립국감독위원회본부와 본 정전협정 제43항에 열거한 출입항간을 왕래할 때와 또 중립국감독위원회본부와 본 정전협정 위반 사건이 발생하였다고 보고된 지점간을 왕래할 때에 충분한 통행상의 편리를 준다. 불필요한 지연을 방지하기 위하여 주요 교통선이 막히든지 통행할 수 없는 경우에는 다른 통로와 輸送機材를 사용할 것을 허가한다.

ㅇ. 군사정전위원회 및 중립국감독위원회와 그 각자에 속하는 小組에 요구되는 통신 및 운수상 편리를 포함한 보급상의 원조를 제공한다.

ㅈ. 군사정전위원회 본부 부근 비무장지대 내의 자기 측 지역에 각각 한 개의 적당한 비행장을 건설, 관리, 유지한다. 그 용도는 군사정전위원회가 결정한다.

ㅊ. 중립국감독위원회와 중립국송환위원회의 전체위원 및 기타 인원이 모두 자기의 직책을 적당히 집행함에 필요한 자유와 편리를 가지도록 보장한다. 이에는 인가된 외교인원이 국제 관례에 따라 통상 적으로 향유하는 바와 동등한 특권, 대우 및 면제권을 포함한다.

14. 본 정전협정은 쌍방의 군사통제하에 있는 敵對中의 일체 地上軍事力量에 적용되며, 이러한 지상 군사 역량은 비무장지대와

상대방의 군사통제하에 있는 한국 지역을 존중한다.

15. 본 정전협정은 적대 중의 일체 海上軍事力量은 비무장지대와 상대방의 군사통제하에 있는 한국육지에 인접한 海面을 존중하며 한국에 대하여 어떠한 종류의 봉쇄도 하지 못한다.

16. 본 정전협정은 적대 중의 일체 空中軍事力量은 비무장지대와 상대방의 군사통제하에 있는 한국 지역 및 이 지역에 인접한 海面의 上空을 존중한다.

17. 본 정전협정의 조항과 규정을 준수하며, 집행하는 책임은 본 정전협정에 조인한 자와 그의 후임 사령관에게 속한다. 적대 쌍방 사령관들은 각각 그들의 지휘하에 있는 군대 내에서 일체의 필요한 조치와 방법을 취함으로써 그 모든 소속부대 및 인원이 본 정전협정의 전체 규정을 철저히 준수하는 것을 보장한다. 적대 쌍방 사령관들은 상호 적극 협 력하며 군사정전위원회 및 중립국감독위원회와 적극 협력함으로써 본 정전협정 전체규정의 文句와 정신을 준수하도록 한다.

18. 군사정전위원회와 중립국감독위원회 및 그 각자에 속하는 小組의 사업 비용은 적대 쌍방이 균등하게 부담한다.

나. 군사정전위원회

1. 구성

19. 군사정전위원회를 설립한다.

20. 군사정전위원회는 10명의 고급장교로 구성하되 그 중의 5명은 국제연합군 총사령관이 이를 임명하며, 그 중의 5명은 조선인민군 최고사령관과 중국인민지원군사령관이 공동으로 이를 임명한다. 위원 10명 중 에서 각방의 3명은 將級에 속하여야 하며 각방의 나머지 2명은 소장, 준장, 대령 혹은 그와 동급인 자로 할 수 있다.

21. 군사정전위원회 위원은 그 필요에 따라 參謀 보조인원을 사용할 수 있다.

22. 군사정전위원회는 필요한 행정인원을 배치하여 비서처를 설치하되, 그 임무는 동위원회의 기록, 서기, 통역 및 동 위원회가 지정하는 기타 직 책의 집행을 협조하는 것이다. 쌍방은 각기 비서처에 비서장 1명, 보조 비서장 1명 및 비서처에 필요한 서기, 전문 기술인원을 임명한다. 기록은 영문, 한국문 및 중국문으로 작성하되 세 가지 글은 동등한 효력을 가진다.

23.

ㄱ. 군사정전위원회는 처음엔 10개의 공동감시소조를 두어 그 협조를 받는다. 소조의 수는 군사정전위원회의 쌍방 수석위원회의 합의를 거쳐 감소할 수 있다.

ㄴ. 每個의 공동감시소조는 4명 내지 6명의 영관급장교로 구성하되 그 중의 半數는 국제연합군 총사령관이 이를 임명하며 그 중의 반수는 조선인민군 최고사령관과 중국인민지원군사령관이 공동으로 이를 임명한다. 공동감시소조

의 사업상 필요한 운전수, 서기, 통 역 등의 부속인원은 쌍방이 이를 제공한다.

2. 책임과 권한

24. 군사정전위원회의 전반적 임무는 본 정전협정의 실시를 감독하며 본 정전협정의 어떠한 위반 사건이든지 협의하여 처리하는 것이다.

25. 군사정전위원회는

ㄱ. 본부를 판문점(북위 37도 57분 29초, 동경 126도 0분 00초) 부근에 설치한다. 군사정전위원회는 동 위원회의 쌍방 수석위원의 합의를 거쳐 그 본부를 비무장지대 내의 다른 한 지점에 移設할 수 있 다.

ㄴ. 공동기구로서 사업을 진행하며 의장을 두지 않는다.

ㄷ. 그가 수시로 필요하다고 인정하는 절차규정을 채택한다.

ㄹ. 본 정전협정 중 비무장지대와 한강하구에 관한 각 규정의 집행을 감독한다.

ㅁ. 공동감시소조의 사업을 지도한다.

ㅂ. 본 정전협정의 어떠한 위반 사건이든지 협의하여 처리한다.

ㅅ. 중립국감독위원회로부터 받은 본 정전협정 위반 사건에 관한 일체 조사보고 및 일체 기타 보고와 회의 기록은 즉시로 적대 쌍방 사령관들에게 이를 전달한다.

ㅇ. 下記한 바와 같이 설립한 전쟁포로송환위원회와 失鄕私民歸鄕協調委員會의 사업을 전반적으로 감독하며 지휘한다.

ㅈ. 敵對 쌍방 사령관 간에 통신을 전달하는 중개 역할을 담당한다. 단 上記의 규정은 쌍방 사령관들이 사용하고자 하는 어떠한 다른 방법을 사용하여 相互통신을 전달하는 것을 배제하는 것으로 해석할 수 없다.

ㅊ. 그의 工作인원과 그의 공동감시소조의 증명, 문건 및 휘장 또 그 임무집행 시에 사용하는 일체의 차량, 비행기 및 선박의 식별 표지를 발급한다.

26. 공동감시소조의 임무는 군사정전위원회가 본 정전협정 중의 비무장지대 및 한강하구에 관한 각 규정의 집행을 감독함을 협조하는 것이다.

27. 군사정전위원회 또는 그중 어느 일방의 수석위원은 공동감시소조를 파견하여 비무장지대나 한강하구에서 발생하였다고 보고된 본 정전협정 위반 사건을 조사할 권한을 가진다. 단 동 위원회 중의 어느 일방의 수석위원이든지 언제나 군사정전위원회가 아직 파견하지 않은 공동감시소조의 반수 이상을 파견할 수 없다.

28. 군사정전위원회 또는 동 위원회의 어느 일방의 수석위원은 중립국감독 위원회에 요청하여, 본 정전협정 위반 사건이 발생하였다고 보고된 비무장지대 이외의 지점에 가서 특별한 감시와 시찰을 행할 권한을 가진다.

29. 군사정전위원회가 본 정전협정 위반 사건이 발생하였다고

확정한 때에는 즉시로 그 위반 사건을 적대 쌍방 사령관들에게 보고한다.

30. 군사정전위원회가 본 정전협정의 어떠한 위반 사건이 만족하게 시정되었다고 확정한 때에는 이를 적대 쌍방 사령관들에게 보고한다.

3. 총칙

31. 군사정전위원회는 매일 회의를 연다. 쌍방의 수석위원은 합의하여 7 일을 넘지 않는 휴회를 할 수 있다. 단 어느 일방의 수석위원이든지 24시간 전의 통고로써 이 휴회를 끝낼 수 있다.

32. 군사정전위원회의 일체 회의 기록의 부본은 매번 회의 후 될 수 있는 대로 속히 敵對 쌍방 사령관들에게 송부한다.

33. 공동감시소조는 군사정전위원회에 동 위원회가 요구하는 정기보고를 제출하며 또 이 소조들이 필요하다고 인정하거나 또는 동 위원회가 요 구하는 특별보고를 제출한다.

34. 군사정전위원회는 본 정전협정에 규정한 보고 및 회의 기록의 문건철 두 벌을 보관한다. 동 위원회는 그 사업진행에 필요한 기타의 보고기록 등의 문건철 두 벌을 보관할 권한을 가진다. 동 위원회의 최후 해 산시에는 상기 문건철을 쌍방에 각 한 벌씩 나누어 준다.

35. 군사정전위원회는 적대 쌍방 사령관들에게 본 정전협정의 수정 또는 增補에 대한 건의를 제출할 수 있다. 이러한 개정 건의

는 일반적으로 더 유효한 정전을 보장할 것을 목적으로 하는 것이어야 한다.

다. 중립국감독위원회

1. 구성

36. 중립국감독위원회를 설정한다.

37. 중립국감독위원회는 4명의 고급장교로 구성하되, 그 중의 2명은 국제연합군 총사령관이 지명한 중립국 즉 스웨덴 및 스위스가 이를 임명하며, 그 중의 2명은 조선인민군 최고사령관과 중국인민지원군사령관이 공동으로 지명한 중립국 즉 폴란드 및 체코슬로바키아가 이를 임명한다. 본 정전협정에서 쓴 중립국이라는 용어의 정의는 그 전투부대가 한국에서의 적대 행위에 참가하지 않은 국가를 말하는 것이다. 동 위원회에 임명되는 위원은 임명하는 국가의 무장부대로부터 파견될 수 있다. 每個 위원은 후보위원 1명을 지정하여 그 正委員이 어떠한 이유로 출석할 수 없게 되는 회의에 출석하게 한다. 이러한 후보위원은 그 정위원과 동일한 국적에 속한다. 일방이 지명한 중립국 위원의 출석자수와 다른 일방이 지명한 중립국 위원의 출석자 수가 같을 때에는 중립국감독위원회는 곧 행동을 취할 수 있다.

38. 중립국감독위원회의 위원은 그 필요에 따라 각기 해당 중

립국가가 제공한 參謀보조인원을 사용할 수 있다. 이러한 참모보조인원은 본 위원회의 후보위원으로 임명될 수 있다.

39. 중립국감독위원회에 필요한 행정위원을 제공하도록 중립국에 요청하여 비서처를 설치하되 그 임무는 동 위원회에 필요한 기록, 서기, 통역 및 동 위원회가 지정하는 기타 직책의 집행을 협조하는 것이다.

40.

ㄱ. 중립국감독위원회는 처음엔 20개의 중립국감독소조를 두어 그 협조를 받는다. 소조의 수는 군사정전위원회의 쌍방 수석위원의 합의를 거쳐 감소할 수 있다. 중립국감독소조는 오직 중립국감독위원회에 대하여서만 책임을 지며 그에 보고하며 또 지도를 받는다.

ㄴ. 每個중립국감독소조는 최소 4명의 장교로 구성하되 이 장교는 영관급으로 하는 것이 적당하며, 이 중의 반수는 국제연합군 총사령관이 지명한 중립국에서 내고, 또 그 중의 반수는 조선인민군 최고사령관과 중국인민지원군사령관이 공동으로 지명한 중립국에서 낸다. 중립국시찰소조에 임명되는 組員은 임명하는 국가의 무장부대에서 이를 낼 수 있다. 각 소조의 직책집행을 편리하게 하기 위하여 정황의 요구에 따라 최소 2명의 조원으로 구성되는 分組를 설치할 수 있다. 그 두 조원 중의 1명은 국제연합군 총사령관이 지명한 중립국에서 내며 1명은 조선인민군 최

고사령관과 중국인민지원군사령관이 공동으로 지명한 중립국에서 낸다. 운전수, 서기, 통역, 통신원과 같은 부속인원 및 각 소조의 임무집행에 필요한 비품은 各方 사령관이 비무장지대 내 및 자기측 군사통제 지역 내에서 수요에 따라 이를 공급한다. 중립국감독위원회는 동 위원회 자체와 중립국시찰소조들에 그가 요망하는 상기의 인원 및 비품을 제공할 수 있다. 단 이러한 인원은 중립국감독위원회를 구성한 그 중립국의 인원이어야 한다.

2. 책임과 권한

41. 중립국감독위원회의 임무는 본 정전협정 제13항 ㄷ목, 제13항 ㄹ목 및 제28항에 규정한 감독, 감시, 시찰 및 조사의 직책을 집행하며 이러한 감독, 감시, 시찰 및 조사의 결과를 군사정전위원회에 보고하는 것이다.

42. 중립국감독위원회는

ㄱ. 본부를 군사정전위원회의 본부 부근에 설치한다.

ㄴ. 그가 수시로 필요하다고 인정하는 절차규정을 채택한다.

ㄷ. 그 위원 및 그 중립국감시소조를 통하여 본 정전협정 제13항 ㄷ목, 제13항 ㄹ목에 규정한 감독과 시찰을 진행하며 또 본 정전협정 위반 사건이 발생하였다고 보고된 지점에서 본 정전협정 제28항에 규정한 특별감시와 시찰을 진행한다. 작전비행기, 장갑차량, 무기 및 탄약에 대한 중립

국시찰소조의 시찰은 소조로 하여금 증원하는 작전비행기, 장갑차량, 무기 및 탄약을 한국으로 들여옴이 없도록 확실히 보장할 수 있게 한다. 단 이 규정은 어떠한 작전 비행기, 장갑차량, 무기 또는 탄약의 어떠한 비밀설계 또는 特點을 시찰 또는 검사할 권한을 주는 것으로 해석할 수 없다.

ㄹ. 중립국시찰소조의 사업을 지도하며 감독한다.

ㅁ. 국제연합군 총사령관의 군사통제지역 내에 있는 본 정전협정 제43항에 열거한 출입항에 5개의 중립국시찰소조를 주재시키며 조선인민군 최고사령관과 중국인민지원군사령관의 군사통제지역 내에 있는 본 정전협정 제43항에 열거한 출입항에 5개의 중립국시찰소조를 주재시킨다. 처음에는 따로 10개의 중립국이동시찰소조를 後備로 설치하되 중립국감독위원회 본부 부근에 주재시킨다. 그 수는 군사정전위원회 쌍방 수석위원의 합의를 거쳐 감소할 수 있다. 중립국이동시찰소조 중 군사정전위원회의 어느 일방 수석위원의 요청에 응하여 파견하는 소조는 언제나 그 반수를 초과할 수 없다.

ㅂ. 보고된 본 정전협정 위반 사건을 前目 규정의 범위 내에서 지체 없이 조사한다. 이에는 군사정전위원회 또는 동 위원회 중의 어느 일방 수석위원이 요청하는 보고된 본 정전협정 위반 사건에 대한 조사를 포함한다.

ㅅ. 그의 공작인원과 그의 중립국감시소조의 증명문건 및 휘장, 또 그 임무집행시에 사용하는 일체 차량, 비행기 및 선박의 식별 표지를 발급한다.

43. 중립국감시소조는 下記한 각 출입항에 주재한다.

국제연합군의 군사통제지역

인천(북위 37도 28분, 동경 126도 38분) 대구(북위 35도 52분, 동경 128도 36분) 부산(북위 35도 06분, 동경 129동 02분) 강릉(북위 37도 45분, 동경 128도 54분) 군산(북위 35도 59분, 동경 126도 43분)

조선인민군과 중국인민지원군의 군사통제지역

신의주(북위 40도 06분, 동경 124도 24분) 청진(북위 41도 46분, 동경 129도49분) 홍남(북위 39도 50분, 동경 127도 37분) 만포(북위 41도 09분, 동경 126도 18분) 신안주(북위 39도 36분, 동경 125도 36분)

중립국시찰소조들은 첨부한 지도에 표시한 지역 내와 교통선에서 통행상 충분한 편리를 받는다.

3. 총칙

44. 중립국감독위원회는 매일 회의를 연다. 중립국감독위원회는 합의하여 7일을 넘지않는 휴회를 할 수 있다. 단 어느 위원이든지 24시간 전의 통고로써 이 휴회를 끝낼 수 있다.

45. 중립국감독위원회의 일체 회의 기록 부본은 매번 회의 후

가급적 속히 군사정전위원회에 송부한다. 기록은 영문, 한국문 및 중국문으로 작 성한다.

46. 중립국시찰소조는 그의 감독, 감시, 시찰 및 조사의 결과에 관하여 중립국감독위원회가 요구하는 정기보고를 동 위원회에 제출하며 또 이 소조들이 필요하다고 인정하거나 동 위원회가 요구하는 특별보고를 제출한다. 보고는 小組總體가 이를 제출한다. 단 그 소조의 개별적 조원 1명 또는 수명이 이를 제출할 수 있다. 개별적 조원 1명 또는 수명이 제출한 보고는 다만 참고적 보고로 간주한다.

47. 중립국감독위원회는 중립국시찰소조가 제출한 보고의 부본을 그가 접수한 보고에 사용된 글로써 지체 없이 군사정전위원회에 송부한다. 이러한 보고는 번역 또는 심의, 결정, 수속 때문에 지체시킬 수 없다. 중립국감독위원회는 실제 가능한 한 속히 이러한 보고를 심의결정하며 그의 판정서를 우선 군사정전위원회에 송부한다. 중립국감독위원회의 해당 결정을 접수하기 전에는 군사정전위원회는 이런 어떠한 보고에 대하여서도 최종적 행동을 취하지 못한다. 군사정전위원회의 어느 일방 수석위원의 요청이 있을 때에는 중립국감독위원회의 위원과 그 소조의 조원은 곧 군사정전위원회에 참석하여 제출된 어떠한 보고에 대하여서든지 설명한다.

48. 중립국감독위원회는 본 정전협정이 규정하는 보고 및 회의 기록의 문건 철 두 벌을 보관한다. 동 위원회는 그 사건 진행에 필요한 기타의 보고, 기록 등의 문건철 두 벌을 보관할 권한을 가진다.

동 위원회의 최후 해산시에는 상기 문건철을 쌍방에 각 한 벌씩 나누어 준다.

49. 중립국감독위원회는 군사정전위원회에 본 정전협정의 수정 또는 증보 에 대한 건의를 제출할 수 있다. 이러한 개정 건의는 일반적으로 더 유효한 정전을 보장할 것을 목적으로 하는 것이어야 한다.

50. 중립국감독위원회 또는 동 위원회의 每個 위원은 군사정전위원회의 任意의 위원과 통신 연락을 취할 권한을 가진다.

제3조 전쟁포로에 관한 조치

51. 본 정전협정이 효력을 발생하는 당시에 各方이 수용하고 있는 전체 전쟁포로의 석방과 송환은 본 정전협정 조인 전에 쌍방이 합의한 下記 규정에 따라 집행한다.

ㄱ. 본 정전협정이 효력을 발생한 후 60일 이내에 각방은 그 수용하에 있는 송환을 견지하는 전체 전쟁포로를 포로된 당시에 그들이 속한 일방에 집단적으로 나누어 직접 송환인도되며 이떠한 沮碍도 가하지 못한다. 송환은 본 조의 각 항 관계규정에 의하여 완수한다. 이러한 인원의 송환 수속을 촉진시키기 위하여 각방은 정전협정 조인 전에 직

접 송환될 인원의 국적별로 분류한 總數를 교환한다. 상대방에 인도되는 전쟁포로의 각 집단은 국적별로 작성한 명부를 휴대하되 이에는 성명, 계급(계급이 있으면) 및 收容番號 또는 軍番號를 포함한다.

ㄴ. 각방은 직접 송환하지 않은 나머지 전쟁포로를 그 군사통제와 收容下로부터 석방하여 모두 중립국송환위원회에 넘겨 본 정전협정 부록 '중립국송환위원회 직권의 범위'의 각조 규정에 의하여 처리케 한다.

ㄷ. 세가지 글을 병용하므로 인하여 발생할 수 있는 오해를 피하기 위하여 본 정전협정의 용어로서 일방이 전쟁포로를 상대방에 인도하는 행동을 그 전쟁포로의 국적과 거주지의 여하를 불문하고 영문 중에서는"REPATRIATION", 한국문 중에서는 '송환', 중국문 중에서 '遣返'이라고 규정한다.

52. 各方은 본 정전협정의 효력발생에 의하여 석방되며 송환되는 어떠한 전쟁포로든지 한국충돌 중의 전쟁 행동에 사용하지 않을 것을 보장한다.

53. 송환을 견지하는 전체 病傷전쟁포로는 우선적으로 송환한다. 가능한 범위 내에서 포로된 의무 인원을 병상 전쟁포로와 동시에 송환하여 도중에서 의료와 간호를 제공하도록 한다.

54. 본 정전협정 제51항 ㄱ목에 규정한 전체 전쟁포로의 송환은 본 정전협정이 효력을 발생한 후 60일의 기한 내에 완료한다. 이

기한 내에 各方은 책임지고 그가 수용하고 있는 상기 전쟁포로의 송환을 실제 가능한 한 속히 완료한다.

55. 판문점을 쌍방의 전쟁포로 인도 인수 지점으로 정한다. 필요한 때에는 전쟁포로송환위원회는 기타의 전쟁포로 인도 인수 지점을 비무장지대 내에 증설할 수 있다.

56.

ㄱ. 전쟁포로송환위원회를 설립한다. 동 위원회는 영관급 장교 6명으로 구성하되 그중 3명은 국제연합군 총사령관이 이를 임명하며, 그중 3명은 조선인민군 최고사령관과 중국인민지원군사령관이 공동으로 이를 임명한다. 동 위원회는 군사정전위원회의 전반적 감독과 지도하에서 책임지고 쌍방의 전쟁포로 송환에 관계되는 구체적 계획을 조절하며 쌍방이 본 정전협정 중의 전쟁포로 송환에 관계되는 일체 규정을 실시하는 것을 감독한다. 동 위원회의 임무는 전쟁포로들이 쌍방 전쟁포로수용소로부터 전쟁포로 인도 인수지 점에 도달하는 시간을 조절하며 필요할 때에는 병상 전쟁포로의 수송 및 복리에 요구되는 특별한 조치를 취하며 본 정전협정 제57항에서 설립된 공동적십자소조의 전쟁포로송환 협조사업을 조절하며 본 정전협정 제53항과 제54항에 규정한 전쟁포로 실제 송환조치의 실시를 감독하며 필요할 때에는 추가적 전쟁포로 인도 인수 지점을 선정하여 전쟁포로 인도 인수 지점의 안전조치

를 취하며 전쟁포로송환에 필요한 기타 관계임무를 집행하는 것이다.

ㄴ. 전쟁포로송환위원회는 그 임무에 관계되는 어떠한 사항에 대하여 합의에 도달하지 못할 때는 이러한 사항을 즉시로 군사정전위원회에 제기하여 결정하도록 한다. 전쟁포로송환위원회는 군사정전위 원회 본부 부근에 그 본부를 설치한다.

ㄷ. 전쟁포로송환위원회가 전쟁포로 송환계획을 완수한 때에는 군사정전위원회가 즉시로 이를 해산시킨다.

57.

ㄱ. 본 정전협정이 효력을 발생한 후 즉시로 국제연합군에 군대를 제공하고 있는 각국의 적십자 대표를 일방으로 하고 조선민주주의 인민공화국 적십자 대표와 중화인민공화국 적십자 대표를 다른 일방으로 하여 조직되는 공동적십자소조를 설립한다. 공동적십자소조는 전쟁포로의 복리에 요망되는 인도주의적 服務로서 쌍방이 본 정전협정 제51항 ㄱ목에 규정한 송환을 견지하는 전체 전쟁포로의 송환에 관계되는 규정을 집행하는 것을 협조한다. 이 임무를 완수하기 위하여 공동 적십자소조는 전쟁포로 인도 인수 지점에서 쌍방이 전쟁포로 인도 인수사업을 협조하며 쌍방의 전쟁포로수용소를 방문하여 위문하며 전쟁포로의 위문과 전쟁포로의 복리를 위한 선물을 가지고 가서

분배한다. 공동적십자소조는 전쟁포로수용소에 서 전쟁포로 인도 인수 지점으로 가는 도중에 있는 전쟁포로에게 服務를 제공할 수 있다.

ㄴ. 공동적십자소조는 다음과 같은 규정에 의하여 조직한다.

(1) 한 小組는 각방의 본국 적십자로부터 各其 대표 10명씩을 내어 쌍방 합하여 20명으로 구성하며 전쟁포로 인도 인수 지점에서 쌍방 전쟁포로의 인도 인수를 협조한다. 동 소조의 의장은 쌍방 적십자사 대표가 매일 윤번으로 담당한다. 동 소조의 사업과 복무를 전쟁포로송환위원회가 이를 조절한다.

(2) 한 소조는 각방의 본국 적십자사로부터 각기 대표 30명씩을 내어 쌍방 합하여 60명으로 구성하며 조선인민군 및 중국인민지원군 관리하의 전쟁포로 수용소를 방문하며 또 전쟁포로수용소에서 전쟁포로 인도 인수 지점으로 가는 도중에 있는 전쟁포로에게 복무를 제공할 수 있다. 조선민주주의 인민공화국 적십자사 또는 중화인민공화국 적십자사의 대표가 동 소조의 의장을 담당한다.

(3) 한 소조는 각방의 본국 적십자사로부터 각기 대표 30명씩을 내어 쌍방 합하여 60명으로 구성하며 국제연합군 관리하의 전쟁포로수용소를 방문하며 또 전쟁포로수용소에서 전쟁포로 인도 인수 지점으로 가는 도중에 있는 전쟁포로에게 복무를 제공할 수 있다. 국제연합군에

군대를 제공하고 있는 한 나라의 적십자 대표가 동 소조의 의장을 담당한다.

(4) 각 공동적십자소조의 임무집행의 편의를 위하여 정황이 필요로 할 때에는 최소 2명의 소조원으로 구성하는 분조를 설립할 수 있다. 분조 내에서 각방은 동등한 수의 대표를 가진다.

(5) 각방 사령관은 그의 군사통제 지역 내에서 사업하는 공동적십자 소조에 운전수, 서기 및 통역과 같은 부속인원 및 각 소조가 그 임무집행상 필요로 하는 장비를 공급한다.

(6) 어떠한 공동적십자소조든지 동 소조의 쌍방 대표가 동의하는 때에는 그 인원수를 증감할 수 있다. 단 이는 전쟁포로송환위원의 인가를 거쳐야 한다.

ㄷ. 각방 사령관은 공동적십자소조가 그의 임무를 집행하는데 충분한 협조를 주며, 또 그의 군사통제지역 내에서 책임지고 공동적십자소조 인원들의 안전을 보장한다. 각방 사령관은 그의 군사통제지역 내에서 사업하는 이러한 소조에 요구되는 보급, 행정 및 통신상의 편의를 준다.

ㄹ. 공동적십자소조는 본 정전협정 제51항 ㄱ목에 규정한 송환을 견지하는 전체 전쟁포로의 송환계획이 완수되었을 때에는 즉시로 해산한다.

58.

ㄱ. 각방 사령관은 가능한 범위 내에서 속히 그러나 본 정전협정이 효력을 발생한 후 10일 이내에 상대방 사령관에게 다음과 같은 전쟁 포로에 관한 재료를 제공한다.

(1) 제일 마지막 번에 교환한 자료의 마감한 일자 이후에 도망한 전쟁포로에 관한 완전한 재료

(2) 실제로 실행할 수 있는 범위 내에서 수용기간 중에 사망한 전쟁 포로의 성명, 국적, 계급별 및 기타의 식별 자료 또한 사망 일자, 사망 원인 및 매장 지점에 관한 재료

ㄴ. 만일 위에 규정한 보충자료의 마감한 일자 이후에 도망하였거나 또는 사망한 어떠한 전쟁포로가 있으면 수용한 일방은 본 조 제58항 ㄱ목의 규정에 의하여 관계자료를 전쟁포로송환위원회를 거쳐 상대방에 제공한다. 이러한 자료는 전쟁포로 인도 인수계획을 완수할 때까지 10일에 1차씩 제공한다.

ㄷ. 전쟁포로 인도 인수계획을 완수한 후에 본래 수용하고 있던 일방에 다시 돌아온 어떠한 도망 전쟁포로도 이를 군사정전위원회에 넘기어 처리한다.

59.

ㄱ. 본 정전협정이 효력을 발생하는 당시에 국제연합군 총사령관의 군사통제지역에 있는 자로서 1950년 6월 24일에 본 정전협정에 확정된 군사분계선 이북에 거주한 전체 私民에 대하여서는 그들이 귀향하기를 원한다면 국제연합

군 총사령관은 그들이 군사분계선 이북 지역에 돌아가는 것을 허용하며 협조한다.

본 정전협정이 효력을 발생하는 당시에 조선인민군 최고사령관과 중국인민지원군사령관의 군사통제지역에 있는 자로서 1950년 6월 24일에 본 정전협정에 확정된 군사분계선 이남에 거주한 전체 私民에 대하여서는 그들이 귀향하기를 원한다면 조선인민군 최고사령관과 중국인민지원군사령관은 그들이 군사분계선 이남 지역에 돌아가는 것을 허용하며 협조한다. 각방 사령관은 책임지고 本目 규정의 내용을 그의 군사통제지역에 광범히 선포하며 또 적당한 民政당국을 시켜 귀향하기를 원하는 이러한 전체 사민에게 필요한 지도와 협조를 주도록 한다.

ㄴ. 본 정전협정이 효력을 발생하는 당시에 조선인민군 최고사령관과 중국인민지원군사령관은 군사통제지역에 있는 전체 외국적의 私民 중 국제연합군 총사령관의 군사통제지역으로 가기를 원하는 자에게는 그가 국제연합군 총사령관의 군사통제지역으로 가는 것을 허용하며 협조한다. 본 정전협정이 효력을 발생하는 당시에 국제연합군 총사령관의 군사통제지역에 있는 전체 외국적의 사민 중 조선인민군 최고사령관과 중국인민지원군사령관은 군사통제지역 으로 가기를 원하는 자에게는 그가 조선인민군 최고사령관과 중국인민지원군사령관의 군사통제지역으로 가

는 것을 허용하며 협조한다. 각방 사령관은 책임지고 본 목 규정의 내용을 그의 군사통제지역에 광범히 선포하며 또 적당한 민정당국을 시켜 상대방 사령관의 군사통제 지역으로 가기를 원하는 이러한 전체 외국적의 사민에게 필요한 지도와 협조를 주도록 한다.

ㄷ. 쌍방의 본 조 제59항 ㄱ목에 규정한 사민의 귀향과 본 조 59항 ㄴ목에 규정한 사민의 이동을 협조하는 조치는 본 정전협정이 효력을 발생한 후 될 수 있는 한 속히 개시한다.

ㄹ.

(1) 실향사민귀향협조위원회를 설립한다. 동 위원회는 영관급 장교 4명으로 구성하되 그중 2명은 국제연합군 총사령관이 이를 임명하며 그중 2명은 조선인민군 최고사령관과 중국인민지원군사령관이 공동으로 이를 임명한다. 동 위원회는 군사 정전위원회의 전반적 감독과 지도밑에 책임지고 上記私民의 귀향을 협조하는데 관계되는 쌍방의 구체적 계획을 조절하며 또 상기 사민의 귀향에 관계되는 본 정전협정 중의 일체 규정을 쌍방이 집행하는 것을 감독한다. 동 위원회의 임무는 運輸조치를 포함한 필요한 조치를 취함으로써 상기 사민의 이동을 촉진 및 조절하며 상기 사민의 군사분계선을 통과하는 越境지점을 선정하며 越境지점의 안전조치를 취하며 또 상기 사민 귀향을 완

료하기 위하여 필요한 기타 임무를 집행하는 것이다.

(2) 실향사민귀향협조위원회는 그의 임무에 관계되는 어떠한 사항이든지 합의에 도달할 수 없을 때에는 이를 곧 군사정전위원회에 제출하여 결정하게 한다. 실향사민귀향협조위원회는 그의 본부를 군사정전위원회의 본부 부근에 설치한다.

(3) 실향사민귀향협조위원회가 그의 임무를 완수할 때에는 군사정전위원회가 즉시로 이를 해산시킨다.

제4조 쌍방 관계정부들에의 건의

60. 한국 문제의 평화적 해결을 위하여 쌍방 군사령관은 쌍방의 관계 각국 정부에 정전협정이 조인되고 효력을 발생한 후 삼 개월 내에 각기 대표 를 파견하여 쌍방의 한급 높은 정치회의를 소집하고 한국으로부터의 모든 외국 군대의 철수 및 한국 문제의 평화적 해결 문제들을 협의할 것을 이에 건의한다.

제5조 부칙

61. 본 정전협정에 대한 수정과 증보는 반드시 적대 쌍방 사령

관들의 상호 합의를 거쳐야 한다.

62. 본 정전협정의 각 조항은 쌍방이 공동으로 접수하는 수정 및 증보 또는 쌍방의 정치적 수준에서의 평화적 해결을 위한 적당한 협정 중의 규정에 의하여 명확히 대체될 때까지는 계속 효력을 가진다.

63. 제12항을 제외한 본 정전협정의 일체 규정은 1953년 7월 27일 22:00시부터 효력을 발생한다.

1953년 7월 27일 10:00시에 한국 판문점에서 영문, 한국문 및 중국문으로 작성한다. 이 3개 국어의 각 협정 본문은 동등한 효력을 가진다.

국제연합군 총사령관 : 미국 육군 대장 마크 W. 클라크(Mark Wayne Clark)

조선인민군 최고사령관 : 조선민주주의인민공화국 원수 김일성

중국인민지원군사령관 : 팽덕회(彭德懷)

참석자

국제연합군 대표단 수석대표 : 미국 육군 중장 윌리엄 K. 해리슨(William Kelly Harrison Jr.)

조선인민군 및 중국인민지원군 대표단 수석대표 : 조선인민군 대장 남일

김보영 서울여자대학교 사학과를 졸업하고, 한양대학교 사학과대학원에서 석사와 박사학위를 받았다. 한양대·홍익대·인하대·인천가톨릭대에서 강의를 했고, 이화사학연구소·한국문화연구원의 연구원, 한양대학교 사학과 연구조교수를 거쳐, 서울대학교 규장각한국학연구원 선임연구원으로 재직 중이다. 한반도 분단문제에 관심을 갖고 한국전쟁과 정전체제, 남북관계, 통일문제, 한미관계 등에 관한 연구를 꾸준히 진행해 왔다. 주요 저서로 『한미관계 20년사』(2001, 공역), 『4.19와 남북관계』(2001, 공저), 『한국 근현대사를 읽는다』(2009, 공저), 『역사학의 시선으로 읽는 한국전쟁』(2010, 공저), 『한국전쟁기 남·북한의 점령정책』(2014, 공저) 등이 있고, 주요 논문으로 「휴전회담 쟁점과 정전체제」(2013), 「1954년 제네바정치회담과 외국군 철수 의제」(2015) 등이 있다.

한양학술총서 003

전쟁과 휴전

— 휴전회담 기록으로 읽는 한국전쟁

펴낸날 2016년 8월 10일 초판 1쇄 · 2017년 4월 10일 초판 2쇄

지은이 김보영 · **펴낸이** 이영무

펴낸곳 한양대학교출판부 · **출판등록** 제4-7호(1972.2.29)

주소 서울 성동구 왕십리로 222 · **전화** 02.2220.1432-4 · **팩스** 02.2220.1435

홈페이지 press.hanyang.ac.kr · **이메일** presshy@hanyang.ac.kr

디자인·편집 정준기 · **인쇄** 현문

이 도서의 국립중앙도서관 출판예정도서목록(CIP)은

서지정보유통지원시스템 홈페이지(http://seoji.nl.go.kr)와

국가자료공동목록시스템(http://www.nl.go.kr/kolisnet)에서 이용하실 수 있습니다.

CIP제어번호 : CIP2016017505

ISBN 978.89.7218.491.1 (94910)

978.89.7218.470.6 (세트)